인천국제 공항공사

최종모의고사

2024 최신판 SD에듀 All-New 인천국제공항공사(인국공)
NCS＆전공 최종모의고사 5+3회분+무료NCS특강

Always **with you**

사람의 인연은 길에서 우연하게 만나거나 함께 살아가는 것만을 의미하지는 않습니다.
책을 펴내는 출판사와 그 책을 읽는 독자의 만남도 소중한 인연입니다.
SD에듀는 항상 독자의 마음을 헤아리기 위해 노력하고 있습니다. 늘 독자와 함께하겠습니다.

PREFACE

머리말

세계 1등 공항을 넘어 글로벌 공항산업의 창의적 선도자로 도약하기 위해 노력하는 인천국제공항공사는 2024년에 신입직원을 채용할 예정이다. 채용절차는 「서류전형 ➞ 필기전형 ➞ 1차 면접 ➞ 2차 면접 ➞ 신원조사 및 신체검사 ➞ 합격자 발표」 순서로 진행되며, 지원서 불성실 작성자 등을 제외한 서류전형 합격자에 한해 필기전형 응시 기회가 주어진다. 필기전형은 직업기초능력평가와 직무수행능력평가로 진행되고 직업기초능력평가의 경우 사무직과 관제직은 의사소통능력, 수리능력, 문제해결능력, 자원관리능력, 정보능력, 조직이해능력을, 기술직은 의사소통능력, 수리능력, 문제해결능력, 자원관리능력, 정보능력, 기술능력을 평가한다. 또한, 직무수행능력평가의 경우 지원한 분야별로 과목이 상이하므로 반드시 확정된 채용공고를 확인해야 한다.

인천국제공항공사 필기전형 합격을 위해 SD에듀에서는 인천국제공항공사 판매량 1위의 출간경험을 토대로 다음과 같은 특징을 가진 도서를 출간하였다.

도서의 특징

❶ 합격으로 이끌 가이드를 통한 채용 흐름 확인!

- 인천국제공항공사 소개와 최신 시험 분석을 수록하여 채용 흐름을 파악하는 데 도움이 될 수 있도록 하였다.

❷ 최종모의고사를 통한 완벽한 실전 대비!

- 철저한 분석을 통해 실제 유형과 유사한 최종모의고사를 수록하여 자신의 실력을 최종 점검할 수 있도록 하였다.

❸ 다양한 콘텐츠로 최종 합격까지!

- 온라인 모의고사 응시 쿠폰을 무료로 제공하여 필기전형에 대비할 수 있도록 하였다.
- 모바일 OMR 답안채점/성적분석 서비스를 통해 자동으로 점수를 채점하고 확인할 수 있도록 하였다.

끝으로 본 도서를 통해 인천국제공항공사 채용을 준비하는 모든 수험생 여러분이 합격의 기쁨을 누리기를 진심으로 기원한다.

SDC(Sidae Data Center) 씀

인천국제공항공사 이야기 INTRODUCE

미션

인천공항의 효율적 건설 · 관리 · 운영
세계적 공항전문기업 육성
항공운송 및 **국민경제 발전**에 이바지

비전

사람과 문화를 이어 미래로 나아갑니다
We Connect Lives, Cultures and the Future

CORE VALUE

도전
Challenge
미래성장을 위한 창의와 혁신을 통해 끊임없는 도전 경주

존중
Respect
상호 존중을 바탕으로 국민과 세계인에게 사랑받는 공항 구현

협력
Cooperation
공항 생태계 내 협력적 신뢰관계 구축을 통한 조직 경쟁력 강화

윤리
Integrity
국민의 공기업으로서 윤리와 투명성을 통한 지속가능 성장 실현

STRATEGY

사람과 삶의 가치 연계 Connect Lives	문화 네트워크 구현 Connect Cultures	미래 패러다임 혁신 Connect the Future
• 차세대 고객경험 혁신 • ESG 경영 고도화 • 무결점 안전 플랫폼 • 운항 / 공항 인프라 고도화	• 글로벌 메가 허브 • 미래형 물류 플랫폼 • 융복합 문화 / 산업 벨트 • 스마트 문화공항 구현	• 차세대 모빌리티 • 해외사업 영토 확장 • 미래 공항 확장 • 경영관리체계 혁신

인재상

글로벌 가치창조형 인재

도전 — Active
비상을 위해 드넓은 활주로를 힘차게 달리는 도전의식을 가진 사람

혁신 — Innovation
하늘 저 너머의 새로운 세상에 대한 무한한 호기심과 꿈을 가진 사람

존중 — Respect
1등 공기업의 사명을 갖고 회사와 고객을 존중할 수 있는 사람

신입 채용 안내 INFORMATION

지원자격(공통)

❶ 학력 · 전공 · 연령 · 성별 · 경력 : 제한 없음

※ 단, 연령의 경우 채용 예정일 기준 공사 규정에 따른 정년 이내여야 함

❷ 공사 인사규정에 따른 임용 결격사유에 해당하지 않는 자

❸ 최종합격자 발표 이후 즉시 근무 가능한 자

❹ 병역 : 채용 예정일 기준 군필 또는 면제자

❺ 공인어학성적 : 다음 어학성적 기준 중 하나를 충족하는 자

- 영어 : TOEIC 800점 이상 또는 TOEFL-IBT 91점 이상 또는 TEPS 309점 이상
- 일본어 : JPT 800점 이상
- 중국어 : HSK 5급 210점 이상

필기전형

구분	전형내용 및 평가기준	
직업기초능력평가(NCS)	사무	의사소통능력, 수리능력, 문제해결능력, 자원관리능력, 정보능력, 조직이해능력
	기술	의사소통능력, 수리능력, 문제해결능력, 자원관리능력, 정보능력, 기술능력
직무수행능력평가(전공)	사무/기술	지원한 분야의 해당 전공과목 시험
	장애/보훈	• 사무(경영학, 경제학, 행정학 중 택 1) • 기술(6개 전공 중 해당 전공)

면접전형

구분	전형내용 및 평가기준	
1차 면접	논술시험	• 일반논술, 영어에세이
	직무역량면접	• 내용 : 직무PT, 직무상황대처(Role Play), 영어 • 평가기준 : 문제해결능력, 지식, 직무수행능력 등
2차 면접	종합면접	• 내용 : 입사지원서 및 인재상 기반 종합 질의응답 • 평가기준 : 의사소통능력, 대인관계능력, 열정, 인성 등

❖ 위 채용안내는 2023년 하반기 채용공고를 기준으로 작성하였으므로 세부사항은 확정된 채용공고를 확인하기 바랍니다.

2023 하반기 기출분석 ANALYSIS

총평

인천국제공항공사 필기전형은 난이도가 어려운 편이며, 시험 시간이 부족했다는 후기가 많았다. 특히 의사소통능력이나 자원관리능력의 경우 지문의 길이가 긴 문제가 다수 출제되었기 때문에 평소 시간을 배분하여 문제를 푸는 연습이 필요해 보인다. 또한 수리능력의 경우 도표 문제 위주로 출제되었으며, 시험 전반적으로 다양한 자료를 보고 계산하거나 분석하는 문제가 많이 출제되었으므로 자료 해석에 대한 연습을 해두는 것이 좋겠다.

의사소통능력

출제 특징	• 긴 지문의 문제가 출제됨 • 공사 관련 지문이 출제됨
출제 키워드	• 공항, 여객, 화물, 안면인식기술 등

수리능력

출제 특징	• 도표 계산 문제가 출제됨
출제 키워드	• 비율, 증감률 등

문제해결능력

출제 특징	• 주어진 자료를 해석하는 문제가 출제됨
출제 키워드	• 성과급, 부서배치 등

자원관리능력

출제 특징	• 조건을 적용하는 문제가 출제됨
출제 키워드	• 최단경로, 규칙 등

정보능력

출제 특징	• 엑셀 문제가 출제됨
출제 키워드	• 함수, 알고리즘, 비밀번호 등

PSAT형

※ 다음은 K공단의 국내 출장비 지급 기준에 대한 자료이다. 이어지는 질문에 답하시오. **[15~16]**

〈국내 출장비 지급 기준〉

① 근무지로부터 편도 100km 미만의 출장은 공단 차량 이용을 원칙으로 하며, 다음 각호에 따라 "별표 1"에 해당하는 여비를 지급한다.
㉠ 일비
ⓐ 근무시간 4시간 이상 : 전액
ⓑ 근무시간 4시간 미만 : 1일분의 2분의 1
㉡ 식비 : 명령권자가 근무시간이 모두 소요되는 1일 출장으로 인정한 경우에는 1일분의 3분의 1 범위 내에서 지급
㉢ 숙박비 : 편도 50km 이상의 출장 중 출장일수가 2일 이상으로 숙박이 필요할 경우, 증빙자료 제출 시 숙박비 지급
② 제1항에도 불구하고 공단 차량을 이용할 수 없어 개인 소유 차량으로 업무를 수행한 경우에는 일비를 지급하지 않고 이사장이 따로 정하는 바에 따라 교통비를 지급한다.
③ 근무지로부터 100km 이상의 출장은 "별표 1"에 따라 교통비 및 일비는 전액을, 식비는 1일분의 3분의 2 해당액을 지급한다. 다만, 업무 형편상 숙박이 필요하다고 인정할 경우에는 출장기간에 대하여 숙박비, 일비, 식비 전액을 지급할 수 있다.

〈별표 1〉

구분	교통비				일비 (1일)	숙박비 (1박)	식비 (1일)
	철도임	선임	항공임	자동차임			
임원 및 본부장	1등급	1등급	실비	실비	30,000원	실비	45,000원
1, 2급 부서장	1등급	2등급	실비	실비	25,000원	실비	35,000원
2, 3, 4급 부장	1등급	2등급	실비	실비	20,000원	실비	30,000원
4급 이하 팀원	2등급	2등급	실비	실비	20,000원	실비	30,000원

1. 교통비는 실비를 기준으로 하되, 실비 정산은 국토해양부장관 또는 특별시장・광역시장・도지사・특별자치도지사 등이 인허한 요금을 기준으로 한다.
2. 선임 구분표 중 1등급 해당자는 특등, 2등급 해당자는 1등을 적용한다.
3. 철도임 구분표 중 1등급은 고속철도 특실, 2등급은 고속철도 일반실을 적용한다.
4. 임원 및 본부장의 식비가 위 정액을 초과하였을 경우 실비를 지급할 수 있다.
5. 운임 및 숙박비의 할인이 가능한 경우에는 할인 요금으로 지급한다.
6. 자동차임 실비 지급은 연료비와 실제 통행료를 지급한다.
(연료비)=[여행거리(km)]×(유가)÷(연비)
7. 임원 및 본부장을 제외한 직원의 숙박비는 70,000원을 한도로 실비를 정산할 수 있다.

특징 ▸ 대부분 의사소통능력, 수리능력, 문제해결능력을 중심으로 출제(일부 기업의 경우 자원관리능력, 조직이해능력을 출제)
▸ 자료에 대한 추론 및 해석 능력을 요구

대행사 ▸ 엑스퍼트컨설팅, 커리어넷, 태드솔루션, 한국행동과학연구소(행과연), 휴노 등

모듈형

❙ 대인관계능력

60 다음 자료는 갈등해결을 위한 6단계 프로세스이다. 3단계에 해당하는 대화의 예로 가장 적절한 것은?

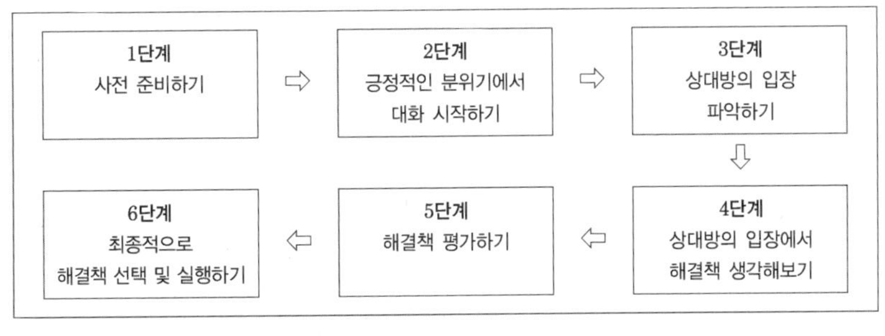

① 그럼 A씨의 생각대로 진행해 보시죠.

특징

- 이론 및 개념을 활용하여 푸는 유형
- 채용 기업 및 직무에 따라 NCS 직업기초능력평가 10개 영역 중 선발하여 출제
- 기업의 특성을 고려한 직무 관련 문제를 출제
- 주어진 상황에 대한 판단 및 이론 적용을 요구

대행사

- 인트로맨, 휴스테이션, ORP연구소 등

피듈형(PSAT형 + 모듈형)

❙ 문제해결능력

60 P회사는 직원 20명에게 나눠 줄 추석 선물 품목을 조사하였다. 다음은 유통업체별 품목 가격과 직원들의 품목 선호도를 나타낸 자료이다. 이를 참고하여 P회사에서 구매하는 물품과 업체를 바르게 연결한 것은?

〈업체별 품목 금액〉

구분		1세트당 가격	혜택
A업체	돼지고기	37,000원	10세트 이상 주문 시 배송 무료
	건어물	25,000원	
B업체	소고기	62,000원	20세트 주문 시 10% 할인
	참치	31,000원	
C업체	스팸	47,000원	50만 원 이상 주문 시 배송 무료
	김	15,000원	

〈구성원 품목 선호도〉

특징

- 기초 및 응용 모듈을 구분하여 푸는 유형
- 기초인지모듈과 응용업무모듈로 구분하여 출제
- PSAT형보다 난도가 낮은 편
- 유형이 정형화되어 있고, 유사한 유형의 문제를 세트로 출제

대행사

- 사람인, 스카우트, 인크루트, 커리어케어, 트리피, 한국사회능력개발원 등

인천국제공항공사

단어 연상 ▸ 키워드

01 다음 9개의 단어 중 3개의 단어를 통해 연상할 수 있는 단어로 가장 적절한 것은?

유세	성화	물
경품	토끼	투표
후보	포환	공

① 동물
② 경주
③ 선거
④ 달리기
⑤ 수영

주제 찾기 ▸ 유형

※ 다음 글의 주제로 가장 적절한 것을 고르시오. [1~2]

01

20 대 80 법칙, 2 대 8 법칙으로 불리기도 하는 파레토 법칙은 전체 결과의 80%가 전체 원인의 20%에서 일어나는 현상을 가리킨다. 결국 크게 수익이 되는 것은 20%의 상품군, 그리고 20%의 구매자이기 때문에 이들에게 많은 역량을 집중할 필요가 있다는 것으로, 이른바 선택과 집중이라는 경영학의 기본 개념으로 자리 잡아 왔다.
하지만 파레토 법칙은 현상에 붙은 이름일 뿐 법칙의 필연성을 설명하진 않으며, 그 적용이 쉬운 만큼 내부의 개연성을 명확하게 파악하지 않으면 오용될 여지가 다분하다는 문제점을 지니고 있다. 예컨대 상위권 성적을 지닌 20%의 학생을 한 그룹으로 모아놓는다고 해서 그들의 80%가 갑작스레 공부를 중단하진 않을 것이며, 20%의 고객이 80%의 매출에 기여하므로 백화점 찾는 80%의 고객들을 홀대해도 된다는 비약으로 이어질 수 있기 때문이다.

① 파레토 법칙은 80%의 고객을 경원시하는 법칙이다.
② 파레토 법칙을 함부로 여러 사례에 적용해서는 안 된다.
③ 파레토 법칙은 20%의 주요 구매자를 찾아내는 데 유효한 법칙이다.
④ 파레토 법칙은 보다 효율적인 판매 전략을 세우는 데 도움을 준다.
⑤ 파레토 법칙을 제외하면 전반적인 사례를 분석하는 데 용이해진다.

코레일 한국철도공사 사무직

이산화탄소 ▶ 키워드

13 다음은 온실가스 총 배출량에 대한 자료이다. 이에 대한 설명으로 옳지 않은 것은?

〈온실가스 총 배출량〉

(단위 : CO_2 eq.)

구분	2016년	2017년	2018년	2019년	2020년	2021년	2022년
총 배출량	592.1	596.5	681.8	685.9	695.2	689.1	690.2
에너지	505.3	512.2	593.4	596.1	605.1	597.7	601.0
산업공정	50.1	47.2	51.7	52.6	52.8	55.2	52.2
농업	21.2	21.7	21.2	21.5	21.4	20.8	20.6
폐기물	15.5	15.4	15.5	15.7	15.9	15.4	16.4
LULUCF	−57.3	−54.5	−48.5	−44.7	−42.7	−42.4	−44.4
순 배출량	534.8	542.0	633.3	641.2	652.5	646.7	645.8
총 배출량 증감률(%)	2.3	0.7	14.3	0.6	1.4	−0.9	0.2

※ CO_2 eq. : 이산화탄소 등가를 뜻하는 단위로, 온실가스 종류별 지구온난화 기여도를 수치로 표현한 지구온난화지수(GWP; Global Warming Potential)를 곱한 이산화탄소 환산량

※ LULUCF(Land Use, Land Use Change, Forestry) : 인간이 토지 이용에 따라 변화하게 되는 온실가스의 증감

※ (순 배출량)=(총 배출량)+(LULUCF)

코레일 한국철도공사 기술직

글의 제목 ▶ 유형

02 K일보에 근무 중인 A기자는 나들이가 많은 요즘 자동차 사고를 예방하고자 다음과 같은 기사를 작성하였다. 기사의 제목으로 가장 적절한 것은?

예전에 비해 많은 사람이 안전띠를 착용하지만, 우리나라의 안전띠 착용률은 여전히 매우 낮다. 2013년 일본과 독일에서 조사한 승용차 앞좌석 안전띠 착용률은 각각 98%와 97%를 기록했다. 하지만 같은 해 우리나라는 84.4%에 머물렀다. 특히 뒷좌석 안전띠 착용률은 19.4%로 OECD 국가 중 최하위에 머물렀다.
지난 4월 13일, 자동차안전연구원에서 '부적절한 안전띠 착용 위험성 실차 충돌시험'을 실시했다. 국내에서 처음 시행한 이번 시험은 안전띠 착용 상태에서 안전띠를 느슨하게 풀어주는 장치 사용(성인, 운전석), 안전띠 미착용 상태에서 안전띠를 느슨하게 풀어주는 장치 사용(성인, 운전석), 뒷좌석에 놀이방 매트 설치 및 안전띠와 카시트 모두 미착용(어린이, 뒷좌석) 총 세 가지 상황으로 실시했다.
성인 인체모형 2조와 3세 어린이 인체모형 1조를 활용해 승용 자동차가 시속 56km로 고정 벽에 정면충돌하도록 했다. 충돌시험 결과 놀랍게도 안전띠의 부적절한 사용은 중상 가능성이 최대 99.9%로 안전띠를 제대로 착용했을 때보다 최대 9배 높게 나타났다.
세 가지 상황별로 살펴 보자. 먼저 안전띠를 느슨하게 풀어주는 장치를 사용할 경우이다. 중상 가능성은 49.7%로, 올바른 안전띠 착용보다 약 5배 높게 나타났다. 느슨해진 안전띠로 인해 차량 충돌 시 탑승객을 효과적으로 구속하지 못하기 때문이다. 그리고 안전띠 경고음 차단 클립을 사용한 경우에는 중상 가능성이 80.3%로 더욱 높아졌다. 에어백이 충격 일부를 흡수하기는 하지만 머리는 앞면 창유리에, 가슴은 크래시 패드에 심하게 부딪친 결과이다. 마지막으로 뒷좌석 놀이방 매트 위에 있던 3세 어린이 인체 모형은 중상 가능성이 99.9%로, 생명에 치명적 위험을 초래하는 것으로 나타났다. 어린이 인체모형은 자동차 충격 때문에 튕겨 나가 앞좌석 등받이와 심하게 부딪쳤고, 안전띠와 카시트를 착용한 경우보다 머리 중상 가능성이 99.9%, 가슴 중상 가능성이 93.9% 이상 높았다.
또 안전띠를 제대로 착용하지 않으면 에어백의 효과도 줄어든다는 사실을 알 수 있었다. 안전띠를 정상적으

LH 한국토지주택공사

청약 ▶ 키워드

2023년 적중

71 다음은 청약가점제의 청약가점 기준을 나타낸 자료이다. 이를 참고할 때 청약가점이 가장 높은 것은?

〈청약가점 기준표〉

(단위 : 점)

가점항목	가점상한	가점 구분	점수	가점 구분	점수
무주택 기간 ①	32	1년 미만	2	8년 이상 9년 미만	18
		1년 이상 2년 미만	4	9년 이상 10년 미만	20
		2년 이상 3년 미만	6	10년 이상 11년 미만	22
		3년 이상 4년 미만	8	11년 이상 12년 미만	24
		4년 이상 5년 미만	10	12년 이상 13년 미만	26
		5년 이상 6년 미만	12	13년 이상 14년 미만	28
		6년 이상 7년 미만	14	14년 이상 15년 미만	30
		7년 이상 8년 미만	16	15년 이상	32
부양 가족 수 ②	35	0명	5	4명	25
		1명	10	5명	30
		2명	15	6명 이상	35
		3명	20	–	–
		6개월 미만	1	8년 이상 9년 미만	10
		6개월 이상 1년 미만	2	9년 이상 10년 미만	11

신혼부부 ▶ 키워드

2023년 적중

66 다음은 L공사의 신혼부부 매입임대주택Ⅰ 예비입주자 모집공고에 대한 자료이다. 이를 토대로 할 때, 신혼부부 매입임대주택Ⅰ 입주자격을 갖추지 못한 사람은?

〈신혼부부 매입임대주택Ⅰ 예비입주자 모집공고〉

신혼부부 매입임대주택Ⅰ은 L공사에서 매입한 주택을 개·보수하여 신혼부부 등을 대상으로 시중 시제 30 ~ 40% 수준으로 임대하는 주택입니다.

〈신혼부부 매입임대주택Ⅰ 입주자격〉

공고일 기준 현재 무주택세대구성원으로서 아래의 자격 중 하나에 해당하고, 해당 세대의 월평균 소득이 전년도 도시근로자 가구당 월평균소득의 70%(배우자가 소득이 있는 경우에는 90%) 이하이고, 국민임대자산 기준을 충족(총자산 28,800만 원, 자동차 2,468만 원 이하)하는 신혼부부, 예비 신혼부부, 한부모 가족, 유자녀 혼인가구

① 신혼부부 : 공고일 기준 현재 혼인 7년 이내(2015.10.31. ~ 2022.10.30.)인 사람
② 예비신혼부부 : 공고일 기준 현재 혼인 예정인 사람으로서 입주일(2023.10.01.) 전일까지 혼인 신고를 하는 사람
③ 한부모 가족 : 만 6세 이하 자녀를 둔 모자가족 또는 부자가족(2015.10.31. 이후 출생한 자녀 및 태아)
④ 유자녀 혼인가구 : 만 6세 이하 자녀가 있는 혼인가구(2015.10.31. 이후 출생한 자녀 및 태아)

• 무주택 세대 구성원 : 세대구성원 전원이 주택을 소유하고 있지 않은 세대의 구성원을 의미함

세대구성원	비고
• 신청자 및 배우자	세대 분리되어 있는 배우자도 포함
• 신청자 직계존속 • 배우자 직계존속	신청자의 주민등록표등본에 등재되어 있거나 세대 분리된 신청자 배우자의 주민등록표등본에 등재되어 있는 사람에 한함

도로교통공단

층수 ▶ 키워드

34 H공사는 6층 건물의 모든 층을 사용하고 있으며, 건물에는 기획부, 인사 교육부, 서비스개선부, 연구・개발부, 해외사업부, 디자인부가 층별로 위치하고 있다. 다음 〈조건〉을 참고할 때 항상 옳은 것은?(단, 6개의 부서는 서로 다른 층에 위치하며, 3층 이하에 위치한 부서의 직원은 출근 시 반드시 계단을 이용해야 한다)

조건
- 기획부의 문대리는 해외사업부의 이주임보다 높은 층에 근무한다.
- 인사교육부는 서비스개선부와 해외사업부 사이에 위치한다.
- 디자인부의 김대리는 오늘 아침 엘리베이터에서 서비스개선부의 조대리를 만났다.
- 6개의 부서 중 건물의 옥상과 가장 가까이에 위치한 부서는 연구・개발부이다.
- 연구・개발부의 오사원이 인사교육부 박차장에게 휴가 신청서를 제출하기 위해서는 4개의 층을 내려와야 한다.
- 건물 1층에는 회사에서 운영하는 커피숍이 함께 있다.

① 출근 시 엘리베이터를 탄 디자인부의 김대리는 5층에서 내린다.
② 디자인부의 김대리가 서비스개선부의 조대리보다 먼저 엘리베이터에서 내린다.
③ 인사교육부와 커피숍은 같은 층에 위치한다.
④ 기획부의 문대리는 출근 시 반드시 계단을 이용해야 한다.

경청 ▶ 키워드

01 다음 〈보기〉의 갑 ~ 정 네 사람 중 올바른 경청 방법을 보인 사람을 모두 고르면?

보기
- 자신의 잘못에 대해 상사가 나무라자 갑은 고개를 숙이고 바닥만 응시하다가 상사의 말이 다 끝나자 잘못하였다고 말하였다.
- 을은 후배가 자신의 생각에 반대하는 의견을 말하자 다리를 꼬고 앉아 후배가 말하는 내내 계속하여 쳐다봤다.
- 병은 바쁘게 일하는 나머지 동료직원이 다가와 도움을 요청한 소리를 제대로 못 들어 동료직원에게 상체를 기울여 다시 말해 줄 것을 요청하였다.
- 회사 주가가 연일 하락해 심란한 나머지 자리에 앉지 못하는 대표 정에게 직원이 면담을 요청하자 정은 자리에 앉았다.

① 갑, 을　② 갑, 병
③ 을, 병　④ 병, 정

도서 200% 활용하기 STRUCTURES

1 NCS 최종모의고사 + OMR을 활용한 실전 연습

인천국제공항공사 신입직원 필기전형

제1회 직업기초능력평가

문항 수 : 60문항
시험시간 : 65분

01 다음 글의 내용으로 적절하지 않은 것은?

> '갑'이라는 사람이 있다고 하자. 이때 사회가 갑에게 강제적 힘을 행사하는 것이 정당화되는 근거는 무엇일까? 그것은 갑이 다른 사람에게 미치는 해악을 방지하려는 데 있다. 특정 행위가 갑에게 도움이 될 것이라든가, 이 행위가 갑을 더욱 행복하게 할 것이라든가 또는 이 행위가 현명하다든가 혹은 옳은 것이라든가 하는 이유를 들면서 갑에게 이 행위를 강제하는 것은 정당하지 않다. 이러한 이유는 갑에게 권고하거나 이치를 이해시키거나 무엇인가를 간청하거나 할 때는 충분한 이유가 된다. 그러나 갑에게 강제를 가하는 이유 혹은 어떤 처벌을 가할 이유는 되지 않는다. 이와 같은 사회적 간섭이 정당화되기 위해서는 갑이 행하려는 행위가 다른 어떤 이에게 해악을 끼칠 것이라는 점이 충분히 예측되어야 한다. 한 사람이 행하고자 하는 행위 중에서 그가 사회에 대해서 책임을 져야 할 유일한 부분은 다른 사람에게 관계되는 부분이다.

① 개인에 대한 사회의 간섭은 어떤 조건이 필요하다.
② 행위 수행 혹은 행위 금지의 도덕적 이유와 법적 이유는 구분된다.
③ 한 사람의 행위는 타인에 대한 행위와 자신에 대한 행위로 구분된다.
④ 사회는 개인의 해악에 관해서는 관심이 있지만, 그 해악을 방지할 강제성의 근거는 가지고 있지 않다.
⑤ 타인과 관계되는 행위는 사회적 책임이 따른다.

인천국제공항공사 필기전형 답안카드

성 명

지원 분야

문제지 형별기재란	
(　　)형	Ⓐ Ⓑ

수 험 번 호						
⓪	⓪	⓪	⓪	⓪	⓪	⓪
①	①	①	①	①	①	①
②	②	②	②	②	②	②
③	③	③	③	③	③	③
④	④	④	④	④	④	④
⑤	⑤	⑤	⑤	⑤	⑤	⑤
⑥	⑥	⑥	⑥	⑥	⑥	⑥
⑦	⑦	⑦	⑦	⑦	⑦	⑦
⑧	⑧	⑧	⑧	⑧	⑧	⑧
⑨	⑨	⑨	⑨	⑨	⑨	⑨

감독위원 확인
(인)

번호	답	번호	답	번호	답
1	① ② ③ ④ ⑤	21	① ② ③ ④ ⑤	41	① ② ③ ④ ⑤
2	① ② ③ ④ ⑤	22	① ② ③ ④ ⑤	42	① ② ③ ④ ⑤
3	① ② ③ ④ ⑤	23	① ② ③ ④ ⑤	43	① ② ③ ④ ⑤
4	① ② ③ ④ ⑤	24	① ② ③ ④ ⑤	44	① ② ③ ④ ⑤
5	① ② ③ ④ ⑤	25	① ② ③ ④ ⑤	45	① ② ③ ④ ⑤
6	① ② ③ ④ ⑤	26	① ② ③ ④ ⑤	46	① ② ③ ④ ⑤
7	① ② ③ ④ ⑤	27	① ② ③ ④ ⑤	47	① ② ③ ④ ⑤
8	① ② ③ ④ ⑤	28	① ② ③ ④ ⑤	48	① ② ③ ④ ⑤
9	① ② ③ ④ ⑤	29	① ② ③ ④ ⑤	49	① ② ③ ④ ⑤
10	① ② ③ ④ ⑤	30	① ② ③ ④ ⑤	50	① ② ③ ④ ⑤
11	① ② ③ ④ ⑤	31	① ② ③ ④ ⑤	51	① ② ③ ④ ⑤
12	① ② ③ ④ ⑤	32	① ② ③ ④ ⑤	52	① ② ③ ④ ⑤
13	① ② ③ ④ ⑤	33	① ② ③ ④ ⑤	53	① ② ③ ④ ⑤
14	① ② ③ ④ ⑤	34	① ② ③ ④ ⑤	54	① ② ③ ④ ⑤
15	① ② ③ ④ ⑤	35	① ② ③ ④ ⑤	55	① ② ③ ④ ⑤
16	① ② ③ ④ ⑤	36	① ② ③ ④ ⑤	56	① ② ③ ④ ⑤
17	① ② ③ ④ ⑤	37	① ② ③ ④ ⑤	57	① ② ③ ④ ⑤
18	① ② ③ ④ ⑤	38	① ② ③ ④ ⑤	58	① ② ③ ④ ⑤
19	① ② ③ ④ ⑤	39	① ② ③ ④ ⑤	59	① ② ③ ④ ⑤
20	① ② ③ ④ ⑤	40	① ② ③ ④ ⑤	60	① ② ③ ④ ⑤

※ 본 답안지는 마킹연습용 모의 답안지입니다.

▸ NCS 최종모의고사와 OMR 답안카드를 수록하여 실제로 시험을 보는 것처럼 최종 마무리 연습을 할 수 있도록 하였다.
▸ 모바일 OMR 답안채점/성적분석 서비스를 통해 필기전형에 완벽히 대비할 수 있도록 하였다.

2 전공까지 한 권으로 최종 마무리

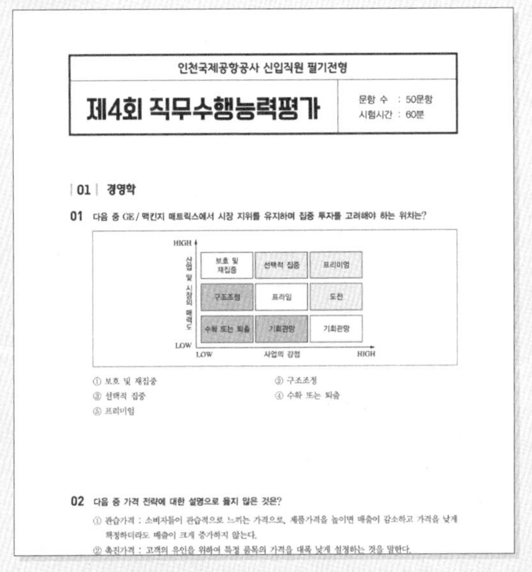
인천국제공항공사 신입직원 필기전형

제4회 직무수행능력평가

문항 수 : 50문항
시험시간 : 60분

| 01 | 경영학

01 다음 중 GE / 맥킨지 매트릭스에서 시장 지위를 유지하며 집중 투자를 고려해야 하는 위치는?

① 보호 및 재집중
② 구조조정
③ 선택적 집중
④ 수확 또는 퇴출
⑤ 프리미엄

02 다음 중 가격 전략에 대한 설명으로 옳지 않은 것은?

① 관습가격 : 소비자들이 관습적으로 느끼는 가격으로, 제품가격을 높이면 매출이 감소하고 가격을 낮게 책정하더라도 매출이 크게 증가하지 않는다.
② 촉진가격 : 고객의 유인을 위하여 특정 품목의 가격을 대폭 낮게 설정하는 것을 말한다.

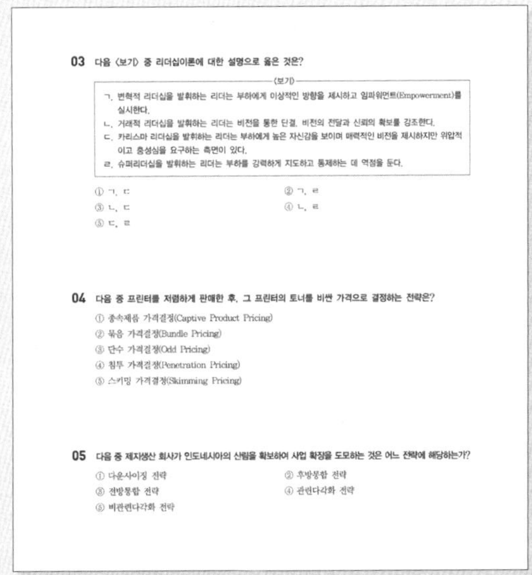
03 다음 〈보기〉 중 리더십이론에 대한 설명으로 옳은 것은?

〈보기〉

ㄱ. 변혁적 리더십을 발휘하는 리더는 부하에게 이상적인 방향을 제시하고 임파워먼트(Empowerment)를 실시한다.
ㄴ. 거래적 리더십을 발휘하는 리더는 비전을 통한 단결, 비전의 전달과 신뢰의 확보를 강조한다.
ㄷ. 카리스마 리더십을 발휘하는 리더는 부하에게 높은 자신감을 보이며 매력적인 비전을 제시하지만 위압적이고 충성심을 요구하는 측면이 있다.
ㄹ. 슈퍼리더십을 발휘하는 리더는 부하를 강력하게 지도하고 통제하는 데 역점을 둔다.

① ㄱ, ㄷ
② ㄱ, ㄹ
③ ㄴ, ㄷ
④ ㄴ, ㄹ
⑤ ㄷ, ㄹ

04 다음 중 프린터를 저렴하게 판매한 후, 그 프린터의 토너를 비싼 가격으로 결정하는 전략은?

① 종속제품 가격결정(Captive Product Pricing)
② 묶음 가격결정(Bundle Pricing)
③ 단수 가격결정(Odd Pricing)
④ 침투 가격결정(Penetration Pricing)
⑤ 스키밍 가격결정(Skimming Pricing)

05 다음 중 제지생산 회사가 인도네시아의 산림을 확보하여 사업 확장을 도모하는 것은 어느 전략에 해당하는가?

① 다운사이징 전략
② 후방통합 전략
③ 전방통합 전략
④ 관련다각화 전략
⑤ 비관련다각화 전략

▸ 사무직 전공(경영학 · 경제학 · 행정학) 모의고사를 수록하여 전공까지 대비할 수 있도록 하였다.

3 상세한 해설로 정답과 오답을 완벽하게 이해

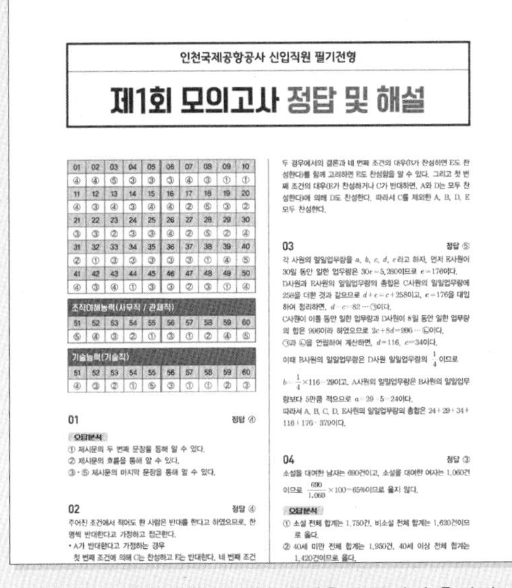
인천국제공항공사 신입직원 필기전형

제1회 모의고사 정답 및 해설

01	02	03	04	05	06	07	08	09	10
④	④	⑤	③	③	③	④	③	①	①
11	12	13	14	15	16	17	18	19	20
④	③	④	③	④	④	②	⑤	③	②
21	22	23	24	25	26	27	28	29	30
③	③	②	③	③	④	②	⑤	②	④
31	32	33	34	35	36	37	38	39	40
②	①	③	③	③	③	③	①	④	⑤
41	42	43	44	45	46	47	48	49	50
④	③	④	①	③	③	②	③	①	④

조직이해능력(사무직 / 관제직)

51	52	53	54	55	56	57	58	59	60
⑤	④	③	②	①	③	①	②	④	⑤

기술능력(기술직)

51	52	53	54	55	56	57	58	59	60
④	③	②	①	⑤	③	①	①	②	③

01 정답 ④

오답분석
① 제시문의 두 번째 문장을 통해 알 수 있다.
② 제시문의 흐름을 통해 알 수 있다.
③ · ⑤ 제시문의 마지막 문장을 통해 알 수 있다.

02 정답 ④

주어진 조건에서 적어도 한 사람은 반대를 한다고 하였으므로, 한 명씩 반대한다고 가정하고 접근한다.
• A가 반대한다고 가정하는 경우
첫 번째 조건에 의해 C는 찬성하고 E는 반대한다. 네 번째 조건

두 경우에서의 결론과 네 번째 조건의 대우(B가 찬성하면 E도 찬성한다)를 함께 고려하면 E도 찬성함을 알 수 있다. 그리고 첫 번째 조건의 대우(E가 찬성하거나 C가 반대하면, A와 D는 모두 찬성한다)에 의해 D도 찬성한다. 따라서 C를 제외한 A, B, D, E 모두 찬성한다.

03 정답 ⑤

각 사원의 일일업무량을 a, b, c, d, e라고 하자. 먼저 E사원이 30일 동안 일한 업무량은 $30e=5,280$이므로 $e=176$이다.
D사원과 E사원의 일일업무량의 총합은 C사원의 일일업무량에 258을 더한 것과 같으므로 $d+e=c+258$이고, $e=176$을 대입하여 정리하면, $d-c=82$ ⋯ ㉠이다.
C사원이 이틀 동안 일한 업무량과 D사원이 8일 동안 일한 업무량의 합은 996이라 하였으므로 $2c+8d=996$ ⋯ ㉡이다.
㉠과 ㉡을 연립하여 계산하면, $d=116$, $c=34$이다.
이때 B사원의 일일업무량은 D사원 일일업무량의 $\frac{1}{4}$이므로 $b=\frac{1}{4}\times116=29$이고, A사원의 일일업무량은 B사원의 일일업무량보다 5만큼 적으므로 $a=29-5=24$이다.
따라서 A, B, C, D, E사원의 일일업무량의 총합은 $24+29+34+116+176=379$이다.

04 정답 ③

소설을 대여한 남자는 690건이고, 소설을 대여한 여자는 1,060건이므로 $\frac{690}{1,060}\times100=65\%$이므로 옳지 않다.

오답분석
① 소설 전체 합계는 1,750건, 비소설 전체 합계는 1,620건이므로 옳다.
② 40세 미만 전체 합계는 1,950건, 40세 이상 전체 합계는 1,420건이므로 옳다.

05 정답 ③

[폴더 옵션]에서는 파일 및 폴더의 숨김 표시 여부를 설정할 수 있다. 하지만 속성 일괄 해제는 폴더창에서 직접 해야 한다.

06 정답 ③

K사원의 정규시간 외에 초과근무가 있는 날의 시간 외 근무시간을 구하면 다음과 같다.

근무 요일	초과근무시간			1시간 공제
	출근	야근	합계	
1 ~ 15일	-	-	-	770분
18일(월)	-	70분	70분	10분
20일(수)	60분	20분	80분	20분
21일(목)	30분	70분	100분	40분
25일(월)	60분	90분	150분	90분
26일(화)	30분	160분	190분	130분
27일(수)	30분	100분	130분	70분
합계	-	-	-	1,130분

∴ 1,130분=18시간 50분
1시간 미만은 절사이므로 7,000×18=126,000원이다.

07 정답 ④

㉠의 뒤에 나오는 내용을 살펴보면 양안시에 대해 설명하면서 양안시차를 통해 물체와의 거리를 파악한다고 하였으므로 ㉠에 거리와 관련된 내용이 나왔음을 짐작해 볼 수 있다. 따라서 ㉠에 들어갈 내용으로 가장 적절한 것은 ④이다.

08 정답 ③

A기업의 수단별 운송비용을 구하면 다음과 같다.
• 화물자동차 : 300,000+(1,000×5×100)+(100×5×100)=750,000원
• 철도 : 150,000+(900×5×100)+(300×5×100)=750,000원
• 연안해송 : 100,000+(800×5×100)+(500×5×100)=750,000원
B기업의 수단별 운송비용을 구하면 다음과 같다.
• 화물자동차 : 200,000+(1,000×1×200)+(100×1×200)=420,000원
• 철도 : 150,000+(900×1×200)+(300×1×200)=390,000원

09 정답 ①

세 번째와 다섯 번째 근태 정보로부터 A사원은 야근을 3회, 결근을 2회 하였고, 네 번째와 여섯 번째 정보로부터 B사원은 지각을 2회, C사원은 지각을 3회 하였음을 알 수 있다. C사원의 경우 지각을 3회 하였으므로 결근과 야근을 각각 1회 또는 2회 하였는데, 근태 총점수가 −2점이므로 지각에서 −3점, 결근에서 −1점, 야근에서 +2점을 얻어야 한다. 마지막으로 B사원은 결근을 3회, 야근을 1회 하여 근태 총점수가 −4점이 된다.

(단위 : 회)

구분	A	B	C	D
지각	1	2	3	1
결근	2	3	1	1
야근	3	1	2	2
근태 총점수(점)	0	−4	−2	0

따라서 C사원이 지각을 가장 많이 하였다.

10 정답 ①

09번 해설로부터 A사원과 B사원이 지각보다 결근을 많이 하였음을 알 수 있다.

11 정답 ④

ㄴ. B작업장은 생물학적 요인(바이러스)에 해당하는 사례 수가 가장 많다.
ㄷ. 화학적 요인에 해당하는 분진은 집진 장치를 설치하여 예방할 수 있다.

오답분석
ㄱ. A작업장은 물리적 요인(소음, 진동)에 해당하는 사례 수가 가장 많다.

12 정답 ③

i) A씨(8개월)
• 처음 3개월 : 220만×0.8=176만 원 → 150만 원(∵ 상한액) → 150만×3=450만 원
• 나머지 기간 : 220만×0.4=88만×5=440만 원
∴ 450만+440만 원=890만 원
ii) B씨(1년, 아빠의 달+둘째)
• 처음 3개월 : 300만×1.0=300만 원 → 200만 원(∵ 상한액) → 200만×3=600만 원
• 나머지 기간 : 300만×0.4=120만 원 → 100만 원(∵ 상

▸ 정답과 오답에 대한 상세한 해설을 수록하여 혼자서도 학습할 수 있도록 하였다.

이 책의 차례 CONTENTS

제1회
인천국제공항공사

NCS 직업기초능력평가

www.sdedu.co.kr

〈문항 및 시험시간〉

평가영역	문항 수	시험시간	모바일 OMR 답안분석
[공통] 의사소통능력+수리능력 +문제해결능력+자원관리능력 +정보능력 [사무직 / 관제직] 조직이해능력 [기술직] 기술능력	60문항	65분	사무직 / 관제직 기술직

인천국제공항공사 신입직원 필기전형

제1회 직업기초능력평가

문항 수 : 60문항
시험시간 : 65분

01 다음 글의 내용으로 적절하지 않은 것은?

> '갑'이라는 사람이 있다고 하자. 이때 사회가 갑에게 강제적 힘을 행사하는 것이 정당화되는 근거는 무엇일까? 그것은 갑이 다른 사람에게 미치는 해악을 방지하려는 데 있다. 특정 행위가 갑에게 도움이 될 것이라든가, 이 행위가 갑을 더욱 행복하게 할 것이라든가 또는 이 행위가 현명하다든가 혹은 옳은 것이라든가 하는 이유를 들면서 갑에게 이 행위를 강제하는 것은 정당하지 않다. 이러한 이유는 갑에게 권고하거나 이치를 이해시키거나 무엇인가를 간청하거나 할 때는 충분한 이유가 된다. 그러나 갑에게 강제를 가하는 이유 혹은 어떤 처벌을 가할 이유는 되지 않는다. 이와 같은 사회적 간섭이 정당화되기 위해서는 갑이 행하려는 행위가 다른 어떤 이에게 해악을 끼칠 것이라는 점이 충분히 예측되어야 한다. 한 사람이 행하고자 하는 행위 중에서 그가 사회에 대해서 책임을 져야 할 유일한 부분은 다른 사람에게 관계되는 부분이다.

① 개인에 대한 사회의 간섭은 어떤 조건이 필요하다.
② 행위 수행 혹은 행위 금지의 도덕적 이유와 법적 이유는 구분된다.
③ 한 사람의 행위는 타인에 대한 행위와 자신에 대한 행위로 구분된다.
④ 사회는 개인의 해악에 관해서는 관심이 있지만, 그 해악을 방지할 강제성의 근거는 가지고 있지 않다.
⑤ 타인과 관계되는 행위는 사회적 책임이 따른다.

02 귀하는 부하직원 A ~ E 5명을 대상으로 마케팅 전략에 대한 의견을 물었고, 이에 대해 부하직원들은 다음 〈조건〉에 따라 찬성과 반대 중 하나의 의견을 제시하였다. 다음 중 항상 옳은 것은?

〈조건〉

- A 또는 D 둘 중 적어도 한 사람이 반대하면, C는 찬성하고 E는 반대한다.
- B가 반대하면, A는 찬성하고 D는 반대한다.
- D가 반대하면, C도 반대한다.
- E가 반대하면, B도 반대한다.
- 적어도 한 사람은 반대한다.

① A는 찬성하고, B는 반대한다.
② A는 찬성하고, E는 반대한다.
③ B와 D는 반대한다.
④ C는 반대하고, D는 찬성한다.
⑤ C와 E는 찬성한다.

03 다음 〈조건〉을 토대로 할 때 A ~ E사원의 일일업무량의 총합은 얼마인가?

〈조건〉

- A사원의 일일업무량은 B사원의 일일업무량보다 5만큼 적다.
- B사원의 일일업무량은 D사원 일일업무량의 $\frac{1}{4}$ 이다.
- D사원과 E사원의 일일업무량을 합친 것은 C사원의 업무량에 258을 더한 것과 같다.
- C사원이 이틀 동안 일한 업무량과 D사원이 8일 동안 일한 업무량의 합은 996이다.
- E사원이 30일 동안 일한 업무량은 5,280이다.

① 262
② 291
③ 359
④ 373
⑤ 379

04 다음은 I도서관의 도서 대여 건수를 작성한 자료이다. 이에 대한 설명으로 옳지 않은 것은?

(단위 : 건)

구분	비소설		소설	
	남자	여자	남자	여자
40세 미만	520	380	450	600
40세 이상	320	400	240	460

① 소설을 대여한 수가 비소설을 대여한 수보다 많다.
② 40세 미만보다 40세 이상이 대여를 더 적게 했다.
③ 소설을 대여한 남자 수는 소설을 대여한 여자 수의 70% 이상이다.
④ 전체 40세 미만 대여 수에서 비소설 대여 수가 차지하는 비율은 40%를 넘는다.
⑤ 전체 40세 이상 대여 수에서 소설 대여 수가 차지하는 비율은 50% 미만이다.

05 다음 중 Windows의 [폴더 옵션]에서 설정할 수 있는 작업에 해당하지 않는 것은?
① 숨김 파일 및 폴더를 표시할 수 있다.
② 색인된 위치에서는 파일 이름뿐만 아니라 내용도 검색하도록 설정할 수 있다.
③ 숨김 파일 및 폴더의 숨김 속성을 일괄 해제할 수 있다.
④ 파일이나 폴더를 한 번 클릭해서 열 것인지, 두 번 클릭해서 열 것인지를 설정할 수 있다.
⑤ 파일 확장자명을 숨길 수 있다.

06 다음은 개발부에서 근무하는 K사원의 4월 근태기록이다. 규정을 참고할 때, K사원이 받을 시간 외 근무수당은 얼마인가?(단, 정규근로시간은 09:00 ~ 18:00이다)

〈시간 외 근무규정〉

- 시간 외 근무(조기출근 포함)는 1일 4시간, 월 57시간을 초과할 수 없다.
- 시간 외 근무수당은 1일 1시간 이상 시간 외 근무를 한 경우에 발생하며, 18시 이후 1시간을 공제한 후 매분 단위까지 합산하여 계산한다(단, 월 단위 계산 시 1시간 미만은 절사함).
- 시간 외 근무수당 지급단가 : 사원(7,000원), 대리(8,000원), 과장(10,000원)

〈K사원의 4월 근태기록(출근시간 / 퇴근시간)〉

- 4월 1일부터 4월 15일까지의 시간 외 근무시간은 12시간 50분(1일 1시간 공제 적용)이다.

18일(월요일)	19일(화요일)	20일(수요일)	21일(목요일)	22일(금요일)
09:00 / 19:10	09:00 / 18:00	08:00 / 18:20	08:30 / 19:10	09:00 / 18:00
25일(월요일)	**26일(화요일)**	**27일(수요일)**	**28일(목요일)**	**29일(금요일)**
08:00 / 19:30	08:30 / 20:40	08:30 / 19:40	09:00 / 18:00	09:00 / 18:00

※ 주말 특근은 고려하지 않음

① 112,000원
② 119,000원
③ 126,000원
④ 133,000원
⑤ 140,000원

07 다음 글의 빈칸 ㉠에 들어갈 내용으로 가장 적절한 것은?

> 동물들은 홍채에 있는 근육의 수축과 이완을 통해 눈동자를 크게 혹은 작게 만들어 눈으로 들어오는 빛의 양을 조절하므로 눈동자 모양이 원형인 것이 가장 무난하다. 그런데 고양이와 늑대와 같은 육식동물은 세로로, 양이나 염소와 같은 초식동물은 가로로 눈동자 모양이 길쭉하다. 특별한 이유가 있는 것일까?
> 육상동물 중 모든 육식동물의 눈동자가 세로로 길쭉한 것은 아니다. 주로 매복형 육식동물의 눈동자가 세로로 길쭉하다. 이는 숨어서 기습을 하는 사냥 방식과 밀접한 관련이 있는 것으로, 세로로 길쭉한 눈동자가 ___㉠___ 일반적으로 매복형 육식동물은 양쪽 눈으로 초점을 맞춰 대상을 보는 양안시로, 각 눈으로부터 얻는 영상의 차이인 양안시차를 하나의 입체 영상으로 재구성하면서 물체와의 거리를 파악한다. 그런데 이러한 양안시차뿐만 아니라 거리지각에 대한 정보를 주는 요소로 심도 역시 중요하다. 심도란 초점이 맞는 공간의 범위를 말하며, 심도는 눈동자의 크기에 따라 결정된다. 즉, 눈동자의 크기가 커져 빛이 많이 들어오게 되면 커지기 전보다 초점이 맞는 범위가 좁아진다. 이렇게 초점의 범위가 좁아진 경우를 '심도가 얕다.'고 하며, 반대인 경우를 '심도가 깊다.'고 한다.

① 사냥감의 주변 동태를 정확히 파악하는 데 효과적이기 때문이다.
② 사냥감의 움직임을 정확히 파악하는 데 효과적이기 때문이다.
③ 사냥감의 위치를 정확히 파악하는 데 효과적이기 때문이다.
④ 사냥감과의 거리를 정확히 파악하는 데 효과적이기 때문이다.
⑤ 사냥감과의 경로를 정확히 파악하는 데 효과적이기 때문이다.

08 화물 출발지와 도착지 간 거리가 A기업은 100km, B기업은 200km이며, 운송량은 A기업은 5톤, B기업은 1톤이다. 국내 운송 시 수단별 요금체계가 다음과 같을 때, A기업과 B기업의 운송비용에 대한 설명으로 옳은 것은?(단, 다른 조건은 동일하다)

〈국내 운송 시 수단별 요금체계〉

구분		화물자동차	철도	연안해송
운임	기본운임	200,000원	150,000원	100,000원
	km·톤당 추가운임	1,000원	900원	800원
km·톤당 부대비용		100원	300원	500원

① A, B기업 모두 화물자동차 운송이 저렴하다.
② A기업은 화물자동차가 저렴하고, B기업은 모든 수단이 동일하다.
③ A기업은 모든 수단이 동일하고, B기업은 연안해송이 저렴하다.
④ A, B기업 모두 철도운송이 저렴하다.
⑤ A기업은 연안해송, B기업은 철도운송이 저렴하다.

※ 다음은 A, B, C, D사원의 6월 근태 현황 중 일부를 나타낸 자료이다. 이어지는 질문에 답하시오. **[9~10]**

〈6월 근태 현황〉

(단위 : 회)

구분	A사원	B사원	C사원	D사원
지각	1			1
결근				
야근				2
근태 총점수(점)	0	−4	−2	0

〈6월 근태 정보〉

- 근태는 지각(−1), 결근(−1), 야근(+1)으로 이루어져 있다.
- A, B, C, D사원의 근태 총점수는 각각 0점, −4점, −2점, 0점이다.
- A, B, C사원은 지각, 결근, 야근을 각각 최소 1회, 최대 3회 하였고 각 근태 횟수는 모두 달랐다.
- A사원은 지각을 1회 하였다.
- A, B, C, D사원 중 A사원이 야근을 가장 많이 했다.
- 지각은 B사원이 C사원보다 적게 했다.

09 다음 중 항상 옳은 것은?

① 지각을 제일 많이 한 사람은 C사원이다.
② B사원은 결근을 2회 했다.
③ C사원은 야근을 1회 했다.
④ A사원은 결근을 3회 했다.
⑤ 결근을 가장 적게 한 사람은 A사원이다.

10 다음 중 지각보다 결근을 많이 한 사람은?

① A사원, B사원
② A사원, C사원
③ B사원, C사원
④ B사원, D사원
⑤ C사원, D사원

11 다음은 I공사에서 발생하는 작업 환경의 유해 원인을 작업장별로 나타낸 자료이다. 이에 대한 설명으로 옳은 것을 〈보기〉에서 모두 고르면?

구분	작업 환경의 유해 원인	사례 수(건)		
		A작업장	B작업장	합계
1	소음(물리적 요인)	3	1	4
2	분진(화학적 요인)	1	2	3
3	진동(물리적 요인)	3	0	3
4	바이러스(생물학적 요인)	0	5	5
5	부자연스러운 자세 (인간공학적 요인)	5	3	8
합계		12	11	23

〈보기〉

ㄱ. A작업장에서 발생하는 작업 환경의 유해 사례는 화학적 요인에서 가장 많이 발생되었다.
ㄴ. B작업장에서 발생하는 작업 환경의 유해 사례는 생물학적 요인에서 가장 많이 발생되었다.
ㄷ. A작업장과 B작업장에서 화학적 요인으로 발생되는 작업 환경의 유해 요인은 집진 장치를 설치하여 예방할 수 있다.

① ㄱ
② ㄴ
③ ㄱ, ㄷ
④ ㄴ, ㄷ
⑤ ㄱ, ㄴ, ㄷ

12 육아휴직급여를 담당하는 인사부 S사원은 최근 신청인원 명단을 받아 휴직기간 동안 지급될 급여를 계산해 보고해야 한다. 육아휴직급여 지원 내용이 다음과 같을 때 A ~ C 세 사람이 받을 수 있는 급여액의 합은 얼마인가?

〈육아휴직급여〉

근로자가 만 8세 이하 또는 초등학교 2학년 이하의 자녀를 양육하기 위하여 남녀고용평등과 일 · 가정 양립 지원에 관한 법률 제19조에 의한 육아휴직을 30일 이상 부여받은 경우 지급되는 급여입니다.

■ 해당조건 및 혜택

- 육아휴직 기간 : 1년 이내
- 육아휴직개시일 이전에 피보험단위기간이 180일 이상
- 육아휴직개시일 이후 1월부터 종료일 이후 12월 이내 신청
- 육아휴직 첫 3개월 동안은 월 통상임금의 100분의 80(상한액 : 월 150만 원, 하한액 : 월 70만 원), 나머지 기간에 대해서는 월 통상임금의 100분의 40(상한액 : 월 100만 원, 하한액 : 월 50만 원)을 지급함
- 아빠의 달 : 동일한 자녀에 대하여 부모가 순차적으로 휴직할 경우 두 번째 사용자의 첫 3개월 급여는 통상임금의 100%(최대 150만 원, 둘째 아이에 대해서는 200만 원)를 지원

〈신청인원〉

신청인	성별	자녀	통상임금	육아휴직기간	비고
A	여자	6살(첫째)	220만 원	8개월	–
B	남자	3살(둘째)	300만 원	1년	아빠의 달
C	남자	8살(첫째)	90만 원	6개월	–

① 2,580만 원
② 2,739만 원
③ 2,756만 원
④ 2,912만 원
⑤ 2,921만 원

※ 다음은 인천공항 비상 의료서비스 규정이다. 자료를 읽고 이어지는 질문에 답하시오. [13~14]

제7절 비상 의료서비스

7.1 개요

항공기 사고 시, 자격을 갖춘 의료진과 구급요원들의 즉각적인 의료활동으로 희생자와 부상자를 최대한 줄이는 데 그 목적이 있다. 이를 위해서는 생존자들을 상태에 따라 분류하고 필요한 응급조치를 취한 다음 즉시 적절한 의료시설로 후송해야 한다.

7.2 사상자 분류

7.2.1 상자 분류 원칙

1. 사상자 분류 목적은 치료와 후송을 위한 우선순위를 결정하기 위하여 부상 정도에 따라 분류하고 등급을 매기는 것을 말한다.
2. 사상자는 다음의 4단계로 분류한다.
   1) Ⅰ등급 : 즉시 치료 대상자
   2) Ⅱ등급 : 후순위 치료 대상자
   3) Ⅲ등급 : 간단한 치료 대상자
   4) Ⅳ등급 : 사망자
3. 사고 현장에 도착한 현장의료조정관은 즉시 초기 분류작업을 실시하여야 한다.
4. 부상자들이 본격적인 치료를 받을 수 있도록 분류지역에서 치료지역으로 후송한다.
5. 현장의료조정관(공항의료센터장)은 Ⅰ등급 부상자를 최우선적으로 치료 및 후송토록 조치해야 할 책임이 있다.
6. 사고 현장의 상황에 따라 분류조치 없이 즉시 부상자를 후송해야 할 경우, 부상자를 가능한 한 가까운 장소로 후송하고, 소방 작업 현장으로부터는 충분한 거리를 유지하여야 한다.

7.3 기본 의료활동

7.3.1 중상자는 반드시 현장에서 안정을 취한 후 후송하여야 한다.

7.3.2 공항소방대원은 사고 현장에서 첫 번째 응급처치 담당자의 역할을 수행하게 된다. 이들 대원은 외상 치료전문가의 지휘를 받아 현장에서 부상자가 안정을 취할 수 있도록 조치한다.

7.3.3 공항소방대원은 충분한 양의 의료용 산소를 준비하여야 한다. 그러나 연료가 누유되었거나 연료가 묻은 옷이 있는 장소에서는 폭발 위험이 있으므로 산소를 사용해서는 안 된다.

7.3.4 사상자 분류와 그 후속 의료조치는 지정된 현장의료조정관의 지휘 하에 일사불란하게 이루어져야 한다.

7.3.5 현장의료조정관은 사고 현장에서의 모든 의료행위에 대한 책임을 지고, 의료조정관의 최우선 임무는 부상자 치료가 아니라 의료부분 총괄관리 및 조정 기능을 수행하는 것이다.

7.3.6 의료조정관은 다른 의료진과 구분하기 위하여 흰색 안전모와 앞・뒤에 적색글씨로 '의료조정관'이라고 쓰인 흰색 가운을 착용하여야 한다.

7.4 **의료 구호기준**

7.4.1 Ⅰ등급 부상자 분류 기준

1. 과도한 출혈
2. 연기에 의한 질식
3. 가슴과 목－턱뼈 등 안면부 부상
4. 혼수상태 및 급성 쇼크를 동반한 두개골 외상
5. 복합 골절
6. 전신 화상(30% 이상)
7. 짓이겨진 부상(Crush Injuries)
8. 기타 각종 쇼크
9. 척추 부상

7.4.2 Ⅰ등급 부상자 처치 요령

1. 응급조치(입속 이물질 제거로 기도 유지, 지혈패드를 이용한 지혈, 치료 장소로 부상자 후송)
2. 인공호흡
3. 연료 또는 연료가 묻은 옷이 없는 지역에서 산소호흡
4. 의료 구호지역으로 부상자 후송

7.4.3 Ⅱ등급 부상자 분류 기준

1. 질식하지 않은 상태의 흉부 외상
2. 팔다리의 폐쇄 골절
3. 부분 화상(30% 이하)
4. 혼수상태나 쇼크를 동반하지 않은 두개골 외상
5. 연약 부위 외상

7.4.4 생명을 유지하기 위한 즉각적인 응급조치가 필요치 않은 부상자들의 치료는 등급 부상자들을 안정시킨 후 시행한다. Ⅱ등급 부상자는 현장에서 간단한 응급조치를 취한 후, 협정 병원으로 후송한다.

7.4.5 Ⅲ등급 부상자들의 치료

경미한 부상을 당하였거나, 부상당하지 않은 승객은 사고 처리에 방해가 될 수 있으므로, 안전한 대기지역으로 즉각 후송한다.

13 **다음 중 윗글의 내용으로 적절하지 않은 것은?**

① 사고 현장에 도착한 현장의료조정관은 즉시 사상자 분류작업을 실시한다.

② 상황에 따라 사상자 분류조치 없이 부상자를 후송할 수 있다.

③ 중상자는 반드시 현장에서 안정을 취한 후 후송한다.

④ 연료가 묻은 옷이 있는 장소에는 충분한 양의 산소가 필요하다.

⑤ 의료조정관은 다른 의료진과의 구분을 위해 흰색 가운을 착용한다.

14 다음 중 〈보기〉에 대한 설명으로 가장 적절한 것은?

〈보기〉

- A는 팔에 20% 정도 화상을 입었다.
- B는 척추가 부러졌다.
- C는 연기로 인해 질식 상태이다.
- D는 가벼운 찰과상을 입었다.
- E는 가슴에 압박이 있으나 질식 상태는 아니다.

① A와 C의 부상 등급은 Ⅱ이다.

② C보다 E의 치료가 더 시급하다.

③ B가 속한 부상 등급의 부상으로는 연기에 의한 질식, 복합 골절, 짓이겨진 부상이 있다.

④ D는 간단한 응급조치 후, 협정 병원으로 후송한다.

⑤ Ⅱ등급에 해당하는 사람은 3명이다.

15 I사 인사팀 직원인 A씨는 사내 설문조사를 통해 요즘 사람들이 연봉보다는 일과 삶의 균형을 더 중요시하고 직무의 전문성을 높이고 싶어 한다는 결과를 도출했다. 다음 중 설문조사 결과와 I사 임직원의 근무 여건에 대한 자료를 참고할 때, 인사제도의 변경으로 가장 적절한 것은?

〈임직원 근무 여건〉

구분	주당 근무 일수(평균)	주당 근무 시간(평균)	직무교육 여부	퇴사율
정규직	6일	52시간 이상	○	17%
비정규직 1	5일	40시간 이상	○	12%
비정규직 2	5일	20시간 이상	×	25%

① 정규직의 연봉을 7% 인상한다.

② 정규직을 비정규직으로 전환한다.

③ 비정규직 1의 직무교육을 비정규직 2와 같이 조정한다.

④ 정규직의 주당 근무 시간을 비정규직 1과 같이 조정하고 비정규직 2의 직무교육을 시행한다.

⑤ 비정규직 2의 근무 일수를 정규직과 같이 조정한다.

16 A도시로 여행을 계획 중인 K씨는 공유자전거를 12일간 사용하려고 한다. 공유자전거 이용 계획과 이용권 종류별 요금을 참고했을 때, 가장 저렴하게 이용하는 방법은 무엇인가?

〈공유자전거 이용 계획〉

일요일	월요일	화요일	수요일	목요일	금요일	토요일
1 70분	2 50분	3 –	4 100분	5 30분	6 200분	7 300분
8 40분	9 –	10 20분	11 150분	12 10분	13 200분	14 100분

〈이용권 종류별 요금〉

구분	기본시간	기본요금	10분당 추가요금	비고
1일 이용권 A	1시간	1,000원	100원	–
1일 이용권 B	2시간	1,500원		–
1주 이용권	1주	3,000원		1일 2시간 초과사용 시 추가요금 부과
1달 이용권	1달	5,000원		1일 1시간 초과사용 시 추가요금 부과

① 3일, 9일을 제외하고, 매일 1일 이용권 A를 구매한다.

② 3일, 9일을 제외하고, 매일 1일 이용권 B를 구매한다.

③ 첫째 주는 1일 이용권 B를 구매하고, 둘째 주는 1주 이용권을 구매한다.

④ 1주 이용권을 1주마다 구매한다.

⑤ 1달 이용권을 구매한다.

17 다음 글을 통해 도출할 수 있는 사실을 〈보기〉에서 모두 고르면?

뉴턴 역학은 갈릴레오나 뉴턴의 근대 과학 이전 중세를 지배했던 아리스토텔레스의 역학관에 정면으로 반대된다. 아리스토텔레스에 의하면 물체가 똑같은 운동 상태를 유지하기 위해서는 외부에서 끝없이 힘이 제공되어야만 한다. 이렇게 물체에 힘을 제공하는 기동자가 물체에 직접적으로 접촉해야 운동이 일어난다. 기동자가 없어지거나 물체와의 접촉이 중단되면 물체는 자신의 운동 상태를 유지할 수 없다. 그러나 관성의 법칙에 의하면 외력이 없는 물체도 자신의 원래 운동 상태를 유지할 수 있다. 아리스토텔레스는 기본적으로 물체의 운동을 하나의 정지 상태에서 다른 정지 상태로의 변화로 이해했다. 즉, 아리스토텔레스에게는 물체의 정지 상태가 물체의 운동 상태와는 아무런 상관이 없었다. 그러나 뉴턴 혹은 근대 과학의 시대를 열었던 갈릴레오에 의하면 물체가 정지한 상태는 운동하는 상태의 특수한 경우이다. 운동 상태가 바뀌는 것은 물체의 외부에서 힘이 가해지는 경우이다. 즉, 힘은 운동의 상태를 바꾸는 요인이다. 지금 우리는 뉴턴 역학이 옳다고 쉽게 생각하고 있지만 이론적인 선입견을 배제하고 일상적인 경험만 떠올리면 언뜻 아리스토텔레스의 논리가 더 그럴 듯하게 보일 수도 있다.

〈보기〉

㉠ 뉴턴 역학은 올바르지 않으므로, 아리스토텔레스의 역학관을 따라야 한다.
㉡ 아리스토텔레스는 "외부에서 힘이 작용하지 않으면 운동하는 물체는 계속 그 상태로 운동하려 하고, 정지한 물체는 계속 정지해 있으려고 한다."고 주장했다.
㉢ 뉴턴이나 갈릴레오 또한 당시에는 아리스토텔레스의 논리가 옳다고 판단했다.
㉣ 아리스토텔레스는 정지와 운동을 별개로 봤다.

① ㉡
② ㉣
③ ㉠, ㉢
④ ㉡, ㉣
⑤ ㉠, ㉡, ㉢

18 다음 자료를 근거로 판단할 때, 평가대상인 A ~ D기관 중 최종순위 최상위기관과 최하위기관을 순서대로 바르게 나열한 것은?

〈공공시설물 내진보강대책 추진실적 평가기준〉

■ 평가요소 및 점수부여

• $(\text{내진성능평가 지수}) = \frac{(\text{내진성능평가 실적 건수})}{(\text{내진보강대상 건수})} \times 100$

• $(\text{내진보강공사 지수}) = \frac{(\text{내진보강공사 실적 건수})}{(\text{내진보강대상 건수})} \times 100$

• 산출된 지수 값에 따른 점수는 아래 표와 같이 부여한다.

구분	지수 값 최상위 1개 기관	지수 값 중위 2개 기관	지수 값 최하위 1개 기관
내진성능평가 점수	5점	3점	1점
내진보강공사 점수	5점	3점	1점

■ 최종순위 결정

• 내진성능평가 점수와 내진보강공사 점수의 합이 큰 기관에 높은 순위를 부여한다.

• 합산 점수가 동점인 경우에는 내진보강대상 건수가 많은 기관을 높은 순위로 한다.

〈평가대상기관의 실적〉

(단위 : 건)

구분	A기관	B기관	C기관	D기관
내진성능평가 실적	82	72	72	83
내진보강공사 실적	91	76	81	96
내진보강대상	100	80	90	100

	최상위기관	최하위기관
①	A기관	B기관
②	B기관	C기관
③	B기관	D기관
④	C기관	D기관
⑤	D기관	C기관

※ 다음은 전세계 각국에 대한 우리나라의 수출입 실적이다. 이어지는 질문에 답하시오. [19~20]

〈국가별 수출입 실적〉

(단위 : USD 1,000)

국가명	수출건수	수출금액	수입건수	수입금액	무역수지
합계	3,587,059	246,290,839	8,662,739	220,090,995	26,199,844
중국	953,140	65,384,190	1,356,749	43,133,240	22,250,951
미국	397,564	28,108,451	3,975,452	24,127,985	3,980,465
베트남	249,333	19,631,307	144,558	7,856,156	11,775,151
홍콩	129,869	18,666,061	83,597	929,330	17,736,732
일본	377,583	12,656,585	742,746	23,537,812	−10,881,227
대만	105,061	6,809,322	122,137	7,044,554	−235,232
인도	93,303	6,220,597	43,968	2,256,431	3,964,166
싱가포르	89,198	4,942,104	63,877	3,494,874	1,447,231
필리핀	48,379	4,866,426	38,114	1,371,511	3,494,915
멕시코	55,157	4,322,144	35,441	2,246,253	2,075,892
호주	45,830	4,109,275	150,274	8,095,355	−3,986,080
독일	70,715	4,011,444	741,693	9,063,340	−5,051,897
기타	1,349,510	79,219,518	1,906,879	110,471,966	−31,252,450

19 다음 중 국가별 수출입 실적 관련 항목과 수치가 바르게 연결된 것은?(단, 모든 값은 소수점 둘째 자리에서 반올림한다)

	항목	수치
①	중국의 수출건수 대비 미국 수출건수 비율	39.5%
②	멕시코의 수출건수당 평균 수출금액USD	80,250
③	일본의 수출건수 대비 수입건수 비율	196.7%
④	수입금액이 USD 200억 이상인 국가 수	3
⑤	기타를 제외한 수입건수를 높은 순으로 나열 시 대만의 수입건수 순위	6

20 다음 〈보기〉 중 국가별 수출입실적에 대해 잘못 설명한 사람을 모두 고르면?

〈보기〉

A : 독일의 수출건수는 필리핀의 수출건수에 비해 30% 이상 많아.
B : 싱가포르의 수입건수는 수출건수의 70% 미만에 불과해.
C : 미국은 우리나라가 수입하는 국가들 중 수입건수가 가장 많은 국가야.
D : 홍콩의 무역수지는 인도 무역수지의 5배보다 커.

① A, B
② B, D
③ A, B, D
④ A, C, D
⑤ B, C, D

21 I회사에서는 신입사원 2명을 채용하기 위하여 서류와 필기 전형을 통과한 갑, 을, 병, 정 네 명의 최종 면접을 실시하려고 한다. 다음과 같이 네 개 부서의 팀장이 각각 네 명을 모두 면접하여 채용 우선순위를 결정하였다. 면접 결과에 대한 〈보기〉의 설명 중 옳은 것을 모두 고르면?

〈면접 결과〉

순위 \ 면접관	인사팀장	경영관리팀장	영업팀장	회계팀장
1순위	을	갑	을	병
2순위	정	을	병	정
3순위	갑	정	정	갑
4순위	병	병	갑	을

※ 우선순위가 높은 사람 순서대로 2명을 채용한다.
※ 동점자는 인사팀장, 경영관리팀장, 영업팀장, 회계팀장 순서로 부여한 고순위자로 결정한다.
※ 각 팀장이 매긴 순위에 대한 가중치는 모두 동일하다.

〈보기〉

㉠ '을' 또는 '정' 중 한 명이 입사를 포기하면 '갑'이 채용된다.
㉡ 인사팀장이 '을'과 '정'의 순위를 바꾼다면 '갑'이 채용된다.
㉢ 경영관리팀장이 '갑'과 '병'의 순위를 바꾼다면 '정'은 채용되지 못한다.

① ㉠
② ㉠, ㉡
③ ㉠, ㉢
④ ㉡, ㉢
⑤ ㉠, ㉡, ㉢

22 다음과 같이 하나의 셀에 두 줄 이상의 데이터를 입력하려고 할 때, '컴퓨터'를 입력한 후 줄을 바꾸기 위하여 사용하는 키로 옳은 것은?

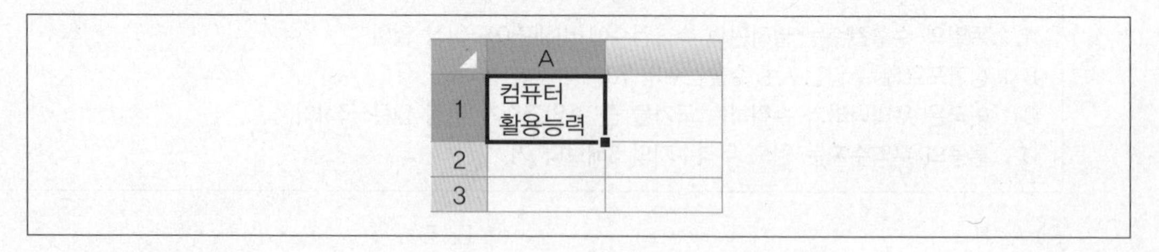

① 〈Ctrl〉+〈Enter〉

② 〈Ctrl〉+〈Shift〉+〈Enter〉

③ 〈Alt〉+〈Enter〉

④ 〈Shift〉+〈Enter〉

⑤ 〈Alt〉+〈Shift〉+〈Enter〉

23 짝수 행에만 배경색과 글꼴 스타일 '굵게'를 설정하는 조건부 서식을 지정하고자 한다. 다음 중 이를 위해 아래의 [새 서식 규칙] 대화상자에 입력할 수식으로 옳은 것은?

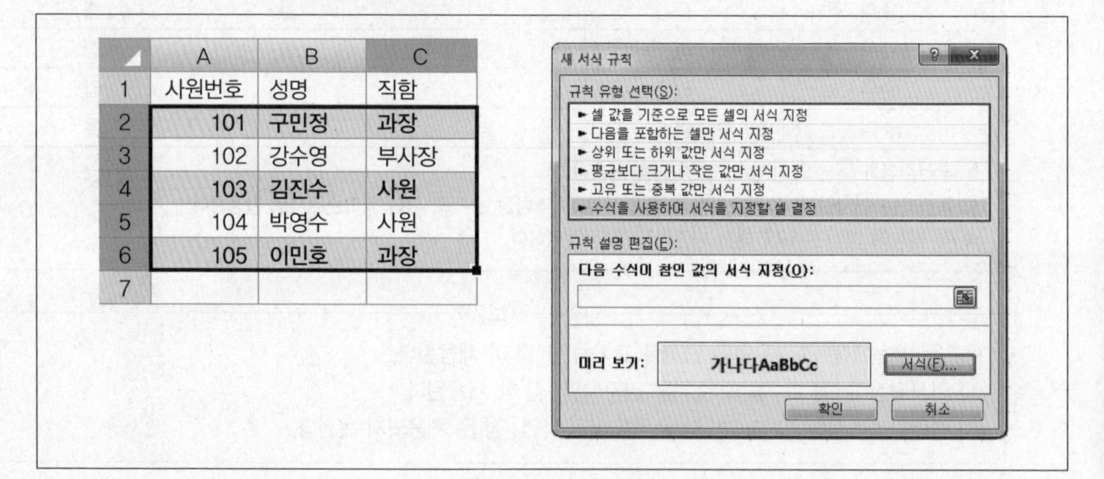

	A	B	C
1	사원번호	성명	직함
2	101	구민정	과장
3	102	강수영	부사장
4	103	김진수	사원
5	104	박영수	사원
6	105	이민호	과장
7			

① =MOD(ROW(),2)=1

② =MOD(ROW(),2)=0

③ =MOD(COLUMN(),2)=1

④ =MOD(COLUMN(),2)=0

⑤ =MOD(COLUMN(),1)=1

24 다음 글을 읽고 뒤르켐이 헤겔에게 할 수 있는 비판의 내용으로 가장 적절한 것은?

> 시민 사회라는 용어는 17세기에 등장했지만 19세기 초에 이를 국가와 구분하여 개념적으로 정교화한 인물이 헤겔이다. 그가 활동하던 시기에 유럽의 후진국인 프러시아에는 절대주의 시대의 잔재가 아직 남아 있었다. 산업 자본주의도 미성숙했던 때여서 산업화를 추진하고 자본가들을 육성하며 심각한 빈부 격차나 계급 갈등 등의 사회문제를 해결해야 하는 시대적 과제가 있었다. 그는 사익의 극대화가 국부를 증대해준다는 점에서 공리주의를 긍정했으나 그것이 시민 사회 내에서 개인들의 무한한 사익 추구가 일으키는 빈부 격차나 계급 갈등을 해결할 수는 없다고 보았다. 그는 시민 사회가 개인들의 사적 욕구를 추구하며 살아가는 생활 영역이자 그 욕구를 사회적 의존 관계 속에서 추구하게 하는 공동체적 윤리성의 영역이어야 한다고 생각했다. 특히 시민 사회 내에서 사익 조정과 공익 실현에 기여하는 직업 단체와 복지 및 치안 문제를 해결하는 복지 행정 조직의 역할을 설정 하면서, 이 두 기구가 시민 사회를 이상적인 국가로 이끌 연결 고리가 될 것으로 기대했다. 하지만 빈곤과 계급 갈등은 시민 사회 내에서 근원적으로 해결될 수 없는 것이었다. 따라서 그는 국가를 사회 문제를 해결하고 공적 질서를 확립할 최종 주체로 설정하면서 시민 사회가 국가에 협력해야 한다고 생각했다.
>
> 한편 1789년 프랑스 혁명 이후 프랑스 사회는 혁명을 이끌었던 계몽주의자들의 기대와는 다른 모습을 보이고 있었다. 사회는 사익을 추구하는 파편화된 개인들의 각축장이 되어 있었고 빈부 격차와 계급 갈등은 격화된 상태였다. 이러한 혼란을 극복하기 위해 노동자 단체와 고용주 단체 모두를 불법으로 규정한 르샤폴리에 법이 1791년부터 약 90년간 시행되었으나, 이 법은 분출되는 사익의 추구를 억제하지도 못하면서 오히려 프랑스 시민 사회를 극도로 위축시켰다.
>
> 뒤르켐은 이러한 상황을 아노미, 곧 무규범 상태로 파악하고 최대 다수의 최대 행복을 표방하는 공리주의가 사실은 개인의 이기심을 전제로 하고 있기에 아노미를 조장할 뿐이라고 생각했다. 그는 사익을 조정하고 공익과 공동체적 연대를 실현할 도덕적 개인주의의 규범에 주목하면서, 이를 수행할 주체로서 직업 단체의 역할을 강조하였다. 뒤르켐은 직업 단체가 정치적 중간 집단으로서 구성원의 이해관계를 국가에 전달하는 한편 국가를 견제해야 한다고 보았던 것이다.

① 직업 단체는 정치적 중간 집단의 역할로 빈곤과 계급 갈등을 근원적으로 해결하지 못해요.
② 직업 단체와 복지행정조직이 시민 사회를 이상적인 국가로 이끌어줄 열쇠에요.
③ 국가가 주체이기는 하지만 공동체적 연대의 실현을 수행할 중간 집단으로서의 주체가 필요해요.
④ 국가를 최종 주체로 설정한다면 사익을 조정할 수 있고, 공적 질서를 확립할 수 있어요.
⑤ 공리주의는 개인의 이기심을 전제로 하고 있기 때문에 아노미를 조장할 뿐이에요.

※ 다음은 I기업의 동호회 인원 구성을 나타내고 있다. 이어지는 질문에 답하시오. **[25~26]**

(단위 : 명)

구분	2019년	2020년	2021년	2022년
축구	87	92	114	131
농구	73	77	98	124
야구	65	72	90	117
배구	52	56	87	111
족구	51	62	84	101
등산	19	35	42	67
여행	12	25	39	64
합계	359	419	554	715

25 2022년 축구 동호회 인원 증가율이 계속 유지된다고 가정할 때, 2023년 축구 동호회의 인원은?(단, 소수점 첫째 자리에서 반올림한다)

① 149명
② 150명
③ 151명
④ 152명
⑤ 153명

26 다음 중 자료에 대한 설명으로 옳은 것은?

① 동호회 인원이 많은 순서로 나열할 때, 매년 그 순위는 변화가 없다.
② 2020 ~ 2022년간 동호회 인원 구성에서 등산이 차지하는 비중은 전년 대비 매년 증가했다.
③ 2020 ~ 2022년간 동호회 인원 구성에서 배구가 차지하는 비중은 전년 대비 매년 증가했다.
④ 2020년 족구 동호회 인원은 2020년 전체 동호회의 평균 인원보다 많다.
⑤ 등산과 여행 동호회 인원의 합은 매년 같은 해의 축구 동호회 인원에 비해 적다.

27 I공사에서는 다음 주 평일 오전에 4분기 업무 관련 회의를 진행하고자 한다. 다음 자료를 참고할 때, 회의가 진행될 요일로 가장 적절한 것은?(단, 다음 주 월요일은 9월 24일이다)

〈회의 조건〉

- 회의 참석대상자는 기술전략처장, 사업계획부장, 현장관리과장, 환경조사과장, 원자력정책팀장이다.
- 회의에는 참석대상자 전원이 참석하여야 한다.
- 회의는 참석대상자의 일정을 고려하여 가능한 날짜 중 가장 빠른 날짜에 진행한다.

〈회의 참석대상자의 다음 주 일정〉

참석대상자	다음 주 일정
기술전략처장	– 9월 27일 : 자녀 결혼식에 따른 휴가
사업계획부장	– 매주 수요일 : 계획현안회의(오전) – 9월 18 ~ 24일 : 병가
현장관리과장	– 9월 26 ~ 27일 : 서부권역 건설현장 방문(종일) – 9월 28일 : 무주양수발전소 협력 회의(오후)
환경조사과장	– 9월 28일 : 한강2본부 근무(오후) – 매주 월요일 : 추진사업 조사결과 보고(오전)
원자력정책팀장	– 9월 25일 : 한강수력본부 출장(오후)

① 월요일
② 화요일
③ 수요일
④ 목요일
⑤ 금요일

28 다음 사례에서 요리연구가 A씨가 사용한 방법은?

요리연구가 A씨는 수많은 요리를 개발하면서 해당 요리의 조리방법을 기록해 왔다. 몇 년에 걸쳐 진행한 결과 A씨가 연구해 온 요리는 수백 개에 달했고, 이에 따라 A씨가 해당 요리에 관한 내용을 찾으려 할 때, 상당한 시간이 걸렸다. A씨는 고민 끝에 요리방법을 적은 문서를 분류하기로 하였고 이를 책으로 출판하였다. 책은 각 요리에서 주재료로 사용된 재료를 기준으로 요리방법이 분류되었으며, 해당 재료에 대한 내용이 서술되어 있는 페이지도 같이 기술하였다.

① 목록
② 목차
③ 분류
④ 초록
⑤ 색인

※ A대리는 자택의 전력소비량을 감축하고자 한다. 다음 자료를 읽고 이어지는 질문에 답하시오. **[29~30]**

〈가전기기별 전력소비량〉

- 에어컨
  - 원통형 : 시간당 1.0kWh
  - 벽걸이형 : 시간당 0.8kWh
- 텔레비전
  - 시간당 0.5kWh
- 컴퓨터
  - 일반형 : 시간당 0.4kWh
  - 절전형 : 시간당 0.2kWh
- 냉장고
  - 일반모드 : 시간당 1.7kWh
  - 절전모드 : 시간당 1.4kWh

〈전력소비량 산출방법〉

- (월 전력소비량)=(시간당 소비전력)×(일 사용시간)×(한 달 중 사용일)

29 A대리가 현재 자택에 보유하고 있는 가전기기와 사용시간은 다음과 같다. A대리가 다음 달에 가전기기의 종류와 사용방식을 바꿈으로써 절감 가능한 월 전력량은?

〈현재〉		〈다음 달〉
• 원통형 에어컨 1대(30일 하루 4시간 사용) • 텔레비전 1대(30일 하루 2시간 사용) • 일반 컴퓨터 2대(30일 하루 3시간 사용) • 냉장고 1대(일반모드로 30일 매일 사용)	→	• 벽걸이형 에어컨 1대(30일 하루 4시간 사용) • 텔레비전 1대(30일 하루 1시간 사용) • 절전형 컴퓨터 2대(30일 하루 2시간 사용) • 냉장고 1대(절전모드로 30일 매일 사용)

① 280kWh
② 303kWh
③ 312kWh
④ 470kWh
⑤ 520kWh

30 A대리의 자택에 필요한 가전기기의 종류 및 대수와 사용량에 대한 〈조건〉은 다음과 같다. A대리가 〈조건〉에 따라 필요한 가전기기를 구입하고자 할 때, 가능한 월 최소 전력소비량은?

〈조건〉

- A대리는 에어컨 2대, 텔레비전 1대, 컴퓨터 1대, 냉장고 1대가 필요하다.
- A대리는 하루에 에어컨 1대당 각각 4시간을 사용한다.
- A대리는 텔레비전과 컴퓨터를 하루에 각각 2시간씩 사용한다.
- 냉장고는 24시간 가동해야 한다.
- 각 전자기기는 30일 매일 사용한다.

① 1,032kWh
② 1,152kWh
③ 1,205kWh
④ 1,242kWh
⑤ 1,392kWh

31 다음 프로그램의 실행 결과로 옳은 것은?

```
#include <stdio.h>
void main() {
  int array[10] = { 1, 2, 3, 4, 5, 6, 7, 8, 9, 10 };
  int i;
  int num = 0;

  for (i = 0; i < 10; i += 2) {
    num += array[i];
  }
  printf("%d", num);
}
```

① 0
② 25
③ 35
④ 45
⑤ 55

32 다음은 남미, 인도, 중국, 중동 지역의 2020년 대비 2030년 부문별 석유수요의 증감규모를 예측한 자료이다. 〈보기〉를 참고하여 A ~ D에 해당하는 지역을 바르게 연결한 것은?

〈2020년 대비 2030년 지역별, 부문별 석유수요의 증감규모〉

(단위 : 백만 TOE)

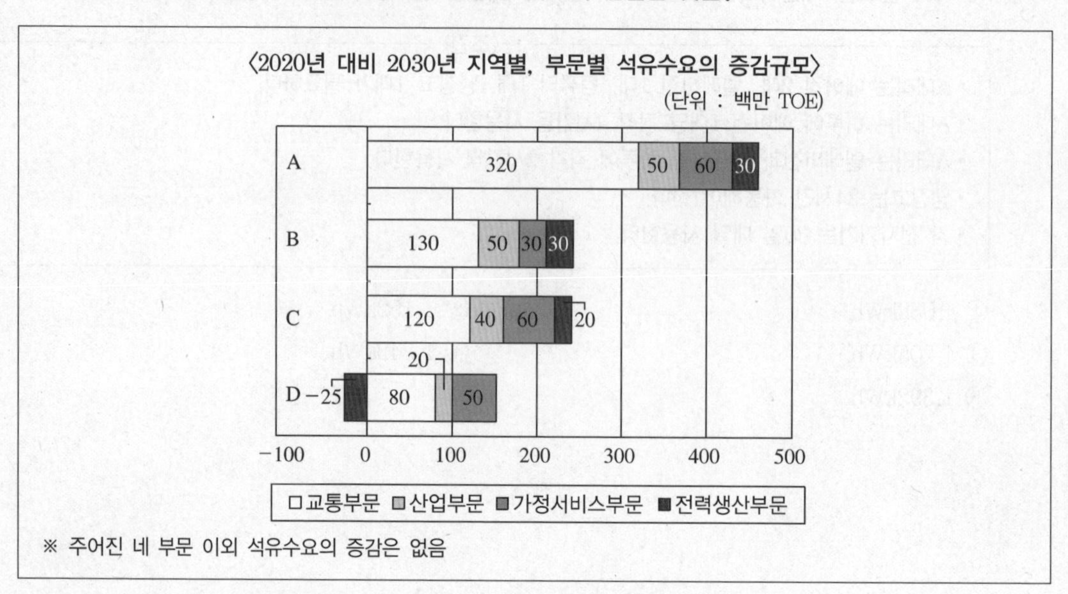

※ 주어진 네 부문 이외 석유수요의 증감은 없음

〈보기〉

- 인도와 중동의 2030년 전체 석유수요의 2020년 대비 증가규모는 동일하다.
- 2030년 전체 석유수요의 2020년 대비 증가규모가 가장 큰 지역은 중국이다.
- 2030년 전력생산부문 석유수요의 2020년 대비 규모가 감소하는 지역은 남미이다.
- 2030년 교통부문 석유수요의 2020년 대비 증가규모가 해당 지역 전체 석유수요 증가규모의 50%인 지역은 중동이다.

	A	B	C	D
①	중국	인도	중동	남미
②	중국	인도	남미	중동
③	중국	남미	인도	중동
④	인도	중국	중동	남미
⑤	인도	중국	남미	중동

33 A씨는 최근 회사 내 업무용 개인 컴퓨터의 보안을 강화하기 위하여 다음과 같은 메일을 받았다. 메일 내용을 토대로 A씨가 취해야 할 행동으로 적절하지 않은 것은?

> 발신 : 전산보안팀
>
> 수신 : 전 임직원
>
> 제목 : 업무용 개인 컴퓨터 보안 대책 공유
>
> 내용 :
> 안녕하십니까. 전산팀 팀장 김철수입니다.
> 최근 개인정보 유출 등 전산 보안 사고가 자주 발생하고 있어 각별한 주의가 필요한 상황입니다. 이에 따라 자사에서도 업무상 주요 정보가 유출되지 않도록 보안프로그램을 업그레이드하는 등 전산 보안을 더욱 강화하고 있습니다. 무엇보다 업무용 개인 컴퓨터를 사용하는 분들이 특히 신경을 많이 써주셔야 철저한 보안이 실천됩니다. 번거로우시더라도 아래와 같은 사항을 따라주시길 바랍니다.
>
> • 인터넷 익스플로러를 종료할 때마다 검색기록이 삭제되도록 설정해 주세요.
> • 외출 또는 외근으로 장시간 컴퓨터를 켜두어야 하는 경우에는 인터넷 검색기록을 직접 삭제해 주세요.
> • 인터넷 검색기록 삭제 시 기본 설정되어 있는 항목 외에도 '다운로드 기록', '양식 데이터', '암호', '추적방지, ActiveX 필터링 및 Do Not Track 데이터'를 모두 체크하여 삭제해 주세요(단, 즐겨찾기 웹 사이트 데이터 보존 부분은 체크 해제할 것).
> • 인터넷 익스플로러에서 방문한 웹 사이트 목록을 저장하는 기간을 5일로 변경해 주세요.
> • 자사에서 제공 중인 보안프로그램은 항시 업데이트하여 최신 상태로 유지해 주세요.
>
> 위 사항을 적용하는 데 어려움이 있을 경우에는 아래 첨부파일에 이미지와 함께 친절하게 설명되어 있으니 참고하시기 바랍니다.
>
> 〈첨부〉 업무용 개인 컴퓨터 보안대책 적용 방법 설명(이미지).zip

① 인터넷 익스플로러에서 [도구(또는 톱니바퀴 모양)]를 클릭하여 [인터넷 옵션]의 '일반' 카테고리에 있는 [종료할 때 검색기록 삭제]를 체크한다.
② 장시간 외출할 경우에는 [인터넷 옵션]의 '일반' 카테고리에 있는 [삭제]를 클릭하여 직접 삭제한다.
③ 검색기록 삭제 시 [인터넷 옵션]의 '일반' 카테고리에 있는 [삭제]를 클릭하여 기존에 설정되어 있는 항목을 포함한 모든 항목을 체크하여 삭제한다.
④ [인터넷 옵션]의 '일반' 카테고리 중 검색기록 부분에서 [설정]을 클릭하고, '기록' 카테고리의 [페이지 보관 일수]를 5일로 설정한다.
⑤ 자사의 보안프로그램을 실행하고 [설정]에서 업데이트를 실행한다.

34 다음 〈조건〉을 바탕으로 팀장의 나이를 바르게 추론한 것은?

〈조건〉

- 팀장의 나이는 과장보다 4살이 많다.
- 대리의 나이는 31세이다.
- 사원은 대리보다 6살 어리다.
- 과장과 팀장 나이의 합은 사원과 대리의 나이 합의 2배이다.

① 56세
② 57세
③ 58세
④ 59세
⑤ 60세

35 I공사에 근무하는 A씨는 사정이 생겨 퇴사하게 되었다. A씨의 근무기간 및 기본급 등의 기본정보가 다음과 같다면, A씨가 받게 되는 퇴직금의 세전금액은 얼마인가?

- 입사일자 : 2021년 9월 1일
- 퇴사일자 : 2023년 9월 4일
- 재직일수 : 730일
- 월기본급 : 2,000,000원
- 월기타수당 : 월별 상이
- 퇴직 전 3개월 임금총액 계산(세전금액)

퇴직일 이전 3개월간 총일수	기본급(3개월분)	기타수당(3개월분)
80일	6,000,000원	720,000원

※ 1일 평균임금=퇴직일 이전 3개월간 지급받은 임금총액(기본급+기타수당)/퇴직일 이전 3개월간 총일수

※ 퇴직금=1일 평균임금×30일×(재직일수/365)

① 502만 원
② 503만 원
③ 504만 원
④ 505만 원
⑤ 506만 원

36 I공사는 직원들의 역량평가를 통해 등급을 구분하여 성과급을 지급한다. I공사의 성과급 등급 기준이 다음과 같을 때, 〈보기〉의 A～D 중 S등급에 해당하는 직원은 누구인가?

〈성과급 점수별 등급〉

S등급	A등급	B등급	C등급
90점 이상	80점 이상	70점 이상	70점 미만

〈역량평가 반영 비율〉

구분	기본역량	리더역량	직무역량
차장	20%	30%	50%
과장	30%	10%	60%
대리	50%	–	50%
사원	60%	–	40%

※ 성과급 점수는 역량 점수(기본역량, 리더역량, 직무역량)를 직급별 해당 역량평가 반영 비율에 적용한 합산 점수이다.

〈보기〉

구분	직급	기본역량 점수	리더역량 점수	직무역량 점수
A	대리	85점	–	90점
B	과장	100점	85점	80점
C	사원	95점	–	85점
D	차장	80점	90점	85점

① A대리
② B과장
③ C사원
④ D차장
⑤ 없음

37 다음 중 셀 서식 관련 바로 가기 키에 대한 설명으로 적절하지 않은 것은?

① 〈Ctrl〉+〈1〉 : 셀 서식 대화상자가 표시된다.
② 〈Ctrl〉+〈2〉 : 선택한 셀에 글꼴 스타일 '굵게'가 적용되며, 다시 누르면 적용이 취소된다.
③ 〈Ctrl〉+〈3〉 : 선택한 셀에 밑줄이 적용되며, 다시 누르면 적용이 취소된다.
④ 〈Ctrl〉+〈5〉 : 선택한 셀에 취소선이 적용되며, 다시 누르면 적용이 취소된다.
⑤ 〈Ctrl〉+〈9〉 : 선택한 셀의 행이 숨겨진다.

38 다음은 세계 에너지 소비실적 및 수요전망에 대한 자료이다. 이에 대한 설명으로 옳지 않은 것은?

〈세계 에너지 소비실적 및 수요전망〉

(단위 : Moe)

구분	소비실적		수요전망					2022 ~ 2045년 연평균 증감률(%)
	2000년	2022년	2025년	2030년	2035년	2040년	2045년	
OECD	4,522	5,251	5,436	5,423	5,392	5,399	5,413	0.1
미국	1,915	2,136	2,256	2,233	2,197	2,192	2,190	0.1
유럽	1,630	1,769	1,762	1,738	1,717	1,704	1,697	−0.1
일본	439	452	447	440	434	429	422	−0.2
Non − OECD	4,059	7,760	9,151	10,031	10,883	11,656	12,371	1.7
러시아	880	741	730	748	770	798	819	0.4
아시아	1,588	4,551	5,551	6,115	6,653	7,118	7,527	1.8
중국	879	2,909	3,512	3,802	4,019	4,145	4,185	1.3
인도	317	788	1,004	1,170	1,364	1,559	1,757	2.9
중동	211	680	800	899	992	1,070	1,153	1.9
아프리카	391	739	897	994	1,095	1,203	1,322	2.1
중남미	331	611	709	784	857	926	985	1.7
합계	8,782	13,361	14,978	15,871	16,720	17,529	18,293	1.1

① 2022년 아시아 에너지 소비실적은 2000년의 3배 이상이다.
② Non − OECD 국가의 에너지 수요전망은 2022 ~ 2045년 연평균 1.7%씩 증가한다.
③ 2000년 전체 소비실적에서 중국과 인도의 에너지 소비 비중은 13% 이상이다.
④ 중남미의 소비실적과 수요전망은 모두 증가하고 있다.
⑤ OECD 국가의 수요전망은 2040년부터 증가 추세로 돌아선다.

39 다음은 2016 ~ 2022년 사고유형별 사건발생현황에 대한 자료이다. 이에 대한 설명으로 옳지 않은 것은?

〈사고유형별 사고발생현황〉

(단위 : 건)

구분	2016년	2017년	2018년	2019년	2020년	2021년	2022년
합계	272,015	268,849	270,011	259,043	268,977	281,043	268,653
도로교통	226,878	221,711	223,656	215,354	223,552	232,035	220,917
화재	41,863	43,875	43,249	40,932	42,135	44,435	43,413
산불	282	277	197	296	492	623	391
열차	181	177	130	148	130	85	62
지하철	136	100	110	84	79	53	61
폭발	41	49	48	61	48	41	51
해양	1,627	1,750	1,632	1,052	1,418	2,740	2,839
가스	134	126	125	72	72	72	122
유도선	1	–	11	5	11	21	25
환경오염	102	68	92	244	316	246	116
공단내시설	22	11	11	20	43	41	31
광산	34	27	60	82	41	32	37
전기(감전)	585	581	557	605	569	558	546
승강기	129	97	133	88	71	61	42

① 전기(감전) 사고는 2019년부터 매년 감소하는 모습을 보이고 있다.

② 화재 사고는 전체 사고 건수에서 매년 13% 이상 차지하고 있다.

③ 2022년에 해양 사고는 2016년 대비 약 74.5%p의 증가율을 보였다.

④ 환경오염 사고는 2022년에 전년 대비 약 −45.3%p의 감소율을 보였다.

⑤ 전체 사고 건수에서 도로교통 사고의 비율은 2016년에 가장 높았다.

※ 다음 글을 읽고 이어지는 질문에 답하시오. [40~41]

행동경제학은 기존의 경제학과 다른 시선으로 인간을 바라본다. 기존의 경제학은 인간을 철저하게 합리적이고 이기적인 존재로 상정(想定)하여, 인간은 시간과 공간에 관계없이 일관된 선호를 보이며 효용을 극대화하는 방향으로 선택을 한다고 본다. 그래서 기존의 경제학자들은 인간의 행동이 예측 가능하다는 것을 전제(前提)로 경제이론을 발전시켜 왔다. 반면 행동경제학에서는 인간이 제한적으로 합리적이고 감성적인 존재라고 보며, 처한 상황에 따라 선호가 바뀌기 때문에 그 행동을 예측하기 어렵다고 생각한다. 또한 인간은 효용을 극대화하기보다는 어느 정도 만족하는 선에서 선택을 한다고 본다. 행동경제학은 기존의 경제학이 가정하는 인간관을 지나치게 이상적이고 비현실적이라고 비판한다. 그래서 행동경제학은 인간이 때로는 이타적인 행동을 하고 비합리적인 행동을 하는 존재라는 점을 인정하며, 현실에 실재(實在)하는 인간을 연구 대상으로 한다.

행동경제학에서 사용하는 용어인 '휴리스틱'은 인간의 제한된 합리성을 잘 보여준다. 휴리스틱은 사람들이 판단을 내리거나 결정을 할 때 사용하는 주먹구구식의 어림짐작을 말한다. 휴리스틱에는 다양한 종류가 있는데, 그중 하나가 ㉠ 기준점 휴리스틱이다. 이것은 외부에서 기준점이 제시되면 사람들은 그것을 중심으로 제한된 판단을 하게 되는 것을 뜻한다. 가령 '폭탄 세일! 단, 1인당 5개 이내'라는 광고 문구를 내세워 한 사람의 구입 한도를 5개로 제한하면 1개를 사려고 했던 소비자도 충동구매를 하게 되는 경우가 많다. 이것은 5라는 숫자가 기준점으로 작용했기 때문이다. 감정 휴리스틱은 이성이 아닌 감성이 선택에 영향을 미치는 경향을 뜻한다. 수많은 제품에 'New, Gold, 프리미엄'과 같은 수식어를 붙이는 이유는, 사람들의 감성을 자극하는 감정 휴리스틱을 활용한 마케팅과 관련이 있다.

사람들은 불확실한 일에 대해 의사 결정을 할 때 대개 위험을 회피하려는 경향을 보인다. 행동경제학에서는 이를 '손실 회피성'으로 설명한다. 손실 회피성은 사람들이 이익과 손실의 크기가 같더라도, 이익에서 얻는 효용보다 손실에서 느끼는 비효용을 더 크게 생각하여 손실을 피하려고 하는 성향을 말한다. 예를 들어, 천원이 오르거나 내릴 확률이 비슷한 주식이 있을 경우, 많은 사람은 이것을 사려 하지 않는다고 한다. 천 원을 얻는 만족보다 천 원을 잃는 고통을 더 크게 느끼기 때문이다. 이런 심리로 인해 사람들은 손실을 능가하는 충분한 이익이 없는 한, 현재 상태를 유지하는 쪽으로 편향(偏向)된 선택을 한다고 한다. 실험 결과에 따르면, 사람들이 손실에서 느끼는 불만족은 이익에서 얻는 만족보다 2배 이상 크다고 한다.

행동경제학자들의 연구는 심리학적 관점에서 인간의 경제 행위를 분석함으로써, 인간의 본성을 거스르지 않는 의사 결정을 하게 하는 좋은 단서(端緖)를 제공할 수 있을 것으로 기대된다.

40 다음 중 윗글의 내용으로 적절하지 않은 것은?

① 사람들은 불확실한 일에 대해 의사 결정을 할 때 손실 회피성을 보인다.
② 휴리스틱은 인간의 경제 행위를 예측하기 어렵게 하는 요인 중 하나이다.
③ 사람들은 손실보다 이익이 크지 않으면 현재 상태를 유지하려는 경향을 보인다.
④ 행동경제학은 심리학과 경제학을 접목하여 현실에 실재하는 인간을 연구하는 학문이다.
⑤ 사람들은 이익과 손실의 크기가 같더라도 손실보다 이익을 2배 이상 크게 생각하는 성향이 있다.

41 다음 중 ㉠을 활용한 사례로 가장 적절한 것은?

① 신제품에 기존의 제품과 유사한 상표명을 사용하여 소비자가 쉽게 제품을 연상하게 하는 경우
② 친숙하고 호감도가 높은 유명 연예인을 내세운 광고로 소비자가 그 제품을 쉽게 수용하게 하는 경우
③ 시장에 일찍 진입하여 인지도가 높은 제품을 소비자가 그 업종을 대표하는 제품이라고 인식하게 하는 경우
④ 정가와 판매 가격을 같이 제시하여 소비자가 제품을 정가에 비해 상대적으로 싼 판매 가격으로 샀다고 느끼게 하는 경우
⑤ 제품을 구입할 의사가 없던 소비자에게 일정 기간 동안 사용할 기회를 준 다음에 제품의 구입 여부를 선택하게 하는 경우

42 다음은 4개 국가 국제선에 대한 통계이다. 이에 대한 설명으로 옳은 것은?

〈국가별 여객 및 화물 현황〉

(단위 : 명, 톤)

지역	여객			화물		
	도착	출발	합계	도착	출발	합계
일본	3,661,457	3,683,674	7,345,131	49,302.60	49,812.30	99,114.90
미주	222	107	329	106.7	18.4	125.1
동남아	2,785,258	2,757,248	5,542,506	36,265.70	40,503.50	76,769.20
중국	1,884,697	1,834,699	3,719,396	25,217.60	31,315.80	56,533.40

〈국가별 운항 현황〉

(단위 : 편)

지역	운항편수		
	도착	출발	합계
일본	21,425	21,433	42,858
미주	5	1	6
동남아	16,713	16,705	33,418
중국	12,427	12,446	24,873

① 중국 국제선의 출발 여객 1명당 출발 화물량은 도착 여객 1명당 도착 화물량보다 적다.
② 미주 국제선의 전체 화물 중 도착 화물이 차지하는 비중은 90%를 초과한다.
③ 동남아 국제선의 도착 운항 1편당 도착 화물량은 2톤 이상이다.
④ 중국 국제선의 도착 운항편수는 일본 국제선의 도착 운항편수의 70% 이상이다.
⑤ 각 국가의 전체 화물 중 도착 화물이 차지하는 비중은 동남아 국제선이 일본 국제선보다 높다.

43 다음 중 스프레드시트의 [창] – [틀 고정]에 대한 설명으로 옳지 않은 것은?

① 셀 포인터의 이동에 상관없이 항상 제목 행이나 제목 열을 표시하고자 할 때 설정한다.
② 제목 행으로 설정된 행은 셀 포인터를 화면의 아래쪽으로 이동시켜도 항상 화면에 표시된다.
③ 제목 열로 설정된 열은 셀 포인터를 화면의 오른쪽으로 이동시켜도 항상 화면에 표시된다.
④ 틀 고정을 취소할 때에는 반드시 셀 포인터를 틀 고정된 우측 하단에 위치시키고 [창] – [틀 고정 취소]를 클릭해야 한다.
⑤ 틀 고정은 첫 행만을 고정하도록 설정할 수 있다.

44 I공항에서 A~E비행기가 이륙 준비를 하고 있다. 다음 〈조건〉을 참고할 때, 비행기의 출발 순서로 옳은 것은?

구분	A	B	C	D	E
도착지	도하	나리타	로스앤젤레스	밴쿠버	시드니
GMT	+3	+9	−8	−8	+11
비행시간	9시간	2시간 10분	13시간	11시간 15분	10시간 30분

〈조건〉

- 각 비행기의 도착지는 겹치지 않는다.
- C비행기는 A비행기와 도착 시 현지 시각이 같다.
- B비행기는 C비행기보다 1시간 빨리 출발한다.
- D비행기는 C비행기보다 한국 시각 기준으로 2시간 빨리 도착한다.
- E비행기는 가장 늦게 출발하는 비행기보다 30분 일찍 출발한다.
- 한국의 GMT는 +9:00이다.

① A>B>E>D>C

② A>E>B>D>C

③ A>C>B>E>D

④ B>C>A>E>D

⑤ B>A>C>E>D

45 다음 시트에서 [B7] 셀에 수식 「=SUM(B2:CHOOSE(2,B3,B4,B5))」을 입력하였을 때 표시되는 결괏값으로 옳은 것은?

	A	B
1	성명	점수
2	김진영	23
3	이은설	45
4	장영실	12
5	김지현	10
6		
7	부분합계	

① 23

② 68

③ 80

④ 90

⑤ 100

※ 다음은 2022년 7월부터 2023년 1월까지 국내 월평균 식재료 가격이다. 이어지는 질문에 답하시오. [46~47]

〈월평균 식재료 가격〉

구분	세부항목	2022년						2023년
		7월	8월	9월	10월	11월	12월	1월
곡류	쌀 (원/kg)	1,992	1,083	1,970	1,895	1,850	1,809	1,805
채소류	양파 (원/kg)	1,385	1,409	1,437	1,476	1,504	1,548	1,759
	배추 (원/포기)	2,967	4,556	7,401	4,793	3,108	3,546	3,634
	무 (원/개)	1,653	1,829	2,761	3,166	2,245	2,474	2,543
수산물	물오징어 (원/마리)	2,286	2,207	2,267	2,375	2,678	2,784	2,796
	건멸치 (원/kg)	23,760	23,760	24,100	24,140	24,870	25,320	25,200
축산물	계란 (원/30개)	5,272	5,332	5,590	5,581	5,545	6,621	9,096
	닭 (원/kg)	5,436	5,337	5,582	5,716	5,579	5,266	5,062
	돼지 (원/kg)	16,200	15,485	15,695	15,260	15,105	15,090	15,025
	소_국산 (원/kg)	52,004	52,220	52,608	52,396	51,918	51,632	51,668
	소_미국산 (원/kg)	21,828	22,500	23,216	21,726	23,747	22,697	21,432
	소_호주산 (원/kg)	23,760	23,777	24,122	23,570	23,047	23,815	24,227

※ 주요 식재료 소매가격(물오징어는 냉동과 생물의 평균가격, 계란은 특란의 평균가격, 돼지는 국내 냉장과 수입 냉동의 평균가격, 국산 소고기는 갈비, 등심, 불고기의 평균가격, 미국산 소고기는 갈비, 갈빗살, 불고기의 평균가격, 호주산 소고기는 갈비, 등심, 불고기의 평균가격임)

※ 표시가격은 주요 재료의 월평균 가격이며, 조사 주기는 일별로 조사함

46 다음 중 자료에 대한 설명으로 옳지 않은 것은?

① 2022년 9월 쌀 가격의 8월 대비 증가율은 2022년 12월 무 가격의 11월 대비 증가율보다 크다.
② 소의 가격은 국산, 미국산, 호주산 모두 2022년 7월부터 9월까지 증가하다가 10월에 감소한다.
③ 계란의 가격은 2022년 7월부터 2023년 1월까지 꾸준히 증가하고 있다.
④ 쌀의 가격은 2022년 8월에 감소했다가 9월에 증가한 후 그 후로 계속 감소하고 있다.
⑤ 2023년 1월의 건멸치 가격의 2022년 11월 대비 증가율은 약 1.32%이다.

47 A사원은 국내 농 · 수산물의 동향과 관련한 보고서를 쓰기 위해 자료를 토대로 2023년 1월 식재료 가격의 2022년 12월 대비 증감률을 구하고 있다. 다음 중 증감률이 가장 큰 재료는?(단, 소수점 셋째 자리에서 반올림한다)

〈국내 농 · 수산물 가격 동향에 따른 보고서〉

저희 개발팀에서 올해 기획하고 있는 신제품 출시를 위하여 국내 농 · 수산물 가격 동향을 조사하였습니다. 아래 첨부된 월평균 식재료 증감률에 따라 신제품 개발 일정에 참고하시면 될 것 같습니다. 자세한 사항은 식품개발팀 B과장님께 문의하십시오.

〈월평균 식재료 증감률(2023. 02. 10 기준)〉

구분	세부항목	2022년 12월	2023년 1월	증감률(%)
곡류	쌀(원/kg)	1,809	1,805	
채소류	양파(원/kg)	1,548	1,759	
	배추(원/포기)	3,546	3,634	
	무(원/개)	2,474	2,543	
수산물	건멸치(원/kg)	25,320	25,200	
…(생략)…				

① 쌀
② 양파
③ 배추
④ 무
⑤ 건멸치

48 다음 중 Windows에서 [표준 사용자 계정]의 사용자가 할 수 있는 작업으로 옳지 않은 것은?

① 사용자 자신의 암호를 변경할 수 있다.
② 마우스 포인터의 모양을 변경할 수 있다.
③ 관리자가 설정해 놓은 프린터를 프린터 목록에서 제거할 수 있다.
④ 사용자의 사진으로 자신만의 바탕 화면을 설정할 수 있다.
⑤ 사용자만의 고유한 파일 및 설정을 가질 수 있다.

49 어떤 물건을 원가의 50% 이익을 붙여 팔았지만 잘 팔리지 않아서 다시 20% 할인해서 팔았더니 물건 1개당 1,000원의 이익을 얻었다. 이때, 이 물건의 원가는 얼마인가?

① 5,000원
② 5,500원
③ 6,000원
④ 6,500원
⑤ 7,000원

50 다음 중 워크시트의 [머리글 / 바닥글] 설정에 대한 설명으로 옳지 않은 것은?

① '페이지 레이아웃' 보기 상태에서는 워크시트 페이지 위쪽이나 아래쪽을 클릭하여 머리글 / 바닥글을 추가할 수 있다.
② 첫 페이지, 홀수 페이지, 짝수 페이지의 머리글 / 바닥글 내용을 다르게 지정할 수 있다.
③ 머리글 / 바닥글에 그림을 삽입하고, 그림 서식을 지정할 수 있다.
④ '페이지 나누기 미리보기' 상태에서는 미리 정의된 머리글이나 바닥글을 선택하여 쉽게 추가할 수 있다.
⑤ 숨기기 취소 대화상자에서 숨기기 기능에 체크하면 워크시트가 숨겨진다.

51 I공사 마케팅부에 근무하는 B대리는 최근 제품수명주기를 설명하는 보고서를 읽게 되었다. 다음 보고서를 읽고 〈보기〉의 (가) ~ (라)의 사례에 대한 제품수명주기의 유형을 바르게 연결한 것은?

〈제품수명주기〉

▶ 제품수명주기의 정의

제품수명주기(Product Life Cycle)는 제품이 출시되는 도입기, 매출이 성장하는 성장기, 성장률이 둔화되는 성숙기, 매출이 감소하는 쇠퇴기를 거쳐서 시장에서 사라지게 되는 과정이다.

▶ 제품수명주기의 4가지 유형

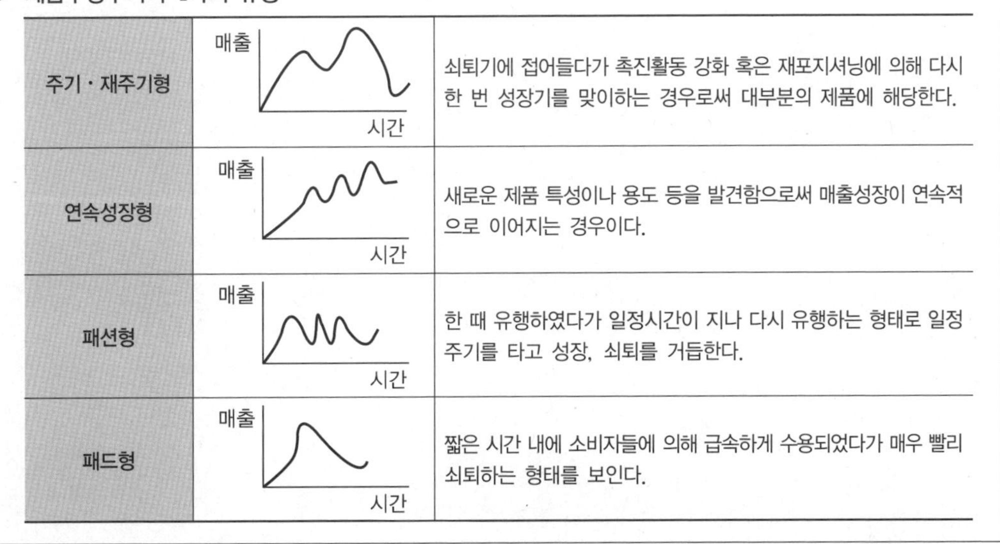

유형	그래프	설명
주기·재주기형	매출 / 시간	쇠퇴기에 접어들다가 촉진활동 강화 혹은 재포지셔닝에 의해 다시 한 번 성장기를 맞이하는 경우로써 대부분의 제품에 해당한다.
연속성장형	매출 / 시간	새로운 제품 특성이나 용도 등을 발견함으로써 매출성장이 연속적으로 이어지는 경우이다.
패션형	매출 / 시간	한 때 유행하였다가 일정시간이 지나 다시 유행하는 형태로 일정주기를 타고 성장, 쇠퇴를 거듭한다.
패드형	매출 / 시간	짧은 시간 내에 소비자들에 의해 급속하게 수용되었다가 매우 빨리 쇠퇴하는 형태를 보인다.

〈보기〉

(가) A전자회사는 에어컨과 난방기를 생산하고 있다. 에어컨은 매년 7 ~ 9월의 여름에 일정하게 매출이 증가하고 있으며, 난방기는 매년 12월 ~ 2월에 일정하게 매출이 증가하고 있다.

(나) B게임회사는 최근 모바일 게임의 꾸준한 업데이트를 통해 게임 유저들의 흥미를 자극시킴으로써 매출이 계속 성장하고 있다.

(다) C출판사는 자기계발서를 출판하는 회사이다. 최근 자기계발서에 대한 매출이 줄어듦에 따라 광고 전략을 시행하였고, 이로 인해 일시적으로 매출이 상승하게 되었다.

(라) D회사는 월드컵을 맞이하여 응원 티셔츠를 제작하여 큰 매출 효과를 가졌다. 그러나 며칠이 지나지 않아 월드컵이 끝난 후 응원 티셔츠에 대한 매력이 떨어져 매출이 급감하게 되었다.

	주기·재주기형	연속성장형	패션형	패드형
①	(다)	(라)	(가)	(나)
②	(나)	(가)	(다)	(라)
③	(가)	(라)	(나)	(다)
④	(나)	(라)	(가)	(다)
⑤	(다)	(나)	(가)	(라)

52 **조직문화는 조직구성원들에게 일체감과 정체성을 부여하고 조직구성원들의 행동지침을 제공하는 등의 기능을 가지고 있다. 다음 중 조직문화의 구성요소에 대한 설명으로 옳지 않은 것은?**

① 공유가치는 가치관과 이념, 조직관, 전통가치, 기본목적 등을 포함한다.
② 조직구성원은 인력구성뿐만 아니라 그들의 가치관과 신념, 동기, 태도 등을 포함한다.
③ 관리기술은 조직경영에 적용되는 목표관리, 예산관리, 갈등관리 등을 포함한다.
④ 관리시스템으로는 리더와 조직구성원 간의 상호관계를 볼 수 있다.
⑤ 조직의 전략은 조직운영에 필요한 장기적인 틀을 제공한다.

53 **C사원은 총무팀에서 근무하고 있으며, 각 부서의 비품 조달을 담당하고 있다. E팀장은 4분기 비품 보급 계획을 수립하라는 지시를 하였으며, C사원은 비품수요 조사 및 보급 계획을 세워 보고하였다. 다음 중 보고서를 읽은 E팀장이 C사원에서 해준 조언으로 적절하지 않은 것은?**

① 각 부서에서 어떤 비품을 얼마큼 필요한지를 정확하게 조사해야 합니다.
② 부서에서 필요한 수량을 말했으면 그것보다는 조금 더 여유 있게 준비해야 합니다.
③ 비품 목록에 없는 것을 요청했다면 비품 보급 계획에서 제외해야 합니다.
④ 비품 구매비용이 예산을 초과하는지를 검토해야 합니다.
⑤ 정확한 비품 관리를 위해 비품관리대장을 꼼꼼히 작성해야 합니다.

54 다음은 개인화 마케팅에 대한 설명이다. 다음 중 개인화 마케팅의 사례로 적절하지 않은 것은?

> 소비자들의 요구가 점차 다양해지고, 복잡해짐에 따라 개인별로 맞춤형 제품과 서비스를 제공하며 '개인화 마케팅'을 펼치는 기업이 늘어나고 있다. 개인화 마케팅이란 각 소비자의 이름, 관심사, 구매이력 등의 데이터를 기반으로 특정 고객에 대한 개인화 서비스를 제공하는 활동을 의미한다. 이러한 개인화 마케팅은 개별적 커뮤니케이션 실현을 통한 효율성 증대 및 기업 이윤 창출을 목적으로 하고 있다.
> 이러한 개인화 마케팅은 기업들의 지속적인 투자를 통해 다양한 방식으로 계속되고 있다. 빠르게 변화하고 있는 마케팅 시장에서 개인화된 서비스 제공을 통해 소비자 만족도를 끌어낼 수 있다는 점은 충분히 매력적일 수 있기 때문이다.

① 고객들의 사연을 받아 지하철역 에스컬레이터 벽면에 광고판을 만든 A배달업체는 고객들로 하여금 자신의 사연이 뽑히지 않았는지 관심을 갖도록 유도하여 광고 효과를 톡톡히 보고 있다.

② 최근 B전시관은 시각적인 시원한 민트색 벽지와 그에 어울리는 시원한 음향, 상쾌한 민트 향기, 민트맛 사탕을 나눠주며 민트에 대한 다섯 가지 감각을 이용한 미술관 전시로 화제가 되었다.

③ C위생용품회사는 자사의 인기 상품에 대한 단종으로 사과의 뜻을 담은 뮤직비디오를 제작했다. 고객들은 뮤직비디오를 보기 전에 자신의 이름을 입력하면, 뮤직비디오에 자신의 이름이 노출되어 자신이 직접 사과를 받는 듯한 효과를 느낄 수 있다.

④ 참치캔을 생산하는 D사는 최근 소외계층에게 힘이 되는 응원 메시지를 댓글로 받아 77명을 추첨하여 댓글 작성자의 이름으로 소외계층들에게 참치캔을 전달하는 이벤트를 진행하였다.

⑤ 커피전문점 E사는 고객이 자사 홈페이지에서 회원 가입 후 이름을 등록한 경우, 음료 주문 시 "○○○ 고객님, 주문하신 아메리카노 나왔습니다."와 같이 고객의 이름을 불러주는 서비스를 제공하고 있다.

55 총무부에서 근무하던 B는 승진하면서 다른 부서로 발령이 났다. 기존에 같이 근무하던 D에게 사무인수인계를 해야 하는 상황에서 B와 D가 수행해야 할 사무인수인계 요령에 대한 설명으로 옳지 않은 것은?

① 기밀에 속하는 사항일수록 문서에 의함을 원칙으로 한다.

② 사무인수인계서 1장을 작성하여 인계자와 인수자 및 입회자가 기명날인을 한 후 해당 부서에서 이를 보관한다.

③ 사무인수인계와 관련하여 편철된 부분과 오류의 수정이 있는 부분은 인수자와 인계자가 각각 기명날인을 한다.

④ 사무의 인수인계와 관련하여 인수자가 인계자에게 제증빙을 요구하였으나, 증빙이 미비 또는 분실 시에는 그 사실을 별지에 반드시 기재하도록 한다.

⑤ 사무인수인계서는 기명날인 후 해당 부서에서 이를 보관한다.

56 다음 조직도의 ㉠~㉢에 들어갈 개념을 순서대로 바르게 나열한 것은?

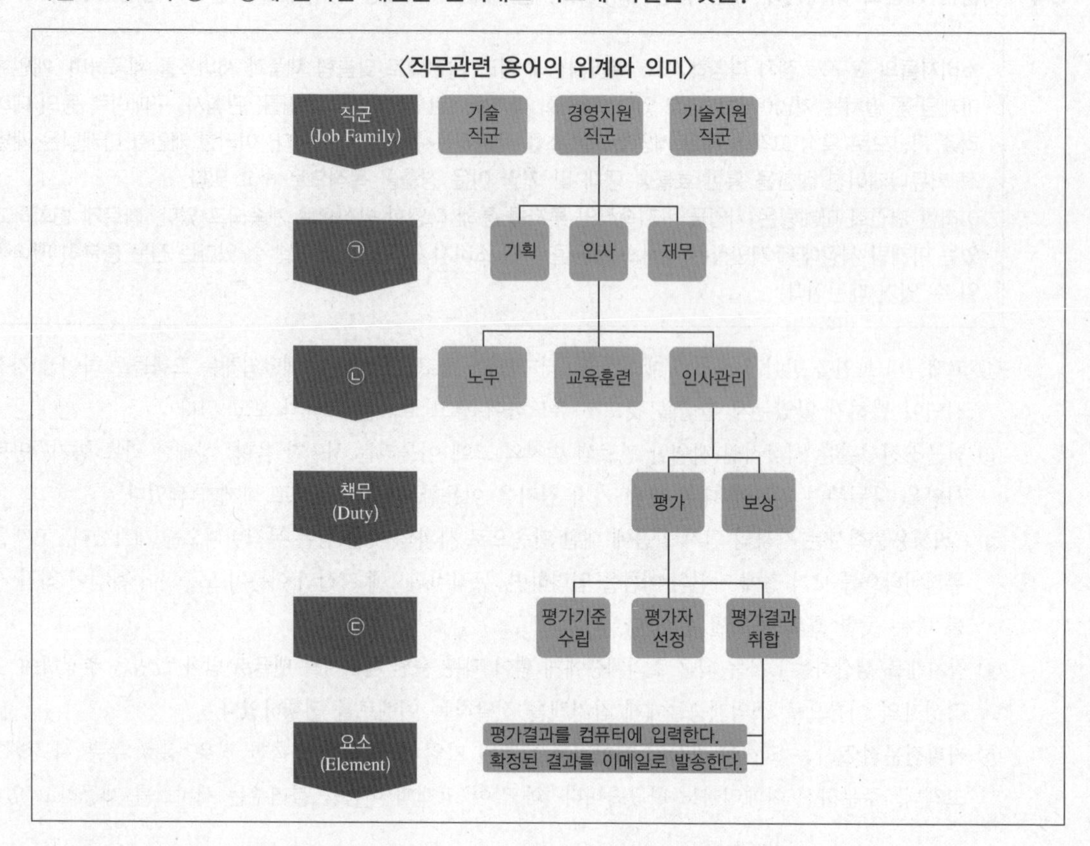

	㉠	㉡	㉢
①	과업	직무	직렬
②	직무	직렬	과업
③	직렬	직무	과업
④	직렬	과업	직무
⑤	직무	과업	직렬

57 **다음 사례를 읽고 A씨의 행동을 미루어 볼 때, 해줄 수 있는 피드백으로 가장 적절한 것은?**

> A씨는 2년 차 직장인이다. 그러나 같은 날 입사했던 동료들과 비교하면 좋은 평가를 받지 못하고 있다. 요청받은 업무를 진행하는 데 있어 마감일을 늦추는 일이 허다하고, 주기적인 업무도 누락하는 경우가 많기 때문이다. 그 이유는 자신이 앞으로 해야 할 일에 대해서 계획을 수립하지 않고 즉흥적으로 처리하거나 혹은 주변에서 급하다고 요청이 오면 그제야 하기 때문이다. 그로 인해 본인의 업무뿐만 아니라 주변 사람들의 업무도 늦어지거나, 과중되는 결과를 낳아 업무의 효율성이 떨어지게 되었다.

① 업무를 진행할 때 계획적으로 접근한다면 좋은 평가를 받을 수 있을 거야.
② 너무 편한 방향으로 업무를 처리하면 불필요한 낭비가 발생할 수 있어.
③ 시간도 중요한 자원 중의 하나라는 인식이 필요해.
④ 자원관리에 대한 노하우를 쌓는다면 충분히 극복할 수 있어.
⑤ 업무와 관련하여 다른 사람들과 원활한 소통을 한다면 낭비를 줄일 수 있어.

58 **언어적 커뮤니케이션과 달리 상대국의 문화적 배경의 생활양식, 행동규범, 가치관 등을 이해하여 서로 다른 문화적 배경을 지닌 사람과 소통하는 것을 비언어적 커뮤니케이션이라고 한다. 다음 중 비언어적 커뮤니케이션을 위한 행동으로 옳지 않은 것은?**

① 스페인에서는 악수할 때 손을 강하게 잡을수록 반갑다는 의미를 가지고 있다. 따라서 스페인 사람과 첫 협상 시에는 강하게 악수하여 반가움을 표현하는 것이 적절하다.
② 이탈리아에서는 연회 시 소금이나 후추 등이 다른 사람 손에 거치면 좋지 않다는 풍습이 있다. 따라서 이탈리아에서 연회 참가 시 소금과 후추가 필요할 때는 웨이터를 부르도록 한다.
③ 일본에서 칼은 관계의 단절을 의미한다. 따라서 일본인에게 선물할 때 칼은 피하는 것이 좋다.
④ 중국에서는 상대방이 선물을 권할 때 선뜻 받기보다, 세 번 정도 거절하는 것이 예의라고 생각한다. 따라서 중국인에게 선물할 때 세 번 거절당하더라도 한 번 더 받기를 권하는 것이 좋다.
⑤ 키르키즈스탄에서는 왼손을 더러운 것으로 느끼는 풍습이 있다. 따라서 키르키즈스탄인에게 명함을 건넬 경우에는 반드시 오른손으로 주도록 한다.

59 영업팀 사원인 K씨는 출장 유류비와 식대로 총 35만 원을 지불하고 영업처 식대로 10만 원을 지불했다. 다음 중 결재규정에 따라 K씨가 제출할 결재양식으로 옳은 것은?

〈결재규정〉

- 결재를 받으려는 업무에 대하여 최고결재권자(대표이사) 포함 이하 직책의 결재를 받아야 한다.
- 전결이라 함은 회사의 경영활동이나 관리활동을 수행함에 있어 의사결정이나 판단을 요하는 일에 대하여 최고결재권자의 결재를 생략하고, 전결권자의 책임 하에 최종적으로 의사 결정이나 판단을 하는 행위를 말한다.
- 전결사항에 관해서도 위임받은 자를 포함한 이하 직책의 결재를 받아야 한다.
- 표시내용 : 결재를 올리는 자는 최고결재권자로부터 전결 사항을 위임받은 자가 있는 경우 전결권자의 결재란에 전결이라고 표시한다.
- 최고결재권자의 결재사항 및 최고결재권자로부터 위임된 전결 사항은 아래의 표에 따른다.
- 결재를 하지 않는 자의 결재란은 작성하지 않는다.

<table>
<tr><th>구분</th><th>내용</th><th>금액기준</th><th>결재서류</th><th>팀장</th><th>본부장</th><th>대표이사</th></tr>
<tr><td rowspan="3">영업비</td><td rowspan="3">영업처 식대
판촉물 구입비 등</td><td>30만 원 이하</td><td rowspan="3">접대비지출품의서
지출결의서</td><td>○
□</td><td></td><td></td></tr>
<tr><td>30만 원 초과</td><td></td><td>○
□</td><td></td></tr>
<tr><td>50만 원 이상</td><td></td><td></td><td>○
□</td></tr>
<tr><td rowspan="3">출장비</td><td rowspan="3">출장 유류비
출장 식대</td><td>30만 원 이하</td><td rowspan="3">출장계획서
청구서</td><td>○
□</td><td></td><td></td></tr>
<tr><td>30만 원 초과</td><td></td><td>○</td><td>□</td></tr>
<tr><td>50만 원 이상</td><td></td><td></td><td>○
□</td></tr>
<tr><td rowspan="4">교육비</td><td>내부교육비</td><td>50만 원 이하</td><td rowspan="4">기안서
법인카드신청서</td><td>○</td><td>□</td><td></td></tr>
<tr><td rowspan="3">외부강사초청비</td><td>50만 원 이하</td><td></td><td>○</td><td>□</td></tr>
<tr><td>50만 원 초과</td><td rowspan="2"></td><td rowspan="2"></td><td rowspan="2">○
□</td></tr>
<tr><td>100만 원 초과</td></tr>
</table>

※ ○ : 기안서, 출장계획서, 접대비지출품의서

※ □ : 지출결의서, 각종 신청서 및 청구서

①

출장계획서				
결재	담당	팀장	본부장	대표이사
	K			

②

청구서			
결재	담당	팀장	본부장
	K		

③

출장계획서				
결재	담당	팀장	본부장	대표이사
	K	전결		

④

출장계획서			
결재	담당	팀장	본부장
	K		전결

⑤

접대비지출품의서			
결재	담당	팀장	본부장
	K		

60 **I공사 인사총무팀에 근무하는 T사원은 다음 업무 리스트를 작성한 뒤 우선순위에 맞게 재배열하려고 한다. 업무 리스트를 보고 T사원이 한 생각으로 적절하지 않은 것은?**

〈2023년 5월 26일 인사총무팀 사원 T의 업무 리스트〉

- 인사총무팀 회식(6월 4일) 장소 예약 확인
- 공사 창립 기념일(6월 13일) 행사 준비
- 영업1팀 비품 주문 [월요일에 배송될 수 있도록 오늘 내 반드시 발주할 것]
- 이번 주 토요일(5월 27일) 당직 근무자 명단 확인 [업무 공백 생기지 않도록 주의]
- 6월 3일자 신입사원 면접 날짜 유선 안내 및 면접 가능 여부 확인

① 내일 당직 근무자 명단 확인을 가장 먼저 해야겠다.
② 영업1팀 비품 주문 후 회식장소 예약을 확인 해야겠다.
③ 신입사원 면접 안내는 여러 변수가 발생할 수 있으니 서둘러 준비해야겠다.
④ 신입사원 면접 안내 통보 후 연락이 안 된 면접자들을 따로 추려서 다시 연락을 취해야겠다.
⑤ 공사 창립 기념일 행사는 전 직원이 다 참여하는 큰 행사인 만큼 가장 첫 번째 줄에 배치해야겠다.

51 상담원인 귀하는 전자파와 관련된 고객의 문의전화를 받았다. 가전제품 전자파 절감 가이드라인을 참고했을 때, 상담내용 중 옳지 않은 것을 모두 고르면?

〈가전제품 전자파 절감 가이드라인〉

오늘날 전자파는 우리 생활을 풍요롭고 편리하게 해주는 떼려야 뗄 수 없는 존재가 되었습니다. 일상생활에서 사용하는 가전제품의 전자파 세기는 매우 미약하며 안전하지만 여전히 걱정이 된다구요? 그렇다면 일상생활에서 전자파를 줄이는 가전제품 사용 가이드라인에 대해 알려드리겠습니다.

1. 생활가전제품 사용 시에는 가급적 30cm 이상 거리를 유지하세요.
   - 가전제품의 전자파는 30cm 거리를 유지하면 밀착하여 사용할 때보다 1/10로 줄어듭니다.
2. 전기장판은 담요를 깔고, 온도는 낮게, 온도 조절기는 멀리 하세요.
   - 전기장판의 자기장은 3 ~ 5cm 두께의 담요나 이불을 깔고 사용하면 밀착 시에 비해 50% 정도 줄어듭니다.
   - 전기장판의 자기장은 저온(취침모드)으로 낮추면 고온으로 사용할 때에 비해 50% 줄어듭니다.
   - 온도조절기와 전원접속부는 전기장판보다 전자파가 많이 발생하니 가급적 멀리 두고 사용하세요.
3. 전자레인지 동작 중에는 가까운 거리에서 들여다보지 마세요.
   - 사람의 눈은 민감하고 약한 부위에 해당되므로 전자레인지 동작 중에는 가까운 거리에서 내부를 들여다보는 것을 삼가는 것이 좋습니다.
4. 헤어드라이기를 사용할 때에는 커버를 분리하지 마세요.
   - 커버가 없을 경우 사용부위(머리)와 가까워져 전자파에 2배 정도 더 노출 됩니다.
5. 가전제품은 필요한 시간만 사용하고 사용 후에는 항상 전원을 뽑으세요.
   - 가전제품을 사용한 후 전원을 뽑으면 불필요한 전자파를 줄일 수 있습니다.
6. 시중에서 판매되고 있는 전자파 차단 필터는 효과가 없습니다.
7. 숯, 선인장 등은 전자파를 줄이거나 차단하는 효과가 없습니다.

상담원	안녕하십니까, 고객상담팀 김상담입니다.
고객	안녕하세요. 문의할 게 있어서 전화했습니다. 이번에 전기장판을 사용하는데 윙윙거리는 전자파 소리가 들려서 도저히 불안해서 사용할 수가 없네요. 전기장판에서 발생하는 전자파는 어느 정도인가요?
상담원	㉠ 일상생활에서 사용하는 모든 가전제품에서는 전자파가 나오지만 그 세기는 매우 미약하고 안전하니 걱정하지 않으셔도 됩니다.
고객	하지만 괜히 몸도 피곤하고 전기장판에서 자면 개운하지 않은 것 같아서요.
상담원	㉡ 혹시 온도조절기가 몸과 가까이 있지 않나요? 온도조절기와 전원접속부는 전기장판보다 전자파가 더 많이 발생하니 멀리 두고 사용하면 전자파를 줄일 수 있습니다.
고객	네, 온도조절기가 머리 가까이 있었는데 위치를 바꿔야겠네요.
상담원	㉢ 또한 전기장판은 저온으로 장시간 이용하는 것보다 고온으로 온도를 올리고 있다가 저온으로 낮춰 사용하는 것이 전자파 절감에 더 효과가 있습니다.
고객	그럼 혹시 핸드폰에서 발생하는 전자파를 절감할 수 있는 방법도 있나요?
상담원	㉣ 핸드폰의 경우 시중에 판매하는 전차파 차단 필터를 사용하시면 50% 이상의 차단 효과를 보실 수 있습니다.

① ㉠, ㉡
② ㉠, ㉢
③ ㉡, ㉢
④ ㉢, ㉣
⑤ ㉡, ㉣

52 **다음 중 기술능력이 뛰어난 사람의 특징에 대한 설명으로 옳지 않은 것은?**

① 인식된 문제를 위한 다양한 해결책을 개발하고 평가한다.
② 지식이나 기타 자원을 선택하고 최적화시키며 적용한다.
③ 불가능한 부분의 해결을 필요로 하는 문제를 인식한다.
④ 주어진 한계 속에서 제한된 자원을 사용한다.
⑤ 여러 상황 속에서 기술의 체계와 도구를 사용하고 습득한다.

※ 실내 공기 관리에 대한 필요성을 느낀 I공사는 사무실에 공기청정기를 구비하기로 결정하였다. 이어지는 질문에 답하시오. **[53~55]**

〈제품설명서〉

■ 설치 확인하기

- 직사광선이 닿지 않는 실내공간에 두십시오(제품 오작동 및 고장의 원인이 될 수 있습니다).
- TV, 라디오, 전자제품 등과 간격을 두고 설치하십시오(전자파 장애로 오작동의 원인이 됩니다).
- 단단하고 평평한 바닥에 두십시오(약하고 기울어진 바닥에 설치하면 이상 소음 및 진동이 생길 수 있습니다).
- 벽면과 10cm 이상 간격을 두고 설치하십시오(공기청정 기능을 위해 벽면과 간격을 두고 설치하는 것이 좋습니다).
- 습기가 적고 통풍이 잘되는 장소에 두십시오(감전되거나 제품에 녹이 발생할 수 있고, 제품 성능이 저하될 수 있습니다).

■ 필터 교체하기

종류	표시등	청소주기	교체주기
프리필터	–	2회/월	반영구
탈취필터	필터 교체 표시등 켜짐	–	6개월 ~ 1년
헤파필터			

- 실내의 청정한 공기 관리를 위해 교체주기에 맞게 필터를 교체해 주세요.
- 필터 교체주기는 사용 환경에 따라 차이가 날 수 있습니다.
- 냄새가 심하게 날 경우, 탈취필터를 확인 및 교체해 주세요.

■ 스마트에어 서비스 등록하기

1) 앱스토어에서 '스마트에어'를 검색하여 앱을 설치합니다(안드로이드 8.0 오레오 이상 / iOS 9.0 이상의 사양에 최적화되어 있으며, 사용자의 스마트폰에 따라 일부 기능은 지원하지 않을 수 있습니다).
2) 스마트에어 서비스 앱을 실행하여 회원가입 완료 후 로그인합니다.
3) 새 기기 추가 선택 후 제품을 선택합니다.
4) 공기청정기 기기의 페어링 모드를 작동시켜 주세요(기기의 Wi-Fi 버튼과 수면모드 버튼을 동시에 눌러주세요).
5) 기기명이 나타나면 기기를 선택해 주세요.
6) 완료 버튼을 눌러 기기등록을 완료합니다.

- 지원가능 Wi-Fi 무선공유기 사양(802.11b/f/n 2.4GHz)을 확인하세요.
- 자동 Wi-Fi 연결상태 관리 모드를 해제해 주세요.
- 스마트폰의 Wi-Fi 고급설정 모드에서 '신호 약한 Wi-Fi 끊기 항목'과 관련된 기능이 있다면 해제해 주세요.
- 스마트폰의 Wi-Fi 고급설정 모드에서 '신호 세기'와 관련된 기능이 있다면 '전체'를 체크해 주세요.
- Wi-Fi가 듀얼 밴드 공유기인 경우 〈Wi-Fi 5GHz〉가 아닌 일반 〈Wi-Fi〉를 선택해 주세요.

■ 스마트에어 서비스 이용하기

스마트에어 서비스는 스마트기기를 통해 공기청정기를 페어링하여 언제 어디서나 원하는 대로 공기를 정화할 수 있는 똑똑한 서비스입니다.

53 **제품설명서를 참고하여 공기청정기를 적절한 장소에 설치하고자 한다. 다음 중 공기청정기 설치 장소로 적절하지 않은 곳은?**

① 직사광선이 닿지 않는 실내
② 부드러운 매트 위
③ 벽면과 10cm 이상 간격을 확보할 수 있는 곳
④ 습기가 적고 통풍이 잘되는 곳
⑤ 사내방송용 TV와 거리가 먼 곳

54 **다음 중 필터 교체와 관련하여 숙지해야 할 사항으로 가장 적절한 것은?**

① 프리필터는 1개월에 2회 이상 청소해야 한다.
② 탈취필터는 6개월 주기로 교체해야 한다.
③ 헤파필터는 6개월 주기로 교체해야 한다.
④ 프리필터는 1년 주기로 교체해야 한다.
⑤ 냄새가 심하게 날 경우 탈취필터를 청소해야 한다.

55 **A씨는 외근이나 퇴근 후에도 공기청정기를 사용할 수 있도록 스마트폰을 통해 스마트에어 서비스 등록을 시도하였으나, 기기 등록에 계속 실패하였다. 다음 중 기기 등록을 위해 확인해야 할 사항으로 적절하지 않은 것은?**

① 스마트폰이 지원 가능한 사양인지 OS 버전을 확인한다.
② 공기청정기에서 페어링 모드가 작동하고 있는지 확인한다.
③ 무선공유기가 지원 가능한 사양인지 확인한다.
④ 스마트폰의 자동 Wi-Fi 연결상태 관리 모드를 확인한다.
⑤ 스마트폰의 Wi-Fi 고급설정 모드에서 '개방형 Wi-Fi' 관련 항목을 확인한다.

※ 다음은 I공장의 계기판 검침 안내사항이다. 이어지는 질문에 답하시오. [56~57]

〈계기판 검침 안내사항〉

정기적으로 매일 오전 9시에 다음의 안내사항에 따라 검침을 하고 그에 따른 조치를 취하도록 한다.

계기판 A · B · C의 표준 수치

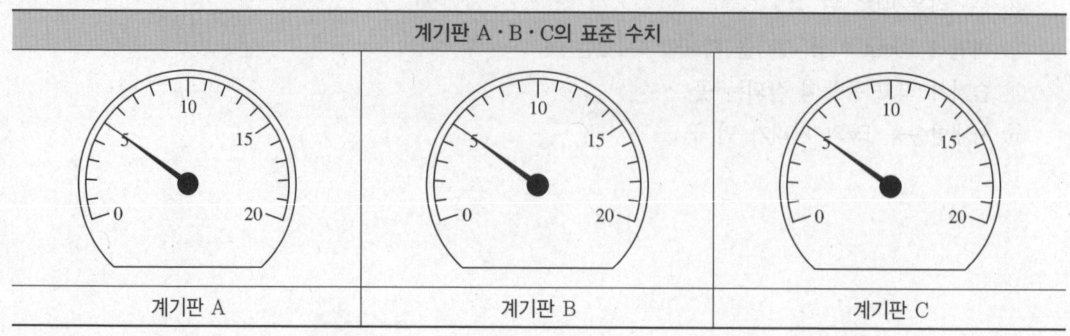

계기판 A	계기판 B	계기판 C

■ 기계조작실

1. 계기판을 확인하여 PSD 수치를 구한다.
   - Parallel Mode : PSD=(검침 시각 각 계기판 수치의 평균)
   - Serial Mode : PSD=(검침 시각 각 계기판 수치의 합)

   ※ 검침하는 시각에 실외 온도계의 온도가 영상이면 계기판 B는 고려하지 않는다.

   ※ 검침하는 시각에 실내 온도계의 온도가 20℃ 미만이면 Parallel Mode를, 20℃ 이상이면 Serial Mode를 적용한다.

2. PSD 수치 범위에 따라서 알맞은 버튼을 누른다.

범위	버튼
PSD ≤ 기준치	정상
기준치 < PSD < 기준치+5	경계
기준치+5 ≤ PSD	비정상

※ 화요일과 금요일은 세 계기판의 표준 수치 합의 1/2을 기준치로 삼고, 나머지 요일은 세 계기판의 표준 수치 합을 기준치로 삼는다(단, 온도에 영향을 받지 않는다).

3. 기계조작실에서 버튼을 누르면 버튼에 따라 상황통제실의 경고등에 불이 들어온다.

버튼	경고등 색상
정상	녹색
경계	노란색
비정상	빨간색

■ 상황통제실

들어온 경고등의 색을 보고 필요한 조치를 취한다.

경고등 색상	조치
녹색	정상가동
노란색	안전요원 배치
빨간색	접근제한 및 점검

56 목요일 오전 9시에 실외 온도계의 수치는 15℃이고 실내 온도계의 수치는 22℃이며, 계기판 수치는 다음과 같았다. 눌러야 하는 버튼은 무엇이며, 이를 본 상황통제실에서는 어떤 조치를 취해야 하는가?

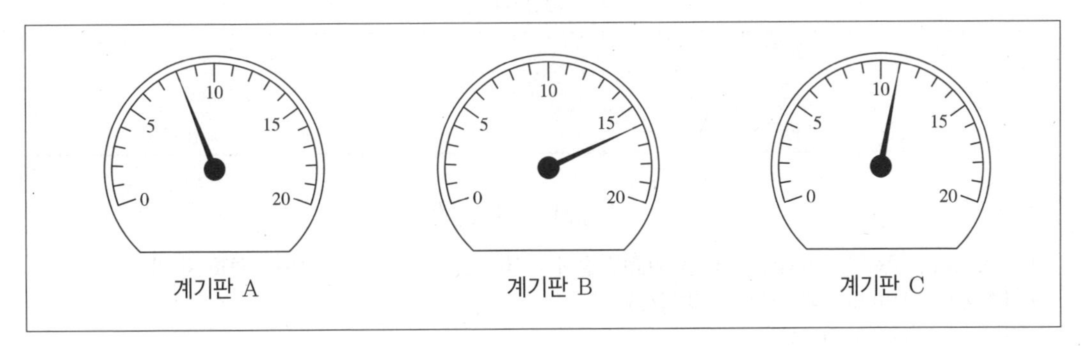

① 정상, 정상가동
② 정상, 안전요원 배치
③ 경계, 안전요원 배치
④ 비정상, 접근 제한 및 점검
⑤ 경계, 접근 제한 및 점검

57 화요일 오전 9시에 실외 온도계의 수치는 −3℃이고 실내 온도계의 수치는 15℃이며, 계기판 수치는 다음과 같았다. 눌러야 하는 버튼은 무엇이며, 이를 본 상황통제실에서는 어떤 조치를 취해야 하는가?

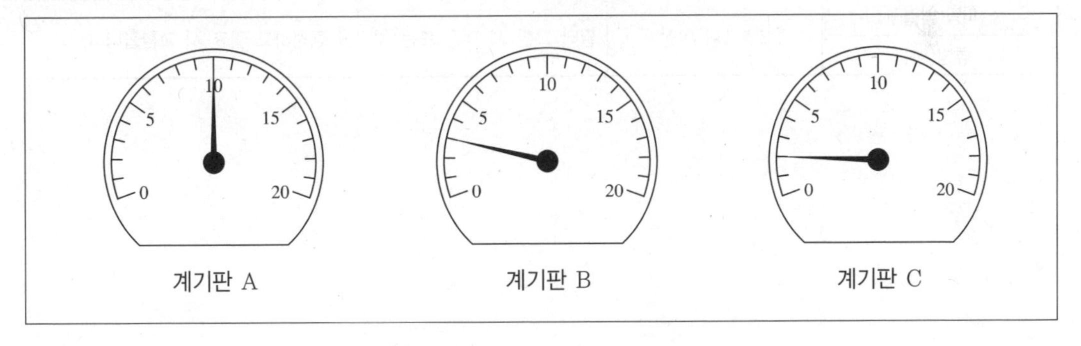

① 정상, 정상가동
② 정상, 안전요원 배치
③ 경계, 안전요원 배치
④ 비정상, 접근 제한 및 점검
⑤ 비정상, 안전요원 배치

※ 다음은 정수기 사용 설명서이다. 이어지는 질문에 답하시오. **[58~60]**

〈제품규격〉

모델명	SDWP – 8820
전원	AC 220V / 60Hz
외형치수	260(W)×360(D)×1100(H)(단위 : mm)

〈설치 시 주의사항〉

- 낙수, 우수, 목욕탕, 샤워실, 옥외 등 제품에 물이 닿거나 습기가 많은 장소에는 설치하지 마십시오.
- 급수호스가 꼬이거나 꺾이게 하지 마십시오.
- 화기나 직사광선은 피하십시오.
- 단단하고 수평한 곳에 설치하십시오.
- 제품은 반드시 냉수배관에 연결하십시오.
- 설치 위치는 벽면에서 20cm 이상 띄워 설치하십시오.

〈필터 종류 및 교환시기〉

구분	1단계	2단계	3단계	4단계
필터	세디먼트	프리카본	UF중공사막	실버블록카본
교환시기	약 4개월	약 8개월	약 20개월	약 12개월

〈청소〉

세척 부분	횟수	세척방법
외부	7일 1회	플라스틱 전용 세척제 및 젖은 헝겊으로 닦습니다(시너 및 벤젠은 제품의 변색이나 표면이 상할 우려가 있으므로 사용하지 마십시오).
물받이통	수시	중성세제로 닦습니다.
취수구	1일 1회	히든코크를 시계 반대 방향으로 돌려서 분리하고 취수구를 멸균 면봉을 사용하여 닦습니다. 히든코크는 젖은 헝겊을 사용하여 닦습니다.
피팅(연결구)	2년 1회 이상	필터 교환 시 피팅 또는 튜빙을 점검하고 필요 시 교환합니다.
튜빙(배관)		

〈제품 이상 시 조치방법〉

현상	예상원인	조치방법
온수 온도가 낮음	공급 전원 낮음	공급 전원이 220V인지 확인하고 아니면 전원을 220V로 맞춰주십시오.
	온수 램프 확인	온수 램프에 전원이 들어오는지 확인하고 제품 뒷면의 온수 스위치가 켜져 있는지 확인하십시오.
냉수가 나오지 않음	공급 전원 낮음	공급 전원이 220V인지 확인하고 아니면 전원을 220V로 맞춰주십시오.
	냉수 램프 확인	냉수 램프에 전원이 들어오는지 확인하고 제품 뒷면의 냉수 스위치가 켜져 있는지 확인하십시오.
물이 나오지 않음	필터 수명 종료	필터 교환 시기를 확인하고 서비스센터에 연락하십시오.
	연결 호스 꺾임	연결 호스가 꺾인 부분이 있으면 그 부분을 펴 주십시오.
냉수는 나오는데 온수가 나오지 않음	온도 조절기 차단	제품 뒷면의 온수 스위치를 끄고 서비스센터에 연락하십시오.
	히터 불량	
정수물이 너무 느리게 채워짐	필터 수명 종료	서비스센터에 연락하고 필터를 교환하십시오.
제품에서 누수 발생	조립 부위 불량	원수밸브를 잠근 후 작동을 중지시키고 서비스센터에 연락하십시오.
불쾌한 맛이나 냄새 발생	냉수 탱크 세척 불량	냉수 탱크를 세척하여 주십시오.

58 **설명서를 기준으로 판단할 때, 다음 중 정수기에 대한 설명으로 옳지 않은 것은?**

① 정수기 청소는 하루에 최소 2곳을 해야 한다.
② 불쾌한 맛이나 냄새가 발생하면 냉수 탱크를 세척하면 된다.
③ 적정 시기에 필터를 교환하지 않으면 발생할 수 있는 문제는 2가지이다.
④ 정수기의 크기는 가로 26cm, 깊이 36cm, 높이 110cm이다.
⑤ 습기가 많은 곳에는 설치하면 안 된다.

59 **다음 중 제품에 문제가 발생했을 때 서비스센터에 연락해야만 해결이 가능한 현상이 아닌 것은?**

① 정수물이 너무 느리게 채워진다.
② 연결 호스가 꺾여 물이 나오지 않는다.
③ 제품에서 누수가 발생한다.
④ 냉수는 나오는데 온수가 나오지 않는다.
⑤ 필터 수명이 종료되어 물이 나오지 않는다.

60 설명서를 기준으로 판단할 때, 다음 〈보기〉 중 정수기에 대한 설명으로 옳은 것을 모두 고르면?

〈보기〉

ㄱ. 정수기에 사용되는 필터는 총 4개이다.
ㄴ. 급한 경우에는 시너나 벤젠을 사용하여 정수기 외부를 청소해도 된다.
ㄷ. 3년 사용할 경우 프리카본 필터는 3번 교환해야 한다.
ㄹ. 벽면과의 간격을 10cm로 하여 정수기를 설치하면 문제가 발생할 수 있다.

① ㄱ, ㄴ
② ㄱ, ㄷ
③ ㄱ, ㄹ
④ ㄴ, ㄷ
⑤ ㄷ, ㄹ

제2회 인천국제공항공사

NCS 직업기초능력평가

〈문항 및 시험시간〉

평가영역	문항 수	시험시간	모바일 OMR 답안분석
[공통] 의사소통능력+수리능력 +문제해결능력+자원관리능력 +정보능력 [사무직 / 관제직] 조직이해능력 [기술직] 기술능력	60문항	65분	사무직 / 관제직 기술직

인천국제공항공사 신입직원 필기전형

제2회 직업기초능력평가

문항 수 : 60문항
시험시간 : 65분

01 다음 글의 서술상 특징으로 가장 적절한 것은?

> 제2차 세계대전이 끝나고 나서 미국과 소련 및 그 동맹국들 사이에서 공공연하게 전개된 제한적 대결 상태를 냉전이라고 한다. 냉전의 기원에 관한 논의는 냉전이 시작된 직후부터 최근까지 계속 진행되었다. 이는 단순히 냉전의 발발 시기와 이유에 대한 논의만이 아니라, 그 책임 소재를 묻는 것이기도 하다. 그 연구의 결과를 편의상 세 가지로 나누어 볼 수 있다.
>
> 가장 먼저 나타난 전통주의는 냉전을 유발한 근본적 책임이 소련의 팽창주의에 있다고 보았다. 소련은 세계를 공산화하기 위한 계획을 수립했고, 이 계획을 실행하기 위해 특히 동유럽 지역을 시작으로 적극적인 팽창 정책을 수행하였다. 그리고 미국이 자유 민주주의 세계를 지켜야 한다는 도덕적 책임감에 기초하여 그에 대한 봉쇄 정책을 추구하는 와중에 냉전이 발생했다고 본다. 그리고 미국의 봉쇄 정책이 성공적으로 수행된 결과 냉전이 종식되었다는 것이 이들의 입장이다.
>
> 여기에 비판을 가한 수정주의는 기본적으로 냉전의 책임이 미국 쪽에 있고, 미국의 정책은 경제적 동기에서 비롯되었다고 주장했다. 즉, 미국은 전후 세계를 자신들이 주도해 나가야 한다고 생각했고, 전쟁 중에 급증한 생산력을 유지할 수 있는 시장을 얻기 위해 세계를 개방 경제 체제로 만들고자 했다. 그러므로 미국 정책 수립의 기저에 깔린 것은 이념이 아니라는 것이다. 무엇보다 소련은 미국에 비해 국력이 미약했으므로 적극적 팽창 정책을 수행할 능력이 없었다는 것이 수정주의의 기본적 입장이었다. 오히려 미국이 유럽에서 공격적인 정책을 수행했고, 소련은 이에 대응했다는 것이다.
>
> 냉전의 기원에 관한 또 다른 주장인 탈수정주의는 위의 두 가지 주장에 대한 절충적 시도로서, 냉전의 책임을 일방적으로 어느 한 쪽에 부과해서는 안 된다고 보았다. 즉, 냉전은 양국이 추진한 정책의 '상호작용'에 의해 발생했다는 것이다. 또 경제를 중심으로만 냉전을 보아서는 안 되며 안보 문제 등도 같이 고려하여 파악해야 한다고 보았다. 소련의 목적은 주로 안보면에서 제한적으로 추구되었는데, 미국은 소련의 행동에 과잉 반응했고, 이것이 상황을 악화시켰다는 것이다. 이로 인해 냉전 책임론은 크게 후퇴하고 구체적인 정책 형성에 대한 연구가 부각되었다.

① 하나의 현상에 대한 다양한 견해를 제시하고 있다.
② 여러 가지 의견을 비교하면서 그 우월성을 논하고 있다.
③ 기존의 견해를 비판하면서 새로운 견해를 제시하고 있다.
④ 현상의 원인을 분석하여 다양한 해결책을 제시하고 있다.
⑤ 충분한 사례를 들어 자신의 주장을 뒷받침하고 있다.

※ I공사 인사팀 팀원 6명이 회식을 하기 위해 이탈리안 레스토랑에 갔다. 다음 주문 결과를 토대로 이어지는 질문에 답하시오. **[2~3]**

- 인사팀은 토마토 파스타 2개, 크림 파스타 1개, 토마토 리소토 1개, 크림 리소토 2개, 콜라 2잔, 사이다 2잔, 주스 2잔을 주문했다.
- 인사팀은 K팀장, L과장, M대리, S대리, H사원, J사원으로 구성되어 있는데, 같은 직급끼리는 같은 소스가 들어가는 요리를 주문하지 않았고, 같은 음료도 주문하지 않았다.
- 각자 좋아하는 요리가 있으면 그 요리를 주문하고, 싫어하는 요리나 재료가 있으면 주문하지 않았다.
- K팀장은 토마토 파스타를 좋아하고, S대리는 크림 리소토를 좋아한다.
- L과장과 H사원은 파스타면을 싫어한다.
- 대리들 중에 콜라를 주문한 사람은 없다.
- 크림 파스타를 주문한 사람은 사이다도 주문했다.
- 토마토 파스타나 토마토 리소토와 주스는 궁합이 안 맞는다고 하여 함께 주문하지 않았다.

02 다음 중 주문한 결과로 옳지 않은 것은?

① 사원들 중 한 사람은 주스를 주문했다.
② L과장은 크림 리소토를 주문했다.
③ K팀장은 콜라를 주문했다.
④ 토마토 리소토를 주문한 사람은 콜라를 주문했다.
⑤ 사이다를 주문한 사람은 파스타를 주문했다.

03 다음 중 같은 요리와 음료를 주문한 사람들끼리 바르게 짝지어진 것은?

① J사원, S대리
② H사원, L과장
③ S대리, L과장
④ M대리, H사원
⑤ M대리, K팀장

04 I공사 직원 A～E가 〈조건〉에 따라 상여금을 받았다고 할 때, 다음 설명 중 옳지 않은 것은?

〈조건〉

- 지급된 상여금은 25만 원, 50만 원, 75만 원, 100만 원, 125만 원이다.
- A, B, C, D, E는 서로 다른 상여금을 받았다.
- A의 상여금은 다섯 사람 상여금의 평균이다.
- B의 상여금은 C, D보다 적다.
- C의 상여금은 다른 직원 상여금의 두 배이다.
- D의 상여금은 E보다 적다.

① A의 상여금은 A를 제외한 나머지 네 명의 평균과 같다.

② A의 상여금은 반드시 B보다 많다.

③ C의 상여금은 두 번째로 많거나 두 번째로 적다.

④ C의 상여금이 A보다 많다면, B의 상여금은 C의 50%일 것이다.

⑤ C의 상여금이 D보다 적다면, D의 상여금은 E의 80%일 것이다.

05 다음은 I기업의 정수기 판매량에 따른 평균 수입과 평균 비용을 나타낸 자료이다. 현재 정수기 4개를 판매하고 있는 I기업이 이윤을 극대화하기 위한 판단으로 옳은 것은?

판매량(개)	1	2	3	4	5	6
평균 수입(만 원)	6	6	6	6	6	6
평균 비용(만 원)	6	4	4	5	6	7

※ $(\text{평균 수입})=\frac{(\text{총수입})}{(\text{판매량})}$, $(\text{평균 비용})=\frac{(\text{총비용})}{(\text{판매량})}$

① 이윤은 판매량이 1개 또는 5개일 때 극대화된다.

② 평균 수입이 평균 비용보다 높으므로 판매량을 늘려야 한다.

③ 평균 수입이 평균 비용보다 낮으므로 판매량을 줄여야 한다.

④ 판매량을 3개로 줄이면 이윤이 증가하므로 판매량을 줄여야 한다.

⑤ 판매량이 현재와 같이 유지될 때 이윤이 가장 크다.

06 다음은 정보공개 대상별 정보공개수수료에 대한 자료이다. 〈보기〉의 정보열람인 중 정보공개수수료를 가장 많이 낸 사람부터 순서대로 바르게 나열한 것은?(단, 정보열람인들이 열람한 정보는 모두 공개대상인 정보이다)

〈정보공개 대상별 정보공개 방법 및 수수료〉

공개 대상	열람 · 시청	사본(종이 출력물) · 인화물 · 복제물
문서 · 도면 · 사진 등	• 열람 – 1일 1시간 이내 : 무료 – 1시간 초과 시 30분마다 1,000원	• 사본(종이 출력물) – A3 이상 : 1장 300원(1장 초과 시 100원/장) – B4 이하 : 1장 250원(1장 초과 시 50원/장)
필름 · 테이프 등	• 녹음테이프(오디오자료)의 청취 – 1건이 1개 이상으로 이루어진 경우 : 1개(60분 기준)마다 1,500원 – 여러 건이 1개로 이루어진 경우 : 1건(30분 기준)마다 700원 • 영화필름의 시청 – 1편이 1캔 이상으로 이루어진 경우 : 1캔(60분 기준)마다 3,500원 – 여러 편이 1캔으로 이루어진 경우 : 1편(30분 기준)마다 2,000원 • 사진필름의 열람 – 1장 : 200원 – 1장 초과 시 50원/장	• 녹음테이프(오디오자료)의 복제 – 1건이 1개 이상으로 이루어진 경우 : 1개마다 5,000원 – 여러 건이 1개로 이루어진 경우 : 1건마다 3,000원 • 사진필름의 복제 – 1컷마다 6,000원 • 사진필름의 인화 – 1컷마다 500원
마이크로필름 · 슬라이드 등	• 마이크로필름의 열람 – 1건(10컷 기준) 1회 : 500원 – 10컷 초과 시 1컷마다 100원 • 슬라이드의 시청 – 1컷마다 200원	• 사본(종이 출력물) – A3 이상 : 1장 300원(1장 초과 시 200원/장) – B4 이하 : 1장 250원(1장 초과 시 150원/장) • 마이크로필름의 복제 – 1롤마다 1,000원 • 슬라이드의 복제 – 1컷마다 3,000원

〈보기〉

A : 공시지가에 관련된 문서와 지가비공개 대상에 대한 문서를 하루 동안 각각 3시간 30분씩 열람하고, 공시지가 관련 문서를 A3 용지로 총 25장에 걸쳐 출력하였다.

B : 한 캔에 포함된 두 편의 영화필름 중 20분짜리 독립유공자 업적 관련 한 편의 영화를 시청하고, 13컷으로 구성된 관련 슬라이드를 시청하였으며, 해당 슬라이드의 1컷부터 6컷까지를 복제하였다.

C : 공사 사업연혁과 관련된 마이크로필름 2롤과 3건(1건이 1개)으로 이루어진 녹음테이프 자료를 복제하였고, 최근 해외협력사업과 관련된 사진필름 8장을 열람하였다.

D : 하반기 공사 입찰계약과 관련된 문서의 사본을 B4 용지로 35장을 출력하고, 작년 공사 관련 사진필름을 22장 열람하였다.

① A－B－C－D
② A－B－D－C
③ B－A－C－D
④ B－C－A－D
⑤ D－C－A－B

07 다음은 한 달 동안 K사원의 야근 및 휴일근무를 기록한 자료이다. I공사의 초과근무수당 규정을 참고할 때, K사원이 이번 달 받을 수 있는 야근 및 특근 수당은 얼마인가?(단, K사원의 세전 연봉은 3천만 원이고, 시급 환산 시 월 근무시간은 200시간으로 계산한다)

일요일	월요일	화요일	수요일	목요일	금요일	토요일
	1 (18 ~ 21시)	2	3	4 (18 ~ 22시)	5	6
7	8	9 (18 ~ 24시)	10	11	12	13
14 (09 ~ 12시)	15	16	17	18	19	20
21	22	23	24	25	26 (18 ~ 21시)	27 (13 ~ 18시)
28	29 (18 ~ 19시)	30				

〈초과근무수당 규정〉

- 시급 환산 시 세전 연봉으로 계산한다.
- 평일 야근 수당은 시급에 5,000원을 가산하여 지급한다.
- 주말 특근 수당은 시급에 10,000원을 가산하여 지급한다.
- 식대는 10,000원을 지급하며, 식대는 야근·특근 수당에 포함되지 않는다.
- 야근시간은 오후 7시부터 적용되며 10시를 초과할 수 없다(초과시간 수당 미지급).

① 285,000원
② 320,000원
③ 355,000원
④ 405,000원
⑤ 442,500원

08 다음 글의 내용으로 적절하지 않은 것은?

> 생물 농약이란 농작물에 피해를 주는 병이나 해충, 잡초를 제거하기 위해 자연에 있는 생물로 만든 천연 농약을 뜻한다. 생물 농약을 개발한 것은 흙 속에 사는 병원균으로부터 식물을 보호할 목적에서였다. 뿌리를 공격하는 병원균은 땅속에 살고 있으므로 병원균을 제거하기에 어려움이 있었다. 게다가 화학 농약의 경우 그 성분이 토양에 달라붙어 제 기능을 발휘하지 못했기 때문에, 식물 성장을 돕고 항균 작용을 할 수 있는 미생물에 주목하기 시작한 것이다.
> 식물 성장을 돕고 항균 작용을 하는 미생물집단을 '근권미생물'이라 하는데, 여러 종류의 근권미생물 중 농약으로 쓰기에 가장 좋은 것은 뿌리에 잘 달라붙는 것들이다.
> 근권미생물의 입장에서 뿌리 주변은 사막의 오아시스와 비슷한 조건이다. 뿌리 주변은 뿌리에서 공급되는 양분과 안락한 서식 환경을 제공받지만, 뿌리 주변에서 멀리 떨어진 곳은 황량한 지역이어서 먹을 것을 찾기가 어렵기 때문이다. 따라서 뿌리 주변에서는 좋은 위치를 선점하기 위해 미생물 간에 치열한 싸움이 벌어진다. 얼마나 뿌리에 잘 정착하느냐가 생물 농약으로 사용되는 미생물을 결정하는 데 중요한 기준이 되는 셈이다.
> 생물 농약으로 쓰이는 미생물은 식물 성장을 돕는 성질을 포함한다. 미생물이 만든 항균 물질은 농작물의 뿌리에 침입하려는 곰팡이나 병원균의 성장을 억제하거나 죽게 한다. 그리고 병원균이나 곤충, 선충에 기생하는 종들을 사용한 생물 농약은 유해 병원균이나 해충을 직접 공격하기도 한다. 예를 들자면, 흰가루병은 채소 대부분에 생겨나는 곰팡이 때문에 발생하는데, 흰가루병을 일으키는 곰팡이의 영양분을 흡수해 죽이는 천적 곰팡이(암펠로마이세스 퀴스퀄리스)를 이용한 생물 농약이 만들어졌다.

① 화학 농약은 화학 성분이 토양에 달라붙어 제 기능을 발휘하지 못한다.
② 생물 농약으로 쓰이는 미생물들은 유해 병원균이나 해충을 직접 공격하지는 못한다.
③ '근권미생물'이란 식물의 성장에 도움을 주는 미생물이다.
④ 뿌리에 얼마만큼 정착하는지의 여부가 미생물의 생물 농약 사용 기준이 된다.
⑤ 다른 곰팡이를 죽이는 곰팡이가 존재한다.

09 문화기획을 하는 A씨는 올해 새로운 공연을 기획하고자 한다. 문화예술에 대한 국민의 관심과 참여 수준을 파악하여 기획에 반영하고자 할 때, 다음 자료를 해석한 내용으로 옳지 않은 것은?

〈문화예술 관람률〉

(단위 : %)

구분		2016년	2018년	2020년	2022년
문화예술 성별 · 연령별 관람률	전체	52.4	54.5	60.8	64.5
	남자	50.5	51.5	58.5	62.0
	여자	54.2	57.4	62.9	66.9
	20세 미만	81.2	79.9	83.6	84.5
	20 ~ 29세	79.6	78.2	83.4	83.8
	30 ~ 39세	68.2	70.6	77.2	79.2
	40 ~ 49세	53.4	58.7	67.4	73.2
	50 ~ 59세	35.0	41.2	48.1	56.2
	60세 이상	13.4	16.6	21.7	28.9
문화예술 종류별 관람률	음악 · 연주회	13.9	13.6	11.6	10.7
	연극	13.9	13.5	13.2	11.8
	무용	1.1	1.5	1.4	1.2
	영화	44.8	45.8	50.3	52.8
	박물관	13.8	14.5	13.3	13.7
	미술관	12.5	11.1	10.2	9.8

① 문화예술 관람률은 계속해서 증가하고 있다.

② 2020년도의 전체 인구수를 100명으로 가정했을 때, 그 해 미술관을 관람한 사람은 10명이다.

③ 문화예술 관람률이 접근성을 반영한다면, 접근성이 가장 떨어지는 문화예술은 무용이다.

④ 남자보다는 여자, 40세 이상보다는 30세 이하의 문화예술 관람률이 높다.

⑤ 60세 이상의 문화예술 관람률은 2016년 대비 2022년에 100% 이상 증가했다.

10 다음은 2023년 9월 국내공항 항공 통계에 대한 자료이다. 이에 대한 설명으로 옳은 것은?(단, 소수점 둘째 자리에서 반올림한다)

〈2023년 9월 국내공항 항공 통계〉

(단위 : 편, 명, 톤)

공항	운항			여객			화물		
	도착	출발	합계	도착	출발	합계	도착	출발	합계
인천	15,878	15,843	31,721	2,697,760	2,696,932	5,394,692	161,775	168,171	329,946
김포	6,004	6,015	12,019	1,034,808	1,023,256	2,058,064	12,013	11,087	23,100
김해	4,548	4,546	9,094	676,182	672,813	1,348,995	7,217	7,252	14,469
제주	7,296	7,295	14,591	1,238,100	1,255,050	2,493,150	10,631	12,614	23,245
대구	1,071	1,073	2,144	151,341	151,933	303,274	1,208	1,102	2,310
광주	566	564	1,130	82,008	80,313	162,321	529	680	1,209
합계	35,363	35,336	70,699	5,880,199	5,880,297	11,760,496	193,373	200,906	394,279

① 6개 공항 모두 출발 여객보다 도착 여객의 수가 많다.

② 제주공항 화물은 김해공항 화물의 1.5배 이상이다.

③ 인천공항 운항은 전체 공항 운항의 48%를 차지한다.

④ 도착 운항이 두 번째로 많은 공항은 도착 화물도 두 번째로 높은 수치를 보인다.

⑤ 김해공항과 제주공항의 운항을 합한 값은 김포공항 화물의 값보다 적다.

11 I대학 동문회는 월말에 열릴 동문 초청의 밤 행사를 위해 회비를 갹출하려고 한다. 2023년 비용 계획과 연도별 동문회 참가현황을 참고하여 비용을 산출한다면 올해 1인당 최소 회비는?(단, 회비는 천 원 단위에서 반올림하여 만 원 단위로 갹출한다)

〈2023년도 비용 계획〉

항목	비용(원)	신청자 수(명)
1인당 식사비	25,000	미정
기념 티셔츠	12,500	미정
기념 모자	5,000	120
홍보 팜플렛	5,000	미정
기념 컵	5,000	100

※ 미정인 신청자 수는 최근 3년간 동문회 참가현황의 평균을 근거로 산출한다.

〈2018 ~ 2022년 동문회 참가현황〉

구분	2018년	2019년	2020년	2021년	2022년
참가인원(명)	208	190	185	201	163

① 4만 원
② 5만 원
③ 6만 원
④ 7만 원
⑤ 8만 원

12 다음은 I기업의 여비규정이다. 대구로 출장을 다녀 온 B과장의 지출내역을 토대로 여비를 정산했을 때, B과장은 총 얼마를 받는가?

여비의 종류(제1조)
여비는 운임 · 숙박비 · 식비 · 일비 등으로 구분한다.
1. 운임 : 여행 목적지로 이동하기 위해 교통수단을 이용함에 있어 소요되는 비용을 충당하기 위한 여비
2. 숙박비 : 여행 중 숙박에 소요되는 비용을 충당하기 위한 여비
3. 식비 : 여행 중 식사에 소요되는 비용을 충당하기 위한 여비
4. 일비 : 여행 중 출장지에서 소요되는 교통비 등 각종 비용을 충당하기 위한 여비

운임의 지급(제2조)
1. 운임은 철도운임 · 선박운임 · 항공운임으로 구분한다.
2. 국내운임은 [별표 1]에 따라 지급한다.

일비 · 숙박비 · 식비의 지급(제3조)
1. 국내 여행자의 일비 · 숙박비 · 식비는 [별표 1]에 따라 지급한다.
2. 일비는 여행일수에 따라 지급한다.
3. 숙박비는 숙박하는 밤의 수에 따라 지급한다. 다만, 출장기간이 2일 이상인 경우의 지급액은 출장기간 전체의 총액 한도 내 실비로 계산한다.
4. 식비는 여행일수에 따라 지급한다.

[별표 1] 국내 여비 지급표

철도운임	선박운임	항공운임	일비(1인당)	숙박비(1박당)	식비(1일당)
실비 (일반실)	실비 (2등급)	실비	20,000원	실비 (상한액 40,000원)	20,000원

〈B과장의 지출내역〉

(단위 : 원)

항목	1일 차	2일 차	3일 차	4일 차
KTX운임(일반실)	43,000	–	–	43,000
대구 시내 버스요금	5,000	4,000	–	2,000
대구 시내 택시요금	–	–	10,000	6,000
식비	15,000	45,000	35,000	15,000
숙박비	45,000	30,000	35,000	–

① 286,000원
② 304,000원
③ 328,000원
④ 356,000원
⑤ 378,000원

13 다음 중 분산처리 시스템의 특징으로 옳지 않은 것은?

① 작업을 병렬적으로 수행함으로써 사용자에게 빠른 반응 시간과 빠른 처리 시간을 제공한다.
② 사용자들이 비싼 자원을 쉽게 공유하여 사용할 수 있고, 작업의 부하를 균등하게 유지할 수 있다.
③ 작업 부하를 분산시킴으로써 반응 시간을 항상 일관성 있게 유지할 수 있다.
④ 분산 시스템에 구성 요소를 추가하거나 삭제는 할 수 없다.
⑤ 다수의 구성 요소가 존재하므로 일부가 고장 나더라도 나머지 일부는 계속 작동 가능하기 때문에 사용 가능도가 향상된다.

14 다음 중 ㉠에 대해 제기할 수 있는 반론으로 가장 적절한 것은?

> 기업은 상품의 사회적 마모를 촉진시키는 주체이다. 생산과 소비가 지속되어야 이윤을 남길 수 있기 때문에, 하나의 상품을 생산해서 그 상품의 물리적 마모가 끝날 때까지를 기다렸다가는 그 기업은 망하기 십상이다. 이러한 상황에서 늘 수요에 비해서 과잉 생산을 하는 기업이 살아남을 수 있는 길은 상품의 사회적 마모를 짧게 해서 사람들로 하여금 계속 소비하게 만드는 것이다.
> 그래서 ㉠ 기업들은 더 많은 이익을 내기 위해서는 상품의 성능을 향상시키기보다는 디자인을 변화시키는 것이 더 바람직하다고 생각한다. 산업이 발달하여 상품의 성능이나 기능, 내구성이 이전보다 더욱 향상되었는데도 불구하고 상품의 생명이 이전보다 더 짧아지는 것은 어떻게 생각하면 자본주의 상품이 지닌 모순이라고 할 수 있다. 섬유의 질은 점점 좋아지지만 그 옷을 입는 기간은 이에 비해서 점점 짧아지게 되는 것이 바로 자본주의 상품이 지니고 있는 모순이다. 산업이 계속 발달하여 상품의 성능이 향상되는데도 상품의 사회적인 마모 기간이 누군가에 의해서 엄청나게 짧아지고 있다. 상품의 질은 향상되고 내가 버는 돈은 늘어가는 것 같은데 늘 무엇인가 부족한 듯한 느낌이 드는 것도 이것과 관련이 있다.

① 상품의 성능은 그대로 두어도 향상될 수 있는가?
② 디자인에 관한 소비자들의 취향이 바뀌는 것을 막을 방안은 있는가?
③ 상품의 성능 향상을 등한시하며 디자인만 바꾼다고 소비가 증가할 것인가?
④ 사회적 마모 기간이 점차 짧아지면 디자인을 개발하는 것이 기업에 도움이 되겠는가?
⑤ 소비 성향에 맞춰 디자인을 다양화할 수 있는가?

15 A고등학생이 13살 동생, 40대 부모님, 65세 할머니와 함께 박물관에 가려고 한다. 주말에 입장할 때와 평일에 입장할 때의 요금 차이는?

〈박물관 입장료〉

구분	주말	평일
성인	20,000원	18,000원
중·고등학생	15,000원	13,000원
어린이	11,000원	10,000원

※ 어린이 : 3살 이상 13살 이하
※ 경로 : 65세 이상은 50% 할인

① 8,000원
② 9,000원
③ 10,000원
④ 11,000원
⑤ 12,000원

16 다음 글에 나타난 글쓴이의 주장으로 가장 적절한 것은?

동물들의 행동을 잘 살펴보면 동물들도 우리가 사용하는 말 못지않은 의사소통 수단을 가지고 있는 듯이 보인다. 즉, 동물들도 여러 가지 소리를 내거나 몸짓을 함으로써 자신들의 감정과 기분을 나타낼 뿐 아니라 경우에 따라서는 인간과 다를 바 없이 의사를 교환하고 있는 듯하다. 그러나 그것은 단지 겉모습의 유사성에 지나지 않을 뿐이고 사람의 말과 동물의 소리에는 아주 근본적인 차이가 존재한다는 점을 잊어서는 안 된다. 동물들이 사용하는 소리는 단지 배고픔이나 고통과 같은 생물학적인 조건에 대한 반응이거나 두려움이나 분노와 같은 본능적인 감정들을 표현하기 위한 것에 지나지 않는다.

① 모든 동물이 다 말을 하는 것은 아니지만, 원숭이와 같이 지능이 높은 동물은 말을 할 수 있다.
② 동물들은 인간이 알아듣지 못하는 방식으로 대화할 뿐 서로 대화를 나누고 정보를 교환하며 인간과 같이 의사소통을 한다.
③ 사육사의 지속적인 훈련을 받는다면 동물들은 인간의 소리를 똑같은 목소리로 정확하게 따라 할 수 있다.
④ 동물들이 내는 소리가 때때로 의사소통의 수단으로 이용된다고 해서 그것을 대화나 토론이나 회의와 같은 언어활동이라고 할 수는 없다.
⑤ 자라면서 언어를 익히는 인간과 달리 동물들은 태어날 때부터 소리를 내고, 이를 통해 자신들의 의사를 표현한다.

※ 다음은 I공사의 직무연수 신청표와 사원번호 발급체계이다. 이어지는 질문에 답하시오. **[17~18]**

〈직무연수 신청표〉

이름	부서	직급	사원번호	연수 일정
A	인사	주임	1810232	2024. 03. 13
B	총무	대리	1711175	2024. 06. 28
C	마케팅	대리	1615572	2024. 03. 21
D	마케팅	사원	2125387	2024. 03. 10
E	자재	과장	1217197	2024. 03. 19
F	회계	사원	2015568	2024. 04. 02
G	지원	주임	1917375	2024. 05. 18

※ 연수 일정 전까지 연수 취소는 가능하나 취소 시 차수 연수 신청 불가능

※ 연수 시작 7일 전까지 일정 변경 가능

〈사원번호 발급체계〉

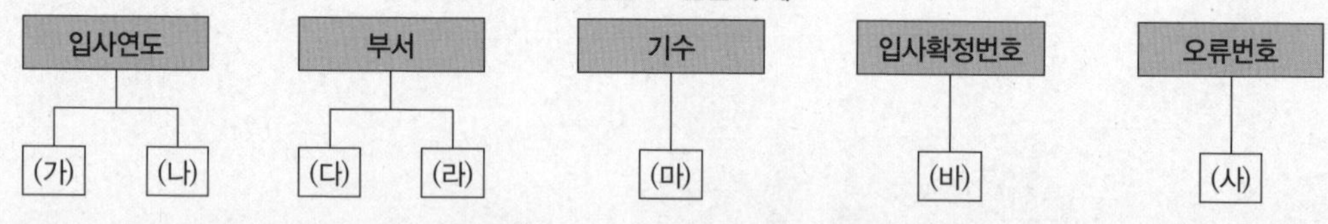

구분	인사	총무	회계	자재	지원	마케팅
부서코드	10	11	15	17	20	25

※ 입사연도는 네 자릿수 중에 뒤의 두 자리만 사용한다. 예 2020 → 20

※ 입사확정번호는 2003년도 이후 입사자부터 적용된다.

〈오류번호 연산법〉

$0 \leq$ (가)+(나)+(다)+(라)+(마)+(바) $< 10 \rightarrow 0$

$10 \leq$ (가)+(나)+(다)+(라)+(마)+(바) $< 20 \rightarrow$ 값-10

$20 \leq$ (가)+(나)+(다)+(라)+(마)+(바) $< 30 \rightarrow$ 값-20

17 **다음 중 자료에 대한 설명으로 옳은 것은?**

① 2019년에 2기 3번으로 입사한 지원 부서 K주임의 사원번호는 1920234이다.
② 2001년에 입사한 총무 부서 L부장의 사원번호를 알 수 있다.
③ C대리는 연수 일정을 3월 17일에 취소하고 차수 연수를 들을 예정이다.
④ D사원은 3월 4일에 연수 일정을 변경해 3월 19일에 연수를 들을 예정이다.
⑤ E과장은 2011년 이전에 입사하였다.

18 **다음 중 직무연수 신청표의 사원번호가 잘못된 사람끼리 바르게 짝지어진 것은?(단, 입사연도, 기수, 입사 확정번호는 모두 맞다고 가정한다)**

① B, C
② A, C
③ E, F, G
④ C, F, G
⑤ A, C, F

19 **다음 중 워크시트의 인쇄에 대한 설명으로 옳지 않은 것은?**

① 인쇄 영역에 포함된 도형은 기본적으로 인쇄가 되지 않으므로 인쇄를 하려면 도형의 [크기 및 속성] 대화상자에서 '개체 인쇄' 옵션을 선택해야 한다.
② 인쇄하기 전에 워크시트를 미리 보려면 〈Ctrl〉+〈F2〉키를 누른다.
③ 기본적으로 화면에 표시되는 열 머리글(A, B, C 등)이나 행 머리글(1, 2, 3 등)은 인쇄되지 않는다.
④ 워크시트의 내용 중 특정 부분만을 인쇄 영역으로 설정하여 인쇄할 수 있다.
⑤ 워크시트의 셀 구분선을 그대로 인쇄하려면 페이지 설정 대화상자의 [시트] 탭에서 '눈금선'을 선택하면 된다.

20 새롭게 비품관리를 담당하게 된 I사원은 기존에 거래하던 A문구와 다른 업체들과의 가격 비교를 위해 B문구와 C문구에 견적서를 요청한 뒤 세 곳을 비교하려고 한다. 비품의 성능 차이는 다르지 않으므로 비교 후 가격이 저렴한 곳과 거래할 예정이다. 가능한 혜택을 모두 적용할 때 견적서의 총합계금액과 최종적으로 거래할 업체를 바르게 짝지은 것은?(단, 배송료는 총주문금액 계산 이후 더하며 백 원 미만은 절사한다)

A문구			
품명	수량	단가	공급가액
MLT - D209S[호환]	1	28,000원	32,000원
A4 복사용지 80G(2박스 묶음)	1	18,900원	31,900원
친환경 진행 문서 파일	1	1,500원	2,500원

※ 총주문금액에서 20% 할인 쿠폰 사용 가능

※ 배송료 : 4,000원(10만 원 이상 구매 시 무료 배송)

B문구			
품명	수량	단가	공급가액
PGI - 909 - PINK[호환]	1	20,000원	25,000원
더블비 A4 복사용지 80G(2박스 묶음)	1	17,800원	22,800원
친환경 진행 문서 파일	1	1,200원	1,800원

※ 4만 원 이상 구매 시 판매가의 7% 할인

※ 배송료 : 2,500원(7만 원 이상 구매 시 무료 배송)

C문구			
품명	수량	단가	공급가액
MST - D128S	1	20,100원	24,100원
A4 복사용지 75G(2박스 묶음)	1	18,000원	28,000원
문서 파일	1	1,600원	3,600원

※ 첫 구매 적립금 4,000포인트 사용 가능

※ 45,000원 이상 구매 시 문서 파일 1개 무료 증정

※ 배송료 : 4,500원(6만 원 이상 구매 시 무료 배송)

① A문구 - 49,000원

② B문구 - 46,100원

③ C문구 - 48,200원

④ B문구 - 48,600원

⑤ C문구 - 51,700원

21 다음 글을 바탕으로 할 때, 〈보기〉의 밑줄 친 정책의 방향에 대한 추측으로 가장 적절한 것은?

> 동일한 환경에서 야구공과 고무공을 튕겨 보면, 고무공이 훨씬 민감하게 튀어 오르는 것을 볼 수 있다. 즉, 고무공은 야구공보다 탄력이 좋다. 일정한 가격에서 사람들이 사고자 하는 물건의 양인 수요량에도 탄력성의 개념이 적용될 수 있다. 재화의 가격이 변화할 때 수요량도 변화하게 되는 것이다. 이때 경제학에서는 가격 변화에 대한 수요량 변화의 민감도를 측정하는 표준화된 방법을 수요 탄력성이라고 한다.
> 수요 탄력성은 수요량의 변화 비율을 가격의 변화 비율로 나눈 값이다. 일반적으로 가격과 수요량은 반비례하므로 수요 탄력성은 음(−)의 값을 가진다. 그러나 통상적으로 음의 부호를 생략하고 절댓값만 표시한다. 가격에 따른 수요량 변화율에 따라 상품의 수요는 '단위 탄력적', '탄력적', '완전 탄력적', '비탄력적', '완전 비탄력적'으로 나눌 수 있다. 수요 탄력성이 1인 경우 수요는 '단위 탄력적'이라고 불린다. 또한, 수요 탄력성이 1보다 큰 경우 수요는 '탄력적'이라고 불린다. 한편 영(0)에 가까운 아주 작은 가격 변화에도 수요량이 매우 크게 변화하면 수요 탄력성은 무한대가 된다. 이 경우의 수요는 '완전 탄력적'이라고 불린다. 소비하지 않아도 생활에 지장이 없는 사치품이 이에 해당한다. 반면, 수요 탄력성이 1보다 작다면 수요는 '비탄력적'이라고 불린다. 만일 가격이 아무리 변해도 수요량에 어떠한 변화도 나타나지 않는다면 수요 탄력성은 영(0)이 된다. 이 경우 수요는 '완전 비탄력적'이라고 불린다. 생필품이 이에 해당한다.
> 수요 탄력성의 크기는 상품의 가격이 변할 때 이 상품에 대한 소비자의 지출이 어떻게 변하는지를 알려 준다. 상품에 대한 소비자의 지출액은 가격에 수요량을 곱한 것이다. 먼저 상품의 수요가 탄력적인 경우를 따져보자. 이 경우에는 수요 탄력성이 1보다 크기 때문에, 가격이 오른 정도에 비해 수요량이 많이 감소한다. 이에 따라, 가격이 상승하면 소비자의 지출액은 가격이 오르기 전보다 감소한다. 반면에 가격이 내릴 때는 가격이 내린 정도에 비해 수요량이 많아지므로 소비자의 지출액은 증가한다. 물론 수요가 비탄력적이면 위와 반대되는 현상이 일어난다. 즉, 가격이 상승하면 소비자의 지출액은 증가하며, 가격이 하락하면 소비자의 지출액은 감소하게 된다.

〈보기〉

> A국가의 정부는 경제 안정화를 위해 개별 소비자들이 지출액을 줄이도록 유도하는 <u>정책</u>을 시행하기로 하였다.

① 생필품의 가격은 높이고 사치품의 가격은 유지하려 하겠군.
② 생필품의 가격은 낮추고 사치품의 가격은 높이려 하겠군.
③ 생필품의 가격은 유지하고 사치품의 가격은 낮추려 하겠군.
④ 생필품과 사치품의 가격을 모두 유지하려 하겠군.
⑤ 생필품과 사치품의 가격을 모두 낮추려 하겠군.

22 다음은 실업자 및 실업률 추이에 관한 그래프이다. 2023년 11월의 실업률은 2월 대비 얼마나 증감했는가? (단, 소수점 첫째 자리에서 반올림한다)

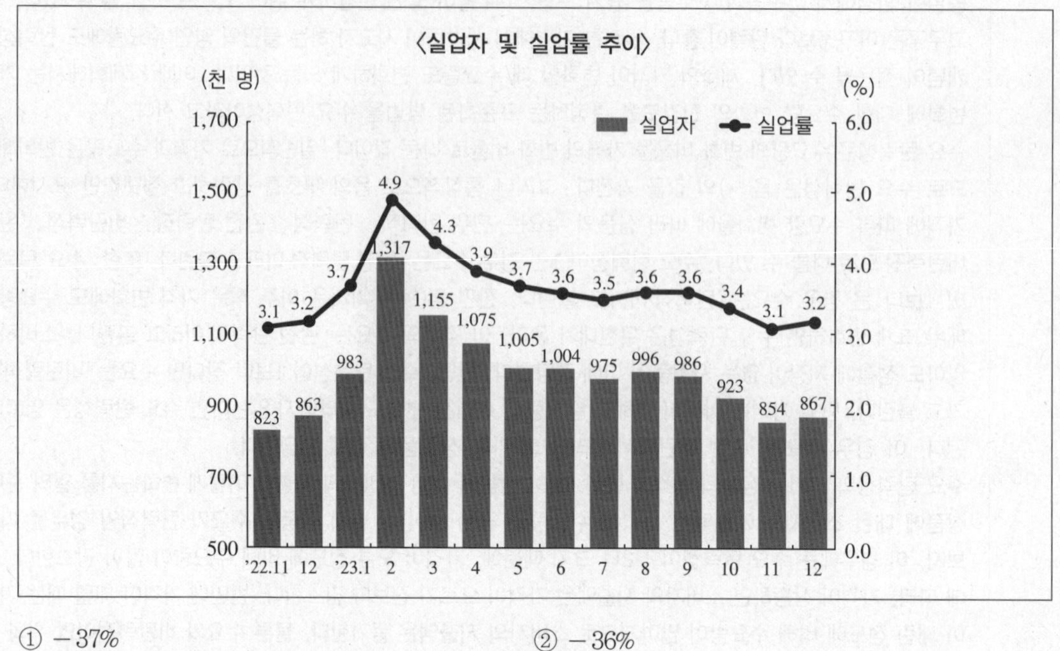

① －37%
② －36%
③ －35%
④ ＋37%
⑤ ＋38%

23 중소기업의 생산 관리팀에서 근무하고 있는 귀하는 총생산비용의 감소율을 30%로 설정하려고 한다. 1단위 생산 시 단계별 부품 단가가 다음과 같을 때, ⓐ+ⓑ의 값은?

단계	부품 1단위 생산 시 투입 비용(원)	
	개선 전	개선 후
1단계	4,000	3,000
2단계	6,000	ⓐ
3단계	11,500	ⓑ
4단계	8,500	7,000
5단계	10,000	8,000

① 4,000원
② 6,000원
③ 8,000원
④ 10,000원
⑤ 12,000원

24 다음은 어느 기업의 팀별 성과급 지급 기준 및 영업팀의 평가표이다. 영업팀에 지급되는 성과급의 1년 총액은?(단, 성과평가 등급이 A등급이면 직전 분기 차감액의 50%를 가산하여 지급한다)

〈성과급 지급 기준〉

성과평가 점수	성과평가 등급	분기별 성과급 지급액
9.0 이상	A	100만 원
8.0～8.9	B	90만 원(10만 원 차감)
7.0～7.9	C	80만 원(20만 원 차감)
6.9 이하	D	40만 원(60만 원 차감)

〈영업팀 성과평가〉

구분	1분기	2분기	3분기	4분기
유용성	8	8	10	8
안정성	8	6	8	8
서비스 만족도	6	8	10	8

※ (성과평가 점수)=(유용성)×0.4+(안정성)×0.4+(서비스 만족도)×0.2

① 350만 원
② 360만 원
③ 370만 원
④ 380만 원
⑤ 400만 원

25 다음 중 피벗테이블에 대한 설명으로 옳지 않은 것은?

① 피벗테이블 결과가 표시되는 장소는 동일한 시트 내에만 지정된다.
② 피벗테이블로 작성된 목록에서 행 필드를 열 필드로 편집할 수 있다.
③ 피벗테이블 작성 후에도 사용자가 새로운 수식을 추가하여 표시할 수 있다.
④ 피벗테이블은 많은 양의 데이터를 손쉽게 요약하기 위해 사용되는 기능이다.
⑤ 피벗테이블에서 필터 기능을 사용할 수 있다.

26 다음 자료를 근거로 판단할 때, 연구모임 A ~ E 중 두 번째로 많은 지원금을 받는 모임은?

〈지원계획〉

- 지원을 받기 위해서는 한 모임당 6명 이상 9명 미만으로 구성되어야 한다.
- 기본지원금은 모임당 1,500천 원을 기본으로 지원한다. 단, 상품개발을 위한 모임의 경우는 2,000천 원을 지원한다.
- 추가지원금

등급	상	중	하
추가지원금(천 원/명)	120	100	70

※ 추가지원금은 연구 계획 사전평가결과에 따라 달라진다.

- 협업 장려를 위해 협업이 인정되는 모임에는 위의 두 지원금을 합한 금액의 30%를 별도로 지원한다.

〈연구모임 현황 및 평가결과〉

모임	상품개발 여부	구성원 수	연구 계획 사전평가결과	협업 인정 여부
A	○	5	상	○
B	×	6	중	×
C	×	8	상	○
D	○	7	중	×
E	×	9	하	×

① A모임　② B모임

③ C모임　④ D모임

⑤ E모임

27 다음 글의 내용으로 적절하지 않은 것은?

> 위기지학(爲己之學)이란 15세기의 사림파 선비들이 「소학(小學)」을 강조하면서 내세운 공부 태도를 가리킨다. 원래 이 말은 위인지학(爲人之學)과 함께 「논어(論語)」에 나오는 말이다. "옛날에 공부하던 사람들은 자기를 위해 공부했는데, 요즘 사람들은 남을 위해 공부한다." 즉, 공자는 공부하는 사람의 관심이 어디에 있느냐를 가지고 학자를 두 부류로 구분했다. 어떤 학자는 "위기(爲己)란 자아가 성숙하는 것을 추구하며, 위인(爲人)이란 남들에게서 인정받기를 바라는 태도"라고 했다.
> 조선 시대를 대표하는 지식인 퇴계 이황(李滉)은 이렇게 말했다. "위기지학이란, 우리가 마땅히 알아야 할 바가 도리이며, 우리가 마땅히 행해야 할 바가 덕행이라는 것을 믿고, 가까운 데서부터 착수해 나가되 자신의 이해를 통해서 몸소 실천하는 것을 목표로 삼는 공부이다. 반면 위인지학이란, 내면의 공허함을 감추고 관심을 바깥으로 돌려 지위와 명성을 취하는 공부이다." 위기지학과 위인지학의 차이는 공부의 대상이 무엇이냐에 있다기보다 공부를 하는 사람의 일차적 관심과 태도가 자신을 내면적으로 성숙시키는 데 있느냐 아니면 다른 사람으로부터 인정을 받는 데 있느냐에 있다는 것이다.
> 이것은 학문의 목적이 외재적 가치에 의해서가 아니라 내재적 가치에 의해서 정당화된다는 사고방식이 나타났음을 뜻한다. 이로써 당시 사대부들은 출사(出仕)를 통해 정치에 참여하는 것 외에 학문과 교육에 종사하면서도 자신의 사회적 존재 의의를 주장할 수 있다고 믿었다. 더 나아가 학자 또는 교육자로서 사는 것이 관료 또는 정치가로서 사는 것보다 훌륭한 것이라고 주장할 수 있게 되었다. 또한 위기지학의 출현은 종래 과거제에 종속되어 있던 교육에 독자적 가치를 부여했다는 점에서 역사적 사건으로 평가받아 마땅하다.

① 국가가 위기지학을 권장함으로써 그 위상이 높아졌다.
② 위인지학을 추구하는 사람들은 체면과 인정을 중시했다.
③ 위기적 태도를 견지한 사람들은 자아의 성숙을 추구했다.
④ 공자는 학문하는 태도를 기준으로 삼아 학자들을 나누었다.
⑤ 위기지학은 사대부에게 출사만이 훌륭한 것은 아니라는 근거를 제공했다.

28 다음은 장기요양인정점수 산정 방법에 대한 안내 자료이다. A씨의 영역별 심신상태가 〈보기〉와 같을 때, 안내 자료를 통해 계산한 A씨의 장기요양등급으로 옳은 것은?

〈장기요양인정 영역별 조사항목 점수표〉

영역	영역별 조사항목의 판단기준		점수
신체기능	기능자립정도	완전자립	1
		부분도움	2
		완전도움	3
인지기능	증상유무	있다	1
		없다	0
행동변화	증상유무	있다	1
		없다	0
간호처치	증상유무	있다	1
		없다	0
재활	운동장애정도	운동장애 없음	1
		불완전운동장애	2
		완전운동장애	3
	관절제한정도	제한없음	1
		한쪽관절제한	2
		양관절제한	3

〈장기요양등급〉

등급	장기요양인정점수
1	95점 이상
2	75점 이상 95점 미만
3	60점 이상 75점 미만
4	51점 이상 60점 미만
5	45점 이상 51점 미만

〈보기〉

영역	항목(심신상태)		
신체기능 (12항목)	• 옷 벗고 입기 (부분도움) • 세수하기 (완전자립) • 양치질하기 (완전자립) • 목욕하기 (부분도움)	• 식사하기 (부분도움) • 체위변경하기 (부분도움) • 일어나 앉기 (완전자립) • 옮겨 앉기 (부분도움)	• 방 밖으로 나오기 (부분도움) • 화장실 사용하기 (부분도움) • 대변 조절하기 (부분도움) • 소변 조절하기 (부분도움)
인지기능 (7항목)	• 단기 기억장애 (있음) • 날짜 불인지 (있음) • 장소 불인지 (없음)	• 나이 · 생년 불인지 (있음) • 지시 불인지 (있음) • 상황 판단력 감퇴 (있음)	• 의사소통 · 전달장애 (없음)
행동변화 (14항목)	• 망각 (있음) • 환각, 환청 (없음) • 슬픈 상태, 울기도 함 (없음) • 불규칙수면 · 주야혼돈 (없음) • 도움에 저항 (있음)	• 길을 잃음 (있음) • 폭언, 위협행동 (있음) • 밖으로 나가려함 (없음) • 물건 망가트리기 (없음) • 부적절한 행동 (있음)	• 돈 · 물건 감추기 (없음) • 부적절한 옷 입기 (있음) • 대소변 불결 행위 (없음) • 서성거림 · 안절부절못함 (있음)
간호처치 (9항목)	• 기관지 절개관 간호 (없음) • 흡인 (없음) • 산소요법 (없음)	• 욕창 간호 (있음) • 경관 영양 (없음) • 암성통증 간호 (없음)	• 도뇨 관리 (있음) • 장루 간호 (있음) • 투석 간호 (없음)
재활 (10항목)	운동장애(4항목)	• 우측 상지 (불완전운동장애) • 좌측 상지 (불완전운동장애)	• 우측 하지 (불완전운동장애) • 좌측 하지 (불완전운동장애)
	관절제한(6항목)	• 어깨 관절 (제한없음) • 팔꿈치 관절 (한쪽관절제한) • 손목 및 수지 관절 (한쪽관절제한)	• 고관절 (한쪽관절제한) • 무릎 관절 (양관절제한) • 발목 관절 (한쪽관절제한)

① 1등급
② 2등급
③ 3등급
④ 4등급
⑤ 5등급

※ I공사는 하반기에 기술개발 R&D에서 우수한 성과를 보인 협력사에게 포상을 수여하고자 한다. 포상수여 기준과 각 협력사에 대한 정보는 다음과 같다. 이어지는 질문에 답하시오. **[29~30]**

〈하반기 포상수여 기준〉

- 포상점수가 가장 높은 협력사 두 곳에 포상을 수여한다.
- 포상점수는 기술개선점수(35점), 실용화점수(30점), 경영점수(15점), 성실점수(20점)를 합산하여 산출한다.
- 기술개선점수
  - 기술개선점수는 출원점수와 등록점수를 합산하여 산출한다.

출원특허개수	0개	1 ~ 10개	11 ~ 20개	21개 이상
출원점수	0점	5점	10점	15점

등록특허개수	0개	1 ~ 5개	6 ~ 10개	11개 이상
등록점수	0점	10점	15점	20점

- 실용화점수
  - 실용화점수는 상품화 단계에 따라 부여한다.

상품화 단계	연구단계	상품개발단계	국내출시단계	수출개시단계
실용화점수	5점	15점	25점	30점

- 경영점수
  - 경영점수는 건전성 등급에 따라 부여한다.

건전성 등급	A등급	B등급	C등급	D등급
경영점수	20점	15점	10점	0점

- 성실점수
  - 성실점수는 성과제출 성실도에 따라 부여한다.

성과제출 성실도	기한 내 제출	기한 미준수	미제출
성실점수	20점	10점	0점

〈하반기 협력사 정보〉

구분	출원특허개수	등록특허개수	상품화 단계	건전성 등급	성과제출 성실도
A사	13개	11개	상품개발단계	B등급	기한 내 제출
B사	8개	5개	연구단계	A등급	기한 미준수
C사	21개	9개	상품개발단계	B등급	기한 미준수
D사	3개	3개	수출개시단계	C등급	기한 내 제출
E사	16개	9개	국내출시단계	A등급	미제출

29 하반기 포상수여 기준에 따라 협력사 중 두 곳에 포상을 수여할 때, 다음 중 포상을 받을 협력사가 바르게 연결된 것은?

① A사, B사
② A사, D사
③ B사, C사
④ B사, E사
⑤ D사, E사

30 하반기 포상수여 기준에서 기술개선점수, 성실점수 부분이 다음과 같이 수정되고, 동점업체 처리기준이 추가되었다고 한다. 수정된 포상수여 기준에 따라 포상을 수여할 협력사 두 곳을 선정할 때, 다음 중 포상을 받을 협력사가 바르게 연결된 것은?

• 기술개선점수
 – 기술개선점수는 출원점수와 등록점수를 합산하여 산출한다.

출원특허개수	0개	1 ~ 5개	6 ~ 15개	16개 이상
출원점수	0점	10점	15점	20점

등록특허개수	0개	1 ~ 10개	11 ~ 20개	20개 이상
등록점수	0점	5점	10점	15점

• 성실점수
 – 성실점수는 성과제출 성실도에 따라 부여한다.

성과제출 성실도	기한 내 제출	기한 미준수	미제출
성실점수	20점	15점	10점

• 포상점수가 동점인 경우, 기술개선점수가 더 높은 협력사를 선정한다.

① A사, D사
② A사, E사
③ B사, C사
④ B사, D사
⑤ D사, E사

31 다음 C대리의 답변 중 (가) ~ (마)의 내용으로 적절하지 않은 것은?

> A과장 : C대리, 파워포인트 슬라이드 쇼 실행 화면에서 단축키 좀 알려줄 수 있을까? 내 마음대로 슬라이드를 움직일 수가 없어서 답답해서 말이지.
> C대리 : 네 과장님, 제가 알려드리겠습니다.
> A과장 : 그래, 우선 발표가 끝나고 쇼 실행 화면에서 화면을 검게 하고 싶은데 가능한가?
> C대리 : ______(가)______
> A과장 : 그렇군. 혹시 흰색으로 설정도 가능한가?
> C대리 : ______(나)______
> A과장 : 혹시 원하는 슬라이드로 이동하는 방법도 있나? 예를 들어 7번 슬라이드로 바로 넘어가고 싶네만.
> C대리 : ______(다)______
> A과장 : 슬라이드 쇼 실행 화면에서 모든 슬라이드를 보고 싶은 경우도 있네.
> C대리 : ______(라)______
> A과장 : 맞다. 형광펜 기능도 있다고 들었는데?
> C대리 : ______(마)______

① (가) : [.](마침표) 키를 누르시면 됩니다.
② (나) : [,](쉼표) 키를 누르시면 됩니다.
③ (다) : [7](해당번호)를 누르고, [Enter↵] 키를 누르시면 됩니다.
④ (라) : [+](플러스) 키를 누르시면 됩니다.
⑤ (마) : [Ctrl](컨트롤) 키와 [I](영어 I) 키를 같이 누르시면 됩니다.

32 다음 글의 논증을 약화하는 것을 〈보기〉에서 모두 고르면?

> 인간 본성은 기나긴 진화 과정의 결과로 생긴 복잡한 전체다. 여기서 '복잡한 전체'란 그 전체가 단순한 부분들의 합보다 더 크다는 의미이다. 인간을 인간답게 만드는 것, 즉 인간에게 존엄성을 부여하는 것은 인간이 갖고 있는 개별적인 요소들이 아니라 이것들이 모여 만들어내는 복잡한 전체이다. 또한 인간 본성이라는 복잡한 전체를 구성하고 있는 하부 체계들은 상호 간에 극단적으로 밀접하게 연관되어 있다. 따라서 그중 일부라도 인위적으로 변경하면, 이는 불가피하게 전체의 통일성을 무너지게 한다. 이 때문에 과학기술을 이용해 인간 본성을 인위적으로 변경하여 지금의 인간을 보다 향상된 인간으로 만들려는 시도는 금지되어야 한다. 이런 시도를 하는 사람들은 인간이 가져야 할 훌륭함이 무엇인지 스스로 잘 안다고 생각하며, 거기에 부합하지 않는 특성들을 선택해 이를 개선하고자 한다. 그러나 인간 본성의 '좋은' 특성은 '나쁜' 특성과 밀접하게 연결되어 있기 때문에, 후자를 개선하려는 시도는 전자에 대해서도 영향을 미칠 수밖에 없다. 예를 들어, 우리가 질투심을 느끼지 못한다면 사랑 또한 느끼지 못하게 된다는 것이다. 사랑을 느끼지 못하는 인간들이 살아가는 사회에서 어떤 불행이 펼쳐질지 우리는 가늠조차 할 수 없다. 즉, 인간 본성을 선별적으로 개선하려 들면, 복잡한 전체를 무너뜨리는 위험성이 불가피하게 발생하게 된다. 따라서 우리는 인간 본성을 구성하는 어떠한 특성에 대해서도 그것을 인위적으로 개선하려는 시도에 반대해야 한다.

〈보기〉

㉠ 인간 본성은 인간이 갖는 도덕적 지위와 존엄성의 궁극적 근거이다.
㉡ 모든 인간은 자신을 포함하여 인간 본성을 지닌 모든 존재가 지금의 상태보다 더 훌륭하게 되길 희망한다.
㉢ 인간 본성의 하부 체계는 상호 분리된 모듈들로 구성되어 있기 때문에 인간 본성의 특정 부분을 인위적으로 변경하더라도 그 변화는 모듈 내로 제한된다.

① ㉠
② ㉢
③ ㉠, ㉡
④ ㉡, ㉢
⑤ ㉠, ㉡, ㉢

33 다음 〈보기〉 중 데이터베이스의 필요성에 대한 설명으로 적절하지 않은 것을 모두 고르면?

〈보기〉

㉠ 데이터베이스를 이용하면 데이터 관리상의 보안을 높일 수 있다.
㉡ 데이터베이스 도입만으로 특정 자료 검색을 위한 효율이 높아진다고 볼 수는 없다.
㉢ 데이터베이스를 이용하면 데이터 관리 효율은 높일 수 있지만, 데이터의 오류를 수정하기가 어렵다.
㉣ 데이터가 양적으로 방대하다고 해서 반드시 좋은 것은 아니므로, 데이터베이스를 형성해 중복된 데이터를 줄여야 한다.

① ㉠, ㉡
② ㉠, ㉢
③ ㉡, ㉢
④ ㉡, ㉣
⑤ ㉢, ㉣

34 I공사는 사원들만 이용할 수 있는 사내 공용 서버를 운영하고 있다. 이 서버에는 아이디와 패스워드를 입력하지 않고 자유롭게 접속하여 업무 관련 파일들을 올리고 다운받을 수 있다. 하지만 얼마 전부터 공용 서버의 파일을 다운로드받은 개인용 컴퓨터에서 바이러스가 감지되어, 우선적으로 공용 서버의 바이러스를 모두 치료하였다. 이런 상황에서 발생한 문제에 대처하기 위한 추가 조치사항으로 적절한 것만을 〈보기〉에서 모두 고른 것은?

〈보기〉

ㄱ. 접속하는 모든 컴퓨터를 대상으로 바이러스를 치료한다.
ㄴ. 공용 서버에서 다운로드한 파일을 모두 실행한다.
ㄷ. 접속 후에는 쿠키를 삭제한다.
ㄹ. 임시 인터넷 파일의 디스크 공간을 최대로 늘린다.

① ㄱ, ㄴ
② ㄱ, ㄷ
③ ㄴ, ㄷ
④ ㄷ, ㄹ
⑤ ㄴ, ㄹ

35 다음은 자원봉사 참여현황에 대한 자료이다. 참여율이 4번째로 높은 해의 전년 대비 참여 증가율은 얼마인가?

〈자원봉사 참여현황〉

(단위 : 명, %)

구분	2019년	2020년	2021년	2022년	2023년
총 성인 인구수	39,377,310	39,832,282	40,287,814	40,747,638	41,210,561
자원봉사 참여 성인 인구수	5,077,428	5,823,697	6,666,477	7,169,252	7,998,625
참여율	12.9	14.6	16.5	17.6	19.4

① 약 7.5%
② 약 9.6%
③ 약 11.6%
④ 약 13.2%
⑤ 약 14.5%

36 다음과 같은 유통과정에서 상승한 최종 배추가격은 협동조합의 최초 구매가격 대비 몇 % 상승했는가?

판매처	구매처	판매가격
산지	협동조합	재배 원가에 10% 이윤을 붙임
협동조합	도매상	산지에서 구입가격에 20% 이윤을 붙임
도매상	소매상	협동조합으로부터 구입가격이 판매가의 80%
소매상	소비자	도매상으로부터 구입가격에 20% 이윤을 붙임

① 98%
② 80%
③ 78%
④ 70%
⑤ 65%

37 I아트센터에 근무하고 있는 A사원은 공연장 전시대관 업무를 맡고 있다. 다음 자료를 참고할 때, A사원이 청구해야 할 계약금액은 얼마인가?

〈공연장 기본 대관료〉

(단위 : 원)

구분(1회 기준)		클래식, 국악	연극, 무용	뮤지컬, 오페라	대중음악	시간
공연 대관료	오전	650,000	850,000	1,100,000	1,700,000	09:00 ~ 12:00
	오후	650,000	850,000	1,100,000	1,700,000	14:00 ~ 17:00
	저녁	750,000	850,000	1,100,000	1,700,000	19:00 ~ 22:00
리허설 대관료	오전	450,000	550,000	650,000	1,000,000	09:00 ~ 12:00
	오후	450,000	550,000	650,000	1,000,000	14:00 ~ 17:00
	저녁	650,000	750,000	950,000	1,400,000	19:00 ~ 22:00
	철야	850,000	1,050,000	1,300,000	1,900,000	22:00 ~ 01:00
준비 / 철수 대관료	오전	300,000	450,000	650,000	900,000	09:00 ~ 12:00
	오후	350,000	500,000	650,000	900,000	14:00 ~ 17:00
	저녁	500,000	650,000	950,000	1,300,000	19:00 ~ 22:00
	철야	650,000	900,000	1,250,000	1,800,000	22:00 ~ 01:00

※ VAT 별도

〈성수기, 주말 대관료 할증〉

장기공연(8회 이상)	단기공연(8회 미만)
7 ~ 8월, 12 ~ 1월 성수기 대관료 50% 할증	금 ~ 일요일 주말 대관료 50% 할증

※ 성수기, 주말 대관료 할증은 중복으로 적용하지 않습니다.
※ VAT는 총 금액의 10%로 계산합니다.
※ I아트센터 대관 계약금 : (정기대관) 총대관료의 30%, (수시대관) 총대관료의 50%

〈공연장 대관료 관련 문의건〉

제목 : I아트센터 공연장 정기대관료 문의

안녕하세요. S예술경영지원팀의 L팀장입니다.
I아트센터 공연장 정기대관료에 관해 문의드립니다.
문의내용은 아래와 같습니다.

- 공연내용 : 셰익스피어 '햄릿'(Classic Play)
- 공연일시 : 2023년 12월 22일 ~ 12월 31일
- 공연횟수 : 10회

• 공연시간 : 19:00 ~ 22:00
※ 매 공연마다 리허설 실시(14:00 ~ 17:00)
※ 준비 / 철수 대관료는 첫 공연 이후 결정(추후 협의)
견적서를 보내 주시면, 총무팀에 연락해 대관 계약을 체결하도록 하겠습니다.
감사합니다.

S예술경영지원팀 L배상
2023년 09월 02일

① 5,940,000원
② 6,300,000원
③ 6,930,000원
④ 7,875,000원
⑤ 12,150,000원

38 다음 중 파워포인트에서 텍스트의 단축키 기능으로 옳지 않은 것은?

① Ctrl + E → 텍스트를 가운데에 맞춘다.
② Ctrl + B → 텍스트를 굵게 만든다.
③ Ctrl + I → 텍스트에 밑줄을 긋는다.
④ Ctrl + Shift + . → 텍스트 크기를 늘린다.
⑤ Ctrl + L → 텍스트를 왼쪽에 맞춘다.

39 파워포인트는 상단의 [보기] 탭에서 [프레젠테이션 보기] 그룹을 활용하여 여러 가지 방법으로 슬라이드를 볼 수 있다. 다음 중 슬라이드 보기 방법에 대한 설명으로 옳지 않은 것은?

① [기본]은 슬라이드 작성을 위한 주된 편집 보기 방법이다.
② [개요 보기]에서 프레젠테이션의 내용 수정은 불가능하다.
③ [여러 슬라이드] 상태에서는 슬라이드 순서를 바꾸고 구성할 수 있다.
④ [슬라이드 노트]는 노트 창에 텍스트를 입력할 수 있으며, 인쇄도 가능하다.
⑤ [읽기용 보기]에서도 슬라이드 쇼와 같이 애니메이션이 표시된다.

※ 다음 글을 읽고 물음에 답하시오. [40~41]

18세기에는 열의 실체가 칼로릭(Caloric)이며, 칼로릭은 온도가 높은 쪽에서 낮은 쪽으로 흐르는 성질이 있으며 질량이 없는 입자들의 모임이라는 생각이 받아들여지고 있었다. 이를 칼로릭 이론이라 부르는데, 이에 따르면 찬 물체와 뜨거운 물체를 접촉시켜 놓았을 때 두 물체의 온도가 같아지는 것은 칼로릭이 뜨거운 물체에서 차가운 물체로 이동하기 때문이라는 것이다. 이러한 상황에서 과학자들의 큰 관심사 중의 하나는 증기 기관과 같은 열기관의 열효율 문제였다.

열기관은 높은 온도의 열원에서 열을 흡수하고 낮은 온도의 대기와 같은 열기관 외부에 열을 방출하며 일을 하는 기관을 말하는데, 열효율은 열기관이 흡수한 열의 양 대비 한 일의 양으로 정의된다. 19세기 초에 카르노는 열기관의 열효율 문제를 칼로릭 이론에 기반을 두고 다루었다. 카르노는 물레방아와 같은 수력 기관에서 물이 높은 곳에서 낮은 곳으로 흐르면서 일을 할 때 물의 양과 한 일의 양의 비가 높이 차이에만 좌우되는 것에 주목하였다. 물이 높이 차에 의해 이동하는 것과 흡사하게 칼로릭도 고온에서 저온으로 이동하면서 일을 하게 되는데, 열기관의 열효율 역시 이러한 두 온도에만 의존한다는 것이었다.

한편 1840년대에 줄(Joule)은 일정량의 열을 얻기 위해 필요한 각종 에너지의 양을 측정하는 실험을 행하였다. 대표적인 것이 열의 일당량 실험이었다. 이 실험은 열기관을 대상으로 한 것이 아니라, 추를 낙하시켜 물속의 날개바퀴를 회전시키는 실험이었다. 열의 양은 칼로리(Calorie)로 표시되는데, 그는 역학적 에너지인 일이 열로 바뀌는 과정의 정밀한 실험을 통해 1kcal의 열을 얻기 위해서 필요한 일의 양인 열의 일당량을 측정 하였다. 줄은 이렇게 일과 열은 형태만 다를 뿐 서로 전환이 가능한 물리량이므로 등가성이 있다는 것을 입증하였으며, 열과 일이 상호 전환될 때 열과 일의 에너지를 합한 양은 일정하게 보존된다는 사실을 알아내었다. 이후 열과 일뿐만 아니라 화학 에너지, 전기 에너지 등이 등가성이 있으며 상호 전환될 때에 에너지의 총량은 변하지 않는다는 에너지 보존 법칙이 입증되었다.

열과 일에 대한 이러한 이해는 카르노의 이론에 대한 과학자들의 재검토로 이어졌다. 특히 톰슨은 ㉠ 칼로릭 이론에 입각한 카르노의 열기관에 대한 설명이 줄의 에너지 보존 법칙에 위배된다고 지적하였다. 카르노의 이론에 의하면, 열기관은 높은 온도에서 흡수한 열 전부를 낮은 온도로 방출하면서 일을 한다. 이것은 줄이 입증한 열과 일의 등가성과 에너지 보존 법칙에 어긋나는 것이어서 열의 실체가 칼로릭이라는 생각은 더 이상 유지될 수 없게 되었다. 하지만 열효율에 관한 카르노의 이론은 클라우지우스의 증명으로 유지될 수 있었다. 그는 카르노의 이론이 유지되지 않는다면 열은 저온에서 고온으로 흐르는 현상이 생길 수도 있을 것이라는 가정에서 출발하여, 열기관의 열효율은 열기관이 고온에서 열을 흡수하고 저온에 방출할 때의 두 작동 온도에만 관계된다는 카르노의 이론을 증명하였다.

클라우지우스는 자연계에서는 열이 고온에서 저온으로만 흐르고 그와 반대되는 현상은 일어나지 않는 것과 같이 경험적으로 알 수 있는 방향성이 있다는 점에 주목하였다. 또한 일이 열로 전환될 때와는 달리, 열기관에서 열 전부를 일로 전환할 수 없다는, 즉 열효율이 100%가 될 수 없다는 상호 전환 방향에 관한 비대칭성이 있다는 사실에 주목하였다. 이러한 방향성과 비대칭성에 대한 논의는 이를 설명할 수 있는 새로운 물리량인 엔트로피(Entropy)의 개념을 낳았다.

40 **다음 중 윗글을 통해 알 수 있는 내용으로 가장 적절한 것은?**

① 열기관은 외부로부터 받은 일을 열로 변환하는 기관이다.
② 수력 기관에서 물의 양과 한 일의 양의 비는 물의 온도 차이에 비례한다.
③ 칼로릭 이론에 의하면 차가운 쇠구슬이 뜨거워지면 쇠구슬의 질량은 증가하게 된다.
④ 칼로릭 이론에서는 칼로릭을 온도가 낮은 곳에서 높은 곳으로 흐르는 입자라고 본다.
⑤ 열기관의 열효율은 두 작동 온도에만 관계된다는 이론은 칼로릭 이론의 오류가 밝혀졌음에도 유지되었다.

41 **다음 중 밑줄 친 ㉠의 내용으로 가장 적절한 것은?**

① 열의 실체가 칼로릭이라면 열기관이 한 일을 설명할 수 없다는 점
② 화학 에너지와 전기 에너지는 서로 전환될 수 없는 에너지라는 점
③ 자연계에서는 열이 고온에서 저온으로만 흐르는 것과 같은 방향성이 있는 현상이 존재한다는 점
④ 열효율에 관한 카르노의 이론이 맞지 않는다면 열은 저온에서 고온으로 흐르는 현상이 생길 수 있다는 점
⑤ 열기관의 열효율은 열기관이 고온에서 열을 흡수하고 저온에 방출할 때의 두 작동 온도에만 관계된다는 점

42 다음 글에서 답을 찾을 수 없는 질문은?

생물학에서 반사란 '특정 자극에 대해 기계적으로 일어난 국소적인 반응'을 의미한다. 파블로프는 '벨과 먹이' 실험을 통해 동물의 행동에는 두 종류의 반사 행동, 즉 무조건 반사와 조건 반사가 존재한다는 결론을 내렸다. 뜨거운 것에 닿으면 손을 빼내는 것이나, 고깃덩이를 씹는 순간 침이 흘러나오는 것은 자극에 의한 무조건 반사다. 하지만 모든 자극이 반사 행동을 일으키는 것은 아니다. 생명체의 반사 행동을 유발하지 않는 자극을 중립 자극이라고 한다.

중립 자극도 무조건 자극과 짝지어지게 되면 생명체에게 반사 행동을 일으키는 조건 자극이 될 수 있다. 그것이 바로 조건 반사인 것이다. 예를 들어 벨 소리는 개에게 중립 자극이기 때문에 처음에 개는 벨 소리에 반응하지 않는다. 개는 오직 벨 소리 뒤에 주어지는 먹이를 보며 침을 흘릴 뿐이다. 하지만 벨 소리 뒤에 먹이를 주는 행동을 반복하다 보면 벨 소리는 먹이가 나온다는 신호로 인식되며 이에 대한 반응을 일으키는 조건 자극이 되는 것이다. 이처럼 중립 자극을 무조건 자극과 연결시켜 조건 반사를 일으키는 과정을 '고전적 조건 형성'이라 한다. 그렇다면 이러한 조건 형성 반응은 왜 생겨나는 것일까? 이는 대뇌 피질이 '학습'을 할 수 있기 때문이다.

어떠한 의미 없는 자극이라 할지라도 그것이 의미 있는 자극과 결합되어 제시되면 대뇌 피질은 둘 사이에 연관성이 있다는 것을 파악하고 이를 기억하여 반응을 일으킨다. 하지만 대뇌 피질은 한번 연결되었다고 항상 유지되지는 않는다. 예를 들어 '벨 소리 – 먹이' 조건 반사가 수립된 개에게 벨 소리만 들려주고 먹이를 주지 않는 실험을 계속하다 보면 개는 벨 소리에 더 이상 반응하지 않게 되는 조건 반사의 '소거' 현상이 일어난다.

소거는 조건 자극이 무조건 자극 없이 충분히 자주 제시될 경우 조건 반사가 사라지는 현상을 말한다. 때문에 소거는 바람직하지 않은 조건 반사를 수정하는 방법으로 사용된다. 하지만 조건 반사는 통제할 수 있는 것이 아니기 때문에, 제거 역시 자연스럽게 이루어지지 않는다. 또한 소거가 일어나는 속도가 예측 불가능하고, 소거되었을 때조차도 자발적 회복을 통해 조건 반사가 다시 나타날 수 있다는 점에서 소거는 조건 반사를 제거하기 위한 수단으로 한계가 있다.

이때 바람직하지 않은 조건 반사를 수정하는 또 다른 방법으로 사용되는 것이 '역조건 형성'이다. 이는 기존의 조건 반사와 양립할 수 없는 새로운 반응을 유발하여 이전 조건 형성의 원치 않는 효과를 제거하는 것으로 자발적 회복이 잘 일어나지 않는다. 예를 들어, 토끼를 무서워하는 아이가 사탕을 먹을 때 처음에는 토끼가 아이로부터 멀리 위치하게 한다. 아이는 사탕을 먹는 즐거움 때문에 토끼에 대한 공포를 덜 느끼게 된다. 다음날에도 마찬가지로 아이에게 사탕을 먹게 한 후 토끼가 전날보다 좀 더 가까이 오게 한다. 이러한 절차를 여러 번 반복하면 토끼가 아주 가까이에 있어도 아이는 더 이상 토끼를 무서워하지 않게 된다.

① 소거에는 어떤 것들이 있는가?
② 고전적 조건 형성이란 무엇인가?
③ 동물의 반사 행동 종류에는 어떤 것이 있는가?
④ 조건 형성 반응이 일어나는 이유는 무엇인가?
⑤ 바람직하지 않은 조건 반사를 수정하는 방법에는 무엇이 있는가?

43 다음은 I공사 상조회의 상조비 항목별 지급액 및 직급별 상조회비에 대한 자료이다. 작년에 입사한 A사원은 올해 5월에 둘째 돌잔치가 있었다. 또한 B과장은 3월에 세 번째 자녀가 결혼을 하였고, 9월에 부모님 한 분이 돌아가셨다고 한다. 지금이 10월 말이라고 할 때, 다음 〈조건〉을 보고 올해 상조회에서 A사원과 B과장에게 지급한 총 금액과 A사원과 B과장이 낸 총 상조회비는?

〈상조비 항목별 지급액〉

(단위 : 원)

항목	축의금	항목	조의금
본인결혼	1,000,000	본인	1,000,000
자녀출산축하	850,000	배우자	1,000,000
자녀돌잔치	500,000	부모님	500,000
자녀결혼	700,000	배우자 부모님	500,000

〈직급별 상조회비〉

(단위 : 원)

구분	사원	대리	과장 이상	부장 이상
회비	12,000	15,000	20,000	30,000

〈조건〉

- B과장은 결혼하기 전에 입사하였다.
- B과장의 3명의 자녀 중 첫째와 둘째는 결혼을 하였다.
- 자녀관련 축의금은 2명까지 적용한다.
- 급여는 매달 초에 지급하며, 상조회비는 월급에서 일괄 공제된다.

	상조회 지급액	상조회비
①	1,500,000원	320,000원
②	1,000,000원	320,000원
③	2,550,000원	350,000원
④	1,000,000원	350,000원
⑤	2,550,000원	270,000원

44 문구점에서 필요한 물품을 사고 받은 영수증이 다음과 같을 때 볼펜 2자루와 형광펜 3세트의 값의 합과 공책 4세트의 값을 순서대로 바르게 나열한 것은?

영수증	
작성연월일	금액
23.07.28	9,600원
품목	수량
볼펜	1자루
A4 용지	1세트
공책	1세트

영수증	
작성연월일	금액
23.07.31	5,600원
품목	수량
볼펜	1자루
A4 용지	1세트
형광펜	1세트

영수증	
작성연월일	금액
23.08.02	12,400원
품목	수량
A4 용지	1세트
공책	1세트
형광펜	1세트

영수증	
작성연월일	금액
23.07.28	6,800원
품목	수량
볼펜	1자루
형광펜	2세트

	볼펜 2자루+형광펜 3세트	공책 4세트
①	7,200원	14,400원
②	7,200원	28,800원
③	10,000원	14,400원
④	10,400원	14,400원
⑤	10,400원	28,800원

45 T도시락 전문점은 요일별 도시락 할인 이벤트를 진행하고 있다. I사가 지난 한 주간 T도시락 전문점에서 구매한 내역이 〈보기〉와 같을 때, I사의 지난주 도시락 구매비용은?

〈T도시락 요일별 할인 이벤트〉

요일	월요일		화요일		수요일		목요일		금요일	
할인품목	치킨마요		동백		돈까스		새치고기		진달래	
구분	원가	할인가	원가	할인가	원가	할인가	원가	할인가	원가	할인가
가격(원)	3,400	2,900	5,000	3,900	3,900	3,000	6,000	4,500	7,000	5,500

요일	토요일		일요일				매일			
할인품목	치킨제육		육개장		김치찌개		치킨(대)		치킨(중)	
구분	원가	할인가	원가	할인가	원가	할인가	원가	할인가	원가	할인가
가격(원)	4,300	3,400	4,500	3,700	4,300	3,500	10,000	7,900	5,000	3,900

※ 요일별 할인품목이 아닌 품목들은 원가로 계산한다.

〈보기〉

〈I사의 T도시락 구매내역〉

요일	월요일	화요일	수요일	목요일	금요일	토요일	일요일
구매 내역	동백 3개 치킨마요 10개	동백 10개 김치찌개 3개	돈까스 8개 치킨(중) 2개	새치고기 4개 치킨(대) 2개	진달래 4개 김치찌개 7개	돈까스 2개 치킨제육 10개	육개장 10개 새치고기 4개

① 316,400원
② 326,800원
③ 352,400원
④ 375,300원
⑤ 383,700원

46 다음은 표준 업무시간이 80시간인 업무를 각 부서에 할당한 자료이다. 어느 부서의 업무 효율이 가장 높은가?

〈부서별 업무시간 분석결과〉

부서명		A	B	C	D	E
투입 인원(명)		2	3	4	3	5
개인별 업무시간(시간)		41	30	22	27	17
회의	횟수(회)	3	2	1	2	3
	소요시간(시간/회)	1	2	4	1	2

- $(\text{업무 효율})=\frac{(\text{표준 업무시간})}{(\text{총 투입시간})}$
- 총 투입시간=개인별 투입시간(=개인별 업무시간+회의 소요시간×횟수)×투입 인원
- 부서원은 업무를 분담하여 동시에 수행할 수 있음
- 투입된 인원의 개인별 업무능력과 인원 당 소요시간은 동일함

① A부서
② B부서
③ C부서
④ D부서
⑤ E부서

47 다음 중 [A1:A2] 영역을 선택한 후 채우기 핸들을 아래쪽으로 드래그했을 때 [A5] 셀에 입력될 값으로 옳은 것은?

A1 ▾ f_x 월요일

	A	B	C	D	D	E
1	월요일					
2	수요일					
3						
4						
5						

① 월요일
② 화요일
③ 수요일
④ 금요일
⑤ 목요일

48 다음 글의 밑줄 친 (가)에 대한 설명으로 적절한 것을 〈보기〉에서 모두 고른 것은?

> A바이러스는 2003년 발생 초기, 윈도 환경에서 메일을 대량으로 발송하는 형태로 피해를 입히는 사례가 많았으나, 이후에는 웹사이트 초기 화면이나 게시판 등을 통해 유포되어 개인 정보를 유출하는 형태로 진화되는 추세를 보였다.
> 이로 인해 사용자들의 기본 정보뿐만 아니라, 다른 기밀 정보들도 유출될 소지가 높아 PC 이용자 스스로 적극적인 (가) 예방대책을 수립해야 한다.

〈보기〉

㉠ 스팸메일은 읽어보고 즉시 삭제한다.
㉡ 수시로 윈도를 최신 버전으로 업데이트한다.
㉢ 사이트에서 요구하는 ActiveX 컨트롤을 모두 설치한다.
㉣ 백신 프로그램을 항상 최신 버전으로 업데이트하여 실행시킨다.

① ㉠, ㉡ ② ㉠, ㉢
③ ㉡, ㉢ ④ ㉡, ㉣
⑤ ㉢, ㉣

49 다음은 I공사에서 직원들의 평균 통화시간을 조사한 자료이다. 평균 통화시간이 6분 초과 9분 이하인 여자 사원 수는 12분 초과인 남자 사원 수에 비해 몇 배 많은가?

평균 통화시간	남자	여자
3분 이하	33%	26%
3분 초과 6분 이하	25%	21%
6분 초과 9분 이하	18%	18%
9분 초과 12분 이하	14%	16%
12분 초과	10%	19%
대상 인원수	600명	400명

① 1.1배 ② 1.2배
③ 1.3배 ④ 1.4배
⑤ 1.5배

50 서울에 위치한 A회사는 거래처인 B, C회사에 소포를 보냈다. 서울에 위치한 B회사에는 800g의 소포를, 인천에 위치한 C회사에는 2.4kg의 소포를 보냈다. 두 회사로 보낸 소포의 총 중량이 16kg 이하이고, 택배 요금의 합계가 6만 원이다. T택배회사의 요금표가 다음과 같을 때, A회사는 800g 소포와 2.4kg 소포를 각각 몇 개씩 보냈는가?(단, 소포는 각 회사로 1개 이상 보낸다)

〈소포 개당 요금표〉

구분	~2kg	~4kg	~6kg	~8kg	~10kg
동일지역	4,000원	5,000원	6,500원	8,000원	9,500원
타지역	5,000원	6,000원	7,500원	9,000원	10,500원

	800g	2.4kg
①	12개	2개
②	12개	4개
③	9개	2개
④	9개	4개
⑤	6개	6개

51 다음 중 집단 의사 결정의 특징이 아닌 것은?

① 한 사람이 가진 지식보다 집단의 지식과 정보가 더 많기 때문에 보다 효과적인 결정을 할 확률이 높다.
② 의사를 결정하는 과정에서 구성원 간의 갈등은 불가피하다.
③ 여럿의 의견을 일련의 과정을 거쳐 모은 것이기 때문에 결과는 얻을 수 있는 것 중 최선이다.
④ 구성원 각자의 시각으로 문제를 바라보기 때문에 다양한 견해를 가지고 접근할 수 있다.
⑤ 의견이 불일치하는 경우 오히려 특정 구성원에 의해 의사 결정이 독점될 가능성이 있다.

52 다음 중 업무수행 성과를 높이기 위한 행동전략을 잘못 사용하고 있는 사람은?

A사원 : 저는 해야 할 일이 생기면 미루지 않고, 그 즉시 바로 처리하려고 노력합니다.
B사원 : 저는 여러 가지 일이 생기면 비슷한 업무끼리 묶어서 한 번에 처리하곤 합니다.
C대리 : 저는 다른 사람이 일하는 방식과 다른 방식으로 생각하여 더 좋은 해결책을 발견하기도 합니다.
D대리 : 저도 C대리의 의견과 비슷합니다. 저는 저희 팀의 업무 지침이 마음에 들지 않아 저만의 방식을 찾고자 합니다.
E인턴 : 저는 저희 팀에서 가장 일을 잘한다고 평가받는 김부장님을 제 역할모델로 삼았습니다.

① A사원
② B사원
③ C대리
④ D대리
⑤ E인턴

53 티베트에서는 손님이 찻잔을 비우면 주인이 계속 첨잔을 하는 것이 기본예절이며, 손님의 입장에서 주인이 권하는 차를 거절하면 실례가 된다. 티베트에 출장 중인 G사원은 이를 숙지하고 티베트인 집에서 차 대접을 받게 되었다. 다음 중 G사원이 찻잔을 비울 때마다 주인이 계속 첨잔을 하여 곤혹을 겪고 있을 때, G사원의 행동으로 가장 적절한 것은?

① 주인에게 그만 마시고 싶다며 단호하게 말한다.
② 잠시 자리를 피하도록 한다.
③ 차를 다 비우지 말고 입에 살짝 댄다.
④ 힘들지만 계속 마시도록 한다.
⑤ 자신의 찻잔이 보이지 않도록 숨긴다.

54 A는 취업스터디에서 마이클 포터의 본원적 경쟁전략을 토대로 기업의 경영 전략을 정리하고자 한다. 다음 중 〈보기〉의 내용이 바르게 분류된 것은?

- 차별화 전략 : 가격 이상의 가치로 브랜드 충성심을 이끌어 내는 전략
- 원가우위 전략 : 업계에서 가장 낮은 원가로 우위를 확보하는 전략
- 집중화 전략 : 특정 세분시장만 집중공략하는 전략

〈보기〉

㉠ I기업은 S/W에 집중하기 위해 H/W의 한글전용 PC분야를 한국계 기업과 전략적으로 제휴하고 회사를 설립해 조직체에 위양하였으며 이후 고유분야였던 S/W에 자원을 집중하였다.
㉡ B마트는 재고 네트워크를 전산화해 원가를 절감하고 양질의 제품을 최저가격에 판매하고 있다.
㉢ A호텔은 5성급 호텔로 하루 숙박비용이 상당히 비싸지만, 환상적인 풍경과 더불어 친절한 서비스를 제공하고 객실 내 제품이 모두 최고급으로 비치되어 있어 이용객들에게 높은 만족도를 준다.

	차별화 전략	원가우위 전략	집중화 전략
①	㉠	㉡	㉢
②	㉠	㉢	㉡
③	㉢	㉡	㉠
④	㉢	㉠	㉡
⑤	㉡	㉢	㉠

55 다음 밑줄 친 ㉠, ㉡에 대한 설명으로 옳은 것은?

조직구조는 조직마다 다양하게 이루어지며, 조직목표의 효과적 달성에 영향을 미친다. 조직구조에 대한 많은 연구를 통해 조직구조에 영향을 미치는 요인으로는 조직의 전략, 규모, 기술, 환경 등이 있음을 확인할 수 있으며, 이에 따라 ㉠ 기계적 조직 혹은 ㉡ 유기적 조직으로 설계된다.

① ㉠은 의사결정 권한이 조직의 하부구성원들에게 많이 위임되어 있다.
② ㉡은 상하간의 의사소통이 공식적인 경로를 통해 이루어진다.
③ ㉠은 규제나 통제의 정도가 낮아, 의사소통 결정이 쉽게 변할 수 있다.
④ ㉡은 구성원들의 업무가 분명하게 정의된다.
⑤ 안정적이고 확실한 환경에서는 ㉠이, 급변하는 환경에서는 ㉡이 적합하다.

56 다음은 대부분의 조직에서 활용하고 있는 부서명과 담당 업무의 예를 나타낸 자료이다. 이를 참고할 때, 부서명과 담당 업무에 대한 설명으로 적절하지 않은 것은?

부서	업무 내용
총무부	주주총회 및 이사회개최 관련 업무, 의전 및 비서업무, 집기비품 및 소모품의 구매와 관리, 사무실 임차 및 관리, 차량 및 통신시설의 운영, 국내외 출장 업무 협조, 복리후생 업무, 법률자문과 소송관리, 사내외 홍보 광고업무
인사부	조직기구의 개편 및 조정, 업무분담 및 조정, 인력수급계획 및 관리, 직무 및 정원의 조정 종합, 노사관리, 평가관리, 상벌관리, 인사발령, 교육체계 수립 및 관리, 임금제도, 복리후생제도 및 지원업무, 복무관리, 퇴직관리
기획부	경영계획 및 전략 수립, 전사기획업무 종합 및 조정, 중장기 사업계획의 종합 및 조정, 경영정보 조사 및 기획보고, 경영진단업무, 종합예산수립 및 실적관리, 단기사업계획 종합 및 조정, 사업계획, 손익추정, 실적관리 및 분석
회계부	회계제도의 유지 및 관리, 재무상태 및 경영실적 보고, 결산 관련 업무, 재무제표 분석 및 보고, 법인세, 부가가치세, 국세 지방세 업무자문 및 지원, 보험가입 및 보상업무, 고정자산 관련 업무
영업부	판매 계획, 판매예산의 편성, 시장조사, 광고 선전, 견적 및 계약, 제조지시서의 발행, 외상매출금의 청구 및 회수, 제품의 재고 조절, 거래처로부터의 불만처리, 제품의 사후관리, 판매원가 및 판매가격의 조사 검토

① 지난달 퇴직자의 퇴직급여 수령액에 문제가 있어 인사부 직원은 회사 퇴직급여 규정을 찾아보고 정정 사항을 바로잡았다.

② 작년 판매분 중 일부 제품에 하자가 발생하여 고객의 클레임을 접수하고 하자보수 등의 처리를 담당하는 것은 영업부의 주도적인 역할이다.

③ 회사의 지속가능경영보고서에 수록되어 주주들에게 배포될 경영실적 관련 자료를 준비하느라 회계부 직원들은 연일 야근 중이다.

④ 사무실 이전 계획에 따라 새로운 사무실의 층간 배치와 해당 위치별 공용 사무용기 분배 관련 작업은 총무부에서 실시한다.

⑤ 사옥 이전에 따르는 이전 비용 산출과 신사옥 입주를 대내외에 홍보해야 할 업무는 기획부 소관 업무이다.

※ 다음은 I공사의 조직도이다. 이어지는 질문에 답하시오. [57~59]

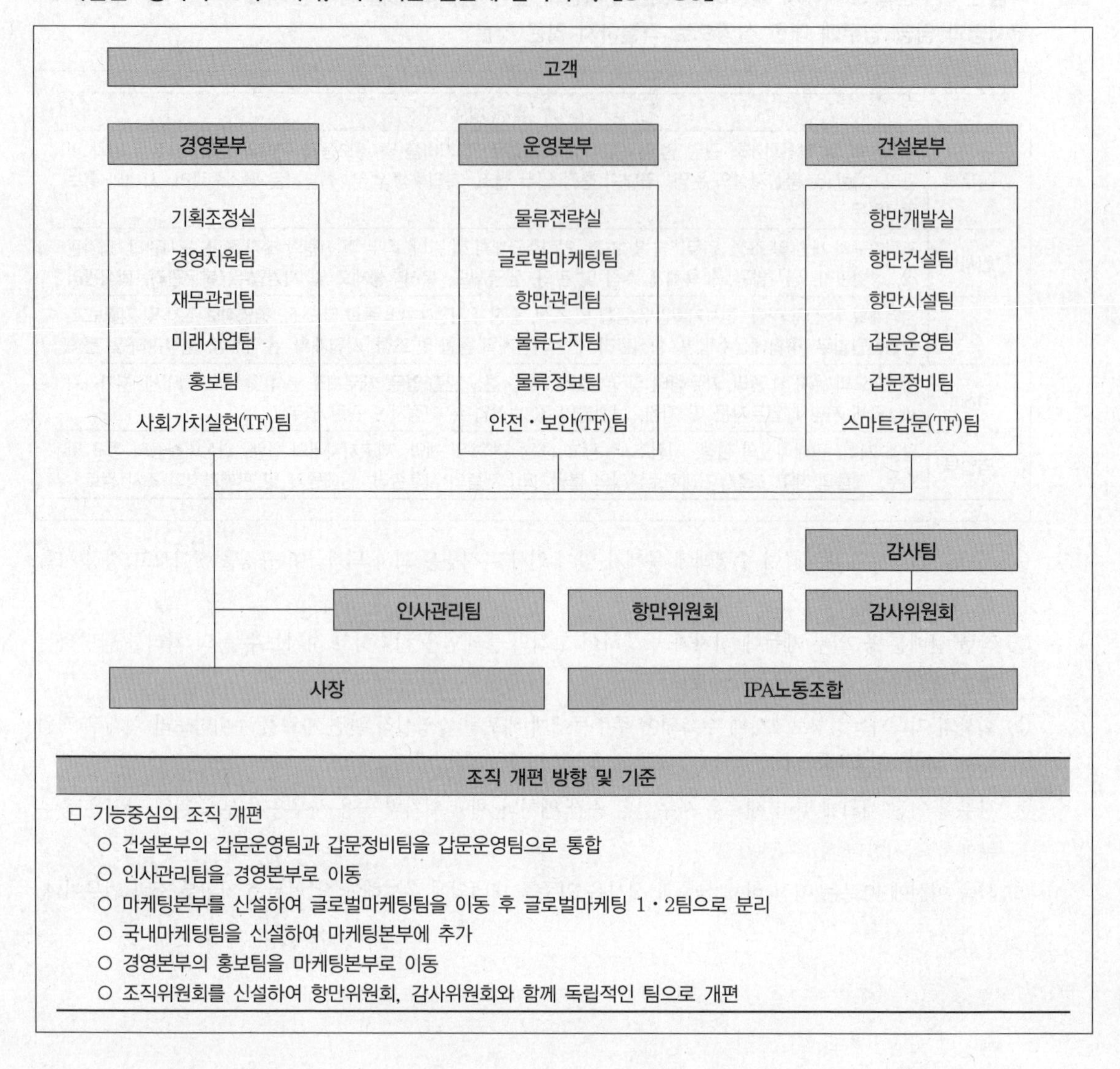

조직 개편 방향 및 기준
□ 기능중심의 조직 개편 ○ 건설본부의 갑문운영팀과 갑문정비팀을 갑문운영팀으로 통합 ○ 인사관리팀을 경영본부로 이동 ○ 마케팅본부를 신설하여 글로벌마케팅팀을 이동 후 글로벌마케팅 1·2팀으로 분리 ○ 국내마케팅팀을 신설하여 마케팅본부에 추가 ○ 경영본부의 홍보팀을 마케팅본부로 이동 ○ 조직위원회를 신설하여 항만위원회, 감사위원회와 함께 독립적인 팀으로 개편

57 조직 개편 방향에 따라 조직을 개편하였다. 다음 중 새롭게 신설되는 본부로 옳은 것은?

① 마케팅본부

② 행정본부

③ 갑문운영본부

④ 물류본부

⑤ 영업본부

58 다음 중 조직 개편 후 경영, 운영, 건설본부에 속한 각 팀의 개수가 바르게 짝지어진 것은?

	경영본부	운영본부	건설본부
①	5	5	5
②	6	5	5
③	6	6	6
④	7	5	5
⑤	7	6	6

59 다음 중 마케팅본부에 속하는 팀으로 옳지 않은 것은?

① 글로벌마케팅1팀
② 글로벌마케팅2팀
③ 글로벌홍보팀
④ 국내마케팅팀
⑤ 홍보팀

60 업무시행 시트 중 간트차트는 업무 단계별로 시작과 끝에 걸리는 시간을 바(Bar) 형식으로 표시·관리한 것이다. 다음 4월 간트차트에 대한 해석으로 가장 적절한 것은?(단, 주말에는 업무를 하지 않는다)

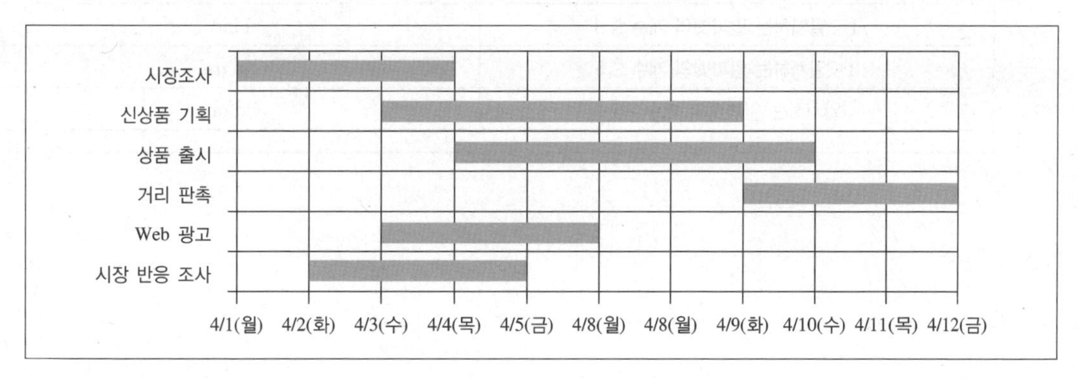

① Web 광고는 5일간 업무가 진행될 예정이다.
② 상품 출시와 거리 판촉은 3일간 업무가 함께 진행될 예정이다.
③ 4월 4일에 진행될 업무가 가장 많다.
④ 시장 반응 조사가 신상품 기획보다 업무 기간이 더 길다.
⑤ 4월에 가장 빠르게 시작하는 업무는 거리 판촉이다.

51 I정보통신회사에 입사한 귀하는 시스템 모니터링 및 관리 업무를 담당하게 되었다. 다음 내용을 참고할 때, 〈보기〉의 빈칸에 들어갈 코드로 옳은 것은?

다음 모니터에 나타나는 정보를 이해하고 시스템 상태를 판독하여 적절한 코드를 입력하는 방식을 파악하시오.

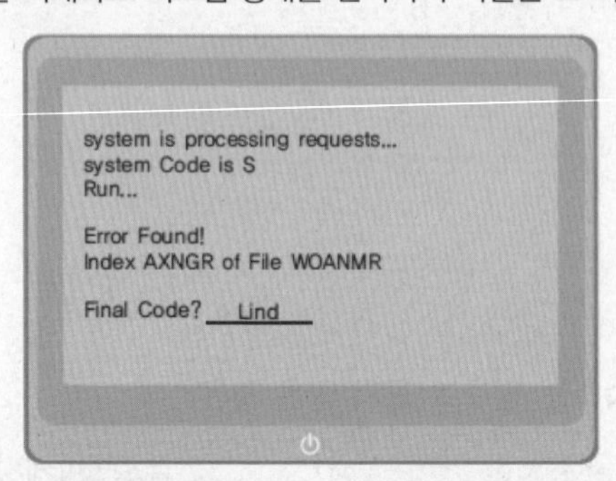

항목	세부사항
Index ◇◇◇ of File ◇◇◇	• 오류 문자 : Index 뒤에 나타나는 문자 • 오류 발생 위치 : File 뒤에 나타나는 문자
Error Value	오류 문자와 오류 발생 위치를 의미하는 문자에 사용된 알파벳을 비교하여 일치하는 알파벳의 개수를 확인
Final Code	Error Value를 통하여 시스템 상태 판단

판단 기준	Final Code
일치하는 알파벳의 개수=0	Svem
0<일치하는 알파벳의 개수≤1	Atur
1<일치하는 알파벳의 개수≤3	Lind
3<일치하는 알파벳의 개수≤5	Nugre
일치하는 알파벳의 개수>5	Qutom

〈보기〉

```
system is processing requests...
system Code is S
Run...

Error Found!
Index SOPENTY of File ATONEMP

Final Code? ________
```

① Svem

② Atur

③ Lind

④ Nugre

⑤ Qutom

52 기술개발팀에서 근무하는 A씨는 차세대 로봇에 사용할 주행 알고리즘을 개발하고 있다. 다음 주행 알고리즘과 예시를 참고하였을 때, 로봇의 이동 경로로 옳은 것은?

〈주행 알고리즘〉

회전과 전진만이 가능한 로봇이 미로에서 목적지까지 길을 찾아가도록 구성하였다. 미로는 (4단위)×(4단위)의 정방형 단위구역(Cell) 16개로 구성되며 미로 중앙부에는 1단위구역 크기의 도착지점이 있다. 도착지점에 이르기 전 로봇은 각 단위구역과 단위구역 사이를 이동할 때 벽의 유무를 탐지하여 벽이 없음이 감지되는 방향으로 주행한다. 로봇은 주명령을 수행하고, 이에 따라 주행할 수 없을 때만 보조명령을 따른다.

- 주명령 : 현재 단위구역(Cell)에서 로봇은 왼쪽, 앞쪽, 오른쪽 순서로 벽의 유무를 탐지하여 벽이 없음이 감지되는 방향의 단위구역을 과거에 주행한 기록이 없다면 해당 방향으로 한 단위구역만큼 주행한다.
- 보조명령 : 현재 단위구역에서 로봇이 왼쪽, 앞쪽, 오른쪽, 뒤쪽 순서로 벽의 유무를 탐지하여 벽이 없음이 감지되는 방향의 단위구역에 벽이 없음이 감지되는 방향과 반대 방향의 주행기록이 있을 때만, 로봇은 그 방향으로 한 단위구역만큼 주행한다.

〈예시〉

로봇이 A → B → C → B → A로 이동한다고 가정할 때, A에서 C로의 이동은 주명령에 의한 것이고 C에서 A로의 이동은 보조명령에 의한 것이다.

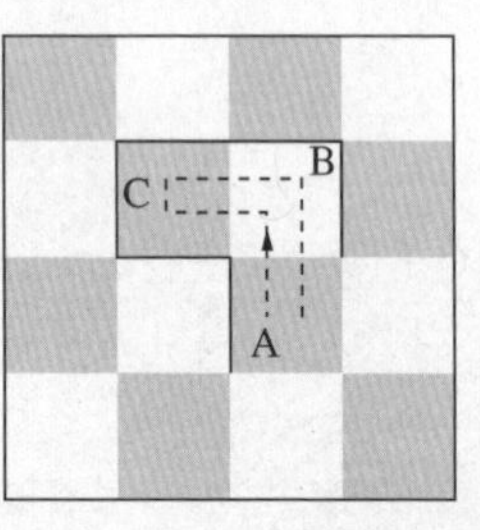

①
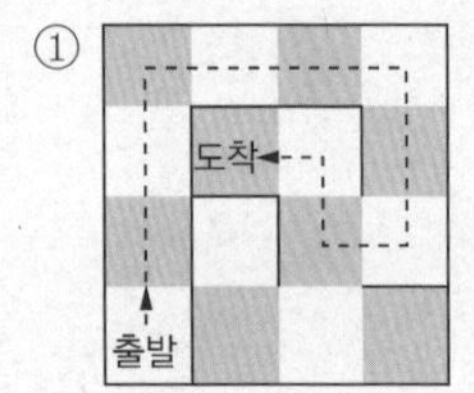

②
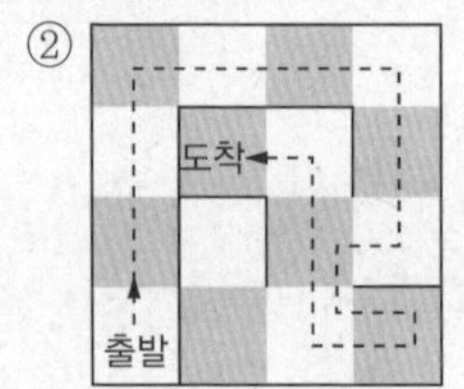

③
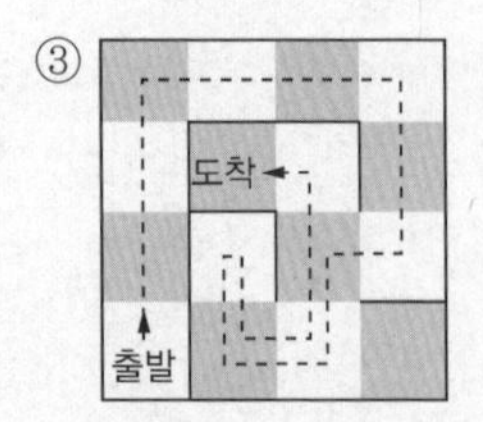

④
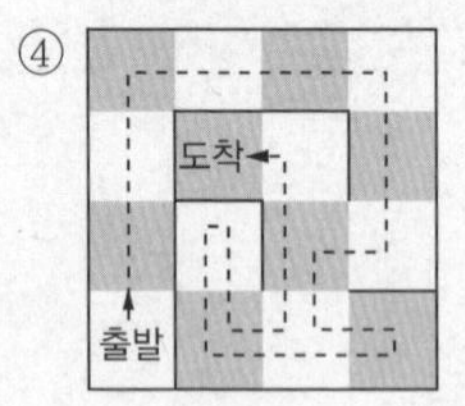

⑤
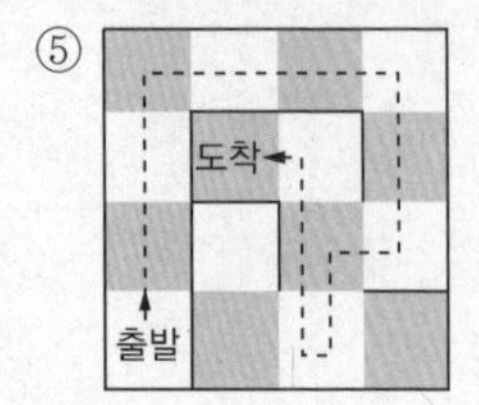

53 다음 중 A사와 B사가 활용한 벤치마킹의 종류가 바르게 연결된 것은?

> A사는 기존 신용카드사가 시도하지 않았던 새로운 분야를 개척하며 성장했다. A사만의 독특한 문화와 경영 방식 중 상당 부분은 회사 바깥에서 얻었다. 이런 작업의 기폭제가 바로 'Insight Tour'이다. A사 직원들은 업종을 불문하고 새로운 마케팅으로 주목받는 곳을 방문한다. 심지어 혁신적인 미술관이나 자동차 회사까지 찾아간다. 금융회사는 가급적 가지 않는다. 카드사는 고객이 결제하는 카드만 취급하는 것이 아니라 회사의 고객 라이프 스타일까지 디자인하는 곳이라는 게 A사의 시각이다. A사의 브랜드 실장은 "카드사는 생활과 밀접한 분야에서 통찰을 얻어야 한다. 'Insight Tour'는 고객의 삶을 업그레이드시키는 데 역점을 둔다."고 강조했다.
> B사의 첫 벤치마킹 대상은 선반이 높은 창고형 매장을 운영한 월마트였다. 하지만 한국 문화에 맞지 않았다. 3년 후 일본 할인점인 이토요카토로 벤치마킹 대상을 바꿨다. 신선식품에 주력하고 시식행사도 마련하였고, 결과는 성공이었다. 또한 자체브랜드(PL; Private Label) 전략도 벤치마킹을 통해 가다듬었다. 기존 B사의 PL은 저가 이미지가 강했지만, 이를 극복하기 위해 B사는 'PL 종주국' 유럽을 벤치마킹했다. 유럽의 기업인 테스코는 PL 브랜드를 세분화해서 '테스코 파이니스트 – 테스코 노멀 – 테스코 벨류'란 브랜드를 달았다. 이와 유사하게 B사도 '베스트 – 벨류 – 세이브' 등의 브랜드로 개편했다.

	A사	B사
①	경쟁적 벤치마킹	비경쟁적 벤치마킹
②	간접적 벤치마킹	글로벌 벤치마킹
③	비경쟁적 벤치마킹	글로벌 벤치마킹
④	직접적 벤치마킹	경쟁적 벤치마킹
⑤	비경쟁적 벤치마킹	경쟁적 벤치마킹

※ 다음 자료는 제습기 사용과 보증기간에 대한 설명이다. 이어지는 질문에 답하시오. **[54~55]**

〈사용 전 알아두기〉

- 제습기의 적정 사용온도는 18 ~ 35℃입니다.
  - 18℃ 미만에서는 냉각기에 결빙이 시작되어 제습량이 줄어들 수 있습니다.
- 제습 운전 중에는 컴프레서 작동으로 실내 온도가 올라갈 수 있습니다.
- 설정한 희망 습도에 도달하면 운전을 멈추고 실내 습도가 높아지면 자동 운전을 다시 시작합니다.
- 물통이 가득 찰 경우 제습기 작동이 멈춥니다.
- 안전을 위하여 제습기 물통에 다른 물건을 넣지 마십시오.
- 제습기가 작동하지 않거나 아무 이유 없이 작동을 멈추는 경우 다음 사항을 확인하세요.
  - 전원플러그가 제대로 끼워져 있는지 확인하십시오.
  - 위의 사항이 정상인 경우, 전원을 끄고 10분 정도 경과 후 다시 전원을 켜세요.
  - 여전히 작동이 안 되는 경우, 판매점 또는 서비스 센터에 연락하시기 바랍니다.
- 현재 온도 / 습도는 설치장소 및 주위 환경에 따라 실제와 차이가 있을 수 있습니다.

〈보증기간 안내〉

- 품목별 소비자 피해 보상규정에 의거 아래와 같이 제품에 대한 보증을 실시합니다.
- 보증기간 산정 기준
  - 제품 보증기간이라 함은 제조사 또는 제품 판매자가 소비자에게 정상적인 상태에서 자연 발생한 품질 성능 기능 하자에 대하여 무료 수리해 주겠다고 약속한 기간을 말합니다.
  - 제품 보증기간은 구입일자를 기준으로 산정하며 구입일자의 확인은 제품보증서를 기준으로 합니다. 단, 보증서가 없는 경우는 제조일(제조번호, 검사필증)로부터 3개월이 경과한 날부터 보증기간을 계산합니다.
  - 중고품(전파상 구입, 모조품) 구입 시 보증기간은 적용되지 않으며 수리 불가의 경우 피해보상을 책임지지 않습니다.
- 당사와의 계약을 통해 납품되는 제품의 보증은 그 계약내용을 기준으로 합니다.
- 제습기 보증기간은 일반제품으로 1년으로 합니다.
  - 2017년 1월 이전 구입분은 2년 적용

〈제습기 부품 보증기간〉

- 인버터 컴프레서(2016년 1월 이후 생산 제품) : 10년
- 컴프레서(2018년 1월 이후 생산 제품) : 4년
- 인버터 컴프레서에 한해서 5년차부터 부품대만 무상 적용함

54 **제습기 구매자가 사용 전 알아두기 설명서를 읽고 나서 제습기를 사용했다. 다음 중 구매자가 서비스센터에 연락해야 할 상황은 무엇인가?**

① 실내 온도가 17℃일 때 제습량이 줄어들었다.

② 제습기 사용 후 실내 온도가 올라갔다.

③ 물통에 물이 $\frac{1}{2}$ 정도 들어있을 때 작동이 멈췄다.

④ 제습기가 갑자기 작동되지 않아 잠시 10분 꺼두었다가 다시 켰더니 작동하였다.

⑤ 희망 습도에 도달하니 운전을 멈추었다.

55 **보증기간 안내 및 제습기 부품 보증기간을 참고할 때, 다음 중 제습기 사용자가 잘못 이해한 것은 무엇인가?**

① 제품 보증서가 없는 경우, 영수증에 찍힌 구입한 날짜부터 보증기간을 계산한다.

② 보증기간 무료 수리는 정상적인 상태에서 자연 발생한 품질 성능 기능 하자가 있을 때이다.

③ 제습기 보증기간은 구입일로부터 1년이다.

④ 2017년도 이전에 구입한 제습기는 보증기간이 2년 적용된다.

⑤ 2016년도에 생산된 인버터 컴프레서는 10년이 보증기간이다.

※ 경영연구팀에서는 새로운 청소기를 구매하려고 한다. C대리는 새 청소기를 구매하기 위해 다음과 같은 제품 설명서를 참고하였다. 이어지는 질문에 답하시오. **[56~59]**

〈제품설명서〉

[제품사양]

모델명		AC3F7LHAR	AC3F7LHBU	AC3F7LHDR	AC3F7LHCD	AC3F7LHSK
전원		단상 AC 220V, 60Hz				
정격입력		1,300W				
본체무게		7.4kg				
본체크기		폭 308mm×길이 481mm×높이 342mm				
모터사양		디지털 인버터(Digital Inverter) 모터				
부속품	살균 브러시	×	×	×	○	○
	침구싹싹 브러시	×	○	×	×	○
	스텔스 브러시	○	○	○	○	×
	투스텝 브러시	○	×	○	○	×
	물걸레 브러시	×	×	○	×	○

- 살균 브러시 / 침구싹싹 브러시 : 침구류 청소용
- 스텔스 브러시 : 일반 청소용
- 투스텝 브러시 : 타일 / 카펫 청소용

[문제해결]

현상	확인	조치
작동이 안 돼요.	전원플러그가 콘센트에서 빠져있거나 불완전하게 꽂혀 있는지 확인하세요.	전원플러그를 확실하게 꽂아 주세요.
	본체에 호스가 확실하게 꽂혀 있는지 확인하세요.	본체에서 호스를 분리 후 다시 한 번 확실하게 꽂아 주세요.
	전압이 220V인지 확인하세요.	110V일 경우에는 승압용 변압기를 구입하여 사용하세요.
사용 중에 갑자기 멈췄어요.	먼지통이 가득 찼을 때, 청소기를 동작시키는 경우	모터과열방지 장치가 있어 제품이 일시적으로 멈춥니다. 막힌 곳을 뚫어 주고 2시간 정도 기다렸다가 다시 사용하세요.
	흡입구가 막힌 상태로, 청소기를 동작시키는 경우	
갑자기 흡입력이 약해지고 떨리는 소리가 나요.	흡입구, 호스, 먼지통이 큰 이물질로 막혔거나 먼지통이 꽉 차 있는지 확인하세요.	막혀 있으면 나무젓가락 등으로 큰 이물질을 빼 주세요.
	필터가 더러워졌는지 확인하세요.	필터를 손질해 주세요.
먼지통에서 '딸그락'거리는 소리가 나요.	먼지통에 모래, 돌 등의 딱딱한 이물질이 있는지 확인하세요.	소음의 원인이 되므로 먼지통을 비워 주세요.
청소기 배기구에서 냄새가 나요.	먼지통에 이물질이 쌓였는지 필터류에 먼지가 꼈는지 확인하세요.	먼지통을 자주 비워주시고, 필터류를 자주 손질해 주세요.
청소기 소음이 이상해요.	청소기 초기 동작 시에 소음이 커지는지 확인하세요.	모터 보호를 위해 모터가 천천히 회전하며 발생하는 소리로 고장이 아닙니다.

56 제품설명서를 확인한 결과 C대리는 부속품 구성에 따라 가격 차이가 있음을 발견해 필요한 부속품을 파악하려고 한다. 경영연구팀 사무실에는 침구류가 없으며 물걸레 청소는 기존의 비치된 대걸레를 이용하려고 할 때 불필요한 지출 없이 청소기를 구매한다면, C대리가 구입할 청소기는 무엇인가?

① AC3F7LHAR
② AC3F7LHBU
③ AC3F7LHDR
④ AC3F7LHCD
⑤ AC3F7LHSK

57 사무실 청소시간에 C대리는 구매한 청소기를 사용하려 했지만 작동하지 않았다. 다음 중 청소기가 작동하지 않을 때 확인할 사항으로 옳지 않은 것은?

① 전압이 220V인지 확인한다.
② 본체에 호스가 확실하게 꽂혀 있는지 확인한다.
③ 전원플러그가 콘센트에서 빠져 있는지 확인한다.
④ 필터가 더러워졌는지 확인한다.
⑤ 전원플러그가 불완전하게 꽂혀 있는지 확인한다.

58 청소기가 작동하지 않는 문제를 해결한 후, C대리가 청소기를 사용하던 중에 갑자기 작동이 멈추었다. 설명서를 참고했을 때, 청소기 작동이 멈춘 원인이 될 수 있는 것은?

① 먼지통에 딱딱한 이물질이 있다.
② 청소기를 장시간 사용했다.
③ 필터에 먼지가 꼈다.
④ 흡입구가 막혔다.
⑤ 먼지통이 제대로 장착되지 않았다.

59 58번 문제에서 C대리가 찾아낸 원인이 맞을 때, 추가적으로 발생할 수 있는 문제로 옳은 것은?

① 먼지통에서 '딸그락'거리는 소리가 난다.
② 청소기 배기구에서 냄새가 난다.
③ 청소기 흡입력이 갑자기 약해진다.
④ 청소기 소음이 커진다.
⑤ 청소기가 작동하기까지 시간이 오래 걸린다.

60 농한기인 1 ~ 2월에 자주 발생하는 영농기자재 고장을 방지하고자 영농기자재 관리 방법에 대한 매뉴얼을 작성하여 농가에 배포하였다. 다음 중 매뉴얼에 따라 영농기자재를 바르게 관리한 것은?

월	기계 종류	내용
1월	트랙터	(보관 중 점검) • 유압실린더는 완전상승 상태로 함 • 엔진 계통의 누유 점검(연료탱크, 필터, 파이프) • 축전지 보충충전
	이앙기	(장기보관 중 점검) • 본체의 누유, 누수 점검 • 축전지 보관 상태 점검, 보충충전 • 페인트가 벗겨진 부분에는 방청유를 발라 녹 발생 방지 • 커버를 씌워 먼지, 이물질에 의한 부식 방지
	콤바인	(장기보관 중 점검) • 회전부, 작동부, 와이어류에 부식방지를 위해 오일 주입 • 각부의 누유 여부 점검 • 스프링 및 레버류에 부식방지를 위해 그리스를 바름
2월	트랙터	(사용 전 점검) • 팬벨트 유격 10mm 이상 시 발전기 고정 볼트를 풀어 유격 조정 • 냉각수량 – 외기온도에 알맞은 비중의 부동액 확인(40% 확인) • 축전지액량 및 접속상태, 배선 및 각종 라이트 경고등 점검, 충전상태 점검 • 좌우 브레이크 페달 유격 및 작동 상태 점검
	이앙기	(장기보관 중 점검) • 누유 · 누수 점검 • 축전지 보충충전 • 녹이 발생된 부분은 녹을 제거하고 방청유를 바름
	콤바인	(장기보관 중 점검) • 엔진을 회전시켜 윤활 시킨 후, 피스톤을 압축상사점에 보관 • 각 회전부, 작동부, 와이어류에 부식방지를 위해 오일 주입 • 스프링 및 레버류에 부식방지를 위해 그리스를 바름

① 1월에 트랙터의 브레이크 페달 작동 상태를 점검하였다.

② 2월에 장기보관 중이던 이앙기에 커버를 씌워 먼지 및 이물질에 의한 부식을 방지하였다.

③ 1 ~ 2월 모두 이앙기에 부식방지를 위해 방청유를 발랐다.

④ 트랙터 사용 전에 유압실린더와 엔진 누유상태를 중점적으로 점검하였다.

⑤ 2월에 장기보관 중인 콤바인을 꺼낸 후, 타이어 압력을 기종별 취급설명서에 따라 점검하였다.

제3회 인천국제공항공사

NCS 직업기초능력평가

〈문항 및 시험시간〉

평가영역	문항 수	시험시간	모바일 OMR 답안분석
[공통] 의사소통능력+수리능력 +문제해결능력+자원관리능력 +정보능력 [사무직 / 관제직] 조직이해능력 [기술직] 기술능력	60문항	65분	사무직 / 관제직　기술직

인천국제공항공사 신입직원 필기전형	
# 제3회 직업기초능력평가	문항 수 : 60문항 시험시간 : 65분

01 다음 글의 주제로 가장 적절한 것은?

> 표준화된 언어는 의사소통을 효과적으로 하기 위하여 의도적으로 선택해야 할 공용어로서의 가치가 있다. 반면에 방언은 지역이나 계층의 언어와 문화를 보존하고 드러냄으로써 국가 전체의 언어와 문화를 다양하게 발전시키는 토대로서의 가치가 있다. 이러한 의미에서 표준화된 언어와 방언은 상호 보완적인 관계에 있다. 표준화된 언어가 있기에 정확한 의사소통이 가능하며, 방언이 있기에 개인의 언어생활에서나 언어 예술 활동에서 자유롭고 창의적인 표현이 가능하다. 결국 우리는 표준화된 언어와 방언 둘 다의 가치를 인정해야 하며, 발화(發話) 상황(狀況)을 잘 고려해서 표준화된 언어와 방언을 잘 가려서 사용할 줄 아는 능력을 길러야 한다.

① 표준화된 언어와 방언에는 각각 독자적인 가치와 역할이 있다.
② 창의적인 예술 활동에서는 방언의 기능이 중요하다.
③ 정확한 의사소통을 위해서는 표준화된 언어가 꼭 필요하다.
④ 표준화된 언어와 방언을 구분할 줄 아는 능력을 길러야 한다.
⑤ 표준화된 언어는 방언보다 효용가치가 있다.

02 다음 〈조건〉을 바탕으로 했을 때, 5층에 있는 부서는?(단, 한 층에 한 부서씩 있다)

〈조건〉

- 기획조정실의 층수에서 경영지원실의 층수를 빼면 3이다.
- 보험급여실은 경영지원실 바로 위층에 있다.
- 급여관리실은 빅데이터운영실보다는 아래층에 있다.
- 빅데이터운영실과 보험급여실 사이에는 두 층이 있다.
- 경영지원실은 가장 아래층이다.

① 빅데이터운영실
② 보험급여실
③ 경영지원실
④ 기획조정실
⑤ 급여관리실

03 다음 〈조건〉을 바탕으로 서로 다른 무게의 공 5개가 있다. 공을 무거운 순서대로 바르게 나열한 것은?

〈조건〉

- 파란공은 가장 무겁지도 않고, 세 번째로 무겁지도 않다.
- 빨간공은 가장 무겁지도 않고, 두 번째로 무겁지도 않다.
- 흰공은 세 번째로 무겁지도 않고, 네 번째로 무겁지도 않다.
- 검은공은 파란공과 빨간공보다는 가볍다.
- 노란공은 파란공보다 무겁고, 흰공보다는 가볍다.

① 노란공 – 빨간공 – 흰공 – 파란공 – 검은공
② 노란공 – 흰공 – 빨간공 – 검은공 – 파란공
③ 흰공 – 노란공 – 검은공 – 빨간공 – 파란공
④ 흰공 – 노란공 – 빨간공 – 파란공 – 검은공
⑤ 흰공 – 빨간공 – 노란공 – 검은공 – 파란공

04 다음 차트에 대한 설명으로 옳지 않은 것은?

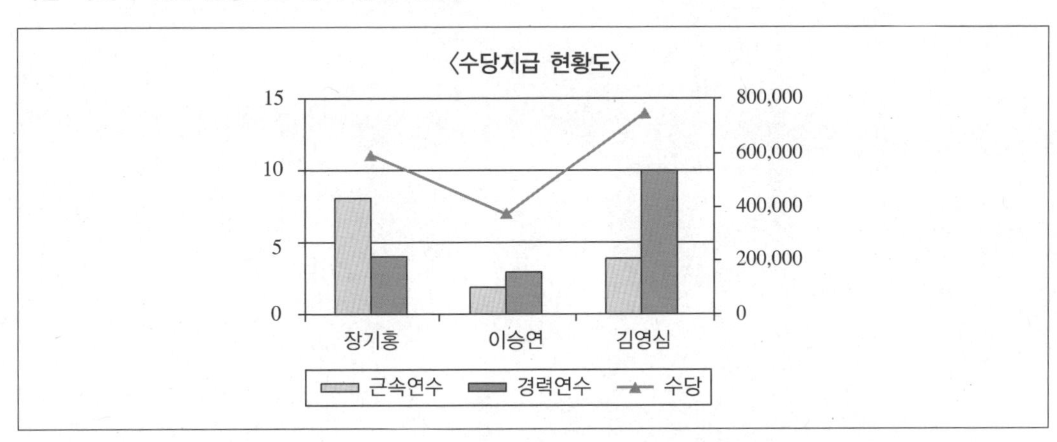

① 두 개의 차트 종류가 혼합되어 있으며, 축이 두 개로 설정된 이중 축 혼합형 차트이다.
② 막대그래프 계열 옵션의 계열 겹치기는 0%로 설정되었다.
③ 데이터 레이블이 표시되어 있는 차트이다.
④ 기본 가로축 제목이 표시되어 있지 않은 차트이다.
⑤ 막대그래프는 왼쪽 세로축 기준이다.

05 갑은 효율적인 월급 관리를 위해 펀드에 가입하고자 한다. A ~ D펀드 중에 하나를 골라 가입하려고 하는데, 안정적이고 우수한 펀드에 가입하기 위해 〈조건〉에 따라 비교하여 다음과 같은 결과를 얻었다. 이를 참고할 때, 〈보기〉에서 옳은 것을 모두 고르면?

〈조건〉

- 둘을 비교하여 우열을 가릴 수 있으면 우수한 쪽에는 5점, 아닌 쪽에는 2점을 부여한다.
- 둘을 비교하여 어느 한 쪽이 우수하다고 말할 수 없는 경우에는 둘 다 0점을 부여한다.
- 각 펀드는 다른 펀드 중 두 개를 골라 총 4번의 비교를 했다.
- 총합의 점수로는 우열을 가릴 수 없으며 각 펀드와의 비교를 통해서만 우열을 가릴 수 있다.

〈결과〉

A펀드	B펀드	C펀드	D펀드
7점	7점	4점	10점

〈보기〉

ㄱ. D펀드는 C펀드보다 우수하다.
ㄴ. B펀드가 D펀드보다 우수하다고 말할 수 없다.
ㄷ. A펀드와 B펀드의 우열을 가릴 수 있으면 A ~ D까지의 우열순위를 매길 수 있다.

① ㄱ
② ㄴ
③ ㄱ, ㄷ
④ ㄴ, ㄷ
⑤ ㄱ, ㄴ, ㄷ

06 I공사는 사원들에게 사택을 제공하고 있다. 사택 신청자 A ~ E 중 2명만이 사택을 제공받을 수 있으며, 추첨은 조건별 점수에 따라 이뤄진다고 할 때, 〈보기〉 중 사택을 제공받을 수 있는 사람은 누구인가?

〈사택 제공 조건별 점수〉

근속연수	점수	직급	점수	부양가족 수	점수	직종	점수
1년 이상	1점	차장	5점	5명 이상	10점	연구직	10점
2년 이상	2점	과장	4점	4명	8점	기술직	10점
3년 이상	3점	대리	3점	3명	6점	영업직	5점
4년 이상	4점	주임	2점	2명	4점	서비스직	5점
5년 이상	5점	사원	1점	1명	2점	사무직	3점

※ 근속연수는 휴직기간을 제외하고 1년마다 1점씩 적용하여 최대 5점까지 받을 수 있다. 단, 해고 또는 퇴직 후 일정기간을 경과하여 재고용된 경우에는 이전에 고용되었던 기간(개월)을 통산하여 근속연수에 포함한다. 근속연수 산정은 2023. 1. 1을 기준으로 한다.
※ 부양가족 수의 경우 배우자는 제외된다.
※ 무주택자의 경우 10점의 가산점을 가진다.
※ 동점일 경우 가족부양 수가 많은 사람이 우선순위로 선발된다.

〈보기〉

구분	직급	직종	입사일	가족 구성	주택유무	비고
A	대리	영업직	2019. 08. 20	남편	무주택자	−
B	사원	기술직	2021. 09. 17	아내, 아들 1명, 딸 1명	무주택자	−
C	과장	연구직	2018. 02. 13	어머니, 남편, 딸 1명	유주택자	• 2019. 12. 17 퇴사 • 2020. 05. 15 재입사
D	주임	사무직	2021. 03. 03	아내, 아들 1명, 딸 2명	무주택자	−
E	차장	영업직	2016. 05. 06	아버지, 어머니, 아내, 아들 1명	유주택자	• 2018. 05. 03 퇴사 • 2019. 06. 08 재입사

① A대리, C과장
② A대리, E차장
③ B사원, C과장
④ B사원, D주임
⑤ D주임, E차장

※ I공사는 해외기술교류를 위해 외국으로 파견할 팀을 구성하고자 한다. 다음 자료를 보고 이어지는 질문에 답하시오. **[7~8]**

〈해외기술교류 파견팀장 선발 방식〉

1. 파견팀장 자격요건
   - 공학계열 학위 보유자
   - 지원 접수 마감일 기준 6개월 이내에 발급된 종합건강검진 결과서 제출자

2. 파견팀장 선발 방식
   - 다음 항목에 따른 점수를 합산하여 선발점수(100점)를 산정함
   - 선발점수가 가장 높은 1인을 파견팀장으로 선발
   - 학위 점수(30점)

학위	학사	석사	박사
점수	18	25	30

   - 현장경험 점수(30점)

해외파견횟수	없음	1회 이상 3회 미만	3회 이상 5회 미만	5회 이상
점수	22	26	28	30

   - 어학능력 점수(20점)

자체시험점수 (500점 만점)	0점 이상 150점 미만	150점 이상 250점 미만	250점 이상 350점 미만	350점 이상 450점 미만	450점 이상 500점 이하
점수	5	10	14	17	20

   - 근속연수 점수(20점)

근속연수	5년 미만	5년 이상 10년 미만	10년 이상 15년 미만	15년 이상
점수	12	16	18	20

〈파견팀장 지원자 현황〉

지원자	학위	해외파견횟수	자체시험점수	근속연수	종합건강검진 결과서 발급일
A	기계공학 박사	1회	345	8년	2023. 04. 29
B	전자공학 석사	2회	305	11년	2023. 08. 18
C	국제관계학 학사	3회	485	5년	2023. 07. 09
D	전자공학 학사	1회	400	9년	2023. 06. 05
E	재료공학 석사	없음	365	16년	2023. 08. 16

07 인사관리과에서는 파견팀장 지원 접수를 2023년 8월 20일에 마감하였다. 파견팀장 선발 방식에 따를 때, 다음 중 파견팀장으로 선발될 지원자는?

① A
② B
③ C
④ D
⑤ E

08 인사관리과는 현지 관계자들의 의견에 따라 파견팀장 자격요건을 변경하고 2023년 8월 30일까지 새로 지원 접수를 받았다. 변경된 파견팀장 자격요건이 다음과 같을 때, 파견팀장으로 선발될 지원자는?

〈변경된 파견팀장 자격요건〉

1. 파견팀장 자격요건
   - 공학계열 혹은 국제관계학 학위 보유자
   - 지원 접수 마감일 기준 3개월 이내에 발급된 종합건강검진 결과서 제출자

① A
② B
③ C
④ D
⑤ E

※ 다음은 하수처리시설 평가 기준 및 결과에 대한 자료이다. 이어지는 질문에 답하시오. [9~10]

〈하수처리시설 평가 기준〉

(단위 : mg/ℓ)

구분	정상	주의	심각
생물화학적 산소요구량	5 미만	5 이상	15 이상
화학적 산소요구량	20 미만	20 이상	30 이상
부유물질	10 미만	10 이상	20 이상
질소	20 미만	20 이상	40 이상
인	0.2 미만	0.2 이상	1.0 이상

〈A ~ C처리시설의 평가 결과〉

(단위 : mg/ℓ)

구분	생물화학적 산소요구량	화학적 산소요구량	부유물질	질소	인
A처리시설	4	10	15	10	0.1
B처리시설	9	25	25	22	0.5
C처리시설	18	33	15	41	1.2

※ '정상' 지표 4개 이상 : 우수

※ '주의' 지표 2개 이상 '심각' 지표 2개 이하 : 보통

※ '심각' 지표 3개 이상 : 개선 필요

09 평가 기준을 참고할 때, 다음 중 하수처리시설에 대한 평가로 옳은 것은?

① A처리시설 – 우수, B처리시설 – 보통

② A처리시설 – 우수, B처리시설 – 개선 필요

③ A처리시설 – 보통, C처리시설 – 보통

④ B처리시설 – 개선 필요, C처리시설 – 개선 필요

⑤ B처리시설 – 보통, C처리시설 – 보통

10 다음 글을 보고 B처리시설의 문제점 및 개선방향에 대해서 바르게 설명한 것은?

> B처리시설은 C처리시설에 비해 좋은 평가를 받았지만, '정상' 지표는 없었다. 그렇기 때문에 관련된 시설분야에 대한 조사와 개선이 필요하다. 지적사항으로 '심각' 지표를 가장 우선으로 개선하고, 최종적으로 '우수' 단계로 개선해야 한다.

① 생물화학적 산소요구량은 4로 '정상' 지표이기 때문에 개선할 필요가 없다.

② 화학적 산소요구량은 25로 '주의' 지표이기 때문에 가장 먼저 개선해야 한다.

③ 질소와 인을 개선한다면 평가 결과 '우수'를 받을 수 있다.

④ 부유물질은 가장 먼저 개선해야 하는 '심각' 지표이다.

⑤ 평가 결과에서 '우수'를 받기 위해서는 3가지 기준에서 '정상' 지표를 받으면 된다.

11 다음은 I기업의 주가지표를 나타낸 자료이다. 이에 대한 설명으로 옳지 않은 것을 〈보기〉에서 모두 고르면?

〈I기업 주가지표〉

(단위 : 원, %)

주가지표	2019년	2020년	2021년	2022년
기말주가	44,700	76,500	60,500	94,100
기본 주당순이익(EPS)	4,193	15,074	22,011	2,856
주당 순자산가치(BVPS)	30,368	43,369	60,678	62,324
주당매출액	23,624	41,359	55,556	37,075
주가매출비율(PSR)	1.9	1.8	1.1	2.5

※ (EPS)=(당기순이익)÷(가중평균유통보통주식 수)
※ (BVPS)=[(자본총계)−(무형자산)]÷(총발행주식 수)
※ (주당매출액)=(연간매출액)÷(총발행주식 수)
※ (PSR)=(기말주가)÷(연간 주당매출액)

〈보기〉

ㄱ. 2020년부터 2022년까지 전년 대비 기말주가의 증감 추이와 기본 주당순이익의 증감 추이는 동일하다.
ㄴ. 주가매출비율이 높은 해일수록 주당 순자산가치가 높다.
ㄷ. 2019년부터 2022년까지 매년 총발행주식 수가 동일하다면, 2021년의 연간매출액이 가장 높다.
ㄹ. 2019년 대비 2022년의 주당매출액은 50% 이상 증가하였다.

① ㄱ, ㄴ
② ㄱ, ㄷ
③ ㄴ, ㄷ
④ ㄴ, ㄹ
⑤ ㄷ, ㄹ

12 다음 글이 참일 때 항상 거짓인 것은?

기존의 형사 사법은 응보형론과 재사회화론을 기저에 두고 있다. 응보형론은 범죄를 상쇄할 해악의 부과를 형벌의 본질로 보는 이론으로, 형벌 자체가 목적이다. 그런데 지속적인 범죄의 증가 현상은 응보형론이 이미 발생한 범죄와 범죄인의 처벌에 치중하고 예방은 미약하다는 문제를 보여준다. 반면에 재사회화론은 형벌의 목적을 범죄인의 정상적인 구성원으로서의 사회 복귀에 두는 이론이다. 이것은 형벌과 교육으로 범죄인의 반사회적 성격을 교화하여 장래의 범법 행위를 방지하는 것에 주안점을 두지만 이도 증가하는 재범률로 인해 비판받고 있다. 또한 응보형론이나 재사회화론에 입각한 형사 사법은 법적 분쟁에서 국가가 피해자를 대신하면서 국가와 범죄 행위자 간의 관계에 집중하기 때문에 피해자나 지역사회에 대한 관심이 적다는 문제점이 제기되었다.

회복적 사법은 기본적으로 범죄에 대해 다른 관점으로 접근한다. 기존의 관점은 범죄를 국가에 대한 거역이고 위법 행위로 보지만 회복적 사법은 범죄를 개인 또는 인간관계를 파괴하는 행위로 본다. 지금까지의 형사 사법은 주로 범인, 침해당한 법, 처벌 등에 관심을 두고 피해자는 무시한 채 가해자와 국가 간의 경쟁적 관계에서 대리인에 의한 법정 공방을 통해 문제를 해결해 왔다. 그러나 회복적 사법은 피해자와 피해의 회복 등에 초점을 두고 있다. 기본적 대응 방법은 피해자와 가해자, 이 둘을 조정하는 조정자를 포함한 공동체 구성원까지 자율적으로 참여하는 가운데 이루어지는 대화와 합의이다. 가해자가 피해자의 상황을 직접 듣고 죄책감이 들면 그의 감정이나 태도에 변화가 생기고, 이런 변화로 피해자도 상처를 치유받고 변화할 수 있다고 보는 것이다. 이러한 회복적 사법은 사과와 피해 배상, 용서와 화해 등을 통한 회복을 목표로 하며 더불어 범죄로 피해 입은 공동체를 회복의 대상이자 문제 해결의 주체로 본다.

회복적 사법이 기존의 관점을 완전히 대체할 수 있는 것은 아니다. 이는 현재 우리나라의 경우 형사 사법을 보완하는 차원 정도로 적용되고 있다. 그럼에도 회복적 사법은 가해자에게는 용서받을 수 있는 기회를, 피해자에게는 회복의 가능성을 부여할 수 있다는 점에서 의미가 있다.

① 응보형론은 형벌 자체를 통해 범죄를 상쇄하고자 한다.
② 응보형론과 재사회화론 모두 실질적인 범죄율 감소에 기여하지 못한다는 비판을 받는다.
③ 응보형론과 재사회화론 모두 범죄를 국가에 대한 거역으로 취급한다.
④ 기존의 관점과 달리 회복적 사법은 피해자를 우선시한다.
⑤ 회복적 사법은 재사회화론을 완전히 대체할 수 있는 방안으로 사용되고 있다.

13 I공사는 적합한 인재를 채용하기 위하여 NCS 기반 능력중심 공개채용을 시행하였다. 1차 서류전형, 2차 직업기초능력평가, 3차 직무수행능력평가, 4차 면접전형을 모두 마친 면접자들의 평가점수를 '최종 합격자 선발 기준'에 따라 판단하여 상위자 2명을 최종 합격자로 선정하고자 한다. 다음 중 최종 합격자가 바르게 짝지어진 것은?

〈최종 합격자 선발 기준〉

평가요소	의사소통능력	문제해결능력	조직이해능력	대인관계능력	합계
평가비중	40%	30%	20%	10%	100%

〈면접평가 결과〉

평가요소 \ 면접자	A	B	C	D	E
의사소통능력	A^+	A^+	A^+	B^+	C
문제해결능력	B^+	B+5	A^+	B+5	A+5
조직이해능력	A+5	A	C^+	A^+	A
대인관계능력	C	A^+	B^+	C^+	B^++5

※ 등급별 변환 점수 : A^+=100, A=90, B^+=80, B=70, C^+=60, C=50

※ 면접관의 권한으로 등급별 점수에 +5점을 가점할 수 있음

① A, B

② B, C

③ C, D

④ D, E

⑤ A, E

※ 다음은 I공사의 청탁금지법 위반에 대한 제재이다. 이어지는 질문에 답하시오. **[14~15]**

적용법조	위반행위에 대한 제재	
부정청탁의 금지(제5조)	징계	- 처음 부정청탁을 받고 거절하는 의사를 명확히 표시하지 않은 경우 - 거절의사를 명확히 표시하였음에도 다시 동일한 부정청탁을 받고도 신고를 하지 않은 경우 - 직접 자신을 위하여 하는 부정청탁을 한 경우
	과태료	- 제3자를 통하여 부정청탁을 한 경우 - 제3자를 위하여 부정청탁을 한 경우
	형사처벌	- 부정청탁을 받고 그에 따른 직무를 수행한 경우
금품 등의 수수 금지(제8 ~ 9조)	징계	- 신고 또는 반환·인도 의무 중 어느 하나라도 이행하지 않을 경우(신고 및 반환·인도하면 징계대상에서 제외)
	과태료	- 직무와 관련하여 1회 100만 원 이하의 금품 등을 받거나 요구 또는 약속한 경우 - 자신의 배우자가 공직자의 직무와 관련하여 1회 100만 원 이하의 금품 등을 받거나 요구 또는 제공받기로 약속한 사실을 알고도 신고하지 아니한 경우 - 직무와 관련하여 1회 100만 원 이하의 금품 등을 공직자나 그 배우자에게 제공하거나 약속 또는 의사표시를 한 경우
	형사처벌	- 동일인으로부터 1회 100만 원을 초과하여 받거나 요구 또는 약속한 경우 - 자신의 배우자가 직무와 관련하여 1회 100만 원을 초과하여 받거나 요구 또는 제공받기로 약속한 사실을 알고도 신고하지 아니한 경우 - 1회 100만 원을 초과하는 수수 금지 금품 등을 공직자 또는 그 배우자에게 제공하거나 약속 또는 의사표시를 한 경우
외부강의 등의 사례금 수수 제한(제10조)	징계	- 사전 신고 의무를 불이행한 경우(국가 또는 지자체 요청 강의는 신고 대상이 아님) - 초과사례금을 받고 반환했으나 신고 의무는 불이행한 경우 - 초과사례금을 받고 신고했으나 제공자에게 반환하지 않은 경우
	과태료	- 초과사례금을 받은 후 신고 및 반환 조치를 모두 하지 않은 경우
	형사처벌	- 부정청탁을 받고 그에 따른 직무를 수행한 경우
부정 청탁 금지 등을 담당하는 담당관의 지정(제20조)	징계	- 준법관리인이 법에 따른 신고·신청의 접수, 처리 및 내용의 조사 업무를 부당하게 처리하거나 임직원의 위반행위를 발견했음에도 조치를 취하지 않은 경우
벌칙(제22조)	형사처벌	- 신고자의 인적사항 등을 다른 사람에게 알려주거나 공개한 자 - 위반행위 신고·조치 업무 담당 임직원이 업무처리 과정에서 알게 된 비밀을 누설한 경우 - 신고자에게 신고 등을 이유로 신분상 불이익조치를 한 자 - 신고 등을 방해하거나 신고 등을 취소하도록 강요한 자

14 **A사원은 자료를 읽고 직원의 의무에 대해 다음과 같은 추론을 하였다. 청탁금지법을 준수하기 위한 직원의 의무에 대한 추론으로 옳지 않은 것은?**

① 직원은 동일한 부정청탁을 2번 이상 받은 경우 신고해야 한다.

② 100만 원 이하의 금품이라도 직무와 관련된 것은 제재를 받게 된다.

③ 초과사례금을 받은 경우 신고와 반환을 모두 하여야 한다.

④ 준법관리인이 청탁금지법을 위반하는 행위를 한 경우 반드시 형사처벌을 받는다.

⑤ 공직자에게 금품 제공을 약속한 것만으로도 형사처벌 대상이 될 수 있다.

15 **A주임, B주임, C대리, D과장은 I공사의 직원이다. 직원들이 다음과 같은 행위를 하였다고 할 때, 제재 대상인 직원과 제재의 내용이 바르게 연결된 것은?**

- I공사의 경쟁입찰에 참여한 P건설업체 직원이 건설계약과 A주임의 아내에게 A주임이 P업체에 대해 긍정적으로 평가하도록 설득할 것을 요구하며 200만 원의 현금을 1회 제공하였고, A사원은 이 사실을 알지 못하여 신고하지 않았다.
- 인사관리과 B주임은 사업 관련 업체 직원인 K로부터 K의 동생인 L을 취직시켜달라는 청탁을 받고 K의 면접점수를 조작하였다.
- 기획재정부와 협력 사업을 진행 중인 C대리는 해당 사업의 원활한 진행을 부탁하며 사업 담당관인 기획재정부의 S주무관에게 150만 원 상당의 보석을 1회 제공하였다.
- D과장은 서대문구청에서 요청한 강의를 사전 신고하지 않고 응하였으며, 초과사례금을 받아 반환하였고 이에 대해 신고는 하지 않았다.

	제재 대상인 직원	제재 내용
①	A주임	형사처벌
②	B주임	과태료
③	C대리	징계
④	C대리	과태료
⑤	D과장	징계

※ 다음은 국내 연간 취수량에 대한 자료이다. 이어지는 질문에 답하시오. [16~17]

〈국내 연간 취수량〉

(단위 : 백만 m^3)

구분		2016년	2017년	2018년	2019년	2020년	2021년	2022년	2023년
지하수		89	90	93	96	98	102	163	170
지표수	하천표류수	3,207	3,154	3,267	3,253	3,270	3,256	3,235	2,599
	하천복류수	433	417	463	474	(가)	434	437	451
	댐	3,148	3,121	3,281	3,194	3,311	3,431	3,404	3,270
	기타 저수지	51	46	58	56	55	58	61	64
총 취수량		6,928	6,828	7,162	7,073	7,176	7,281	7,300	(나)

16 다음 중 (가)+(나)의 값은?

① 6,554
② 6,702
③ 6,804
④ 6,996
⑤ 7,204

17 다음 중 자료에 대한 설명으로 옳은 것은?

① 총 취수량은 2020년 이후 계속 증가했다.
② 2017~2023년 중 모든 항목의 취수량이 전년보다 증가한 해는 2018년뿐이다.
③ 하천표류수의 양이 가장 많았던 해에 댐의 취수량도 가장 많았다.
④ 지표수의 양은 항상 총 취수량의 98% 이상을 차지한다.
⑤ 연간 취수량은 댐이 하천표류수보다 항상 적다.

18 다음 글을 바탕으로 〈보기〉의 내용으로부터 추론할 수 있는 것은?

독립신문은 우리나라 최초의 민간 신문이다. 사장 겸 주필(신문의 최고 책임자)은 서재필 선생이, 국문판 편집과 교정은 최고의 국어학자로 유명한 주시경 선생이, 그리고 영문판 편집은 선교사 호머 헐버트가 맡았다. 창간 당시 독립신문은 이들 세 명에 기자 두 명과 몇몇 인쇄공들이 합쳐 단출하게 시작했다.
신문은 우리가 흔히 사용하는 'A4 용지'보다 약간 큰 '국배판(218×304mm)' 크기로 제작됐고, 총 4면 중 3면은 순 한글판으로, 나머지 1면은 영문판으로 발행했다. 제1호는 '독닙신문'이고 영문판은 'Independent(독립)'로 조판했고, 내용을 살펴보면 제1면에는 대체로 논설과 광고가 실렸고, 제2면에는 관보 · 외국통신 · 잡보가, 제3면에는 물가 · 우체시간표 · 제물포 기선 출입항 시간표와 광고가 게재됐다.
독립신문은 민중을 개화시키고 교육하기 위해 발간된 것이지만, 그 이름에서부터 알 수 있듯 스스로 우뚝 서는 독립국을 만들고자 자주적 근대화 사상을 강조했다. 창간호 표지에는 '데일권 데일호. 조선 서울 건양 원년 사월 초칠일 금요일'이라고 표기했는데, '건양(建陽)'은 조선의 연호이고, 한성 대신 서울을 표기한 점과 음력 대신 양력을 쓴 점 모두 중국 사대주의에서 벗어난 자주독립을 꾀한 것으로 볼 수 있다.
독립신문이 발행되자 사람들은 모두 깜짝 놀랄 수밖에 없었다. 순 한글로 만들어진 것은 물론 유려한 편집 솜씨에 조판과 내용까지 완벽했기 때문이다. 무엇보다 제4면을 영어로 발행해 국내 사정을 외국에 알린다는 점은 호시탐탐 한반도를 노리던 일본 당국에 큰 부담을 안겨주었는데, 더는 자기네들 마음대로 조선의 사정을 왜곡 보도할 수 없게 된 것이다.
날이 갈수록 독립신문을 구독하려는 사람은 늘어났고, 처음 300부씩 인쇄되던 신문이 곧 500부로, 나중에는 3,000부까지 확대된다. 오늘날에는 한 사람이 신문 한 부를 읽으면 폐지 처리하지만, 과거에는 돌려가며 읽는 경우가 많았고 시장이나 광장에서 글을 아는 사람이 낭독해 주는 일도 빈번했기에 한 부의 독자 수는 50명에서 100명에 달했다. 이런 점을 감안해 보면 실제 독립신문의 독자 수는 10만 명을 넘어섰다고 가늠해 볼 수 있다.

〈보기〉

우리 신문이 한문은 아니 쓰고 다만 국문으로만 쓰는 것은 상하귀천이 다 보게 함이라. 또 국문을 이렇게 구절을 떼어 쓴즉 아무라도 이 신문을 보기가 쉽고 신문 속에 있는 말을 자세히 알아보게 함이라.

① 교통수단도 발달하지 않던 과거에는 활자 매체인 신문이 소식 전달에 있어 절대적인 역할을 차지했다.
② 민중을 개화시키고 교육하기 위해 발간된 것으로 역사적 · 정치적으로 큰 의의를 가진다.
③ 한글을 사용해야 누구나 읽을 수 있다는 점을 인식해 한문우월주의에 영향을 받지 않고, 소신 있는 행보를 했다.
④ 일본이 한반도를 집어삼키려 하던 혼란기 우리만의 신문을 펴낼 수 있었다는 것에 큰 의의가 있다.
⑤ 중국 사대주의에서 벗어나 자주독립을 꾀하고 스스로 우뚝 서는 독립국을 만들고자 자주적 사상을 강조했다.

19 다음 시트에서 [B9] 셀에 [B2:C8] 영역의 평균을 계산하고 자리올림을 하여 천의 자리까지 표시하려고 할 때, 입력해야 하는 함수식으로 옳은 것은?

	A	B	C
1	1분기	2분기	3분기
2	91,000	91,000	91,000
3	81,000	82,000	83,000
4	71,000	72,000	73,000
5	61,000	62,000	63,000
6	51,000	52,000	53,000
7	41,000	42,000	43,000
8	91,000	91,000	91,000
9			

① =ROUNDUP(AVERAGE(B2:C8), −3)

② =ROUND(AVERAGE(B2:C8), −3)

③ =ROUNDUP(AVERAGE(B2:C8), 3)

④ =ROUND(AVERAGE(B2:C8), 3)

⑤ =ROUND(AVERAGE(B2:C8), −1)

20 다음 상황에서 B사원이 제시해야 할 해결 방안으로 가장 적절한 것은?

〈상황〉

A팀장 : 어제 부탁한 보고서 작성은 다 됐나?
B사원 : 네, 제 컴퓨터의 '문서' 폴더를 공유해 놓았으니 보고서를 내려 받으시면 됩니다.
A팀장 : 내 컴퓨터의 인터넷은 잘 되는데, 혹시 자네 인터넷이 지금 문제가 있나?
B사원 : (모니터를 들여다보며) 아닙니다. 잘 되는데요?
A팀장 : 네트워크 그룹에서 자네의 컴퓨터만 나타나지 않네. 어떻게 해야 하지?

① 공유폴더의 사용권한 수준을 소유자로 지정해야 합니다.

② 화면 보호기를 재설정해야 합니다.

③ 디스크 검사를 실행해야 합니다.

④ 네트워크상의 작업 그룹명을 동일하게 해야 합니다.

⑤ 컴퓨터를 다시 시작해야 합니다.

21 다음은 I공사에서 발표한 2022년 4월과 2023년 4월 제주특별자치도 외국인관광객 입도통계이다. 〈보기〉의 설명 중 옳은 것을 모두 고르면?

〈제주특별자치도 외국인관광객 입도통계〉

(단위 : 명, %)

대륙	국적	2022년 4월	2023년 4월	증감률
아시아	소계	74,829	79,163	5.8
	일본	4,119	5,984	45.3
	중국	28,988	44,257	52.7
	홍콩	6,066	4,146	−31.7
	대만	2,141	2,971	38.8
	싱가포르	6,786	1,401	−79.4
	말레이시아	10,113	6,023	−40.4
	인도네시아	3,439	2,439	−29.1
	베트남	2,925	3,683	25.9
	태국	3,135	5,140	64.0
	기타	7,117	3,119	−56.2
서구 등	소계	21,268	7,519	−64.6
	미국	4,903	2,056	−58.1
	기타	16,365	5,463	−66.6
합계		96,097	86,682	−9.8

〈보기〉

ㄱ. 2022년 4월 베트남인 제주도 관광객이 같은 해 대만인 제주도 관광객보다 30% 이상 많다.
ㄴ. 일본인 제주도 관광객은 2023년 4월에 전월 대비 40% 이상 증가하였다.
ㄷ. 2023년 4월 미국인 제주도 관광객 수는 2022년 4월 홍콩인 제주도 관광객 수의 35% 미만이다.
ㄹ. 2023년 4월에 제주도 관광객이 전년 동월 대비 25% 이상 감소한 아시아 국가는 모두 4곳이다.

① ㄱ, ㄴ
② ㄱ, ㄷ
③ ㄴ, ㄷ
④ ㄴ, ㄹ
⑤ ㄷ, ㄹ

※ 다음은 주요 국가별 · 연도별 청년층 실업률 추이에 대한 자료이다. 이어지는 질문에 답하시오. **[22~23]**

〈주요 국가별 · 연도별 청년층(15 ~ 24세) 실업률 추이〉

(단위 : %)

구분	2017년	2018년	2019년	2020년	2021년	2022년
독일	13.6	11.7	10.4	11.0	9.7	8.5
미국	10.5	10.5	12.8	17.6	18.4	17.3
영국	13.9	14.4	14.1	18.9	19.3	20.0
일본	8.0	7.7	7.2	9.1	9.2	8.0
OECD 평균	12.5	12.0	12.7	16.4	16.7	16.2
대한민국	10.0	8.8	9.3	9.8	9.8	9.6

22 다음 자료에 대한 설명으로 옳지 않은 것은?

① 2018년 일본의 청년층 실업률의 전년 대비 감소율은 3% 이상이다.

② 대한민국 청년층 실업률은 매년 OECD 평균보다 낮다.

③ 영국은 청년층 실업률이 주요 국가 중에서 매년 가장 높다.

④ 2020년 독일의 청년층 실업률의 전년 대비 증가율은 대한민국보다 낮다.

⑤ 2021년 청년층 실업률의 2017년 대비 증가량이 OECD 평균 실업률의 2019년 대비 2021년 증가량보다 높은 나라는 영국, 미국이다.

23 다음 중 2017년과 비교하여 2022년에 청년층 실업률이 가장 크게 증가한 나라는?

① 독일
② 미국
③ 영국
④ 일본
⑤ 대한민국

24 다음 〈보기〉 중 안전문화 실천프로세스에 대한 자료를 잘못 이해한 사람을 모두 고르면?

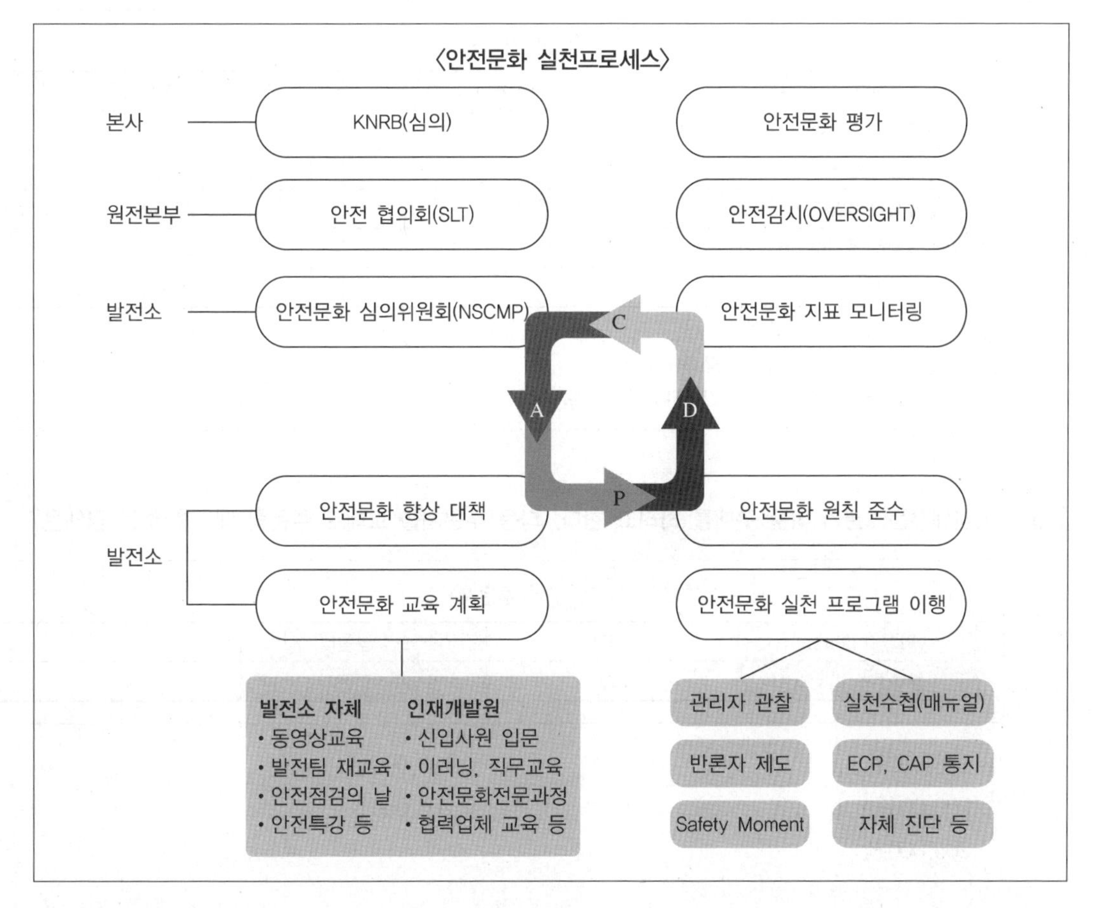

〈보기〉

A : 안전문화 실천프로세스는 크게 4단계로 이루어져 있다고 말할 수 있으며, A, B, C, D단계로 이루어져 있다.

B : 본사에서는 심의를 담당하고 원전본부는 안전 협의회를 담당하고, 발전소는 안전문화 심의위원회를 맡고 있다.

C : 발전소에서 시행하는 안전문화 교육 계획은 발전소 자체에서 하는 활동과 인재개발원에서 하는 활동으로 나뉜다.

D : C단계는 안전문화 평가, 안전감시, 안전문화 모니터링 준수 등이 있다.

① A, B　② A, D
③ B, C　④ B, D
⑤ C, D

※ 다음 자료를 보고 이어지는 질문에 답하시오. **[25~26]**

〈비품 가격표〉

품명	수량(개)	단가(원)
라벨지 50mm(SET)	1	18,000
1단 받침대	1	24,000
블루투스 마우스	1	27,000
★특가★ 탁상용 문서수동세단기	1	36,000
AAA건전지(SET)	1	4,000

※ 3단 받침대는 개당 2,000원 추가

※ 라벨지 91mm 사이즈 변경 시 SET당 5% 금액 추가

※ 블루투스 마우스 3개 이상 구매 시 건전지 3SET 무료 증정

25 I공사에서는 2분기 비품 구매를 하려고 한다. 다음 주문서를 토대로 주문할 때, 총 주문 금액은?

〈주문서〉

라벨지 50mm	2SET	1단 받침대	1개
블루투스 마우스	5개	AAA건전지	5SET

① 148,000원
② 183,000원
③ 200,000원
④ 203,000원
⑤ 205,000원

26 비품 구매를 담당하는 A사원은 주문 수량을 잘못 기재해서 주문 내역을 다음과 같이 수정하였다. 수정된 주문서를 토대로 주문할 때, 총 주문 금액은?

〈주문서〉

라벨지 91mm	4SET	3단 받침대	2개
블루투스 마우스	3개	AAA건전지	3SET
탁상용 문서수동세단기	1개		

① 151,000원
② 244,600원
③ 252,600원
④ 256,600원
⑤ 262,600원

27 다음 프로그램의 실행 결과로 옳은 것은?

```
#include <stdio.h>
void main() {
    int temp = 0;
    int i = 10;

    temp = i++;
    temp = i--;

    printf("%d, %d", temp, i);
}
```

① 10, 10
② 11, 10
③ 11, 11
④ 10, 11
⑤ 0, 10

28 다음은 수도권 지역의 기상실황표이다. 이에 대한 설명으로 옳지 않은 것은?

〈기상실황표〉

구분	시정(km)	현재기온(℃)	이슬점 온도(℃)	불쾌지수	습도(%)	풍향	풍속(m/s)	기압(hPa)
서울	6.9	23.4	14.6	70	58	동	1.8	1,012.7
백령도	0.4	16.1	15.2	61	95	동남동	4.4	1,012.6
인천	10	21.3	15.3	68	69	서남서	3.8	1,012.9
수원	7.7	23.8	16.8	72	65	남서	1.8	1,012.9
동두천	10.1	23.6	14.5	71	57	남남서	1.5	1,012.6
파주	20	20.9	14.7	68	68	남남서	1.5	1,013.1
강화	4.2	20.7	14.8	67	67	남동	1.7	1,013.3
양평	6.6	22.7	14.5	70	60	동남동	1.4	1,013
이천	8.4	23.7	13.8	70	54	동북동	1.4	1,012.8

① 시정이 가장 좋은 곳은 파주이다.
② 이슬점 온도가 가장 높은 지역은 불쾌지수 또한 가장 높다.
③ 불쾌지수가 70을 초과한 지역은 2곳이다.
④ 현재기온이 가장 높은 지역은 이슬점 온도와 습도 또한 가장 높다.
⑤ 시정이 가장 좋지 않은 지역은 풍속이 가장 강하다.

※ 다음은 호텔별 연회장 대여 현황에 대한 자료이다. 이를 보고 이어지는 질문에 답하시오. [29~30]

〈호텔별 연회장 대여 현황〉

건물	연회장	대여료	수용 가능 인원	회사로부터 거리	비고
A호텔	연꽃실	140만 원	200명	6km	2시간 이상 대여 시 추가비용 40만 원
B호텔	백합실	150만 원	300명	2.5km	1시간 초과 대여 불가능
C호텔	매화실	150만 원	200명	4km	이동수단 제공
	튤립실	180만 원	300명	4km	이동수단 제공
D호텔	장미실	150만 원	250명	4km	–

29 총무팀에 근무하고 있는 이대리는 김부장에게 다음과 같은 지시를 받았다. 이대리가 연회장 예약을 위해 지불해야 하는 예약금은 얼마인가?

> 다음 주에 있을 회사창립 20주년 기념행사를 위해 준비해야 할 것들을 알려줄게요. 먼저 다음 주 금요일 오후 6시부터 8시까지 사용 가능한 연회장 리스트를 뽑아서 행사에 적합한 연회장을 예약해 주세요. 연회장 대여를 위한 예산은 160만 원이고, 회사에서의 거리가 가까워야 임직원들이 이동하기에 좋을 것 같아요. 행사 참석 인원은 240명이고, 이동수단을 제공해 준다면 우선적으로 고려하도록 하세요. 예약금은 대여료의 10%라고 하니 예약 완료하고 지불하도록 하세요.

① 14만 원
② 15만 원
③ 16만 원
④ 17만 원
⑤ 18만 원

30 회사창립 20주년 기념행사의 연회장 대여 예산이 200만 원으로 증액된다면, 이대리는 어떤 연회장을 예약하겠는가?

① A호텔 연꽃실
② B호텔 백합실
③ C호텔 매화실
④ C호텔 튤립실
⑤ D호텔 장미실

31 다음은 I공사의 4분기 성과급 지급 기준이다. A～E직원에 대한 성과평가가 다음과 같을 때, 성과급을 가장 많이 받을 직원 2명을 바르게 짝지은 것은?

〈성과급 지급 기준〉

• 성과급은 성과평가에 따라 다음 기준으로 지급한다.

등급	A	B	C	D
성과급	200만 원	170만 원	120만 원	100만 원

• 성과평가등급은 성과점수에 따라 다음과 같이 산정된다.

성과점수	90점 이상 100점 이하	80점 이상 90점 미만	70점 이상 80점 미만	70점 미만
등급	A	B	C	D

• 성과점수는 개인실적점수, 동료평가점수, 책임점수, 가점 및 벌점을 합산하여 산정한다.
  - 개인실적점수, 동료평가점수, 책임점수는 각각 100점 만점으로 산정된다.
  - 세부 점수별 가중치는 개인실적점수 40%, 동료평가점수 30%, 책임점수 30%이다.
  - 가점 및 벌점은 개인실적점수, 동료평가점수, 책임점수에 가중치를 적용하여 합산한 값에 합산한다.

• 가점 및 벌점 부여기준
  - 분기 내 수상내역 1회, 신규획득 자격증 1개당 가점 2점 부여
  - 분기 내 징계내역 1회당 다음에 따른 벌점 부여

징계	경고	감봉	정직
벌점	1점	3점	5점

〈부서원 성과평가〉

직원	개인실적점수	동료평가점수	책임점수	비고
A	85점	70점	80점	수상 2회(4분기), 경고 2회(3분기)
B	80점	80점	70점	경고 1회(4분기)
C	75점	85점	80점	자격증 1개(4분기)
D	70점	70점	90점	정직 1회(4분기)
E	80점	65점	75점	경고 1회(3분기)

① A직원, C직원
② A직원, E직원
③ B직원, C직원
④ B직원, D직원
⑤ D직원, E직원

32 I공사는 업무처리 시 사고를 줄이기 위해 사고 유형별로 벌점을 부과하여 소속 직원의 인사고과에 반영한다. 이를 위해 매달 부서별로 사고 건수를 조사하여 다음의 벌점 산정 방식에 따라 벌점을 부과한다. 사고 유형별 벌점과 부서별 당월 사고 유형별 건수 현황이 아래와 같을 때, A～E부서 중 두 번째로 높은 벌점을 받을 부서는?

〈벌점 산정 방식〉

- 당월 벌점은 사고 유형별 건수와 유형별 벌점의 곱의 총합으로 계산한다.
- 전분기 부서표창을 받은 부서의 경우, 당월 벌점에서 20점을 차감하여 최종 벌점을 계산하는 혜택을 부여한다.
- 전분기 부서표창을 받았더라도, 당월 '의도적 부정행위' 유형의 사고가 3건 이상인 경우 혜택을 적용하지 않는다.

〈사고 유형별 벌점〉

사고 유형	의도적 부정행위	의무 불이행	사소한 과실
벌점	20점	12점	6점

〈부서별 당월 사고 유형별 건수 현황〉

부서	의도적 부정행위	의무 불이행	사소한 과실	전분기 부서표창 여부
A	1건	2건	3건	×
B	1건	4건	2건	○
C	–	3건	6건	×
D	3건	2건	–	○
E	2건	–	4건	×

① A부서
② B부서
③ C부서
④ D부서
⑤ E부서

33 다음 글을 통해 추론할 수 있는 것은?

> 딸의 생일 선물을 깜빡 잊은 아빠가 "내일 우리 집보다 더 큰 곰 인형 사 올게."라고 말했을 때, 아빠가 발화한 문장은 상황에 적절한 발화인가 아닌가?
> 발화의 적절성 판단은 상황에 의존하고 있다. 화행(話行) 이론은 요청, 명령, 질문, 약속, 충고 등의 발화가 상황에 적절한지를 판단하는 기준으로 적절성 조건을 제공한다. 적절성 조건은 상황에 대한 배경적 정보와 관련되는 예비 조건, 그 행위에 대한 진실된 심리적 태도와 관련되는 진지성 조건, 그 행위가 본래의 취지대로 이행되도록 만드는 발화 효과와 관련되는 기본 조건으로 나뉜다. 어떤 발화가 적절한 것으로 판정되기 위해서는 이 세 가지 조건이 전부 충족되어야 한다.
> 적절성 조건을 요청의 경우에 적용해 보자. 청자가 그 행위를 할 능력이 있음을 화자가 믿는 것이 예비 조건, 청자가 그 행위를 하기를 화자가 원하는 것이 진지성 조건, 화자가 청자로 하여금 그 행위를 하게 하고자 하는 것이 기본 조건이다. "산타 할아버지를 만나게 해 주세요."라는 발화는 산타클로스의 존재를 믿는 아들의 입장에서는 적절한 발화이지만 수행할 능력이 없는 부모의 입장에서는 예비 조건을 어긴 요청이 된다. "저 좀 미워해 주세요."라는 요청은 화자가 진심으로 원하는 상황이라면 적절하지만 진심으로 원하지 않는 상황이라면 진지성 조건을 어긴 요청이 된다. "저 달 좀 따다 주세요."라는 요청은 화자가 청자로 하여금 정말로 달을 따러 가게 하지 않을 것이므로 기본 조건을 어긴 요청이 된다.
> 둘 이상의 조건을 어긴 발화도 있다. 앞서 예로 들었던 "저 달 좀 따다 주세요."의 경우, 화자는 청자가 달을 따다 줄 능력이 없음을 알고 있고 달을 따다 주기를 진심으로 원하지도 않으며, 또 달을 따러 가게 할 생각도 없는 것이 일반적인 상황이므로, 세 조건을 전부 어기고 있다. 그런데도 이 발화가 동서고금을 막론하고 빈번히 사용되고 또 용인되는 이유는 무엇일까? 화자는 이 발화가 세 조건을 전부 어기고 있음을 알고 있지만 오히려 이를 이용해서 모종의 목적을 이루고자 하고 청자 또한 그런 점을 이해하기 때문에, 이 발화는 적절하지는 않지만 유효한 의사소통의 방법으로 용인된다.
> 화행 이론은 적절성 조건을 이용하여 상황에 따라 달라지는 발화의 적절성에 대해 유용한 설명을 제공한다. 그러나 발화가 이루어지는 상황은 너무나 복잡다단하여 이것만으로 발화와 상황의 상호 관계를 다 설명할 수는 없다. 이러한 한계는 발화 상황과 연관 지어 언어를 이해하고 설명하려는 언어 이론의 공통적 한계이기도 하다.

① 적절성 조건을 어긴 문장은 문법적으로도 잘못이다.
② 예비 조건은 다른 적절성 조건들보다 우선 적용된다.
③ 적절성 조건이 가장 잘 적용되는 발화 행위는 요청이다.
④ 하나의 발화도 상황에 따라 적절성 여부가 달라질 수 있다.
⑤ 적절성 조건을 어긴 발화는 그렇지 않은 발화보다 의사소통에 효과적이다.

※ 다음은 2023년 2월부터 7월까지 이산가족 교류 성사현황에 대한 자료이다. 이어지는 질문에 답하시오. **[34~35]**

〈이산가족 교류 성사현황〉

(단위 : 건)

구분	2월	3월	4월	5월	6월	7월
접촉신청	18,193	18,200	18,204	18,205	18,206	18,221
생사확인	11,791	11,793	11,795	11,795	11,795	11,798
상봉	6,432	6,432	6,432	6,432	6,432	6,432
서신교환	12,267	12,272	12,274	12,275	12,276	12,288

34 다음 〈보기〉 중 자료에 대한 설명으로 옳은 것을 모두 고르면?

〈보기〉

ㄱ. 접촉신청 건수는 2023년 3월부터 6월까지 전월 대비 매월 증가하였다.
ㄴ. 2023년 2월부터 7월까지 생사확인 건수와 서신교환 건수의 증감추세는 동일하다.
ㄷ. 2023년 5월 생사확인 건수는 접촉신청 건수의 70% 이하이다.
ㄹ. 2023년 7월 상봉 건수 대비 서신교환 건수 비율은 4월보다 감소하였다.

① ㄱ, ㄴ
② ㄱ, ㄷ
③ ㄴ, ㄷ
④ ㄴ, ㄹ
⑤ ㄷ, ㄹ

35 다음은 이산가족 교류 성사현황을 토대로 작성한 보고서이다. 밑줄 친 부분 중 옳지 않은 것을 모두 고르면?

통일부는 올해 2월부터 7월까지 이산가족 교류 성사현황을 발표하였다. 발표한 자료에 따르면 ㉠ 2023년 2월부터 생사확인 건수는 꾸준히 증가하였다. 그러나 상봉 건수는 남북 간의 조율 결과 매월 일정 수준을 유지하고 있다. ㉡ 서신교환의 경우, 2월 대비 7월 증가율은 2% 미만이나, 꾸준한 증가추세를 보이고 있다. ㉢ 접촉신청 건수는 2023년 6월 전월 대비 불변한 것을 제외하면 꾸준히 증가추세를 보이고 있다. 통일부는 접촉신청, 생사확인, 상봉, 서신교환 외에도 다른 형태의 이산가족 교류를 추진하고 특히 상봉을 확대할 계획이라고 밝혔다. ㉣ 전문가들은 총 이산가족 교류 건수가 증가추세에 있음을 긍정적으로 평가하고 있다.

① ㉠, ㉡
② ㉠, ㉢
③ ㉡, ㉢
④ ㉡, ㉣
⑤ ㉢, ㉣

※ 다음은 어린이보호구역 지정현황에 대한 자료이다. 이어지는 질문에 답하시오. **[36~38]**

〈어린이보호구역 지정현황〉

(단위 : 개소)

구분	2017년	2018년	2019년	2020년	2021년	2022년
초등학교	5,365	5,526	5,654	5,850	5,917	5,946
유치원	2,369	2,602	2,781	5,476	6,766	6,735
특수학교	76	93	107	126	131	131
보육시설	619	778	1,042	1,755	2,107	2,313
학원	5	7	8	10	11	11

36 2020년과 2022년의 전체 어린이보호구역 시설의 차는 몇 개소인가?

① 1,748개소
② 1,819개소
③ 1,828개소
④ 1,839개소
⑤ 1,919개소

37 다음 중 전년 대비 2019년 어린이보호구역 지정개소 증가율이 가장 높은 시설은 무엇인가?(단, 증가율은 소수점 셋째 자리에서 반올림한다)

① 초등학교
② 유치원
③ 특수학교
④ 보육시설
⑤ 학원

38 다음 중 자료에 대한 설명으로 옳지 않은 것은?

① 2017년에 어린이보호구역으로 지정된 시설은 총 8,434개소이다.
② 2022년에 어린이보호구역으로 지정된 시설은 2017년 지정 시설보다 총 6,607개소 증가했다.
③ 2021년과 2022년의 특수학교 어린이보호구역 지정개소 수는 같다.
④ 초등학교 어린이보호구역은 계속해서 증가하고 있다.
⑤ 학원 어린이보호구역은 2022년에 전년 대비 증가율이 0%이다.

39 다음은 우리나라의 에너지원별 발전량 및 화력에너지의 종류별 발전량에 대한 자료이다. 〈보기〉 중 옳은 설명을 한 사람을 모두 고르면?

〈에너지원별 발전량〉

(단위 : GWh)

구분	2021년	2022년	2023년
원자력	164,762	161,995	148,427
화력	336,629	348,822	369,943
수력	3,650	3,787	4,186
신재생	23,050	25,837	30,817
기타	–	–	157
합계	528,091	540,441	553,530

〈화력에너지의 종류별 발전량〉

(단위 : GWh)

구분	2021년	2022년	2023년
석탄	204,230	213,803	238,799
유류	31,616	14,001	8,358
LNG	100,783	121,018	122,785
합계	336,629	348,822	369,943

〈보기〉

영준 : 원자력에너지 발전량은 2021년부터 2023년까지 매년 감소했어.
진경 : 2023년 신재생에너지 발전량은 화력에너지 발전량의 10% 이상이야.
현아 : LNG에너지 발전량은 2022년에 2021년 대비 30% 이상 증가하였어.
세종 : 석탄에너지 발전량의 증감추이는 수력에너지 발전량의 증감추이와 동일해.

① 영준, 진경
② 영준, 세종
③ 진경, 현아
④ 진경, 세종
⑤ 현아, 세종

40 **다음 중 데이터 유효성 검사에 대한 설명으로 옳지 않은 것은?**

① 목록의 값들을 미리 지정하여 데이터 입력을 제한할 수 있다.
② 입력할 수 있는 정수의 범위를 제한할 수 있다.
③ 목록으로 값을 제한하는 경우 드롭다운 목록의 너비를 지정할 수 있다.
④ 유효성 조건 변경 시 변경 내용을 범위로 지정된 모든 셀에 적용할 수 있다.
⑤ 한 셀에 허용되는 텍스트의 길이를 제한할 수 있다.

41 **다음은 15 ~ 24세가 선호하는 직장에 대해 조사한 통계 자료이다. 이에 대한 설명으로 옳지 않은 것은?**

〈15 ~ 24세가 선호하는 직장〉

(단위 : %)

구분		국가기관	공기업	대기업	벤처기업	외국계기업	전문직기업	중소기업	해외취업	자영업	기타
성별	남성	32.2	11.1	19.5	5	2.8	11.9	2.9	1.8	11.9	0.9
	여성	34.7	10.9	14.8	1.8	4.5	18.5	2	3.7	7.9	1.2
연령	청소년(15 ~ 18세)	35.9	8.1	18.4	4.1	3.1	17.2	2.2	2.7	7.1	1.2
	청소년(19 ~ 24세)	31.7	13.2	16	2.7	4.2	14	2.6	2.8	11.9	0.9
학력	중학교 재학	35.3	10.3	17.6	3.5	3.9	16.5	2	3.1	6.7	1.1
	고등학교 재학	35.9	7.8	18.5	4.3	3	17.5	2.1	2.8	6.8	1.3
	대학교 재학	34.3	14.4	15.9	2.3	5.4	14.6	1.9	3.8	6.5	0.9
	기타	30.4	12.1	16.1	3	3.3	13.5	3.1	2.3	15.3	0.9
가구소득	100만 원 미만	31.9	9.5	18.5	3.9	2.8	15	3	2.5	11.3	1.6
	100만 원 이상 200만 원 미만	32.6	10.4	19.1	3.5	3.1	14.2	2.6	2.2	11.4	0.9
	200만 원 이상 300만 원 미만	34.7	11.2	15.9	3.1	3.1	16.1	2.5	2.5	9.8	1.1
	300만 원 이상 400만 원 미만	36.5	12	15.3	3.6	4	14.5	2.1	3	8.2	0.8
	400만 원 이상 600만 원 미만	31.9	12	17	2.4	6.4	16.5	1.9	4.6	6.5	0.8
	600만 원 이상	29.1	11.1	15.5	2.8	6.1	18	1.7	3.5	10.5	1.7

① 가구소득이 많을수록 중소기업을 선호하는 비율은 줄어들고 있다.
② 남성의 경우 여성보다 대기업과 벤처기업을 더 선호하고 있다.
③ 국가기관은 모든 기준으로 볼 때 가장 선호하는 직장임을 알 수 있다.
④ 남성과 여성 모두 국가기관에 대한 선호 비율이 공기업에 대한 선호 비율의 3배 이상이다.
⑤ 연령을 기준으로 세 번째로 선호하는 직장은 15 ~ 18세의 경우와 19 ~ 24세의 경우가 같다.

※ 김대리는 사내 메신저의 보안을 위해 암호화 규칙을 만들어 동료들과 대화하기로 하였다. 이어지는 질문에 답하시오. **[42~43]**

〈암호화 규칙〉

- 한글 자음은 사전 순서에 따라 바로 뒤의 한글 자음으로 변환한다.
  예 ㄱ → ㄴ … ㅎ → ㄱ
- 쌍자음의 경우 자음 두 개로 풀어 표기한다.
  예 ㄲ → ㄴㄴ
- 한글 모음은 사전 순서에 따라 알파벳 a, b, c …으로 변환한다.
  예 ㅏ → a, ㅐ → b … ㅢ → t, ㅣ → u
- 겹받침의 경우 풀어 표기한다.
  예 맑다 → ㅂaㅁㄴㄹa
- 공백은 0으로 표현한다.

42 메신저를 통해 김대리가 오늘 점심 메뉴로 'ㄴuㅂㅋuㅊㅊuㄴb'를 먹자고 했을 때, 김대리가 말한 메뉴는 무엇인가?

① 김치김밥　② 김치찌개
③ 계란말이　④ 된장찌개
⑤ 부대찌개

43 김대리는 이번 주 금요일의 사내 워크숍에서 사용할 조별 구호를 '존중과 배려'로 결정하였고, 메신저를 통해 조원들에게 알리려고 한다. 다음 중 김대리가 전달할 구호를 암호화 규칙에 따라 바르게 변환한 것은?

① ㅊiㄷㅊuㅈㄴjㅅbㅁg
② ㅊiㄷㅊnㅈㄴjㅅbㅁg
③ ㅊiㄷㅊnㅈㄴj0ㅅbㅁg
④ ㅊiㄷㅊnㅈㄴia0ㅅbㅁg
⑤ ㅊiㄷㅊuㅈㄴia0ㅅbㅁg

44 다음은 어느 나라의 최종에너지 소비량에 대한 자료이다. 이에 대한 설명으로 〈보기〉에서 옳은 것을 모두 고르면?

〈유형별 최종에너지 소비량 비중〉

(단위 : %)

구분	석탄		석유제품	도시가스	전력	기타
	무연탄	유연탄				
2021년	2.7	11.6	53.3	10.8	18.2	3.4
2022년	2.8	10.3	54.0	10.7	18.6	3.6
2023년	2.9	11.5	51.9	10.9	19.1	3.7

〈2023년 부문별 · 유형별 최종에너지 소비량〉

(단위 : 천TOE)

구분	석탄		석유제품	도시가스	전력	기타	합계
	무연탄	유연탄					
산업	4,750	15,317	57,451	9,129	23,093	5,415	115,155
가정 · 상업	901	4,636	6,450	11,105	12,489	1,675	37,256
수송	0	0	35,438	188	1,312	0	36,938
기타	0	2,321	1,299	669	152	42	4,483
합계	5,651	22,274	100,638	21,091	37,046	7,132	193,832

〈보기〉

ㄱ. 2021 ~ 2023년 동안 전력 소비량은 매년 증가한다.
ㄴ. 2023년 산업부문의 최종에너지 소비량은 전체 최종에너지 소비량의 50% 이상을 차지한다.
ㄷ. 2021 ~ 2023년 동안 석유제품 소비량 대비 전력 소비량의 비율은 매년 증가한다.
ㄹ. 2023년에는 산업부문과 가정 · 상업부문에서 유연탄 소비량 대비 무연탄 소비량의 비율이 각각 25% 미만이다.

① ㄱ, ㄴ
② ㄱ, ㄹ
③ ㄴ, ㄷ
④ ㄴ, ㄹ
⑤ ㄷ, ㄹ

45 **다음 중 엑셀의 틀 고정 및 창 나누기에 대한 설명으로 옳지 않은 것은?**

① 화면에 나타나는 창 나누기 형태는 인쇄 시 적용되지 않는다.

② 창 나누기를 수행하면 셀 포인트의 오른쪽과 아래쪽으로 창 구분선이 표시된다.

③ 창 나누기는 셀 포인트의 위치에 따라 수직, 수평, 수직·수평 분할이 가능하다.

④ 첫 행을 고정하려면 셀 포인트의 위치에 상관없이 [틀 고정] – [첫 행 고정]을 선택한다.

⑤ 셀 편집 모드에 있거나 워크시트가 보호된 경우에는 틀 고정 명령을 사용할 수 없다.

46 **다음 중 입사일이 2023년 6월 1일인 직원의 오늘 현재까지의 근속 일수를 구하려고 할 때 옳은 함수식은?**

① =TODAY()–DAY(2023,6,1)

② =TODAY()–DATE(2023,6,1)

③ =DATE(2023,6,1)–TODAY

④ =DAY(2023,6,1)–TODAY()

⑤ =DAY(2023,6,1)–DATE

47 **다음 중 Windows에 설치된 프린터의 [인쇄 관리자] 창에서 할 수 있는 작업으로 옳지 않은 것은?**

① 인쇄 중인 문서도 강제로 종료시킬 수 있다.

② 인쇄 중인 문서를 일시 정지하고 다른 프린터로 출력하도록 할 수 있다.

③ 현재 사용 중인 프린터를 기본 프린터로 설정할 수 있다.

④ 현재 사용 중인 프린터를 공유하도록 설정할 수 있다.

⑤ 현재 사용 중인 프린터의 기본 설정을 변경할 수 있다.

48 다음은 정보화 사회에서 필수적으로 해야 할 일에 대한 글이다. 이에 대한 사례로 적절하지 않은 것은?

> 첫째, 정보검색이다. 인터넷에는 수많은 사이트가 있으며, 여기서 내가 원하는 정보를 찾는 것을 정보검색, 즉 인터넷 서핑이라 할 수 있다. 현재 인터넷에는 수많은 사이트가 있으며, 그 많은 사이트에서 내가 원하는 정보를 찾기란 그렇게 만만하지 않다. 지금은 다행히도 검색 방법이 발전하여 문장 검색용 검색 엔진과 자연어 검색 방법도 나와 네티즌들로부터 대환영을 받고 있다. 검색이 그만큼 쉬워졌다는 것이다. 이러한 발전에 맞추어 정보화 사회에서는 궁극적으로 타인의 힘을 빌리지 않고 내가 원하는 정보는 무엇이든지 다 찾을 수 있어야 한다. 즉, 자신이 가고 싶은 곳의 정보라든지 궁금한 사항을 스스로 해결할 정도는 되어야 한다는 것이다.
> 둘째, 정보관리이다. 인터넷에서 어렵게 검색하여 찾아낸 결과를 관리하지 못하여 머릿 속에만 입력하고, 컴퓨터를 끄고 나면 잊어버리는 것은 정보관리를 못하는 것이다. 자기가 검색한 내용에 대하여 파일로 만들어 보관하든 프린터로 출력하여 인쇄물로 보관하든 언제든지 필요할 때 다시 볼 수 있을 정도가 되어야 한다.
> 셋째, 정보전파이다. 정보관리를 못한 사람은 정보전파가 어렵다. 오로지 입을 이용해서만 전파가 가능하기 때문이다. 그러나 요즘은 전자우편과 SNS를 이용해서 정보를 전달하기 때문에 정보전파가 매우 쉽다. 참으로 편리한 세상이 아닐 수 없다. 인터넷만 이용하면 편안히 서울에 앉아서 미국에도 논문을 보낼 수 있는 것이다.

① A씨는 내일 축구에서 승리하는 국가를 맞추기 위해 선발 선수들의 특징을 파악했다.
② B씨는 라면을 맛있게 조리할 수 있는 비법을 SNS에 올렸다.
③ C씨는 다음 주 제주도 여행을 위해서 다음 주 날씨를 요일별로 잘 파악해서 기억하려고 했다.
④ D씨는 가진 금액에 맞는 의자를 사기 위해 가격 비교 사이트를 이용했다.
⑤ E씨는 작년에 작성했었던 보고서를 지금 미국에 출장 가 있는 동료에게 보냈다.

49 다음 중 워드프로세서의 커서 이동키에 대한 설명으로 옳은 것은?

① 〈Home〉 : 커서를 현재 문서의 맨 처음으로 이동시킨다.
② 〈End〉 : 커서를 현재 문단의 맨 마지막으로 이동시킨다.
③ 〈Back Space〉 : 커서를 화면의 맨 마지막으로 이동시킨다.
④ 〈Page Down〉 : 커서를 한 화면 단위로 하여 아래로 이동시킨다.
⑤ 〈Alt〉+〈Page Up〉 : 커서를 파일의 맨 처음으로 이동시킨다.

50 다음 엑셀 시트의 [B9] 셀에 「=DSUM(A1:C7,C1,A9:A10)」 함수를 입력했을 때, 결괏값으로 옳은 것은?

	A	B	C
1	이름	직급	상여금
2	장기동	과장	1,200,000
3	이승연	대리	900,000
4	김영신	차장	1,300,000
5	공경호	대리	850,000
6	표나리	사원	750,000
7	한미연	과장	950,000
8			
9	상여금		
10	>=1,000,000		

① 1,000,000
② 2,500,000
③ 3,450,000
④ 3,500,000
⑤ 5,950,000

51 다음과 같은 업무수행시트의 종류는 무엇인가?

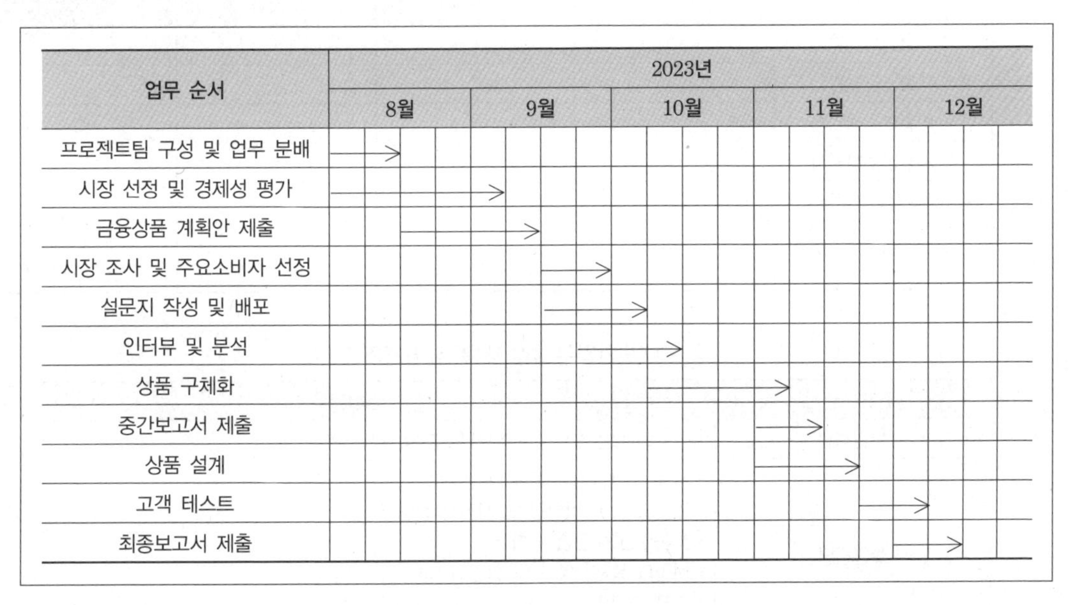

업무 순서	2023년																			
	8월				9월				10월				11월				12월			
프로젝트팀 구성 및 업무 분배	→	→																		
시장 선정 및 경제성 평가	→	→	→	→																
금융상품 계획안 제출			→	→	→	→														
시장 조사 및 주요소비자 선정							→	→												
설문지 작성 및 배포							→	→	→											
인터뷰 및 분석								→	→	→										
상품 구체화										→	→	→	→							
중간보고서 제출													→	→						
상품 설계													→	→	→					
고객 테스트																→	→			
최종보고서 제출																	→	→		

① 업무계획표(Business Planner)

② 간트차트(Gantt Chart)

③ 체크리스트(Checklist)

④ 워크플로시트(Work Flow Sheet)

⑤ 플로차트(Flow Chart)

52 기획팀의 A대리는 같은 팀의 B대리와 동일한 업무를 진행함에도 불구하고 항상 업무 마감 기한을 제대로 지키지 못해 어려움을 겪고 있다. B대리의 업무 처리 과정을 지켜본 결과 B대리는 업무 처리에 소요되는 시간을 미리 계획하여 일정을 여유 있게 조절하는 것을 알 수 있었다. 다음 중 A대리가 B대리의 업무 처리 과정을 따라 실천한다고 할 때, 얻을 수 있는 효과로 적절하지 않은 것은?

① A대리의 업무 스트레스가 줄어들 것이다.

② 기업의 생산성 향상에 도움을 줄 수 있을 것이다.

③ A대리는 다양한 역할 수행을 통해 균형적인 삶을 살 수 있을 것이다.

④ A대리의 업무 목표를 달성할 수 있을 것이다.

⑤ A대리는 앞으로 가시적인 업무에 전력을 다할 수 있을 것이다.

53 다음은 I공사의 보안업무 취급규칙에 따른 보안업무 책임자 및 담당자와 이들의 임무에 대한 자료이다. 이에 대한 설명으로 적절하지 않은 것은?

〈보안업무 책임자 및 담당자〉

구분	이사장	총무국장	비서실장	팀장
보안책임관	○			
보안담당관		○		
비밀보관책임자				○
시설방호책임자	○			
시설방호부책임자		○		
보호구역관리책임자			○ (이사장실)	○ (지정보호구역)

〈보안업무 책임자 및 담당자의 임무〉

구분	수행임무
보안책임관	• 공사의 보안업무 전반에 대한 지휘, 감독 총괄
보안담당관	• 자체 보안업무 수행에 대한 계획, 조정 및 감독 • 보안교육 및 비밀관리, 서약서 집행 • 통신보안에 관한 사항 • 비밀의 복제, 복사 및 발간에 대한 통제 및 승인 • 기타 보안업무 수행에 필요하다고 인정하는 사항 • 비밀취급인가
비밀보관책임자	• 비밀의 보관 및 안전관리 • 비밀관계부철의 기록 유지
시설방호책임자	• 자체 시설 방호계획 수립 및 안전관리 • 자위소방대 편성, 운영 • 시설방호 부책임자에 대한 지휘, 감독
시설방호부책임자	• 시설방호책임자의 보좌 • 자체 시설 방호계획 및 안전관리에 대한 실무 처리 • 자위소방대 편성, 운영
보호구역관리책임자	• 지정된 보호구역의 시설안전관리 및 보안 유지 • 보호구역 내의 출입자 통제

① 비밀문서를 복제하고자 할 때에는 총무국장의 승인을 받아야 한다.
② 비밀관리기록부를 갱신할 때에는 담당부서 팀장의 확인을 받아야 한다.
③ 비서실장은 이사장실을 수시로 관리하고, 외부인의 출입을 통제해야 한다.
④ 이사장과 총무국장은 화재 예방을 위해 자위소방대를 편성·운영해야 한다.
⑤ 비밀취급인가를 신청할 때 필요한 서약서는 이사장에게 제출해야 한다.

54 다음 〈보기〉의 직무수행교육(OJT; On the Job Training) 단계를 순서대로 바르게 나열한 것은?

〈보기〉

㉠ 시켜보고 잘못을 시정한다. 시켜보면서 작업을 설명하도록 한다. 다시 한번 시켜보면서 급소를 말하도록 한다. 완전히 이해할 때까지 확인한다.
㉡ 편안하게 한다. 어떤 작업을 하는지 말한다. 그 작업에 대해서 어느 정도 알고 있는지 확인한다. 작업을 배우고 싶은 기분이 되도록 한다. 올바른 위치에 자세를 취하도록 한다.
㉢ 중요한 스텝(Step)을 하나씩 말해서 들려주고, 해 보이고, 기록해 보인다. 급소를 강조한다. 확실하게, 빠짐없이, 끈기 있게, 이해하는 능력 이상으로 하지 않는다.
㉣ 작업에 종사시킨다. 모를 때에 답변할 사람을 지정해 둔다. 몇 번이고 조사한다. 질문하도록 작용한다. 차츰 지도를 줄인다.

① ㉠-㉢-㉡-㉣
② ㉡-㉠-㉢-㉣
③ ㉡-㉢-㉠-㉣
④ ㉢-㉠-㉣-㉡
⑤ ㉢-㉡-㉠-㉣

55 다음을 보고 A사원이 처리해야 할 첫 업무와 마지막 업무를 바르게 짝지은 것은?

A씨, 우리 팀이 준비하는 상반기 프로젝트가 마무리 단계인 건 알고 있죠? 이제 곧 그동안 진행해 온 팀 프로젝트를 발표해야 하는데 A씨가 발표자로 선정되어서 몇 가지 말씀드릴 게 있어요. 6월 둘째 주 월요일 오후 4시에 발표를 할 예정이니 그 시간에 비어있는 회의실을 찾아보고 예약해 주세요. 오늘이 벌써 첫째 주 수요일이네요. 보통 일주일 전에는 예약해야 하니 최대한 빨리 확인하고 예약해 주셔야 합니다. 또 발표 내용을 PPT 파일로 만들어서 저한테 메일로 보내주세요. 검토 후 수정사항을 회신할테니 반영해서 최종본 내용을 브로슈어에 넣어 주세요. 최종본 내용을 모두 입력하면 디자인팀 D대리님께 파일을 넘겨줘야 해요. 디자인팀에서 작업 후 인쇄소로 보낼 겁니다. 최종 브로슈어는 1층 인쇄소에서 받아오시면 되는데 원래는 한나절이면 찾을 수 있지만 이번에 인쇄 주문 건이 많아서 다음 주 월요일에 찾을 수 있을 거예요. 아, 그리고 브로슈어 내용 정리 전에 작년 하반기에 프로젝트 발표자였던 B주임에게 물어보면 어떤 식으로 작성해야 할지 이야기 해줄 거예요.

① PPT 작성 – D대리에게 파일 전달
② 회의실 예약 – B주임에게 조언 구하기
③ 회의실 예약 – 인쇄소 방문
④ B주임에게 조언 구하기 – 인쇄소 방문
⑤ 회의실 예약 – D대리에게 파일 전달

56 다음 조직도를 보고 바르게 이해한 사람을 〈보기〉에서 모두 고르면?

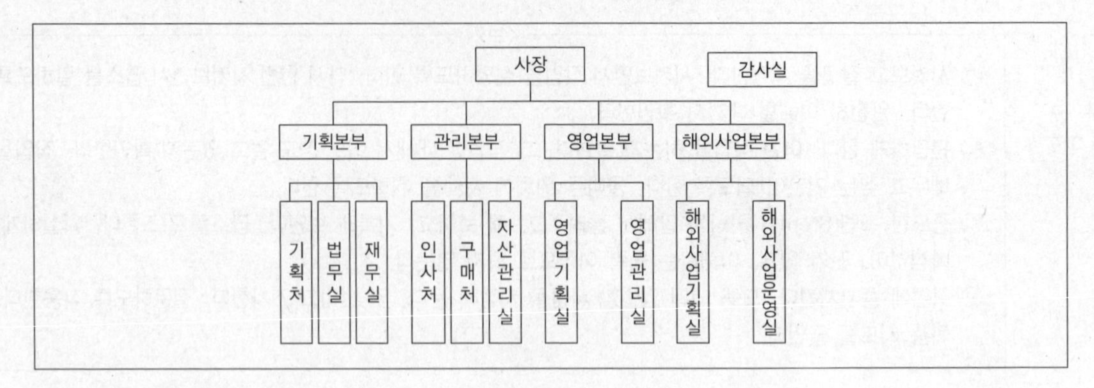

〈보기〉

A : 조직도를 보면 4개 본부, 3개의 처, 8개의 실로 구성되어 있어.
B : 사장 직속으로 4개의 본부가 있고, 그중 한 본부에서는 인사를 전담하고 있네.
C : 감사실은 사장 직속이지만 별도로 분리되어 있구나.
D : 해외사업기획실과 해외사업운영실은 둘 다 해외사업과 관련이 있으니까 해외사업본부에 소속되어 있는 것이 맞아.

① A, B
② A, C
③ A, D
④ B, C
⑤ B, D

57 국제문화를 접할 때 완전히 다른 문화 환경이나 새로운 사회 환경을 접함으로써 감정의 불안을 느끼거나 무엇을 어떻게 해야 하는지 모르는 판단의 부재 상태에 놓일 수 있는데, 이를 문화충격이라고 한다. 다음 중 문화충격을 예방하는 방법으로 적절하지 않은 것은?

① 다른 문화 환경에 대한 개방적인 태도를 갖도록 한다.
② 자신이 속한 문화를 기준으로 다른 문화를 평가하지 않도록 한다.
③ 새롭고 다른 것을 경험하는 데 적극적인 자세를 취하도록 한다.
④ 새로운 사회 환경 적응을 위해서 자신의 정체성은 포기하도록 한다.
⑤ 다른 문화에 대한 정보를 미리 습득하도록 한다.

58 **조직의 목적이나 규모에 따라 업무는 다양하게 구성될 수 있다. 다음 중 조직 내의 업무 종류에 대한 설명으로 옳지 않은 것은?**

① 총무부 : 주주총회 및 이사회 개최 관련 업무, 의전 및 비서업무, 집기비품 및 소모품의 구매와 관리, 사무실 임차 및 관리 등
② 인사부 : 조직기구의 개편 및 조정, 업무분장 및 조정, 인력수급계획 및 관리, 직무 및 정원의 조정 종합, 노사관리 등
③ 기획부 : 교육체계 수립 및 관리, 임금제도, 복리후생제도 및 지원업무, 복무 관리, 퇴직 관리 등
④ 회계부 : 재무상태 및 경영실적 보고, 결산 관련 업무, 재무제표 분석 및 보고 등
⑤ 영업부 : 판매계획, 판매예산의 편성, 시장조사, 광고·선전, 견적 및 계약 등

59 **S부서의 A부장은 팀원들의 업무 효율성이 많이 떨어졌다는 생각이 들어 팀원들의 의견을 들어 보고자 회의를 열었다. 다음 회의에서 나온 의견 중 옳지 않은 것은?**

① B대리 : 요즘 업무 외적인 통화에 시간을 낭비하는 경우가 많은 것 같습니다. 확실한 목표업무량을 세우고 목표량 달성 후 퇴근을 하는 시스템을 운영하면 개인 활동으로 낭비되는 시간이 줄어 생산성이 높아지지 않을까요?
② C주임 : 여유로운 일정이 주원인이라고 생각합니다. 1인당 최대 작업량을 잡아 업무를 진행하면 업무 효율성이 극대화될 것입니다.
③ D대리 : 계획을 짜면 업무를 체계적으로 진행할 수 있다는 의미에서 C주임의 말에 동의하지만, 갑자기 발생할 수 있는 일에 대해 대비해야 한다고 생각합니다. 어느 정도 여유 있게 계획을 짜는 게 좋지 않을까요?
④ E사원 : 목표량 설정 이외에도 업무 진행과정에서 체크리스트를 사용해 기록하고 전체적인 상황을 파악할 수 있게 하면 효율이 높아질 것입니다.
⑤ F사원 : 업무시간 내에 끝내지 못한 일이 있다면 무리해서 하는 것보다 다음날 예정사항에 적어놓고 차후에 적절히 시간을 분배해 마무리하면 작업 능률이 더 오를 것입니다.

60 A씨는 팀장의 업무지시를 받고 업무스케줄을 작성하였다. 다음 중 옳지 않은 것은?

> 팀장 : A씨, 제가 한 시간 뒤에 출장을 가야 하니까 금일 업무에 대해서 미리 전달할게요. 우선 제가 10시에 나가기 전에 거래처에게 보여줄 샘플 상품을 준비해 주세요. 그리고 제가 출장 간 후에 작성한 업무보고서는 점심시간 전까지 부서장님께 전달해 주세요. 오후에는 3시에 있을 프로젝트 회의를 준비해 주세요. 마이크, 노트북 등 프레젠테이션을 할 수 있도록 세팅을 부탁해요. 참! 점심 때 인사부 박부장님께서 오시기로 했어요. 만약 제가 늦는다면 약속장소에 대해 안내해 드리고 저에게 연락해 줘요. 바로 약속장소로 갈 테니까요. 그리고 오늘까지 지난 출장 때 사용했던 경비에 대해 지출결의서를 총무부에 제출해야 돼요. 업무처리를 위해서 퇴근하기 1시간 전까지는 직접 전달해 주세요. 그리고 관리부에 들러서 프로젝트 회의에 사용할 노트북도 대여해 주세요.

	시간	업무	구분
①	09:00 ~ 10:00	• 팀장님 업무지시 수령 • 거래처 샘플 상품 준비	업무 시간
②	10:00 ~ 11:00	• 부서장님께 업무보고서 전달	
	11:00 ~ 12:00		
③	12:00 ~ 13:00	• 인사부 박부장님 마중 (팀장님 부재 시 연락 및 약속장소 안내)	점심 시간
	13:00 ~ 14:00		업무 시간
④	14:00 ~ 15:00	• 노트북 대여(관리부) • 프로젝트 회의 준비(마이크, 노트북 등 세팅)	
	15:00 ~ 16:00		
	16:00 ~ 17:00		
⑤	17:00 ~ 18:00	• 지출결의서 제출(총무부)	
	–		퇴근

51 다음 글을 읽고 노와이(Know－why)의 사례로 가장 적절한 것은?

> 기술은 노하우(Know－how)와 노와이(Know－why)로 구분할 수 있다. 노하우는 특허권을 수반하지 않는 과학자, 엔지니어 등이 가지고 있는 체화된 기술을 의미하며, 노와이는 어떻게 기술이 성립하고 작용하는가에 관한 원리적 측면에 중심을 둔 개념이다.
> 이 두 가지는 획득과 전수방법에 차이가 있다. 노하우는 경험적이고 반복적인 행위에 의해 얻어지는 것이며, 이러한 성격의 지식을 흔히 Technique, 혹은 Art라고 부른다. 반면, 노와이는 이론적인 지식으로서 과학적인 탐구에 의해 얻어진다.
> 오늘날 모든 기술과 경험이 공유되는 시대에서 노하우는 점점 경쟁력을 잃어가고 있으며, 노와이가 점차 각광받고 있다. 즉, 노하우가 구성하고 있는 환경, 행동, 능력을 벗어나 신념과 정체성, 영성 부분도 관심받기 시작한 것이다. 과거에는 기술에 대한 공급이 부족하고 공유가 잘 되지 않았기 때문에 노하우가 주목받았지만, 현재는 기술에 대한 원인과 결과에 대한 관계를 파악하고, 그것을 통해 목적과 동기를 새로 설정하는 노와이의 가치가 높아졌다. 노와이가 말하고자 하는 핵심은 왜 이 기술이 필요한지를 알아야 기술의 가치가 무너지지 않는다는 것이다.

① 요식업에 종사 중인 S씨는 영업시간 후 자신의 초밥 만드는 비법을 아들인 B군에게 전수하고 있다.
② 자판기 사업을 운영하고 있는 K씨는 이용자들의 화상을 염려하여 화상 방지 시스템을 개발하였다.
③ S사에 근무 중인 C씨는 은퇴 후 중장비학원에서 중장비 운영 기술을 열심히 공부하고 있다.
④ Z병원에서 근무 중인 의사인 G씨는 방글라데시의 의료진에게 자신이 가지고 있는 선진의술을 전수하기 위해 다음 주에 출국할 예정이다.
⑤ D사는 최근에 제조 관련 분야에서 최소 20년 이상 근무해 제조 기술에 있어 장인 수준의 숙련도를 가진 직원 4명을 D사 명장으로 선정하여 수상하였다.

※ 다음은 컴퓨터 설치방법 및 주의사항이다. 이어지는 질문에 답하시오. **[52~53]**

〈설치방법〉

1. 통풍이 잘되고 화기와 멀리 있는 장소에 컴퓨터를 설치하십시오(기기 주변에 충분한 공간을 확보하지 않으면 본체 및 모니터가 과열됩니다).
2. 모니터 전원과 본체 전원 총 2개의 전원이 필요합니다.
3. 모니터와 본체를 연결시켜 주세요.
4. 본체를 작동시키면 팬 소리가 들립니다.

〈주의사항〉

1. 전원은 반드시 교류 220V에 연결하십시오(반드시 전용 콘센트를 사용하십시오).
2. 본체 주변을 자주 청소하십시오(먼지나 이물질로 인해 본체 내부에 먼지가 쌓여 성능에 문제가 생깁니다).
3. 안정된 곳에 설치하십시오(무게로 인해 떨어질 수 있습니다).

〈A/S 신청 전 확인사항〉

현상	원인	조치방법
모니터 전원은 들어오나 화면이 나오지 않음	본체와 모니터 연결선의 문제	연결선을 재결합하거나 고정시켜 주십시오. 또는 맞는 위치에 선을 연결했는지 확인해 주세요.
본체에서 소리가 너무 많이 남	본체 내부에 먼지가 쌓여 팬이 과도하게 돌아감	본체 내부를 바람으로 청소해 주세요(물청소 ×).
모니터 화면이 기울어져서 송출됨	모니터 설정 문제	모니터 하단부의 AUTO 버튼을 누르거나 MENU 버튼을 눌러 수동설정해 주세요.
부팅이 되지 않고 띠띠 소리가 남	본체 내부 연결선 접촉 불량	본체를 열어 참고자료에 나와있는 선들이 잘 연결되었는지 확인해 주세요.
모니터 스크린상에 영상이 깜빡거리면서 나타남	모니터 액정의 고장	모니터 액정 불량이므로 A/S센터에 연락하세요.

52 P주임은 컴퓨터를 설치하였다. 그런데 모니터 전원은 들어오나 화면이 나오지 않아 원인을 파악하려 한다. 다음 중 문제의 원인을 파악하기 위해 반드시 확인해야 할 사항은?

① 본체 내부 청결 상태
② 모니터 설정
③ 본체 내부 연결선
④ 본체와 모니터 연결선
⑤ 설치된 장소

53 다음 중 컴퓨터 설치방법 및 주의사항을 따르지 않은 사람은?

① A사원 : 모니터와 본체의 전원을 연결하기 위해 4구 멀티탭을 구매하였다.
② B팀장 : 컴퓨터 유지보수를 위해 주변을 깔끔하게 정리하고 주기적으로 청소하였다.
③ C대리 : 본체에서 소음이 심각하게 발생하여 물청소 대신 공기청소를 하였다.
④ D주임 : 더러운 바닥보다 조금 불안정하지만 깨끗한 책상에 설치하였다.
⑤ E과장 : 밀폐되지 않은 장소에 설치하고 주위에 화기가 없는 것을 확인하였다.

※ I제조기업에서는 다음과 같은 사망재해 예방자료를 제작하여 작업현장에 배부하고자 한다. 이를 참고하여 이어지는 질문에 답하시오. **[54~55]**

〈주요 사망재해 5대 유형〉

1 **끼임** : 제조업 전체의 28% 점유

- 사망재해는 이렇게 발생합니다.

  끼임으로 인한 사망재해는 방호장치가 미설치된 기계설비의 작업점, 기어·롤러의 말림점, 벨트·체인 등 동력전달부와 회전체 취급 작업 시 면장갑 착용 등으로 인해 발생합니다. 또한, 기계설비의 정비·수리 등의 작업 시 기계를 정지하지 않거나 타 근로자의 기동스위치 오조작으로 인해 발생합니다.

- 사망재해 예방 대책

  ① 기계설비의 작업점에는 센서, 덮개 등 방호장치 설치

  ② 기어, 롤러의 말림점에는 방호덮개 설치

  ③ 벨트, 체인 등 동력전달부에는 방호덮개 설치

  ④ 회전체 취급 작업 시 면장갑 착용 금지 및 적절한 작업복 착용

  ⑤ 정비·수리 등의 작업 시에는 반드시 기계를 정지한 후 작업을 실시하고, 조작부에는 잠금장치 및 표지판 설치

2 **떨어짐** : 제조업 전체의 20% 점유

- 사망재해는 이렇게 발생합니다.

  떨어짐으로 인한 사망재해는 사다리의 파손·미끄러짐, 지붕 위에서 보수작업 중 선라이트 등 약한 부위 파손, 화물자동차의 적재·포장작업 및 대형설비나 제품 위에서의 작업 중에 주로 발생합니다.

- 사망재해 예방 대책

  ① 사다리는 파손되지 않는 견고한 것을 사용, 작업자는 안전모를 착용하고, 전도방지 조치를 한 후 사용

  ② 지붕 위 작업 시에는 30cm 이상의 작업발판을 설치하고, 하부에 안전방호망 설치

  ③ 트럭 적재함과 높이가 같은 전용 입·출하장에서 작업하고, 작업 시에는 안전모 착용

  ④ 대형설비나 제품 위에서의 작업 시에는 고소작업대 등 전용승강설비 사용 및 안전발판 설치

3 **부딪힘** : 제조업 전체의 9% 점유

- 사망재해는 이렇게 발생합니다.

  부딪힘으로 인한 사망재해는 작업장 내에서 지게차의 운반작업, 화물자동차의 운행, 백호(Back Hoe) 붐대의 회전, 크레인으로 중량물 운반 시에 주로 발생합니다.

- 사망재해 예방 대책

  ① 지게차 운행 시에는 운전자 시야를 확보할 수 있도록 적재하고, 제한속도를 지정하여 과속하지 않도록 조치

  ② 사업장 내 화물자동차 운행 시 유도자를 배치하고, 운전자는 유도자의 신호에 따라 운행

  ③ 백호 붐의 작업반경 내에서는 동시 작업 금지

  ④ 크레인으로 중량물 인양 시에는 편심이 되지 않도록 수직으로 인양하고, 무선리모컨 사용 등 작업자가 근접하지 않도록 조치

4 **물체에 맞음** : 제조업 전체의 8% 점유

- 사망재해는 이렇게 발생합니다.
  맞음으로 인해 발생하는 사망재해는 과도한 높이로 불안정하게 적재된 적재물, 적절한 포장이 없는 중량물을 지게차로 운반, 크레인의 와이어로프 파손 및 달기기구 이탈, 고속회전체인 숫돌 파손 등으로 인해 주로 발생합니다.
- 사망재해 예방 대책
  ① 지게차 운전자는 유자격자로 하고, 운전자 시야 확보 및 제한속도 지정 등으로 사업장 내 과속 금지
  ② 지게차 포크에 화물 적재 시 편하중 금지 및 전용 팰릿(Pallet) 사용
  ③ 경사면에서의 급선회 금지, 지게차에 좌석안전띠 설치 및 착용
  ④ 지게차 전용 운행통로 확보 및 근로자 출입금지 조치 시행

5 **화재 / 폭발 · 파열 / 누출** : 제조업 전체의 5% 점유

- 사망재해는 이렇게 발생합니다.
  화재 / 폭발 · 파열 / 누출로 인한 사망재해는 화학설비에서 인화성 물질의 누출, 용접 작업 중 불티의 비산, 인화성 물질이 잔류한 폐드럼 절단, 환기가 충분하지 않은 탱크 내부 등에서의 화기작업으로 인해 주로 발생합니다.
- 사망재해 예방 대책
  ① 인화성 물질 등을 취급하는 설비, 탱크 등은 누출이 없도록 조치(가스검지기 등 경보장치설치)
  ② 용접작업 시 불받이포 등 불티 비산방지 조치 및 소화기 비치
  ③ 폐드럼 절단 작업은 잔류 인화성 물질 제거 후 실시
  ④ 밀폐공간은 인화성 액체나 증기가 남아있지 않도록 환기 등의 조치 후 화기작업 실시

54 **귀하는 상사의 지시에 따라 유형마다 그림을 추가하여 포스터 제작을 마무리하였다. 포스터 인쇄 전 최종 검토하는 과정에서 사망재해 예방 대책이 사망재해 유형과 어울리지 않는 부분이 있는 것을 찾았다. 귀하가 찾은 것은 어느 부분에 있는가?**

① 끼임
② 떨어짐
③ 부딪힘
④ 물체에 맞음
⑤ 화재 / 폭발 · 파열 / 누출

55 작업장 내에서 사망재해를 줄이고자 자료를 포스터로 제작하여 현장에 부착하고자 한다. 귀하는 '떨어짐' 유형에 대해 다음과 같은 삽화를 제작하였다. 다음 중 적절하지 않은 이미지는?

①

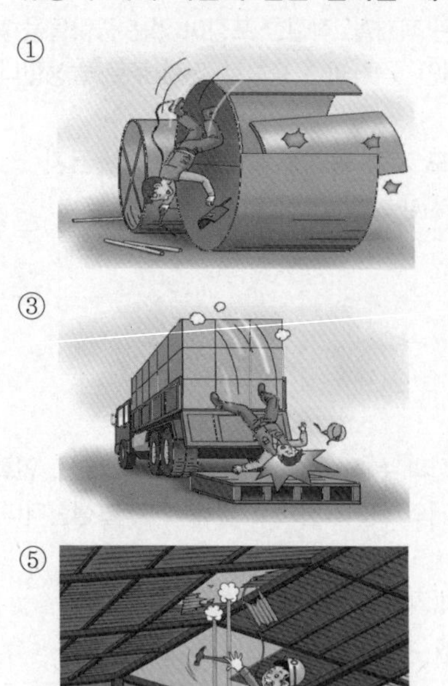

②

③

④

⑤

56 다음 글에 제시된 벤치마킹의 종류에 대한 설명으로 가장 적절한 것은?

> 네스프레소는 가정용 커피머신 시장의 선두주자이다. 이러한 성장 배경에는 기존의 산업 카테고리를 벗어나 랑콤, 이브로쉐 등 고급 화장품 업계의 채널 전략을 벤치마킹했다. 고급 화장품 업체들은 독립 매장에서 고객들에게 화장품을 직접 체험할 수 있는 기회를 제공하고, 이를 적극적으로 수요와 연계하고 있었다. 네스프레소는 이를 통해 신규 수요를 창출하기 위해서는 커피머신의 기능을 강조하는 것이 아니라, 즉석에서 추출한 커피의 신선한 맛을 고객에게 체험하게 하는 것이 중요하다는 인사이트를 도출했다. 이후 전 세계 유명 백화점에 오프라인 단독 매장들을 개설해 고객에게 커피를 시음할 수 있는 기회를 제공했다. 이를 통해 네스프레소의 수요는 급속도로 늘어나 매출 부문에서 30 ~ 40%의 고속성장을 거두게 됐고 전 세계로 확장되며 여전히 높은 성장세를 이어가고 있다.

① 자료수집이 쉬우며 효과가 크지만 편중된 내부시각에 대한 우려가 있다는 단점이 있다.
② 비용 또는 시간적 측면에서 상대적으로 많이 절감할 수 있다는 장점이 있다.
③ 문화 및 제도적인 차이에 대한 검토가 부족하면 잘못된 결과가 나올 수 있다.
④ 경영성과와 관련된 정보 입수가 가능하나 윤리적인 문제가 발생할 소지가 있다.
⑤ 새로운 아이디어가 나올 가능성이 높지만 가공하지 않고 사용한다면 실패할 수 있다.

57 다음 글을 읽고 산업재해에 대한 원인으로 가장 적절한 것은?

> 원유저장탱크에서 탱크 동체 하부에 설치된 믹서 임펠러의 날개깃이 파손됨에 따라 과진동(과하중)이 발생하여 믹서의 지지부분(볼트)이 파손되어 축이 이탈되면서 생긴 구멍으로 탱크 내부의 원유가 대량으로 유출되었다. 분석에 따르면 임펠러 날개깃의 파손이 피로 현상에 의해 발생되어 표면에 응력집중을 일으킬 수 있는 결함이 존재하였을 가능성이 높다고 한다.

① 작업 관리상 원인
② 기술적 원인
③ 교육적 원인
④ 불안전한 행동
⑤ 고의적인 악행

※ 다음은 어떤 제품의 사용 시 주의사항과 문제발생 시 확인사항이다. 자료를 읽고 이어지는 질문에 답하시오. [58~60]

〈사용 시 주의사항〉

- 운전 중에 실내기나 실외기의 흡입구를 열지 마십시오.
- 침수가 되었을 때에는 반드시 서비스 센터에 의뢰하십시오.
- 청소 시에는 전원 플러그를 뽑아 주십시오.
- 세척 시 부식을 발생시키는 세척제를 사용하지 마십시오. 특히 내부 세척은 전문가의 도움을 받으십시오.
- 필터는 반드시 끼워서 사용하고 2주에 1회가량 필터를 청소해 주십시오.
- 운전 중에 가스레인지 등 연소기구 이용 시 수시로 환기를 시키십시오.
- 어린이가 제품 위로 올라가지 않도록 해 주십시오.

〈문제발생 시 확인사항〉

발생 문제	확인사항	조치
제품이 작동하지 않습니다.	전원 플러그가 뽑혀 있지 않습니까?	전원플러그를 꽂아주십시오.
	전압이 너무 낮지 않습니까?	공급 전력이 정격 전압 220V인지 K공사에 문의하십시오.
	리모컨에 이상이 없습니까?	건전지를 교환하거나 (+), (−)극에 맞게 다시 투입하십시오.
찬바람이 지속적으로 나오지 않습니다.	전원을 끈 후 곧바로 운전시키지 않았습니까?	실외기의 압축기 보호장치 작동으로 약 3분 후 다시 정상 작동됩니다.
	희망온도가 실내온도보다 높게 설정되어 있지 않습니까?	희망온도를 실내온도보다 낮게 설정하십시오.
	제습모드나 절전모드는 아닙니까?	운전모드를 냉방으로 변경하십시오.
배출구에 이슬이 맺힙니다.	실내 습도가 너무 높지 않습니까?	공기 중의 습기가 이슬로 맺히는 자연스러운 현상으로, 증상이 심한 경우 마른 수건으로 닦아주십시오.
예약운전이 되지 않습니다.	예약시각이 올바르게 설정되었습니까?	설명서를 참고하여 올바른 방법으로 예약해 주십시오.
	현재시각이 올바르게 설정되어 있습니까?	현재시각을 다시 설정해 주십시오.
실내가 원하는 만큼 시원해지지 않습니다.	제품의 냉방 가능 면적이 실내 면적보다 작지 않습니까?	냉방 가능 면적이 실내 면적과 일치하는 성능의 제품을 사용하십시오.
	실내기와 실외기의 거리가 멀지 않습니까?	실내기와 실외기 사이가 5m 이상이 되면 냉방능력이 다소 떨어질 수 있습니다.
	실내에 인원이 너무 많지 않습니까?	실내에 인원이 많으면 냉방효과가 다소 떨어질 수 있습니다.
	햇빛이 실내로 직접 들어오지 않습니까?	커튼이나 블라인드 등으로 햇빛을 막아주십시오.
	문이나 창문이 열려있지 않습니까?	찬 공기가 실외로 빠져나가지 않도록 문을 닫아주십시오.
	실내기 · 실외기 흡입구나 배출구가 막혀있지 않습니까?	실내기 · 실외기 흡입구나 배출구의 장애물을 제거해 주십시오.
	필터에 먼지 등 이물질이 끼지 않았습니까?	필터를 깨끗이 청소해 주십시오.

리모컨이 작동하지 않습니다.	건전지의 수명이 다 되지 않았습니까?	새 건전지로 교체하십시오.
	주변에 너무 강한 빛이 있지 않습니까?	네온사인이나 삼파장 형광등 등 강한 빛이 발생하는 주변에서는 간혹 리모컨이 작동하지 않을 수 있으므로 실내기·수신부 앞에서 에어컨을 작동시키십시오.
	리모컨의 수신부가 가려져 있지 않습니까?	가리고 있는 물건을 치우십시오.
냄새가 나고 눈이 따갑습니다.	냄새를 유발하는 다른 요인(조리, 새집의 인테리어 및 가구, 약품 등)이 있지 않습니까?	환풍기를 작동하거나 환기를 해 주세요.
	곰팡이 냄새가 나지 않습니까?	제품에서 응축수가 생겨 잘 빠지지 않을 경우 냄새가 날 수 있습니다. 배수호스를 점검해 주세요.
제품이 저절로 꺼집니다.	꺼짐 예약 또는 취침예약이 되어있지 않습니까?	꺼짐 예약이나 취침예약을 취소하십시오.
실내기에서 안개 같은 것이 발생합니다.	습도가 높은 장소에서 사용하고 있지 않습니까?	습도가 높으면 습기가 많은 바람이 나오면서 안개 같은 것이 배출될 수 있습니다.
	기름을 많이 사용하는 장소에서 사용하고 있지 않습니까?	음식점 등 기름을 많이 사용하는 장소에서 사용할 경우 기기 내부를 정기적으로 청소해 주십시오.

58 다음은 어떤 제품에 대한 사용설명서인가?

① 가스레인지
② 냉장고
③ TV
④ 에어컨
⑤ 공기청정기

59 다음 중 제품에서 곰팡이 냄새가 날 때는 어떻게 해야 하는가?

① 환기를 해야 한다.
② 제품 내부를 청소해야 한다.
③ 직사광선이 심한지 확인한다.
④ 배수호스를 점검해야 한다.
⑤ 고장이므로 A/S를 맡겨야 한다.

60 **귀하는 I전자 고객지원팀에서 온라인 문의에 대한 답변 업무를 하고 있다. 다음 중 답변으로 옳지 않은 것은?**

① Q : 제품이 더러워져서 청소를 하려고 해요. 마트에 갔더니 가전제품 전용 세제가 있어서 사왔는데, 이걸로 청소를 하면 괜찮을까요?

A : 외부 청소만 하신다면 상관이 없으나, 기기 내부 청소의 경우에는 반드시 전문가의 도움을 받으셔야 합니다.

② Q : 예약시각을 매번 정확히 입력하는데도 예약운전이 되지 않아요.

A : 기기의 현재시각이 올바르게 설정되어 있는지 확인해 주시기 바랍니다.

③ Q : 리모컨이 작동하지 않네요. 확인해보니까 건전지는 아직 남아있습니다. 고장인가요?

A : 삼파장 형광등이나 네온사인 같은 강한 빛이 나는 물건을 주변에서 치워 보시고, 이후에도 미해결 시 A/S센터로 연락주십시오.

④ Q : 구입한 지 시간이 좀 지나서 필터 청소를 하려고 합니다. 필터 청소는 얼마마다 해야 하나요?

A : 필터 청소는 2주에 1회가량을 권장하고 있습니다.

⑤ Q : 기기에 자꾸 물이 맺혀서 밑으로 떨어지는데요, 고장이 아닌가요?

A : 실내 습도가 높을 때 발생하는 자연스러운 현상이므로, 심한 경우 물기를 수건으로 한 번씩 닦아 주십시오.

제4회 인천국제공항공사

직무수행능력평가

〈문항 및 시험시간〉

평가영역	문항 수	시험시간	모바일 OMR 답안분석
[사무직] 경영학/경제학/행정학	50문항	60분	경영학 경제학 행정학

인천국제공항공사 신입직원 필기전형

제4회 직무수행능력평가

문항 수 : 50문항
시험시간 : 60분

| 01 | 경영학

01 다음 중 GE / 맥킨지 매트릭스에서 시장 지위를 유지하며 집중 투자를 고려해야 하는 위치는?

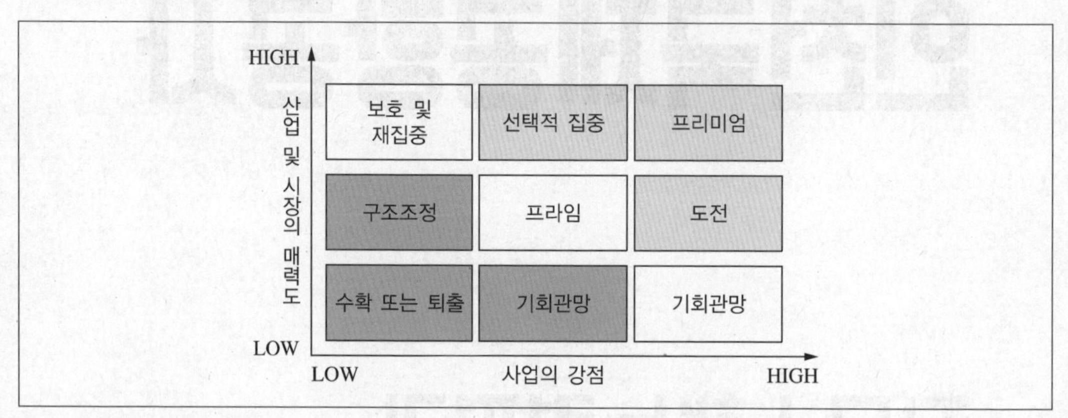

① 보호 및 재집중
② 구조조정
③ 선택적 집중
④ 수확 또는 퇴출
⑤ 프리미엄

02 다음 중 가격 전략에 대한 설명으로 옳지 않은 것은?

① 관습가격 : 소비자들이 관습적으로 느끼는 가격으로, 제품가격을 높이면 매출이 감소하고 가격을 낮게 책정하더라도 매출이 크게 증가하지 않는다.
② 촉진가격 : 고객의 유인을 위하여 특정 품목의 가격을 대폭 낮게 설정하는 것을 말한다.
③ 명성가격 : 가격 – 품질 연상효과를 이용하여 가격을 설정하며, 가격이 낮을수록 매출이 증가한다.
④ 유보가격 : 구매자가 어떤 상품에 대해 지불할 용의가 있는 최고가를 말한다.
⑤ 유인가격 : 기회비용을 고려하여 특정제품의 가격을 낮춰 판매해, 이를 통해 고객을 불러들여 호객하는 것을 말한다.

03 다음 〈보기〉 중 리더십이론에 대한 설명으로 옳은 것은?

〈보기〉

ㄱ. 변혁적 리더십을 발휘하는 리더는 부하에게 이상적인 방향을 제시하고 임파워먼트(Empowerment)를 실시한다.
ㄴ. 거래적 리더십을 발휘하는 리더는 비전을 통한 단결, 비전의 전달과 신뢰의 확보를 강조한다.
ㄷ. 카리스마 리더십을 발휘하는 리더는 부하에게 높은 자신감을 보이며 매력적인 비전을 제시하지만 위압적이고 충성심을 요구하는 측면이 있다.
ㄹ. 슈퍼 리더십을 발휘하는 리더는 부하를 강력하게 지도하고 통제하는 데 역점을 둔다.

① ㄱ, ㄷ
② ㄱ, ㄹ
③ ㄴ, ㄷ
④ ㄴ, ㄹ
⑤ ㄷ, ㄹ

04 다음 중 프린터를 저렴하게 판매한 후, 그 프린터의 토너를 비싼 가격으로 결정하는 전략은?

① 종속제품 가격결정(Captive Product Pricing)
② 묶음 가격결정(Bundle Pricing)
③ 단수 가격결정(Odd Pricing)
④ 침투 가격결정(Penetration Pricing)
⑤ 스키밍 가격결정(Skimming Pricing)

05 다음 중 제지생산 회사가 인도네시아의 산림을 확보하여 사업 확장을 도모하는 것은 어느 전략에 해당하는가?

① 다운사이징 전략
② 후방통합 전략
③ 전방통합 전략
④ 관련다각화 전략
⑤ 비관련다각화 전략

06 다음 중 인사평가제도에서 상대평가에 해당하는 기법은?

① 평정척도법
② 체크리스트법
③ 중요사건기술법
④ 연공형 승진제도
⑤ 강제할당법

07 **다음 중 소비자가 특정 상품에 대해 고관여 상태에서 발생하는 구매행동으로 옳지 않은 것은?**

① 복잡한 구매행동을 보인다.
② 제품에 대한 지식을 습득하기 위해 자발적으로 노력한다.
③ 가장 합리적인 방안을 스스로 찾아 구매한다.
④ 부조화가 감소한 구매행동을 보인다.
⑤ 다양성 추구 구매를 하기 위해서 소비자들은 잦은 상표전환을 하게 된다.

08 **다음 중 일반적인 경영전략 유형에 해당하지 않는 것은?**

① 성장 전략
② 축소 전략
③ 안정화 전략
④ 협력 전략
⑤ 시장세분화 전략

09 **다음 중 동기부여이론에서 과정이론에 해당하는 이론은 무엇인가?**

① 매슬로우(Maslow)의 욕구단계설
② 앨더퍼(Alderfer)의 ERG 이론
③ 브룸(Vroom)의 기대이론
④ 허즈버그(Herzberg)의 2요인 이론
⑤ 맥그리거(McGregor)의 X이론 – Y이론

10 **다음 중 경제적 자립권과 독립성을 둘 다 포기한 채 시장독점의 단일한 목적 아래 여러 기업이 뭉쳐서 이룬 하나의 통일체를 의미하는 조직은?**

① 카르텔(Kartell)
② 신디케이트(Syndicate)
③ 트러스트(Trust)
④ 콘체른(Konzern)
⑤ 콩글로머리트(Conglomerate)

11 다음 중 노사관계에 대한 설명으로 옳지 않은 것은?

① 좁은 의미의 노사관계는 집단적 노사관계를 의미한다.
② 메인트넌스 숍(Maintenance Shop)은 조합원이 아닌 종업원에게도 노동조합비를 징수하는 제도이다.
③ 우리나라 노동조합의 조직형태는 기업별 노조가 대부분이다.
④ 사용자는 노동조합의 파업에 대응하여 직장을 폐쇄할 수 있다.
⑤ 채용 이후 자동적으로 노동조합에 가입하는 제도는 유니온 숍(Union Shop)이다.

12 다음은 I기업의 균형성과평가제도를 적용한 평가기준표이다. (A) ~ (D)에 들어갈 용어를 순서대로 바르게 나열한 것은?

구분	전략목표	주요 성공요인	주요 평가지표	목표	실행계획
(A) 관점	매출 확대	경쟁사 대비 가격 및 납기 우위	평균 분기별 총매출, 전년 대비 총매출	평균 분기 10억 원 이상, 전년 대비 20% 이상	영업 인원 증원
(B) 관점	부담 없는 가격, 충실한 A/S	생산성 향상, 높은 서비스 품질	전년 대비 재구매 비율, 고객 만족도	전년 대비 10포인트 향상, 만족도 80% 이상	작업 순서 준수, 서비스 품질 향상
(C) 관점	작업 순서 표준화, 개선 제안 및 실행	매뉴얼 작성 및 준수	매뉴얼 체크 횟수 개선 제안 및 실행횟수	1일 1회 연 100개 이상	매뉴얼 교육 강좌 개선, 보고회의 실시
(D) 관점	경험이 부족한 사원 교육	실천적 교육 커리큘럼 충실	사내 스터디 실시 횟수, 스터디 참여율	연 30회, 80% 이상	스터디 모임의 중요성 및 참여 촉진

	(A)	(B)	(C)	(D)
①	고객	업무 프로세스	학습 및 성장	재무
②	고객	학습 및 성장	업무 프로세스	재무
③	재무	고객	업무 프로세스	학습 및 성장
④	재무	고객	학습 및 성장	업무 프로세스
⑤	업무 프로세스	재무	고객	학습 및 성장

13 다음 중 토빈의 q-비율에 대한 설명으로 옳지 않은 것은?(단, 다른 조건이 일정하다고 가정한다)

① 특정 기업이 주식 시장에서 어떤 평가를 받고 있는지 판단할 때 종종 토빈의 q-비율(Tobin's q-ratio)을 활용한다.
② 한 기업의 q-비율이 1보다 높을 경우 투자를 증가하는 것이 바람직하다.
③ 한 기업의 q-비율이 1보다 낮을 경우 투자를 감소하는 것이 바람직하다.
④ 이자율이 상승하면 q-비율은 하락한다.
⑤ 토빈의 q-비율은 실물자본의 대체비용을 주식시장에서 평가된 기업의 시장가치로 나눠서 구한다.

14 A주식의 금년도 말 1주당 배당금은 1,100원으로 추정되며, 이후 배당금은 매년 10%씩 증가할 것으로 예상된다. A주식에 대한 요구수익률이 15%일 경우, 고든(M. J. Gordon)의 항상성장모형에 의한 A주식의 1주당 현재가치는?

① 4,400원
② 7,333원
③ 11,000원
④ 22,000원
⑤ 23,000원

15 영업레버리지도가 2, 재무레버리지도가 1.5일 때 결합레버리지도를 구하면?

① 0.75
② 1.5
③ 2
④ 3
⑤ 5

16 다음 중 마이클 포터(Michael E. Porter)가 제시한 가치사슬분석 중 본원적 활동에 속하지 않는 것은?

① 구매물류활동
② 생산활동
③ 마케팅과 판매활동
④ R&D기술개발활동
⑤ 서비스활동

17 다음 중 수익성 지수에 대한 설명으로 옳지 않은 것은?

① 수익성 지수는 투자 금액 대비 회수할 수 있는 금액에 대한 비율로, 지수가 1보다 크면 경제성이 있어 투자할 가치가 있다고 본다.

② 수익성 지수는 단일 투자안이 있을 때 그 투자안이 경제성이 있는지 판단하기 위해 쓰인다.

③ 수익성 지수는 투자기간 전체의 현금흐름을 고려하고 화폐의 현재가치를 반영하므로 투자의 효율성을 직관적으로 판단할 수 있다는 장점이 있다.

④ 투자안에 대해 미래의 가치를 현재의 가치로 환산하는 할인율의 결정이 쉽지 않아 투자 및 회수금액의 현재가치를 산출할 때 어려움이 있을 수 있다.

⑤ 수익성 지수는 현금유입액의 현재가치를 총 투자액의 현재가치로 나누어 계산한다.

18 다음 중 경영전략의 수준에 따라 전략을 구분할 때, 해당 전략과 그에 해당하는 예시가 바르게 연결되지 않은 것은?

	경영전략 수준	예시
①	기업 전략(Corporate Strategy)	성장 전략
②	기업 전략(Corporate Strategy)	방어 전략
③	기능별 전략(Functional Strategy)	차별화 전략
④	기능별 전략(Functional Strategy)	생산 전략
⑤	사업 전략(Business Strategy)	원가우위 전략

19 다음 중 주식공개매수에 대한 설명으로 옳은 것은?

① 주식공개매수는 회사의 경영권을 확보하거나 강화하기 위하여 특정 다수인으로부터 주식을 장외에서 매수하는 형태이다.

② 주식취득의 경우에는 주식을 보유하고 있지만 기업경영에 직접 관여하지 않고 있는 주주들로부터 주식을 매입하여 기업을 인수한다.

③ 주식공개매수를 추진하는 인수기업은 대상기업의 주식 수, 매수기간, 매수가격 및 방법 등을 공개하지 않고, 이에 허락하는 주주에 한해 대상회사의 주식을 취득하게 된다.

④ 공개매수에서 매수가격은 대상기업의 주주들의 주식을 확보하기 위한 것이므로 현재의 시장가격보다 대부분 낮게 요구되는 것이 특징이다.

⑤ 대상기업의 기업지배권이 부실하고 경영도 제대로 되지 않아 주식이 하락된 대상기업의 경우, 인수기업은 대상기업과 우호적인 방식으로 주식공개매수를 협상한다.

20 다음 중 재고품목을 가치나 상대적 중요도에 따라 차별화하여 관리하는 ABC 재고관리에 대한 설명으로 옳은 것은?

① A등급은 재고가치가 낮은 품목들이 속한다.
② A등급 품목은 로트 크기를 크게 유지한다.
③ C등급 품목은 재고유지비가 높다.
④ ABC등급 분석을 위해 롱테일(Long Tail) 법칙을 활용한다.
⑤ 가격, 사용량 등을 기준으로 등급을 구분한다.

21 다음 중 경제성장에 대한 설명으로 옳은 것은?

① 교육의 질을 높이는 정책은 인적자본을 축적시켜 경제성장에 기여한다.
② 자본축적은 자본의 한계생산성이 체감하므로 경제성장의 원동력이 아니다.
③ 솔로우 경제성장모형에서 저축률은 내생적으로 결정된다.
④ 솔로우 경제성장모형에서 기술진보는 경제성장에 영향을 주지 않는다.
⑤ 솔로우 경제성장모형에서 인구증가율이 높아지면 총국민소득은 감소한다.

22 다음 중 STP 전략의 목표시장선정(Targeting) 단계에서 집중화 전략에 대한 설명으로 옳지 않은 것은?

① 단일제품으로 단일화된 세부시장을 공략하여 니치마켓에서 경쟁력을 가질 수 있는 창업 기업에 적합한 전략이다.
② 자원이 한정되어 있을 때 자원을 집중화하고 시장 안에서의 강력한 위치를 점유할 수 있다.
③ 대기업 경쟁사의 진입이 쉬우며 위험이 분산되지 않을 경우 시장의 불확실성으로 높은 위험을 감수해야 한다.
④ 세분시장 내 소비자 욕구의 변화에 민감하게 반응하여야 위험부담을 줄일 수 있다.
⑤ 대량생산 및 대량유통, 대량광고 등을 통해 규모의 경제로 비용을 최소화할 수 있다.

23 (주)I는 2023년 초 ₩10,000을 지급하고 토지와 건물을 일괄취득하였다. 취득 과정에서 발생한 수수료는 ₩100이며, 취득일 현재 토지와 건물의 공정가치는 각각 ₩6,000으로 동일하다. '취득한 건물을 계속 사용할 경우(ㄱ)'와 '취득한 건물을 철거하고 새로운 건물을 신축하는 경우(ㄴ)'의 토지 취득원가로 옳은 것은? (단, ㄴ의 경우 철거비용이 ₩500 발생했고, 철거 시 발생한 폐기물의 처분수익은 ₩100이다)

	ㄱ	ㄴ
①	₩5,000	₩10,400
②	₩5,000	₩10,500
③	₩5,050	₩10,400
④	₩5,050	₩10,500
⑤	₩6,000	₩6,000

24 I회사는 2023년 1월 1일에 내용연수 5년, 잔존가치 ₩200,000으로 추정되는 제빵기 1대를 ₩2,000,000에 구입하였다. 제빵기는 1차 연도에 10,000개의 빵을 생산한 이후 매년 1,000개씩 생산량이 감소한다고 할 때, 생산량비례법을 이용하여 1차 연도의 감가상각비를 계산하면 얼마인가?

① ₩340,000
② ₩360,000
③ ₩420,000
④ ₩450,000
⑤ ₩500,000

25 다음 자료를 이용하여 계산한 재고자산평가손익으로 옳은 것은?(단, 재고자산감모손실은 없다)

• 기초재고액	₩9,000
• 당기매입액	₩42,000
• 매출원가	₩45,000
• 기말재고(순실현가능가치)	₩4,000

① 평가손실 ₩2,000
② 평가손실 ₩3,000
③ 평가이익 ₩2,000
④ 평가이익 ₩3,000
⑤ 평가이익 ₩4,000

26 다음 중 제품의 마케팅조사에 있어서 신뢰성에 대한 설명으로 옳지 않은 것은?

① 신뢰성이란 동일한 조건에서 동일한 대상에게 동일한 개념에 대하여 반복 측정하였을 때 같은 값을 나타내는 정도를 의미한다.

② 신뢰도를 측정하는 방법으로는 재검사법, 동형 검사법이 있다.

③ 내적 일관성법은 가능한 모든 반분 신뢰도의 평균값으로 신뢰성을 추정하는 방법이다.

④ 마케팅 조사의 신뢰도를 측정하는 방법으로 크론바흐 알파계수를 이용하기도 한다.

⑤ 체계적 오차는 측정 도구와 관계없이 측정상황에 따라 발생하는 오차이며, 오차가 적다는 것은 신뢰성이 높다고 볼 수 있다.

27 다음 〈보기〉 중 무형자산에 해당하는 계정을 모두 고르면?

〈보기〉

ㄱ. 건설 중인 공장시설	ㄴ. 선박
ㄷ. 라이센스	ㄹ. 영업권
ㅁ. 기계장치	ㅂ. 개발비

① ㄱ, ㄴ, ㅁ
② ㄴ, ㄷ, ㄹ
③ ㄷ, ㄹ, ㅂ
④ ㄹ, ㅁ, ㅂ
⑤ ㄷ, ㄹ, ㅁ, ㅂ

28 I회사는 2021년 초 종업원 100명에게 현금결제형 주가차액보상권을 각각 20개씩 부여하고 2년간의 용역제공조건을 부과하였다. I회사는 2021년에 ₩6,000, 2022년에 ₩6,500을 주식보상비용으로 인식하였다. 2021년 초부터 2022년 말까지 30명의 종업원이 퇴사하였으며, 2023년 말 종업원 10명이 권리를 행사하였다. 2023년 말 현금결제형 주가차액보상권의 개당 공정가치는 ₩15, 개당 내재가치는 ₩10이라고 할 때, I회사가 2023년 인식할 주식보상비용은 얼마인가?

① ₩5,500
② ₩6,000
③ ₩7,000
④ ₩7,500
⑤ ₩8,500

29 I회사의 2022년도 현금흐름표상 영업에서 창출된 현금(영업으로부터 창출된 현금)은 ₩100,000이다. 다음 자료를 이용하여 계산한 I회사의 2022년 법인세비용차감전순이익 및 영업활동순현금흐름으로 옳은 것은? (단, 이자지급 및 법인세 납부는 영업활동으로 분류한다)

• 매출채권손상차손 : ₩500	• 매출채권(순액) 증가 : ₩4,800
• 감가상각비 : ₩1,500	• 재고자산(순액) 감소 : ₩2,500
• 이자비용 : ₩2,700	• 매입채무 증가 : ₩3,500
• 사채상환이익 : ₩700	• 미지급이자 증가 : ₩1,000
• 법인세비용 : ₩4,000	• 미지급법인세 감소 : ₩2,000

	법인세비용차감전순이익	영업활동순현금흐름
①	₩94,800	₩92,300
②	₩95,300	₩92,300
③	₩96,800	₩95,700
④	₩97,300	₩95,700
⑤	₩98,000	₩107,700

30 다음 중 유용한 재무정보의 질적 특성에 대한 설명으로 옳은 것은?

① 목적적합성과 충실한 표현은 보강적 질적 특성이다.
② 동일한 경제적 현상에 대해 대체적인 회계처리방법을 허용하면 비교 가능성이 감소한다.
③ 재무정보가 예측가치를 갖기 위해서는 제공되는 정보 그 자체가 예측치 또는 예상치이어야 한다.
④ 재무정보의 제공자와는 달리 이용자의 경우에는 제공된 정보를 분석하고 해석하는 데 원가가 발생하지 않는다.
⑤ 재무정보가 과거 평가를 확인하거나 변경시킨다면 예측가치를 갖는다.

31 다음 중 근로소득세가 노동공급에 미치는 영향으로 옳은 것은?

① 여가가 정상재일 때, 비례소득세 부과로 인한 대체효과가 소득효과보다 크면 노동공급은 늘어난다.
② 여가가 정상재일 때, 비례소득세와 동일한 조세수입을 가져다주는 비왜곡적인 정액세를 부과하는 경우 노동공급에 미치는 효과는 동일하다.
③ 여가가 열등재일 때, 비례소득세 부과로 인한 대체효과가 소득효과보다 크면 노동공급은 늘어난다.
④ 여가가 열등재일 때, 비례소득세와 동일한 조세수입을 가져다주는 비왜곡적인 정액세를 부과하는 경우 노동공급에 미치는 효과는 동일하다.
⑤ 여가가 열등재일 때, 비왜곡적인 정액세를 부과하는 경우 소득효과만 존재하여 노동공급은 감소한다.

32 다음 중 실물적 경기변동이론(Real Business Cycle Theory)에 대한 설명으로 옳지 않은 것은?

① 기술진보와 같은 실물적 충격에 의한 실업과 같이 불균형상태가 균형상태로 수렴하는 과정에서 경기변동이 발생하게 된다.
② 정부의 경제개입은 최소한으로 이루어져야 한다.
③ 경기의 동태성은 거시경제일반균형의 변동현상이다.
④ 경기변동은 실질변수가 동태적으로 변동하는 현상이다.
⑤ 예상된 화폐공급량 변화는 상대가격의 변화를 유발하지 못하므로 실물경제에 영향을 미치지 않는다.

33 다음 중 평가센터법에 대한 설명으로 옳지 않은 것은?

① 한 번에 1명의 피평가자를 다수의 평가자들이 평가한다.
② 피평가자들에게 주어지는 조건들은 가급적 동등하며, 보통 피평가자들의 행동을 주로 평가한다.
③ 평가의 기준이 사전에 정해져 있어, 평가자의 주관적 판단을 감소시킨다.
④ 실용성을 최대화하기 위해 평가자와 피평가자가 모두 사전에 철저한 훈련을 받는다.
⑤ 실제로 담당할 직무와 관련성이 높은 행동들 위주로 평가하기 때문에 예측타당성이 큰 편이다.

34 다음 〈보기〉 중 가격차별 행위로 보기 어려운 것은?

〈보기〉

가. 전월세 상한제
나. 학생과 노인 대상 극장표 할인
다. 수출품 가격과 내수품 가격을 다르게 책정
라. 전력 사용량에 따라 단계적으로 다른 가격 적용
마. 대출 최고 이자율 제한

① 가, 마
② 가, 라
③ 나, 다, 라
④ 나, 다, 마
⑤ 다, 라, 마

35 **다음 중 제품 – 시장 매트릭스에서 기존시장에 그대로 머물면서 신제품으로 매출을 늘려 시장점유율을 높여 가는 성장전략은?**

① 시장침투 전략
② 신제품개발 전략
③ 시장개발 전략
④ 다각화 전략
⑤ 신시장 전략

36 **다음 〈보기〉의 사례들을 역선택(Adverse Selection)과 도덕적 해이(Moral Hazard)의 개념에 따라 바르게 구분한 것은?**

〈보기〉

가. 자동차 보험 가입 후 더 난폭하게 운전한다.
나. 건강이 좋지 않은 사람이 민간 의료보험에 더 많이 가입한다.
다. 실업급여를 받게 되자 구직 활동을 성실히 하지 않는다.
라. 사망 확률이 낮은 건강한 사람이 주로 종신연금에 가입한다.
마. 의료보험제도가 실시된 이후 사람들의 의료수요가 현저하게 증가하였다.

	역선택	도덕적 해이
①	가, 나	다, 라, 마
②	나, 라	가, 다, 마
③	다, 마	가, 나, 라
④	나, 다, 라	가, 마
⑤	다, 라, 마	가, 나

37 **정부가 소득세 감면, 정부 부채 증가 등의 재정정책을 시행하여 경기를 진작시켰다고 한다. 다음 중 확대 재정정책의 효과가 커질 수 있는 조건으로 옳은 것은?**

① 소득에 대한 한계소비성향이 낮다.
② 정부 부채 증가가 이자율 상승을 초래한다.
③ 소비자가 미래 중심으로 소비에 임한다.
④ 신용제약에 걸려 은행으로부터 차입하기 어려운 소비자들이 존재한다.
⑤ 소비자들이 정부 부채 증가를 미래에 조세 증가로 메울 것으로 기대한다.

38 **다음 중 자연독점하의 공기업 공공요금 결정에 대한 설명으로 옳은 것은?**

① 규모의 경제를 활용하여 평균비용을 낮추기 위해 하나가 아닌 여러 공기업에서 생산하는 것이 바람직하다.
② 민간기업이 생산하고 가격을 규제하지 않으면 사회적 최적생산량 달성이 가능하다.
③ 이부가격제도(Two – part Tariff)를 도입하면 생산량 자체는 효율적이다.
④ 한계비용가격 설정을 사용하는 경우 해당 공기업의 경제적 이윤이 0이 된다.
⑤ 평균비용가격 설정을 사용하는 경우 사회적 최적 생산량을 달성할 수 있다.

39 **다음 대화의 빈칸에 공통으로 들어갈 용어는 무엇인가?**

> 김이사 : 이번에 우리 회사에서도 ________ 시스템을 도입하려고 합니다. ________는 기업 전체의 의사결정권자와 사용자 모두가 실시간으로 정보를 공유할 수 있게 합니다. 또한 제조, 판매, 유통, 인사관리, 회계 등 기업의 전반적인 운영 프로세스를 통합하여 자동화할 수 있지요.
> 박이사 : 맞습니다. ________ 시스템을 통하여 기업의 자원관리를 보다 효율적으로 할 수 있으므로 조직 전체의 의사결정도 보다 신속하게 할 수 있을 것입니다.

① JIT
② MRP
③ MPS
④ ERP
⑤ APP

40 **다음 중 무역수지에 대한 설명으로 옳지 않은 것은?**

① 무역수지 흑자란 수출이 수입보다 클 때를 말하며, 이때 순수출은 0보다 크다.
② 무역수지 흑자의 경우 국민소득이 국내지출(소비+투자+정부지출)보다 크다.
③ 무역수지 흑자의 경우 국내투자가 국민저축보다 크다.
④ 무역수지 적자의 경우 순자본유출은 0보다 작다.
⑤ 순수출은 순자본유출과 같다.

41 다음 〈보기〉의 신제품 개발 프로세스를 생산시스템 측면에서 순서대로 바르게 나열한 것은?

〈보기〉

ㄱ. 아이디어 창출	ㄴ. 제품선정
ㄷ. 예비설계	ㄹ. 최종설계
ㅁ. 제품원형 개발 및 시험마케팅	ㅂ. 설계의 평가 및 개선

① ㄱ → ㄴ → ㄷ → ㅂ → ㅁ → ㄹ

② ㄱ → ㄷ → ㅁ → ㄹ → ㄴ → ㅂ

③ ㄴ → ㄱ → ㄷ → ㅁ → ㄹ → ㅂ

④ ㄴ → ㅁ → ㄹ → ㄱ → ㄷ → ㅂ

⑤ ㄷ → ㄹ → ㄴ → ㅁ → ㄱ → ㅂ

42 다음 중 앤소프의 의사결정에 대한 설명으로 옳지 않은 것은?

① 앤소프의 의사결정은 전략적, 운영적, 관리적 의사결정으로 분류된다.

② 단계별 접근법을 따라 체계적으로 분석 가능하다.

③ 단계별로 피드백이 이루어진다.

④ 분석결과에 따라 초기 기업 목적, 시작 단계에서의 평가 수정이 불가능하다.

⑤ 단계별 의사결정과정은 기업의 위상과 목표 간의 차이를 줄이는 과정이다.

43 다음 중 테일러(Taylor)의 과학적 관리법(Scientific Management)에 대한 설명으로 옳지 않은 것은?

① 테일러리즘(Taylorism)이라고도 불리며, 20세기 초부터 주목받은 과업수행의 분석과 혼합에 대한 관리 이론이다.

② 이론의 핵심 목표는 경제적 효율성, 특히 노동생산성의 증진에 있다.

③ 이론의 목적은 모든 관계자에게 과학적인 경영 활동의 조직적 협력에 의한 생산성을 높여 높은 임금을 실현할 수 있다는 인식을 갖게 하는 데 있다.

④ 과학적 관리와 공평한 이익 배분을 통해 생산성과 효율성을 향상하는 것이 기업과 노동자 모두가 성장할 수 있는 길이라는 테일러의 사상은 현대 경영학의 기초가 되었다.

⑤ 테일러의 과학적 관리법은 전문적인 지식과 역량이 요구되는 일에 적합하며, 노동자들의 자율성과 창의성을 고려하며 생산성을 높인다는 장점이 있다.

44 다음 중 자원기반관점(RBV)에 대한 설명으로 옳지 않은 것은?

① 인적자원은 기업의 지속적인 경쟁력 확보의 주요한 원천이라고 할 수 있다.
② 기업의 전략과 성과의 주요 결정요인은 기업내부의 자원과 핵심역량의 보유라고 주장한다.
③ 경쟁우위의 원천이 되는 자원은 이질성(Heterogeneous)과 비이동성(Immobile)을 가정한다.
④ 기업이 보유한 가치(Value), 희소성(Rareness), 모방불가능(Inimitability), 대체불가능성(Non－Sub-Stitutability) 자원들은 경쟁우위를 창출할 수 있다.
⑤ 주요 결정요인은 진입장벽, 제품차별화 정도, 사업들의 산업집중도 등이다.

45 다음 중 네트워크 조직(Network Organization)의 장점에 해당하지 않는 것은?

① 정보 공유의 신속성 및 촉진이 용이하다.
② 광범위한 전략적 제휴로 기술혁신이 가능하다.
③ 개방성 및 유연성이 뛰어나 전략과 상품의 전환이 빠르다.
④ 전문성이 뛰어나 아웃소싱 업체의 전문성 및 핵심역량을 활용하기 용이하다.
⑤ 더 많은 층위에서 다수 관리자의 관리감독이 이루어진다.

46 다음 중 작업성과의 고저에 따라 임금을 적용하는 단순 복률 성과급 방식과 달리 예정된 성과를 올리지 못하여도 미숙련 근로자들에게 최저 생활을 보장하는 방식은?

① 테일러식 복률성과급
② 맨체스터 플랜
③ 메리크식 복률성과급
④ 할증성과급
⑤ 표준시간급

47 **다음 중 선물거래에 대한 설명으로 옳은 것은?**

① 계약당사자 간 직접거래가 이루어진다.
② 계약조건이 표준화되어 있지 않다.
③ 결제소에 의해 일일정산이 이루어진다.
④ 장외시장에서 거래가 이루어진다.
⑤ 계약불이행의 위험이 커서 계약당사자의 신용이 중요하다.

48 **I사는 자사 제품을 A신문에 광고하려고 한다. A신문의 구독자 수가 10만 명이고, CPM 기준으로 5천 원을 요구하고 있을 때, A신문의 요구대로 광고계약이 진행된다면 광고비는 얼마인가?**

① 350,000원
② 500,000원
③ 600,000원
④ 750,000원
⑤ 1,200,000원

49 **다음 중 BCG연구에서 성장률이 낮고 시장점유율이 높은 상태의 사업을 지칭하는 것은?**

① 수익주종사업
② 문제사업
③ 사양사업
④ 개발사업
⑤ 유치사업

50 **다음 중 피쉬바인(Fishbein)의 다속성태도모형에 대한 설명으로 옳지 않은 것은?**

① 속성에 대한 신념이란 소비자가 제품 속성에 대하여 가지고 있는 정보와 의견 등을 의미한다.
② 속성에 대한 평가란 각 속성이 소비자들의 욕구 충족에 얼마나 기여하는가를 나타내는 것으로, 전체 태도 형성에 있어서 속성의 중요도(가중치) 역할을 한다.
③ 다속성태도모형은 신념의 강도와 제품속성에 대한 평가로 표현된다.
④ 다속성태도모형은 구매대안 평가방식 중 비보완적방식에 해당한다.
⑤ 다속성태도모형은 소비자의 태도와 행동을 동일시한다.

| 02 | 경제학

01 다음 중 공공재의 특성에 대한 설명으로 옳은 것은?

① 한 사람의 소비가 다른 사람의 소비를 감소시킨다.
② 소비에 있어서 경합성 및 배제성의 원리가 작용한다.
③ 무임승차 문제로 과소 생산의 가능성이 있다.
④ 공공재는 민간이 생산, 공급할 수 없다.
⑤ 시장에 맡기면 사회적으로 적절한 수준보다 과대 공급될 우려가 있다.

02 다음 자료를 참고할 때, 엥겔지수는 얼마인가?

- 독립적인 소비지출 : 100만 원
- 한계소비성향 : 0.6
- 가처분소득 : 300만 원
- 식비지출 : 70만 원

① 0.2
② 0.25
③ 0.3
④ 0.35
⑤ 0.4

03 다음 〈보기〉 중 장·단기 비용함수에 대한 설명으로 옳은 것을 모두 고르면?

〈보기〉

가. 기업은 단기에 주어진 시설규모하에서 산출량만 조정할 수 있다.
나. 장기에는 시설규모의 조정이 가능하므로 동일한 생산량을 최소한의 비용으로 생산할 수 있는 규모와 생산량을 동시에 결정할 수 있다.
다. 장기비용은 단기비용보다 높을 수 없으므로 장기총비용곡선은 단기총비용곡선의 포락선이 된다.
라. 장기한계비용곡선도 단기한계비용곡선의 포락선이 된다.

① 가, 나
② 가, 다
③ 가, 나, 다
④ 나, 다, 라
⑤ 가, 나, 다, 라

04 **다음 중 과점시장에 대한 설명으로 옳지 않은 것은?**

① 쿠르노(Cournot) 과점시장에서는 기업 수가 많아질수록 시장 전체의 산출량은 증가한다.
② 죄수의 딜레마(Prisoner's Dilemma) 모형을 통해 과점기업들이 공동행위를 통한 독점이윤을 누리기 어려운 이유를 잘 설명할 수 있다.
③ 쿠르노(Cournot) 모형에서는 산출량의 추측된 변화가 0이라고 가정한다.
④ 베르트랑(Bertrand) 모형에서는 가격의 추측된 변화가 1이라고 가정한다.
⑤ 스위지(Sweezy)의 굴절수요곡선 모형에서는 가격 인하를 시도할 경우 가격의 추측된 변화는 양의 값을 갖는다.

05 **다음 중 노동수요의 임금탄력성에 대한 설명으로 옳지 않은 것은?**

① 노동수요의 임금탄력성은 단기보다 장기에서 더 크다.
② 노동수요의 임금탄력성은 총 생산비 중 노동비용이 차지하는 비중에 의해 영향을 받는다.
③ 노동을 대체할 수 있는 다른 생산요소로의 대체가능성이 클수록 동일한 임금상승에 대하여 고용감소는 적어진다.
④ 노동수요는 노동을 생산요소로 사용하는 최종생산물 수요의 가격탄력성에 영향을 받는다.
⑤ 노동수요의 임금탄력성은 노동수요량의 변화율을 임금변화율로 나눈 것이다.

06 **대학 졸업 후 구직활동을 꾸준히 해온 30대 초반의 연진이는 당분간 구직활동을 포기하기로 하였다. 연진이와 같이 구직활동을 포기하는 사람이 많아지면 발생하는 실업률과 고용률의 변화는?**

① 실업률 상승, 고용률 하락
② 실업률 상승, 고용률 불변
③ 실업률 하락, 고용률 하락
④ 실업률 하락, 고용률 불변
⑤ 실업률 불변, 고용률 하락

07 **다음 중 인플레이션에 대한 설명으로 옳지 않은 것은?**

① 수요견인 인플레이션은 총수요의 증가가 인플레이션의 주요한 원인이 되는 경우이다.
② 정부가 화폐공급량 증가를 통해 얻게 되는 추가적인 재정수입을 화폐발행이득(Seigniorage)이라고 한다.
③ 물가상승과 불황이 동시에 나타나는 현상을 스태그플레이션이라고 한다.
④ 예상하지 못한 인플레이션은 채권자에게서 채무자에게로 소득재분배를 야기한다.
⑤ 예상한 인플레이션의 경우에는 메뉴비용(Menu Cost)이 발생하지 않는다.

08 **다음 중 국내 물가를 안정시키기 위한 정책으로 옳지 않은 것은?(단, 해외원자재 가격 상승과 국내 물가가 치솟은 상황을 가정한다)**

① 기준금리를 인상하여 인플레이션을 억제시킨다.
② 한국은행은 통화안정증권을 시중은행에 매각한다.
③ 정부가 재정지출을 축소한다.
④ 기업은 중복투자를 억제한다.
⑤ 원화 가치의 하락세를 유도한다.

09 **다음 중 담합행위에 대한 설명으로 옳지 않은 것은?**

① 담합행위에 참여한 기업들은 담합으로 얻은 이윤을 동일하게 분할하여 나눠 갖는다.
② 담합행위가 발생하면 가격은 높아지고 균형거래량은 줄어든다.
③ 정부에서는 담합행위의 구체적 사실을 밝혀내기 어렵기 때문에 리니언시 제도를 도입했다.
④ 리니언시 제도는 카르텔의 불안정성을 이용한 것이다.
⑤ 담합행위는 과점기업들이 독점 이득을 취하기 위한 행위로 사회적 순후생 손실을 초래한다.

10 **다음 중 등량곡선에 대한 설명으로 옳지 않은 것은?(단, 투입량의 증가에 따라 산출량의 증가를 가져오는 표준적인 두 종류의 생산요소를 가정한다)**

① 등량곡선이 원점에 대해 볼록한 이유는 한계기술대체율을 체감하기 때문이다.
② 등량곡선이 원점으로 접근할수록 더 적은 산출량을 의미한다.
③ 기술진보가 이루어진다면 같은 생산량을 갖는 등량곡선은 원점으로부터 멀어진다.
④ 동일한 등량곡선상에서의 이동은 생산요소 결합비율의 변화를 의미한다.
⑤ 등량곡선은 서로 교차하지 않는다.

11 **개방경제하의 I소국에서 수입관세를 부과하였다. 이때 나타나는 효과로 옳지 않은 것은?**

① 국내가격이 상승한다.
② 소비량이 감소한다.
③ 생산량이 감소한다.
④ 사회적 후생손실이 발생한다.
⑤ 교역조건은 변하지 않는다.

12 **1950년대 이후 선진국 간의 무역이 크게 증가하였다. 다음 중 이러한 선진국 간의 무역 증가를 가장 잘 설명한 것은?**

① 리카도의 비교우위론
② 헥셔 – 올린 정리
③ 요소가격균등화 정리
④ 레온티에프의 역설
⑤ 규모의 경제

13 **다음 중 보상적 임금격차에 대한 설명으로 옳지 않은 것은?**

① 오염된 지역이나 물가가 비싼 지역에서 근무할 경우 보상적 임금은 양(+)의 값을 나타낼 것이다.
② 보상적 임금격차 개념에 기초할 때 높은 승진 가능성이 있는 직업에서는 낮은 임금이 형성될 가능성이 크다.
③ 비슷한 교육수준에도 불구하고 대학 교수들이 의사나 변호사에 비해 낮은 임금을 받는 것은 보상적 임금격차로 설명할 수 있다.
④ 비금전적 측면에서 매우 매력적인 직업일수록 보상적 임금은 음(−)의 값을 갖게 된다.
⑤ 대기업의 근로자들은 중소기업의 근로자들보다 좋은 환경에서 근무하므로 보상적 임금은 음(−)의 값을 가질 것이다.

14 다음 중 지니계수에 대한 설명으로 옳지 않은 것을 〈보기〉에서 모두 고르면?

〈보기〉

가. 지니계수의 크기는 0과 2 사이에 있다.
나. 지니계수의 크기는 로렌츠곡선으로부터 도출할 수 있다.
다. 지니계수가 0에 가까울수록 소득분배가 균등하다.
라. 지니계수는 경제성장률과 항상 반비례의 관계를 갖는다.

① 가, 다
② 가, 라
③ 나, 다
④ 나, 라
⑤ 다, 라

15 다음 중 공공재 및 시장실패에 대한 설명으로 옳지 않은 것은?

① 긍정적인 외부효과가 있는 재화의 경우 시장에서 사회적 최적 수준에 비해 과소 생산된다.
② 공유지의 비극(Tragedy of the Commons)은 배제성은 없으나 경합성이 있는 재화에서 발생한다.
③ 일단 공공재가 공급되고 나면, 비용을 부담하지 않더라도 소비에서 배제시킬 수 없다.
④ 거래비용 없이 협상할 수 있다면 당사자들이 자발적으로 외부효과로 인한 비효율성을 줄일 수 있다.
⑤ 공공재의 경우 개인들의 한계편익을 합한 것이 한계비용보다 작다면 공공재 공급을 증가시키는 것이 바람직하다.

16 다음 중 탄력성에 대한 설명으로 옳은 것은?

① 가격이 1% 상승할 때 수요량이 2% 감소했다면 수요의 가격탄력성은 0.5이다.
② 소득이 5% 상승할 때 수요량이 1%밖에 증가하지 않았다면 이 상품은 기펜재(Giffen Goods)이다.
③ 잉크젯프린터와 잉크카트리지 간의 수요의 교차탄력성은 0보다 크다.
④ 수요의 소득탄력성은 항상 0보다 크다.
⑤ 수요의 가격탄력성이 0보다 크고 1보다 작으면 가격이 상승함에 따라 소비자의 총지출은 증가한다.

17 다음은 기업 A와 기업 B의 광고 여부에 따른 보수행렬을 나타낸다. 내쉬균형에서 기업 A와 기업 B의 이윤은 각각 얼마인가?

구분		기업 B의 광고 전략	
		광고를 함	광고를 하지 않음
기업 A의 광고전략	광고를 함	(55, 75)	(235, 45)
	광고를 하지 않음	(25, 115)	(165, 85)

① 25, 75
② 55, 75
③ 55, 115
④ 235, 45
⑤ 235, 115

18 다음은 (가)국과 (나)국의 지니계수 추이를 나타낸 자료이다. 이에 대한 설명으로 옳지 않은 것은?

구분	2021년	2022년	2023년
(가)	0.310	0.302	0.295
(나)	0.405	0.412	0.464

① (가)국과 (나)국의 지니계수는 0과 1 사이의 값을 가진다.
② (가)국은 소득불평등도가 줄어드는 반면 (나)국은 소득불평등도가 심화되고 있다.
③ (나)국은 소득불평등도를 줄이기 위해 교육과 건강에 대한 보조금 정책을 도입할 필요가 있다.
④ (나)국의 로렌츠 곡선은 45도 대각선에 점차 가까워질 것이다.
⑤ 소득재분배를 위해 과도하게 누진세를 도입할 경우 저축과 근로 의욕을 저해할 수 있다.

19 다음 중 경제지표를 산출할 때 시점 간 상대적 위치에 따라 실제 경제 상황보다 위축되거나 부풀려지는 현상은 무엇인가?

① 피셔 효과(Fisher Effect)
② 기저 효과(Based Effect)
③ 베블런 효과(Veblen Effect)
④ 부메랑 효과(Boomerang Effect)
⑤ 승수 효과(Multiplier Effect)

20 X재의 가격이 5% 상승할 때 X재의 소비지출액은 전혀 변화하지 않은 반면, Y재의 가격이 10% 상승할 때 Y재의 소비지출액은 10% 증가하였다. 이때, 두 재화에 대한 수요의 가격탄력성은?

	X재	Y재
①	완전탄력적	단위탄력적
②	단위탄력적	완전탄력적
③	단위탄력적	완전비탄력적
④	완전비탄력적	비탄력적
⑤	완전비탄력적	단위탄력적

21 다음 중 화폐에 대한 설명으로 옳은 것은?

① 상품화폐의 내재적 가치는 변동하지 않는다.

② 광의의 통화(M2)는 준화폐(Near Money)를 포함하지 않는다.

③ 불태환화폐(Flat Money)는 내재적 가치를 갖는 화폐이다.

④ 가치 저장수단의 역할로 소득과 지출의 발생 시점을 분리시켜 준다.

⑤ 다른 용도로 사용될 수 있는 재화는 교환의 매개 수단으로 활용될 수 없다.

22 국민소득, 소비, 투자, 정부지출, 순수출, 조세를 각각 Y, C, I, G, NX, T라고 표현한다. 국민경제의 균형이 〈보기〉와 같이 결정될 때, 균형재정승수(Balanced Budget Multiplier)는?

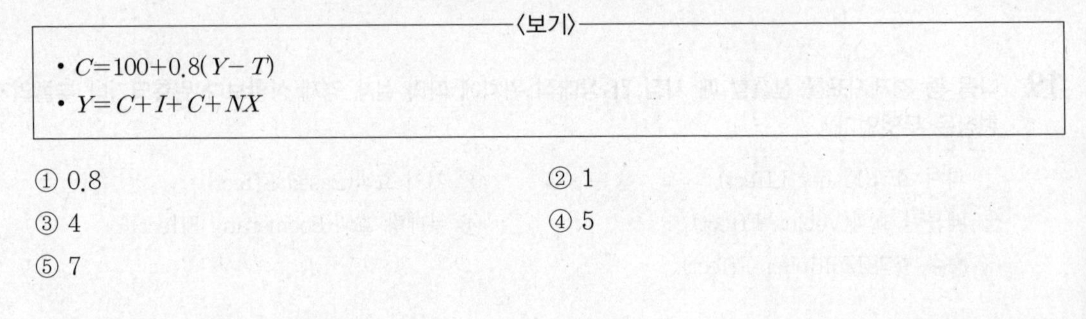

〈보기〉

- $C=100+0.8(Y-T)$
- $Y=C+I+C+NX$

① 0.8 ② 1

③ 4 ④ 5

⑤ 7

23 어느 대학생이 노트북을 100만 원에 구매하려고 하는데, 현재 노트북 가격은 80만 원이다. 만약 노트북에 대한 물품세가 1대당 30만 원이 부과되어 노트북의 가격이 110만 원으로 상승하였을 경우 옳은 것을 〈보기〉에서 모두 고르면?

〈보기〉

가. 세금이 부과되기 전 소비자 잉여는 20만 원이다.
나. 세금이 부과되고 나면 소비자 잉여는 발생하지 않는다.
다. 세금이 부과되고 나면 사회적 순손실은 20만 원만큼 발생한다.
라. 세금이 부과되고 나면 사회적 순손실은 30만 원만큼 발생한다.
마. 세금이 부과되고 나면 사회적 순손실은 80만 원만큼 발생한다.

① 가, 나
② 나, 마
③ 가, 나, 다
④ 가, 나, 라
⑤ 다, 라, 마

24 다음 중 최고가격제와 최저가격제에 대한 설명으로 옳은 것은?

① 최고가격을 균형가격 이하로 책정하면 상품의 배분이 비효율적으로 이루어진다.
② 최고가격을 균형가격보다 낮게 책정하면 시장수급에는 아무런 영향을 미치지 못한다.
③ 최저임금제는 미숙련노동자의 취업을 용이하게 만든다.
④ 최저임금제는 시장 균형 임금보다 낮은 수준에서 책정되므로 비자발적 실업이 발생한다.
⑤ 최저임금제를 실시하여 총 노동소득이 감소하였다면 이는 노동의 수요곡선이 비탄력적이기 때문이다.

25 다음 중 토지공급의 가격탄력성이 완전히 비탄력적일 때, 토지공급에 세금을 부과할 경우 미치는 영향에 대한 설명으로 옳은 것은?(단, 토지 수요의 가격탄력성은 단위탄력적이다)

① 토지의 수요자가 실질적으로 세금을 모두 부담한다.
② 토지의 공급자가 실질적으로 세금을 모두 부담한다.
③ 토지의 수요자와 공급자가 모두 세금을 부담하지 않는다.
④ 토지의 수요자와 공급자가 모두 세금을 부담하지만 수요자가 더 많이 부담한다.
⑤ 토지의 수요자와 공급자가 모두 세금을 부담하지만 공급자가 더 많이 부담한다.

26 다음 중 통화정책의 단기적 효과를 높이는 요인으로 옳은 것을 〈보기〉에서 모두 고르면?

〈보기〉

ㄱ. 화폐수요의 이자율 탄력성이 높은 경우
ㄴ. 투자의 이자율 탄력성이 높은 경우
ㄷ. 한계소비성향이 높은 경우

① ㄱ ② ㄴ
③ ㄱ, ㄴ ④ ㄴ, ㄷ
⑤ ㄱ, ㄴ, ㄷ

27 다음 중 빈칸 ㉠~㉢에 들어갈 내용을 바르게 연결한 것은?

단기에 기업의 평균총비용곡선은 생산량 증가에 따라 평균총비용이 처음에는 하락하다가 나중에 상승하는 U자의 형태를 갖는다. 평균총비용이 처음에 하락하는 이유는 생산량이 증가함에 따라 ___㉠___하기 때문이다. 하지만 나중에 평균총비용이 상승하는 이유는 ___㉡___의 법칙에 따라 ___㉢___하기 때문이다.

	㉠	㉡	㉢
①	평균고정비용이 하락	한계생산 체감	평균가변비용이 증가
②	평균고정비용이 하락	규모수익 체감	평균가변비용이 증가
③	평균가변비용이 하락	한계생산 체감	평균고정비용이 증가
④	평균가변비용이 증가	규모수익 체감	평균고정비용이 감소
⑤	평균고정비용이 증가	한계생산 체감	평균가변비용이 감소

28 다음 〈보기〉 중 도덕적 해이(Moral Hazard)를 해결하는 방안에 해당하는 것을 모두 고르면?

〈보기〉

가. 스톡옵션(Stock Option)
나. 은행담보대출
다. 자격증 취득
라. 전자제품 다년간 무상수리
마. 사고 건수에 따른 보험료 할증

① 가, 나 ② 가, 라
③ 다, 마 ④ 가, 나, 마
⑤ 나, 라, 마

29 다음 중 빈칸에 들어갈 내용을 순서대로 바르게 나열한 것은?

> 농산물은 ________이므로 수요의 가격탄력성이 '비탄력적'이다. 이 경우 농산물의 공급이 증가하면 가격이 상대적으로 _____폭으로 하락할 뿐 아니라 가격 하락에도 불구하고 수요가 크게 늘지 않기 때문에 전체적으로 _________한다.

① 사치재 – 큰 – 수입이 감소
② 필수재 – 큰 – 비용이 증가
③ 사치재 – 작은 – 수입이 감소
④ 필수재 – 큰 – 수입이 감소
⑤ 사치재 – 작은 – 비용이 증가

30 다음 중 재화의 성질 및 무차별곡선에 대한 설명으로 옳지 않은 것은?

① 모든 기펜재(Giffen Goods)는 열등재이다.
② 두 재화가 대체재인 경우 두 재화 간 교차탄력성은 양(+)의 값을 가진다.
③ X축은 홍수를, Y축은 쌀을 나타내는 경우 무차별곡선은 우하향한다.
④ 두 재화가 완전보완재인 경우 무차별곡선은 L자 모형이다.
⑤ 두 재화가 완전대체재인 경우 두 재화의 한계대체율은 일정하다.

31 다음 중 소비자이론에 대한 설명으로 옳지 않은 것은?

① 두 개의 재화만 생산하는 경제의 생산가능곡선이 원점에 대하여 오목한 경우, 한 재화의 생산을 줄이고 다른 재화의 생산을 늘릴 때, 한계변화율(MRT; Marginal Rate of Transformation)은 체증한다.
② 기펜재(Giffen Goods)의 경우 대체효과와 소득효과가 함께 작용하며, 소득효과의 절댓값이 대체효과의 절댓값보다 작기 때문에 수요량의 변화와 가격의 변화가 같은 방향으로 움직이게 한다.
③ 재화의 가격이 하락하는 경우 대체효과는 가격변화 전보다는 그 재화를 더 많이 소비하게 한다.
④ 정상재의 가격이 하락하는 경우 소득효과로 인하여 소비자들은 그 재화의 소비를 늘릴 것이다.
⑤ 열등재의 가격이 상승하는 경우 소득효과로 인하여 소비자들은 그 재화의 소비를 늘릴 것이다.

32 **다음 중 불완전경쟁 시장구조에 대한 설명으로 옳지 않은 것은?**

① 독점적 경쟁시장은 장기적으로 기업의 진입과 퇴출이 자유롭다.

② 시장수요곡선이 우하향하는 독점시장에서 독점가격은 한계수입보다 크다.

③ 쿠르노(Cournot) 모형에서 각 기업은 경쟁기업이 현 산출량을 그대로 유지할 것이라는 전제하에 행동한다.

④ 베르트랑(Bertrand) 모형에서 각 기업은 경쟁기업이 현 가격을 그대로 유지할 것이라는 전제하에 행동한다.

⑤ 슈타켈버그(Stackelberg) 모형에서 두 기업 중 하나 또는 둘 모두가 가격에 관해 추종자가 아닌 선도자의 역할을 한다.

33 **다음 중 노사가 합의한 일정 연령이 지나면 임금이 줄어드는 제도로, 정년 연장과 관련해 장기 근속 직원에게 임금을 적게 주는 대신 정년까지 고용을 보장하는 제도는?**

① 임금피크제
② 타임오프제
③ 최저임금제
④ 복수노조제
⑤ 기초생활보장제

34 **자본이동 및 무역거래가 완전히 자유롭고 변동환율제도를 채택하고 있는 소규모 개방경제인 K국에서 확대재정정책이 실시되는 경우, IS-LM 모형에 의하면 최종 균형에서 국민소득과 환율은 정책 실시 이전의 최초 균형에 비해 어떻게 변하는가?(단, 물가는 고정되어 있다고 가정한다)**

	국민소득	환율
①	불변	K국 통화 강세
②	증가	K국 통화 강세
③	감소	K국 통화 강세
④	불변	K국 통화 약세
⑤	감소	K국 통화 약세

35 **다음 글에서 설명하는 경제 개념으로 옳은 것은?**

> 세수와 세율 사이의 역설적 관계를 나타내는 곡선이다. 이 곡선에 따르면 세율이 일정 수준을 넘으면 근로의욕이 감소하므로 세수가 줄어드는 현상이 나타난다. 즉, 세율이 $t(X)$보다 낮은 상태에서는 세율을 올리면 세수가 늘어나고, 반대로 세율이 $t(X)$보다 높은 상태에서는 세율을 낮춤으로써 세수를 증대시킬 수 있다. 이 곡선은 1980년대 미국 레이건 행정부의 조세인하정책의 이론적 근거가 되었으며, 이로 인해 미국 정부의 거대한 재정적자 증가를 초래하는 결과를 가져왔다.

① 래퍼 커브(Laffer Curve)
② 로렌츠 커브(Lorenz Curve)
③ 디맨드 커브(Demand Curve)
④ 필립스 커브(Philips Curve)
⑤ 쿠즈네츠 커브(Kuznets Curve)

36 **수요함수가 $q=10-p$로 주어진 생산물시장에서 두 기업 1과 2가 쿠르노 경쟁(Cournot Competition)을 하고 있다. 기업 1의 비용함수는 $c_1(q_1)=3q_1$이고 기업 2의 비용함수는 $c_2(q_2)=2q_2$라 할 때, 다음 중 이에 대한 설명으로 옳은 것은?**

① 균형에서 시장생산량은 5이다.
② 균형에서 기업 1의 생산량은 기업 2의 생산량의 절반이다.
③ 만약 기업 1이 독점기업이면 시장생산량은 4이다.
④ 만약 두 기업이 완전경쟁기업으로 행동한다면 시장생산량은 6이다.
⑤ 만약 두 기업이 베르트랑 경쟁(Bertrand Competition)을 한다면 기업 1이 모든 시장수요를 차지할 것이다.

37 **다음 중 정부가 재정적자를 국채의 발행으로 조달할 경우 국채의 발행이 채권가격의 하락으로 이어지고, 시장이자율이 상승하여 투자에 부정적인 영향을 주는 것은 무엇인가?**

① 피셔방정식
② 구축효과
③ 유동성함정
④ 오쿤의 법칙
⑤ 화폐수량설

38 다음 내용에서 빈칸에 들어갈 개념을 순서대로 바르게 나열한 것은?

> • 사회구성원 개인의 선호를 종합하여 하나의 사회전체의 선호로 종합시켜 주는 법칙이 갖추어야 할 최소한의 조건 5가지(완전성과 이행성, 비제한성, 파레토 원칙, 무관한 선택대상으로부터의 독립성, 비독재성)를 제시하고, 이를 모두 충족하는 법칙은 존재하지 않음을 증명하였는데, 이를 ___㉮___(이)라고 한다.
> • 하나 이상의 효율성 조건이 이미 파괴되어 있다면 만족하는 효율성 조건의 수가 많아진다고 해서 사회적 후생이 더 증가한다는 보장이 없음을 보였는데, 이를 ___㉯___(이)라고 한다.

	㉮	㉯
①	불가능성 정리	차선의 이론
②	차선의 이론	불가능성 정리
③	차선의 이론	코즈의 정리
④	불가능성 정리	후생경제학 1정리
⑤	불가능성 정리	후생경제학 2정리

39 다음 〈보기〉 중 경제활동인구에 포함되는 사람을 모두 고르면?

〈보기〉

> 가. 실망노동자
> 나. 파트타임 일자리를 구하고 있는 주부
> 다. 중소기업에 취업한 장애인
> 라. 건강상 이유로 1년간 휴직한 취업자
> 마. 부모가 운영하는 식당에서 주당 2시간 유급으로 일한 대학생

① 가, 나, 다
② 가, 다, 마
③ 나, 다, 라
④ 나, 다, 라, 마
⑤ 가, 나, 다, 라, 마

40 다음은 X재에 대한 수요곡선이다. 이에 대한 설명으로 옳은 것은?(단, X재는 정상재이다)

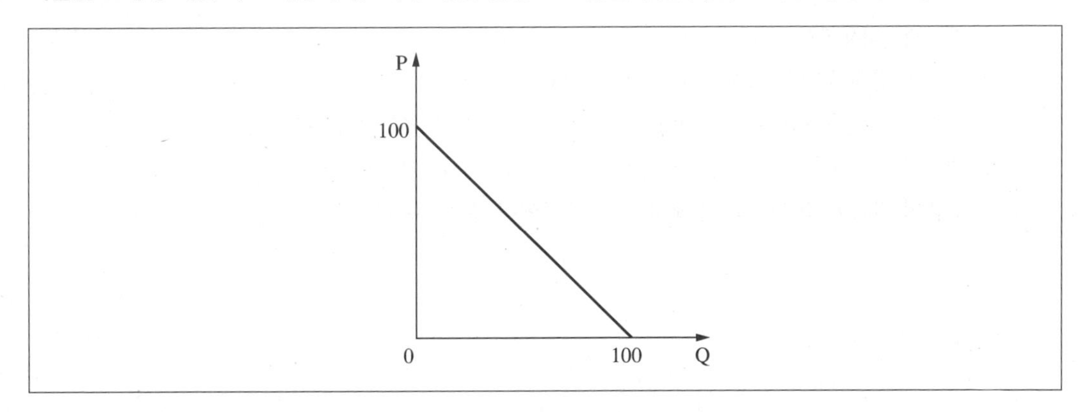

① 가격이 100원이면 X재의 수요량은 100이다.
② 가격에 상관없이 가격탄력성의 크기는 일정하다.
③ 소득이 증가하는 경우 수요곡선은 왼쪽으로 이동한다.
④ X재와 대체관계에 있는 Y재의 가격이 오르면 X재의 수요곡선은 왼쪽으로 이동한다.
⑤ X재 시장이 독점시장이라면 독점기업이 이윤극대화를 할 때 설정하는 가격은 50원 이상이다.

41 노동(L)과 자본(K)을 생산요소로 투입하여 비용을 최소화하는 기업의 생산함수는 $Q = L^{0.5}K$이다. 이에 대한 설명으로 옳지 않은 것은?(단, Q는 생산량이다)

① 규모에 대한 수익이 체증한다.
② 노동투입량이 증가할수록 노동의 한계생산은 감소한다.
③ 노동투입량이 증가할수록 자본의 한계생산은 증가한다.
④ 노동과 자본의 단위당 가격이 동일할 때 자본투입량은 노동투입량의 2배이다.
⑤ 자본투입량이 증가할수록 자본의 한계생산은 증가한다.

42 다음 중 인플레이션에 의해 나타날 수 있는 현상으로 보기 어려운 것은?

① 구두창 비용의 발생
② 메뉴비용의 발생
③ 통화가치 하락
④ 총요소생산성의 상승
⑤ 단기적인 실업률 하락

43 다음 중 독점적 경쟁의 장기균형에 대한 설명으로 옳은 것은?

① 장기평균비용곡선의 최저점에서 생산량이 결정된다.
② 독점적 경쟁기업의 초과이윤은 0보다 크다.
③ 장기한계비용곡선과 수요곡선이 교차하는 점에서 생산량이 결정된다.
④ 생산이 최소효율규모(Minimum Efficient Scale)에서 이루어진다.
⑤ 상품의 가격이 장기한계비용보다 높은 수준에서 결정된다.

44 다음 중 실업에 대한 설명으로 옳은 것을 〈보기〉에서 모두 고르면?

〈보기〉

ㄱ. 실업급여의 확대는 탐색적 실업을 증가시킬 수 있다.
ㄴ. 일자리에 대한 정보가 많아질수록 자연실업률은 낮아질 수 있다.
ㄷ. 구직단념자(Discouraged Worker)는 비경제활동인구로 분류된다.

① ㄱ ② ㄴ
③ ㄱ, ㄴ ④ ㄴ, ㄷ
⑤ ㄱ, ㄴ, ㄷ

45 다음 생산물시장 중 완전경쟁시장의 특징에 대한 설명으로 옳지 않은 것은?

① 다수의 수요자와 공급자가 참여하는 시장이다.
② 개별기업은 가격수용자(Price taker)로, 가격에 영향을 미치지 못한다.
③ 시장 참여자들에게 완전한 정보가 주어지므로 일물일가의 법칙이 성립한다.
④ 모든 기업은 상품 간 대체성이 높은 동질적인 재화를 생산한다.
⑤ 장·단기에서 모두 생산요소의 완전이동성이 보장되므로 특정 산업으로의 진입과 퇴거가 자유롭다.

46 다음 설명과 관련된 내용으로 옳지 않은 것은?

> 주식시장에서 특정 종목의 주가가 하락할 것으로 예상되면 해당 주식을 보유하고 있지 않은 상태에서 주식을 빌려 매도하는 '공매도'를 하기도 하는데, 이는 이후 주가가 하락하면 싼 가격에 사서 돌려줌으로써 시세차익을 챙기기 위함이다. 이때 주식을 다시 사는 환매수를 '숏 커버링(Short Covering)'이라고 한다. 하지만 예상과 달리 주가가 상승하면 더 이상의 손실을 줄이기 위한 매수를 하기도 한다. 이렇게 주가가 계속 상승할 때는 손실폭을 줄이기 위해 상승한 가격에 주식을 사들이기도 하는데, 이 경우도 숏 커버링이라고 한다.

① 공매도는 매도량의 증가로 인해 주가 하락을 유발한다.
② 숏 커버링은 주식 매수량의 증가로 단기간에 주가가 상승하는 효과가 있다.
③ 공매도와 숏 커버링은 시세 조정을 유발할 수 있다.
④ 공매도와 숏 커버링은 채무불이행을 감소시킬 수 있다.
⑤ 주식 공매도 후 주가가 급등하게 되면 결제 불이행의 가능성이 높아진다.

47 다음 중 궁핍화 성장(Immiserizing Growth)에 대한 설명으로 옳지 않은 것은?

① 교역 조건의 악화가 성장의 이익을 압도하여 실질소득이 감소한다.
② 국제 시장 가격의 하락으로 인해 발생할 수 있다.
③ 수출을 중심으로 경제 성장이 이루어진다.
④ 수출재에 대한 세계 수요는 가격에 비탄력적이다.
⑤ 자본 절약적 기술 진보가 나타날 경우 발생할 수 있다.

48 세금은 거둬들이는 주체에 따라 국세와 지방세로 나뉜다. 우리나라 세금 항목 중 지방세끼리 바르게 짝지어진 것은?

① 취득세, 교육세, 등록세
② 취득세, 재산세, 도시계획세
③ 법인세, 주민세, 부가가치세
④ 등록세, 주세, 농어촌특별세
⑤ 교육세, 자동차세, 상속세

49 다음 〈보기〉에서 경쟁시장의 특징으로 옳지 않은 것을 모두 고르면?

〈보기〉

가. 다수의 수요자와 공급자가 참가한다.
나. 가격이 경직적이다.
다. 개인의 수요곡선이 매우 탄력적이다.
라. 시장 참가자는 가격에 영향력을 미칠 수 있다.
마. 기업의 진입과 퇴거가 자유롭다.

① 가, 라
② 가, 마
③ 나, 다
④ 나, 라
⑤ 다, 마

50 다음 〈보기〉 중 변동환율제도하에서 국내 원화의 가치가 상승하는 요인을 모두 고르면?

〈보기〉

㉠ 외국인의 국내 부동산 구입 증가
㉡ 국내 기준금리 인상
㉢ 미국의 확대적 재정정책 시행
㉣ 미국의 국채 이자율의 상승

① ㉠, ㉡
② ㉠, ㉢
③ ㉡, ㉢
④ ㉡, ㉣
⑤ ㉢, ㉣

| 03 | 행정학

01 다음 중 미래예측 기법에 대한 설명으로 옳지 않은 것은?

① 비용・편익분석은 정책의 능률성 내지 경제성에 초점을 맞춘 정책분석의 접근 방법이다.
② 판단적 미래예측에서는 경험적 자료나 이론이 중심적인 역할을 한다.
③ 추세연장적 미래예측 기법들 중 하나인 검은줄 기법(Black Thread Technique)은 시계열적 변동의 굴곡을 직선으로 표시하는 기법이다.
④ 교차 영향분석은 연관 사건의 발생 여부에 따라 대상 사건이 발생할 가능성에 관한 주관적 판단을 구하고 그 관계를 분석하는 기법이다.
⑤ 이론적 미래예측은 인과관계 분석이라고도 하며, 선형계획, 투입・산출분석, 회귀분석 등을 예로 들 수 있다.

02 다음 중 정책집행에 영향을 미치는 요인들에 대한 설명으로 옳지 않은 것은?

① 정책집행자의 전문성, 사기, 정책에 대한 인식 등이 집행효율성에 상당한 영향을 미친다.
② 정책결정자의 관심과 지도력은 정책집행의 성과에 큰 영향을 미친다.
③ 정책집행은 대상집단의 범위가 광범위하고 활동이 다양한 경우 더욱 용이하다.
④ 정책을 통해 해결하려는 문제가 정책집행 체계의 역량을 넘어서는 경우에는 정책집행이 지체된다.
⑤ 집행효율성은 정책문제를 해결할 수 있는 기술이 확보되어 있다면 높아질 수 있다.

03 다음 중 행정의 가치에 대한 설명으로 옳지 않은 것은?

① 능률성(Efficiency)은 일반적으로 '투입에 대한 산출의 비율'로 정의된다.
② 대응성(Responsiveness)은 행정이 시민의 이익을 반영하고, 그에 반응하는 행정을 수행해야 한다는 것을 뜻한다.
③ 가외성의 특성 중 중첩성(Overlapping)은 동일한 기능을 여러 기관들이 독자적인 상태에서 수행하는 것을 뜻한다.
④ 사이먼(Simon)은 합리성을 목표와 행위를 연결하는 기술적・과정적 개념으로 이해하고, 내용적 합리성(Substantive Rationality)과 절차적 합리성(Procedural Rationality)으로 구분하였다.
⑤ 공익에 대한 과정설은 절차적 합리성을 강조하여 적법절차의 준수에 의해서 공익이 보장된다는 입장이다.

04 다음 중 드로(Y. Dror)의 최적모형에 대한 설명으로 옳지 않은 것은?

① 양적 분석과 함께 질적 분석 결과도 중요한 고려 요인으로 인정한다.
② 정책결정자의 직관적 판단도 중요한 요소로 간주한다.
③ 경제적 합리성의 추구를 기본 원리로 삼는다.
④ 느슨하게 연결되어 있는 조직의 결정을 다룬다.
⑤ 합리적 정책결정모형이론이 과도하게 계량적 분석에 의존해 현실 적합성이 떨어지는 한계를 보완하기 위해 제시되었다.

05 다음 중 관료제의 병리와 역기능에 대한 설명으로 옳지 않은 것은?

① 셀즈닉(P. Selznik)에 따르면 최고관리자의 관료에 대한 지나친 통제가 조직의 경직성을 초래하여 관료제의 병리현상이 나타난다.
② 관료들은 상관의 권위에 무조건적으로 의존하는 경향이 있다.
③ 관료들은 보수적이며 변화와 혁신에 저항하는 경향이 있다.
④ 파킨슨의 법칙은 업무량과는 상관없이 기구와 인력을 팽창시키려는 역기능을 의미한다.
⑤ 굴드너(W. Gouldner)는 관료들의 무사안일주의적 병리현상을 지적한다.

06 다음 중 조직이론에 대한 설명으로 옳지 않은 것은?

① 상황이론은 유일한 최선의 대안이 존재한다는 것을 부정한다.
② 조직군생태론은 횡단적 조직분석을 통하여 조직의 동형화(Isomorphism)를 주로 연구한다.
③ 거래비용이론의 조직가설에 따르면, 정보의 비대칭성과 기회주의에 의한 거래비용의 증가때문에 계층제가 필요하다.
④ 자원의존이론은 조직을 주도적・능동적으로 환경에 대처하며 그 환경을 조직에 유리하도록 관리하려는 존재로 본다.
⑤ 전략적 선택이론은 조직구조의 변화가 외부환경 변수보다는 조직 내 정책결정자의 상황 판단과 전략에 의해 결정된다고 본다.

07 다음 중 정보화 및 전자민주주의에 대한 설명으로 옳지 않은 것은?

① 전자민주주의의 부정적 측면으로 전자전제주의(Telefascism)가 나타날 수 있다.
② 정보의 비대칭성이 발생하지 않도록 정보관리는 배제성의 원리가 적용되어야 한다.
③ 우리나라 정부는 지능정보화 기본법에 의해 3년마다 지능정보화사회 종합계획을 수립하여야 한다.
④ 전자민주주의는 정치의 투명성 확보를 용이하게 한다.
⑤ 전자민주주의의 사례로 사이버 국회, 전자 공청회, 인터넷을 통한 선거홍보, 캠페인 활동 등을 들 수 있다.

08 다음 중 우리나라 정부회계에 대한 설명으로 옳지 않은 것은?

① 기획재정부장관은 회계연도마다 중앙관서 결산보고서를 통합하여 국가의 결산보고서를 작성한 후 국무총리의 승인을 받아야 한다.
② 재무제표는 재정상태표, 재정운영표, 순자산변동표로 구성되며, 재무제표에 대한 주석을 포함한다.
③ 재정운영표의 모든 수익과 비용은 발생주의 원칙에 따라 거래나 사실이 발생한 기간에 표시한다.
④ 재정상태표는 재정상태표일 현재의 자산과 부채의 명세 및 상호관계 등 재정상태를 나타내는 재무제표로서 자산, 부채 및 순자산으로 구성된다.
⑤ 정부의 예산, 결산 및 기금에 관한 사무는 기획재정부장관이 관장한다.

09 다음 중 신공공서비스론의 기본원칙에 대한 설명으로 옳지 않은 것은?

① 관료역할의 중요성은 시민들로 하여금 그들의 공유된 가치를 표명하고 그것을 충족시킬 수 있도록 도와주는 데 있다.
② 관료들은 시장에만 주의를 기울여서는 안 되며 헌법과 법령, 지역사회의 가치, 시민의 이익에도 관심을 기울여야 한다.
③ 예산지출 위주의 정부 운영 방식에서 탈피하여 수입 확보의 개념을 활성화하는 것이 필요하다.
④ 공공의 욕구를 충족시키기 위한 정책은 집합적 노력과 협력적 과정을 통해 효과적으로 달성될 수 있다.
⑤ 조직 내외적으로 공유된 리더십을 갖는 협동적인 수평적 조직구조가 이루어져야 한다.

10 **정책을 규제정책, 분배정책, 재분배정책, 추출정책으로 분류할 때, 저소득층을 위한 근로장려금 제도는 어느 정책으로 분류하는 것이 타당한가?**

① 규제정책 ② 분배정책
③ 재분배정책 ④ 추출정책
⑤ 구성정책

11 **다음 중 신고전적 조직이론에 대한 설명으로 옳지 않은 것은?**

① 메이요(Mayo) 등에 의한 호손(Hawthorne)공장 실험에서 시작되었다.
② 공식조직에 있는 자생적, 비공식적 집단을 인정하고 수용한다.
③ 인간의 사회적 욕구와 사회적 동기유발 요인에 초점을 맞춘다.
④ 조직이란 거래비용을 감소하기 위한 장치로 기능한다고 본다.
⑤ 사회적 능력과 사회적 규범에 의해 생산성이 결정된다고 보았다.

12 **다음 중 직위분류제를 형성하는 기본 개념에 대한 설명으로 옳지 않은 것은?**

① 직급 : 직무의 종류는 다르지만 그 곤란성・책임도 및 자격 수준이 상당히 유사하여 동일한 보수를 지급할 수 있는 모든 직위를 포함하는 것이다.
② 직류 : 동일한 직렬 내에서 담당 직책이 유사한 직무의 군이다.
③ 직렬 : 난이도와 책임도는 서로 다르지만 직무의 종류가 유사한 직급의 군이다.
④ 직군 : 직무의 종류가 광범위하게 유사한 직렬의 범주이다.
⑤ 직위 : 한 사람이 근무하여 처리할 수 있는 직무와 책임의 양이다.

13 **다음 중 무의사결정(Non-Decision Making)에 대한 설명으로 옳지 않은 것은?**

① 사회문제에 대한 정책과정이 진행되지 못하도록 막는 행동이다.
② 기득권 세력이 그 권력을 이용해 기존의 이익배분 상태에 대한 변동을 요구하는 것이다.
③ 정책문제 채택과정에서 기존 세력에 도전하는 요구는 정책문제화하지 않고 억압한다.
④ 변화를 주장하는 사람으로부터 기존에 누리는 혜택을 박탈하거나 새로운 혜택을 제시하여 매수한다.
⑤ 기득권 세력의 특권이나 이익 그리고 가치관이나 신념에 대한 잠재적 또는 현재적 도전을 좌절시키려는 것을 의미한다.

14 **다음 중 정책집행의 하향식 접근과 상향식 접근에 대한 설명으로 옳지 않은 것은?**

① 상향식 접근은 정책 문제를 둘러싸고 있는 행위자들의 동기, 전략, 행동, 상호작용 등에 주목하며, 일선공무원들의 전문지식과 문제해결능력을 중시한다.

② 상향식 접근은 집행이 일어나는 현장에 초점을 맞추고 그 현장을 미시적이고 현실적이며 상호작용적인 차원에서 관찰한다.

③ 하향식 접근은 하나의 정책에만 초점을 맞추므로 여러 정책이 동시에 집행되는 경우를 설명하기 곤란하다.

④ 하향식 접근의 대표적인 것은 전방향접근법(Forward Mapping)이며, 이는 집행에서 시작하여 상위계급이나 조직 또는 결정 단계로 거슬러 올라가는 방식이다.

⑤ 하향식 접근은 정책결정을 정책집행보다 선행하는 것이고 상위의 기능으로 간주한다.

15 **다음 중 외부효과를 교정하기 위한 방법에 대한 설명으로 옳지 않은 것은?**

① 교정적 조세(피구세 : Pigouvian Tax)는 사회 전체적인 최적의 생산수준에서 발생하는 외부효과의 양에 해당하는 만큼의 조세를 모든 생산물에 대해 부과하는 방법이다.

② 외부효과를 유발하는 기업에게 보조금을 지급하여 사회적으로 최적의 생산량을 생산하도록 유도한다.

③ 코즈(R. Coase)는 소유권을 명확하게 확립하는 것이 부정적 외부효과를 줄이는 방법이라고 주장했다.

④ 직접적 규제의 활용 사례로는 일정한 양의 오염허가서(Pollution Permits) 혹은 배출권을 보유하고 있는 경제주체만 오염물질을 배출할 수 있게 허용하는 방식이 있다.

⑤ 교정적 조세의 부과는 경제적 효율을 향상시키면서 정부의 조세수입도 증가시킨다.

16 **다음 중 우리나라의 예산과정에 대한 설명으로 옳지 않은 것은?**

① 각 중앙관서의 장은 매년 1월 31일까지 당해 회계연도부터 5회계연도 이상의 기간 동안의 신규사업 및 기획재정부장관이 정하는 주요 계속사업에 대한 중기사업계획서를 기획재정부장관에게 제출하여야 한다.

② 국가가 특정한 목적을 위하여 특정한 자금을 신축적으로 운용할 필요가 있을 때에 법률로써 설치하는 기금은 세입세출예산에 의하지 아니하고 운용할 수 있다.

③ 예산안편성지침은 부처의 예산 편성을 위한 것이기 때문에 국무회의의 심의를 거쳐 대통령의 승인을 받아야 하지만 국회 예산결산특별위원회에 보고할 필요는 없다.

④ 정부는 회계연도마다 예산안을 편성하여 회계연도 개시 90일 전까지 국회에 제출하도록 헌법에 규정되어 있다.

⑤ 정부는 예측할 수 없는 예산 외의 지출 또는 예산초과지출에 충당하기 위하여 일반회계 예산총액의 100분의 1 이내의 금액을 예비비로 세입세출예산에 계상할 수 있다.

17 다음 중 분배정책과 재분배정책에 대한 설명으로 옳은 것을 〈보기〉에서 모두 고르면?

〈보기〉

ㄱ. 분배정책에서는 로그롤링(Log Rolling)이나 포크배럴(Pork Barrel)과 같은 정치적 현상이 나타나기도 한다.
ㄴ. 분배정책은 사회계급적인 접근을 기반으로 이루어지기 때문에 규제정책보다 갈등이 더 가시적이다.
ㄷ. 재분배정책에는 누진소득세, 임대주택 건설사업 등이 포함된다.
ㄹ. 재분배정책에서는 자원배분에 있어서 이해당사자들 간의 연합이 분배정책에 비하여 안정적으로 이루어진다.

① ㄱ, ㄴ
② ㄱ, ㄷ
③ ㄴ, ㄷ
④ ㄷ, ㄹ
⑤ ㄱ, ㄷ, ㄹ

18 다음 중 중앙행정기관의 장과 지방자치단체의 장이 사무를 처리할 때 의견을 달리하는 경우 이를 협의 · 조정하기 위하여 설치하는 기구는?

① 행정협의조정위원회
② 중앙분쟁조정위원회
③ 지방분쟁조정위원회
④ 행정협의회
⑤ 갈등조정협의회

19 다음 중 우리나라의 총액인건비제도에 대한 설명으로 옳지 않은 것은?

① 성과관리와 관리유인체계를 제공하기 위한 신공공관리적 시각을 반영한다.
② 직급 인플레이션을 발생시킬 수도 있다.
③ 국 단위기구까지 자율성이 인정된다.
④ 계급에 따른 인력 운영 및 기구설치에 대한 재량권이 인건비 총액 한도 내에서 인정된다.
⑤ 성과상여금에 대한 지급액의 증감이 가능하다.

20 다음 중 특별지방행정기관에 대한 설명으로 옳은 것은?

① 국가적 통일성보다는 지역의 특수성을 중요시하여 설치한다.
② 지방자치의 발전에 기여한다.
③ 지방자치단체와 명확한 역할 배분이 이루어져 행정의 효율성을 높일 수 있다.
④ 지역별 책임행정을 강화할 수 있다.
⑤ 주민들의 직접 통제와 참여가 용이하지 않다.

21 다음 〈보기〉 중 정부의 역할에 관한 입장에 대한 설명으로 옳은 것을 모두 고르면?

〈보기〉

ㄱ. 진보주의 정부관에 따르면 정부에 대한 불신이 강하고 정부실패를 우려한다.
ㄴ. 공공선택론의 입장은 정부를 공공재의 생산자로 규정하고 대규모 관료제에 의한 행정의 효율성을 높이는 것이 중요하다고 본다.
ㄷ. 보수주의 정부관은 자유방임적 자본주의를 옹호한다.
ㄹ. 신공공서비스론 입장에 따르면 정부의 역할은 시민들로 하여금 공유된 가치를 창출하고 충족시킬 수 있도록 봉사하는 데 있다.
ㅁ. 행정국가 시대에는 '최대의 봉사가 최선의 정부'로 받아들여졌다.

① ㄱ, ㄴ, ㄷ
② ㄱ, ㄷ, ㄹ
③ ㄴ, ㄷ, ㄹ
④ ㄴ, ㄹ, ㅁ
⑤ ㄷ, ㄹ, ㅁ

22 다음 중 국무총리 직속의 위원회가 아닌 것은?

① 공정거래위원회
② 금융위원회
③ 국민권익위원회
④ 원자력안전위원회
⑤ 방송통신위원회

23 다음 빈칸에 들어갈 내용이 바르게 짝지어진 것은?

정부회계의 '발생주의'는 정부의 수입을 ___㉠___ 시점으로, 정부의 지출을 ___㉡___ 시점으로 계산하는 방식을 의미한다.

	㉠	㉡
①	현금수취	현금지불
②	현금수취	지출원인행위
③	납세고지	현금지불
④	납세고지	지출원인행위
⑤	납세고지	지출발생행위

24 다음은 정책과정을 바라보는 이론적 관점들 중 하나이다. 이에 대한 설명으로 옳은 것은?

> 사회의 현존 이익과 특권적 분배 상태를 변화시키려는 요구가 표현되기도 전에 질식·은폐되거나, 그러한 요구가 국가의 공식 의사결정단계에 이르기 전에 소멸되기도 한다.

① 정책은 많은 이익집단의 경쟁과 타협의 산물이다.
② 정책 연구는 모든 행위자들이 이기적인 존재라는 기본 전제하에서 경제학적인 모형을 적용한다.
③ 실제 정책과정은 기득권의 이익을 수호하려는 보수적인 성격을 나타낼 가능성이 높다.
④ 정부가 단독으로 정책을 결정·집행하는 것이 아니라 시장(Market) 및 시민사회 등과 함께 한다.
⑤ 정부는 정책과정에 대한 적극적인 시민참여의식을 촉진시키는 역할을 한다.

25 다음 중 베버(Weber)의 관료제 모형에 대한 설명으로 옳지 않은 것은?

① 상관의 권위에 대한 의존성 증가 및 무사안일이 초래되는 구조이다.
② 직위의 권한과 관할범위는 법규에 의하여 규정된다.
③ 인간적 또는 비공식적 요인의 중요성을 간과하였다.
④ 관료제의 긍정적인 측면으로 목표대치 현상을 강조하였다.
⑤ 조직이 바탕으로 삼는 권한의 유형을 전통적 권한, 카리스마적 권한, 법적·합리적 권한으로 나누었다.

26 다음 중 자본예산제도의 장점으로 옳지 않은 것은?

① 자본예산제도는 자본적 지출에 대한 특별한 분석과 예산사정을 가능하게 한다.
② 자본예산제도에 수반되는 장기적인 공공사업 계획은 조직적인 자원의 개발 및 보존을 위한 수단이 될 수 있다.
③ 계획과 예산 간의 불일치를 해소하고 이들 간에 서로 밀접한 관련성을 갖게 한다.
④ 경제적 불황기 내지 공황기에 적자예산을 편성하여 유효수요와 고용을 증대시킴으로써 불황을 극복하는 유용한 수단이 될 수 있다.
⑤ 국가 또는 지방자치단체의 순자산 상황의 변동과 사회간접자본의 축적·유지의 추이를 나타내는 데 사용할 수 있다.

27 **다음 중 정부 성과평가에 대한 설명으로 옳지 않은 것은?**

① 성과평가는 개인의 성과를 향상시키기 위한 방법을 모색하기 위해서 사용될 수 있다.
② 총체적 품질관리(Total Quality Management)는 개인의 성과평가를 위한 도구로 도입되었다.
③ 관리자와 구성원의 적극적인 참여는 성과평가 성공에 있어서 중요한 역할을 한다.
④ 조직목표의 본질은 성과평가제도의 운영과 직접 관련성을 갖는다.
⑤ 성과평가에서는 평가의 타당성, 신뢰성, 객관성을 확보하는 것이 중요하다.

28 **다음 중 행정통제의 유형과 사례가 바르게 연결되지 않은 것은?**

① 외부·공식적 통제 : 국회의 국정감사
② 내부·비공식적 통제 : 국무조정실의 직무감찰
③ 외부·비공식적 통제 : 시민단체의 정보공개 요구 및 비판
④ 내부·공식적 통제 : 감사원의 정기 감사
⑤ 외부·공식적 통제 : 선거관리위원회의 선거에 관한 사무

29 **다음 중 지방자치의 한 계보로서 주민자치에 대한 설명으로 옳지 않은 것은?**

① 지방주민의 의사와 책임하에 스스로 그 지역의 공공사무를 처리한다.
② 지방자치단체는 지방의 자치행정기관으로서 이중적 지위를 갖는다.
③ 지방의 공공사무를 결정하고 처리하는 데는 주민의 참여가 중요하다.
④ 지방사무에 관해 자치단체 고유사무와 중앙정부 위임사무를 구별하지 않는다.
⑤ 주민의 자치사무를 처리한다는 측면에서 정치적 의미가 강하다.

30 **다음 중 조직 진단의 대상과 범위에 있어서 종합적 조직 진단에 포함되지 않는 것은?**

① 관리부문 진단
② 서비스와 프로세스 진단
③ 조직문화와 행태 진단
④ 재정 진단
⑤ 인력 진단

31 다음 중 공무원의 행동규범에 대한 설명으로 옳지 않은 것은?

① 공직자가 공익을 현저히 침해하는 경우 국민 300명 이상의 연서로 감사원에 감사를 청구할 수 있다.
② 우리나라의 공무원은 정치적 중립을 지키도록 법률로 명문화되어 있다.
③ 공직자윤리법에서는 부정부패를 방지하기 위해 공직자의 재산 등록 및 공개, 퇴직 공무원의 취업 제한 등을 규정하고 있다.
④ 공직자는 부패 사실을 알게 되었을 경우 부패행위를 신고하도록 의무화되어 있다.
⑤ 모든 공무원은 형의 선고 · 징계처분 또는 국가공무원법에 정하는 사유에 의하지 아니하고는 그 의사에 반해 휴직 · 강임 또는 면직을 당하지 아니한다.

32 다음 중 예산심의와 관련된 법령에 대한 설명으로 옳은 것을 〈보기〉에서 모두 고르면?

〈보기〉

ㄱ. 세목 또는 세율과 관계있는 법률의 제정 또는 개정을 전제로 하여 미리 제출된 세입예산안은 소관 상임위원회에서 심사한다.
ㄴ. 국회는 정부의 동의 없이 정부가 제출한 지출예산 각 항의 금액을 증가하거나 새 비목을 설치할 수 없다.
ㄷ. 예산결산특별위원회는 소관 상임위원회에서 삭감한 세출예산 각 항의 금액을 증가하게 할 경우에는 소관 상임위원회의 동의를 얻어야 한다.
ㄹ. 예산결산특별위원회는 그 활동기한을 1년으로 한다.
ㅁ. 의원이 예산 또는 기금상의 조치를 수반하는 의안을 발의하는 경우에는 그 의안의 시행에 수반될 것으로 예상되는 비용에 대한 재정소요를 추계하여야 한다.

① ㄱ, ㄴ, ㄷ
② ㄱ, ㄴ, ㄹ
③ ㄱ, ㄷ, ㅁ
④ ㄴ, ㄷ, ㅁ
⑤ ㄴ, ㄹ, ㅁ

33 다음 중 공공선택론에 대한 설명으로 옳지 않은 것은?

① 정부를 공공재의 생산자로 규정하며, 시민들을 공공재의 소비자로 규정한다.
② 자유시장의 논리를 공공부문에 도입함으로써 시장실패라는 한계를 안고 있다.
③ 시민 개개인의 선호와 선택을 존중하며, 경쟁을 통해 서비스를 생산하고 공급함으로써 행정의 대응성이 높아진다.
④ 뷰캐넌(J. Buchanan)이 창시하고 오스트롬(V. Ostrom)이 발전시킨 이론으로, 정치학적인 분석 도구를 중시한다.
⑤ 개인의 기득권을 계속 유지하려는 보수적인 접근이라는 비판이 있다.

34 다음 중 지방공기업에 대한 설명으로 옳지 않은 것은?

① 자동차운송사업은 지방직영기업 대상에 해당된다.
② 지방공사의 자본금은 지방자치단체가 전액 출자한다.
③ 행정안전부장관은 지방공기업에 대한 평가를 실시하고 그 결과에 따라 필요한 조치를 하여야 한다.
④ 지방공사는 법인으로 한다.
⑤ 지방공사는 지방자치단체 외의 자(법인 등)가 출자를 할 수 있지만 지방공사 자본금의 3분의 1을 넘지 못한다.

35 다음 중 국민경제활동의 구성과 수준에 미치는 영향을 파악하고, 고위정책결정자들에게 유용한 정보를 제공해 주는 예산의 분류로 옳은 것은?

① 기능별 분류
② 품목별 분류
③ 경제성질별 분류
④ 활동별 분류
⑤ 사업계획별 분류

36 다음 중 한국의 행정개혁에 대한 내용을 시대적 순서대로 바르게 나열한 것은?

> ㄱ. 정보통신정책과 국가정보화를 전담하여 추진하던 정보통신부를 폐지하고, 방송통신 융합을 주도할 방송통신위원회를 설치했다.
> ㄴ. 대통령 소속의 중앙인사위원회를 설치해 대통령의 인사권 행사를 강화했다.
> ㄷ. 부총리제가 부활되고 외교통상부의 통상 교섭 기능이 산업통상자원부로 이관됐다.
> ㄹ. 법제처와 국가보훈처를 장관급 기구로 격상하고, 소방방재청을 신설했다.

① ㄱ－ㄹ－ㄴ－ㄷ
② ㄴ－ㄱ－ㄹ－ㄷ
③ ㄴ－ㄹ－ㄱ－ㄷ
④ ㄹ－ㄱ－ㄴ－ㄷ
⑤ ㄹ－ㄴ－ㄱ－ㄷ

37 다음 중 한국의 대민 전자정부(G2C 또는 G2B)의 사례가 아닌 것은?

① 민원24
② 국민신문고
③ 전자조달 나라장터
④ 온－나라시스템
⑤ 전자통관시스템

38 **다음은 동기부여 이론가들과 그 주장에 바탕을 둔 관리 방식을 연결한 내용이다. 다음 중 동기부여 효과가 가장 낮다고 판단되는 것은?**

① 매슬로(Maslow) : 근로자의 자아실현욕구를 일깨워 준다.
② 허즈버그(Herzberg) : 근로 환경 가운데 위생요인을 제거해 준다.
③ 맥그리거(McGregor)의 Y이론 : 근로자들은 작업을 놀이처럼 즐기고 스스로 통제할 줄 아는 존재이므로 자율성을 부여한다.
④ 앨더퍼(Alderfer) : 개인의 능력 개발과 창의적 성취감을 북돋운다.
⑤ 맥클랜드(McClelland) : 적절히 도전적인 목표를 설정하여 수행하게 한다.

39 **다음 중 '사회자본(Social Capital)'이 형성되는 모습으로 보기 어려운 것은?**

① 지역주민들의 소득이 지속적으로 증가하고 있다.
② 많은 사람들이 알고 지내는 관계를 유지하는 가운데 대화·토론하면서 서로에게 도움을 준다.
③ 이웃과 동료에 대한 기본적인 믿음이 존재하며 공동체 구성원들이 서로 신뢰한다.
④ 지역 구성원들이 삶과 세계에 대한 도덕적·윤리적 규범을 공유하고 있다.
⑤ 다양한 매체를 활용하여 사람들 간의 관계를 맺고 대화 및 정보를 공유하며 서로 도움이 된다.

40 **다음 중 공공기관의 운영에 관한 법률에서 규정하고 있는 내용으로 옳지 않은 것은?**

① 공기업·준정부기관은 매년 3월 20일까지 전년도의 경영실적보고서와 기관장이 체결한 계약의 이행에 관한 보고서를 작성하여 기획재정부장관과 주무기관의 장에게 제출하여야 한다.
② 기획재정부장관과 주무기관의 장은 매년 5월 10일까지 위 법에 따라 확정된 공기업·준정부기관의 결산서 등을 감사원에 제출하여야 한다.
③ 자산 규모가 2조 원 이상인 공기업·준정부기관 등의 장은 매년 해당 연도를 포함한 5회계연도 이상의 중장기재무관리계획을 수립하고, 이사회의 의결을 거쳐 확정한 후 6월 30일까지 기획재정부장관과 주무기관의 장에게 제출하여야 한다.
④ 기획재정부장관은 결산서 등에 감사원의 검사 결과를 첨부하여 이를 국무회의에 보고하고, 8월 20일까지 국회에 제출하여야 한다.
⑤ 공기업 및 준정부기관의 기관장은 다음 연도를 포함한 5회계연도 이상의 중장기 경영목표를 설정하고, 이사회의 의결을 거쳐 확정한 후 매년 9월 30일까지 기획재정부장관과 주무기관의 장에게 제출하여야 한다.

41 **다음 중 행정가치에 대한 설명으로 옳은 것은?**

① 공익에 대한 실체설에서는 공익을 현실의 실체로 존재하는 사익들의 총합으로 이해한다.
② 행정의 민주성이란 정부가 국민의사를 존중하고 수렴하는 책임행정의 구현을 의미하며, 행정조직 내부 관리 및 운영과는 관계없는 개념이다.
③ 수익자 부담 원칙은 수평적 형평성, 대표관료제는 수직적 형평성과 각각 관계가 깊다.
④ 장애인들에게 특별한 세금감면 혜택을 부여하는 것은 모든 국민이 동등한 서비스를 제공받아야 한다는 사회적 형평성에 어긋나는 제도이다.
⑤ 가외성의 장치로는 법원의 3심제도, 권력분립, 만장일치, 계층제 등이 있다.

42 **다음 중 헨리(N. Henry)의 정책결정모형 유형론에 대한 설명으로 옳은 것은?**

① 점증주의적 패러다임은 지식과 정보의 완전성과 미래예측의 확실성을 전제한다.
② 체제모형, 제도모형, 집단모형은 합리주의적 패러다임의 범주에 포함되는 정책결정모형의 예이다.
③ 신제도모형은 정책유형과 조직 내외의 상황적 조건을 결부시켜 정부개입의 성격을 규명하려 한다.
④ 기술평가·예측모형은 전략적 계획 패러다임의 범주에 포함된다.
⑤ 합리주의적 패러다임은 전략적 계획의 틀에 맞추어 정책결정을 이해한다.

43 **다음 중 조직의 상황적 요인과 구조적 특성의 관계에 대한 설명으로 옳은 것은?**

① 조직의 규모가 커짐에 따라 복잡성이 감소할 것이다.
② 환경의 불확실성이 높아질수록 조직의 공식화 수준은 높아질 것이다.
③ 조직의 규모가 커짐에 따라 조직의 공식화 수준은 낮아질 것이다.
④ 일상적 기술일수록 분화의 필요성이 높아져서 조직의 복잡성이 높아질 것이다.
⑤ 조직의 규모가 커짐에 따라 조직의 분권화가 촉진될 것이다.

44 다음 중 광역행정에 대한 설명으로 옳지 않은 것은?

① 광역행정의 방식 중 통합방식에는 합병, 일부사무조합, 도시공동체가 있다.
② 광역행정은 지방자치단체 간의 재정 및 행정서비스의 형평적 배분을 도모한다.
③ 광역행정은 규모의 경제를 실현할 수 있다.
④ 광역행정은 지방자치단체 간의 갈등해소와 조정의 기능을 수행한다.
⑤ 행정협의회에 의한 광역행정은 지방자치단체 간의 동등한 지위를 기초로 상호협조에 의하여 광역행정사무를 처리하는 방식이다.

45 다음 중 정책결정과 관련된 이론에 대한 설명으로 옳지 않은 것은?

① 쿠바 미사일 사태에 대한 사례 분석인 앨리슨(Allison) 모형은 정부의 정책결정 과정은 합리모형보다는 조직과정모형과 정치모형으로 설명하는 것이 더 바람직하다고 주장한다.
② 드로(Dror)가 주장한 최적모형은 기존의 합리적 결정 방식이 지나치게 수리적 완벽성을 추구해 현실성을 잃었다는 점을 지적하고 합리적 분석뿐만 아니라 결정자의 직관적 판단도 중요한 요소로 간주한다.
③ 쓰레기통 모형은 문제, 해결책, 선택 기회, 참여자의 네 요소가 독자적으로 흘러 다니다가 어떤 계기로 만나게 될 때 결정이 이루어진다고 설명한다.
④ 에치오니(Etzioni)의 혼합탐사모형에 의하면 결정은 근본적 결정과 세부적 결정으로 나누어질 수 있으며, 합리적 의사결정모형과 점진적 의사결정모형을 보완적으로 사용할 수 있다.
⑤ 사이먼(Simon)의 만족모형에 의하면 정책담당자들은 경제인과 달리 최선의 합리성을 추구하기보다는 시간과 공간, 재정적 측면에서의 여러 요인을 고려해 만족할 만한 수준에서 정책을 결정하게 된다.

46 다음 중 정책의제의 설정에 영향을 미치는 요인에 대한 설명으로 옳지 않은 것은?

① 일상화된 정책문제보다는 새로운 문제가 쉽게 정책의제화된다.
② 정책 이해관계자가 넓게 분포하고 조직화 정도가 낮은 경우에는 정책의제화가 어렵다.
③ 사회 이슈와 관련된 행위자가 많고, 이 문제를 해결하기 위한 정책의 영향이 많은 집단에 영향을 미치거나 정책으로 인한 영향이 중요한 것일 경우 상대적으로 쉽게 정책의제화된다.
④ 국민의 관심 집결도가 높거나 특정 사회 이슈에 대해 정치인의 관심이 큰 경우에는 정책의제화가 쉽게 진행된다.
⑤ 정책문제가 상대적으로 쉽게 해결될 것으로 인지되는 경우에는 쉽게 정책의제화된다.

47 **다음 중 롤스(J. Rawls)의 사회정의 원리에 대한 설명으로 옳지 않은 것은?**

① 원초상태(Original Position)에서 합의되는 일련의 법칙이 곧 사회정의의 원칙으로서 계약 당사자들의 사회협동체를 규제하게 된다.

② 정의의 제1원리는 기본적 자유의 평등원리로서, 모든 사람은 다른 사람에게 유사한 자유와 상충되지 않는 한도 내에서 최대한의 기본적 자유에의 평등한 권리를 인정하는 것이다.

③ 정의의 제2원리의 하나인 차등 원리(Difference Principle)는 가장 불우한 사람들의 편익을 최대화해야 한다는 원리이다.

④ 정의의 제2원리의 하나인 기회균등의 원리는 사회·경제적 불평등은 그 모체가 되는 모든 직무와 지위에 대한 기회균등이 공정하게 이루어진 조건하에서 직무나 지위에 부수해 존재해야 한다는 원리이다.

⑤ 정의의 제1원리가 제2원리에 우선하고, 제2원리 중에서는 차등원리가 기회균등의 원리에 우선해야 한다.

48 **다음 중 조직구성원의 인간관에 따른 조직관리와 동기부여에 대한 설명으로 옳은 것을 〈보기〉에서 모두 고르면?**

〈보기〉

ㄱ. 허즈버그의 욕구충족요인 이원론에 의하면, 불만요인을 제거해야 조직원의 만족감을 높이고 동기가 유발된다.

ㄴ. 로크의 목표설정이론에 의하면 동기 유발을 위해서는 구체성이 높고 난이도가 높은 목표가 채택되어야 한다.

ㄷ. 합리적·경제적 인간관은 테일러의 과학적 관리론, 맥그리거의 X이론, 아지리스의 미성숙인 이론의 기반을 이룬다.

ㄹ. 자아실현적 인간관은 호손실험을 바탕으로 하여 비공식적 집단의 중요성을 강조하며, 자율적으로 문제를 해결하도록 한다.

① ㄱ, ㄴ
② ㄴ, ㄷ
③ ㄱ, ㄴ, ㄹ
④ ㄴ, ㄷ, ㄹ
⑤ ㄱ, ㄴ, ㄷ, ㄹ

49 다음 〈보기〉의 우리나라 정부의 예산편성 절차를 순서대로 바르게 나열한 것은?

〈보기〉

ㄱ. 예산편성지침 통보
ㄴ. 예산의 사정
ㄷ. 국무회의 심의와 대통령 승인
ㄹ. 중기사업계획서 제출
ㅁ. 예산요구서 작성 및 제출

① ㄱ－ㄹ－ㅁ－ㄴ－ㄷ
② ㄹ－ㄱ－ㅁ－ㄴ－ㄷ
③ ㄱ－ㅁ－ㄹ－ㄷ－ㄴ
④ ㄹ－ㄴ－ㄱ－ㅁ－ㄷ
⑤ ㄱ－ㄴ－ㄹ－ㅁ－ㄷ

50 다음 중 공공서비스에 대한 설명으로 옳지 않은 것은?

① 의료나 교육과 같은 가치재(Worthy Goods)는 경합적이므로 시장을 통한 배급도 가능하지만 정부가 개입할 수도 있다.
② 공유재(Common Goods)는 정당한 대가를 지불하지 않는 사람들을 이용에서 배제하기 어렵다는 문제가 있다.
③ 노벨상을 수상한 오스트롬(E. Ostrom)은 정부의 규제에 의해 공유자원의 고갈을 방지할 수 있다는 보편적 이론을 제시하였다.
④ 공공재(Public Goods) 성격을 가진 재화와 서비스는 시장에 맡겼을 때 바람직한 수준 이하로 공급될 가능성이 높다.
⑤ 어획자 수나 어획량에 대해서 아무런 제한이 없는 개방 어장의 경우 공유의 딜레마 또는 공유의 비극이라는 문제가 발생한다.

인천국제공항공사

최종모의고사
정답 및 해설

인천국제공항공사 신입직원 필기전형

제1회 모의고사 정답 및 해설

01	02	03	04	05	06	07	08	09	10
④	④	⑤	③	③	③	④	③	①	①
11	12	13	14	15	16	17	18	19	20
④	③	④	③	④	④	②	⑤	③	②
21	22	23	24	25	26	27	28	29	30
③	③	②	③	③	④	②	⑤	②	④
31	32	33	34	35	36	37	38	39	40
②	①	③	③	③	③	③	①	④	⑤
41	42	43	44	45	46	47	48	49	50
④	③	④	①	③	③	②	③	①	④

조직이해능력(사무직 / 관제직)

51	52	53	54	55	56	57	58	59	60
⑤	④	③	②	①	③	①	②	④	⑤

기술능력(기술직)

51	52	53	54	55	56	57	58	59	60
④	③	②	①	⑤	③	①	①	②	③

01

정답 ④

오답분석

① 제시문의 두 번째 문장을 통해 알 수 있다.
② 제시문의 흐름을 통해 알 수 있다.
③·⑤ 제시문의 마지막 문장을 통해 알 수 있다.

02

정답 ④

주어진 조건에서 적어도 한 사람은 반대를 한다고 하였으므로, 한 명씩 반대한다고 가정하고 접근한다.

- A가 반대한다고 가정하는 경우
  첫 번째 조건에 의해 C는 찬성하고 E는 반대한다. 네 번째 조건에 의해 E가 반대하면 B도 반대한다. 이것은 두 번째 조건에서 B가 반대하면 A가 찬성하는 것과 모순되므로 A는 찬성한다.
- B가 반대한다고 가정하는 경우
  두 번째 조건에 의해 A는 찬성하고 D는 반대한다. 세 번째 조건에 의해 D가 반대하면 C도 반대한다. 이것은 첫 번째 조건과 모순되므로 B는 찬성한다.

두 경우에서의 결론과 네 번째 조건의 대우(B가 찬성하면 E도 찬성한다)를 함께 고려하면 E도 찬성함을 알 수 있다. 그리고 첫 번째 조건의 대우(E가 찬성하거나 C가 반대하면, A와 D는 모두 찬성한다)에 의해 D도 찬성한다. 따라서 C를 제외한 A, B, D, E 모두 찬성한다.

03

정답 ⑤

각 사원의 일일업무량을 a, b, c, d, e라고 하자. 먼저 E사원이 30일 동안 일한 업무량은 $30e=5,280$이므로 $e=176$이다.
D사원과 E사원의 일일업무량의 총합은 C사원의 일일업무량에 258을 더한 것과 같으므로 $d+e=c+258$이고, $e=176$을 대입하여 정리하면, $d-c=82$ … ㉠이다.
C사원이 이틀 동안 일한 업무량과 D사원이 8일 동안 일한 업무량의 합은 996이라 하였으므로 $2c+8d=996$ … ㉡이다.
㉠과 ㉡을 연립하여 계산하면, $d=116$, $c=34$이다.
이때 B사원의 일일업무량은 D사원 일일업무량의 $\frac{1}{4}$이므로

$b=\frac{1}{4}\times116=29$이고, A사원의 일일업무량은 B사원의 일일업무량보다 5만큼 적으므로 $a=29-5=24$이다.
따라서 A, B, C, D, E사원의 일일업무량의 총합은 $24+29+34+116+176=379$이다.

04

정답 ③

소설을 대여한 남자는 690건이고, 소설을 대여한 여자는 1,060건이므로 $\frac{690}{1,060}\times100 = 65\%$이므로 옳지 않다.

오답분석

① 소설 전체 합계는 1,750건, 비소설 전체 합계는 1,620건이므로 옳다.
② 40세 미만 전체 합계는 1,950건, 40세 이상 전체 합계는 1,420건이므로 옳다.
④ 전체 40세 미만 대여 수는 1,950건이고, 그 중 비소설 대여는 900건이므로 $\frac{900}{1,950}\times100=46.1\%$이므로 옳다.
⑤ 전체 40세 이상 대여 수는 1,420건이고, 그 중 소설 대여는 700건이므로 $\frac{700}{1,420}\times100=49.3\%$이므로 옳다.

05
정답 ③

[폴더 옵션]에서는 파일 및 폴더의 숨김 표시 여부를 설정할 수 있다. 하지만 속성 일괄 해제는 폴더창에서 직접 해야 한다.

06
정답 ③

K사원의 정규시간 외에 초과근무가 있는 날의 시간 외 근무시간을 구하면 다음과 같다.

근무 요일	초과근무시간			1시간 공제
	출근	야근	합계	
1 ~ 15일	–	–	–	770분
18일(월)	–	70분	70분	10분
20일(수)	60분	20분	80분	20분
21일(목)	30분	70분	100분	40분
25일(월)	60분	90분	150분	90분
26일(화)	30분	160분	190분	130분
27일(수)	30분	100분	130분	70분
합계	–	–	–	1,130분

∴ 1,130분=18시간 50분

1시간 미만은 절사이므로 7,000×18=126,000원이다.

07
정답 ④

㉠의 뒤에 나오는 내용을 살펴보면 양안시에 대해 설명하면서 양안시차를 통해 물체와의 거리를 파악한다고 하였으므로 ㉠에 거리와 관련된 내용이 나왔음을 짐작해 볼 수 있다. 따라서 ㉠에 들어갈 내용으로 가장 적절한 것은 ④이다.

08
정답 ③

A기업의 수단별 운송비용을 구하면 다음과 같다.

- 화물자동차 : 200,000+(1,000×5×100)+(100×5×100) =750,000원
- 철도 : 150,000+(900×5×100)+(300×5×100) =750,000원
- 연안해송 : 100,000+(800×5×100)+(500×5×100) =750,000원

B기업의 수단별 운송비용을 구하면 다음과 같다.

- 화물자동차 : 200,000+(1,000×1×200)+(100×1×200) =420,000원
- 철도 : 150,000+(900×1×200)+(300×1×200) =390,000원
- 연안해송 : 100,000+(800×1×200)+(500×1×200) =360,000원

따라서 A기업은 모든 수단의 운송비용이 동일하고, B기업은 연안해송이 가장 저렴하다.

09
정답 ①

세 번째와 다섯 번째 근태 정보로부터 A사원은 야근을 3회, 결근을 2회 하였고, 네 번째와 여섯 번째 정보로부터 B사원은 지각을 2회, C사원은 지각을 3회 하였음을 알 수 있다. C사원의 경우 지각을 3회 하였으므로 결근과 야근을 각각 1회 또는 2회 하였는데, 근태 총점수가 −2점이므로 지각에서 −3점, 결근에서 −1점, 야근에서 +2점을 얻어야 한다. 마지막으로 B사원은 결근을 3회, 야근을 1회 하여 근태 총점수가 −4점이 된다.

(단위 : 회)

구분	A	B	C	D
지각	1	2	3	1
결근	2	3	1	1
야근	3	1	2	2
근태 총점수(점)	0	−4	−2	0

따라서 C사원이 지각을 가장 많이 하였다.

10
정답 ①

09번 해설로부터 A사원과 B사원이 지각보다 결근을 많이 하였음을 알 수 있다.

11
정답 ④

ㄴ. B작업장은 생물학적 요인(바이러스)에 해당하는 사례 수가 가장 많다.

ㄷ. 화학적 요인에 해당하는 분진은 집진 장치를 설치하여 예방할 수 있다.

오답분석

ㄱ. A작업장은 물리적 요인(소음, 진동)에 해당하는 사례 수가 가장 많다.

12
정답 ③

i) A씨(8개월)

- 처음 3개월 : 220만×0.8=176만 원 → 150만 원(∵ 상한액) → 150만×3=450만 원
- 나머지 기간 : 220만×0.4=88만×5=440만 원

∴ 450만+440만 원=890만 원

ii) B씨(1년, 아빠의 달+둘째)

- 처음 3개월 : 300만×1.0=300만 원 → 200만 원(∵ 상한액) → 200만×3=600만 원
- 나머지 기간 : 300만×0.4=120만 원 → 100만 원(∵ 상한액) → 100만×9=900만 원

∴ 600만+900만=1,500만 원

iii) C씨(6개월)

- 처음 3개월 : 90만×0.8=72만×3=216만 원

• 나머지 기간 : 90만×0.4=36만 원 → 50만 원(∵ 하한액) → 50만×3=150만 원

∴ 216만+150만=366만 원

따라서 세 사람이 받을 수 있는 육아휴직급여의 총합은 890만+1,500만+366만=2,756만 원이다.

13

정답 ④

7.3.3의 '연료가 누유되었거나 연료가 묻은 옷이 있는 장소에서는 폭발 위험이 있으므로 산소를 사용해서는 안 된다.'를 통해 알 수 있다.

오답분석

① 7.2.3의 '사고 현장에 도착한 현장의료조정관은 즉시 초기 분류작업을 실시하여야 한다.'를 통해 알 수 있다.

② 7.2.6의 '사고 현장의 상황에 따라 분류조치 없이 즉시 부상자를 후송해야 할 경우'를 통해 확인할 수 있다.

③ 7.3.1의 '중상자는 반드시 현장에서 안정을 취한 후 후송하여야 한다.'를 통해 알 수 있다.

⑤ 7.3.6의 '의료조정관은 다른 의료진과 구분하기 위하여 흰색 안전모와 앞·뒤에 적색글씨로 의료조정관이라고 쓰인 흰색 가운을 착용하여야 한다.'를 통해 알 수 있다.

14

정답 ③

B의 부상 등급은 Ⅰ이다. 따라서 Ⅰ등급 부상으로는 과도한 출혈, 연기에 의한 질식, 안면부 부상, 복합 골절, 짓이겨진 부상, 혼수상태 및 급성 쇼크를 동반한 두개골 외상 등이 있다.

오답분석

① A의 부상 등급은 Ⅱ, C의 부상 등급은 Ⅰ이다.

② C의 부상 등급은 Ⅰ, E의 부상 등급은 Ⅱ이다. 따라서 E보다 C의 치료가 더 시급하다.

④ D의 부상 등급은 Ⅲ이다. 따라서 D는 사고 처리에 방해가 될 수 있으므로 안전한 대기지역으로 즉각 후송한다.

⑤ Ⅱ등급에 해당하는 사람은 A, E로 2명이다.

15

정답 ④

정규직의 주당 근무 시간을 비정규직 1과 같이 줄여 근무 여건을 개선하고, 퇴사율이 가장 높은 비정규직 2에게 직무교육을 시행하여 퇴사율을 줄이는 것이 가장 적절하다.

오답분석

① 설문조사 결과에서 연봉보다는 일과 삶의 균형을 더 중요시한다고 하였으므로 연봉이 상승하는 것은 퇴사율에 영향을 미치지 않음을 알 수 있다.

② 정규직을 비정규직으로 전환하면 고용의 안정성을 낮추어 퇴사율을 더욱 높일 수 있다.

③ 직무교육을 안 하는 비정규직 2보다 직무교육을 하는 정규직과 비정규직 1의 퇴사율이 더 낮기 때문에 적절하지 않다.

16

정답 ④

1주 이용권을 1주마다 구매할 때

• 기본요금 : 3,000×2=6,000원

• 추가요금 : 100÷10×(80+180+30+80)=3,700원

∴ (총요금)=6,000+3,700=9,700원

오답분석

① 3일, 9일을 제외하고, 매일 1일 이용권 A를 구매할 때

• 기본요금 : 1,000×12=12,000원

• 추가요금 : 100÷10×(10+40+140+240+90+140+40)=7,000원

∴ (총요금)=12,000+7,000=19,000원

② 3일, 9일을 제외하고, 매일 1일 이용권 B를 구매할 때

• 기본요금 : 1,500×12=18,000원

• 추가요금 : 100÷10×(80+180+30+80)=3,700원

∴ (총요금)=18,000+3,700=21,700원

③ 첫째 주는 1일 이용권 B를, 둘째 주는 1주 이용권을 구매할 때

• 기본요금 : 1,500×6+3,000=12,000원

• 추가요금 : 100÷10×(80+180+30+80)=3,700원

∴ (총요금)=12,000+3,700=15,700원

⑤ 1달 이용권을 구매할 때

• 기본요금 : 5,000원

• 추가요금 : 100÷10×(10+40+140+240+90+140+40)=7,000원

∴ (총요금)=5,000+7,000=12,000원

17

정답 ②

아리스토텔레스는 물체의 정지 상태가 물체의 운동 상태와는 아무런 상관이 없었으며, 물체에 변화가 있어야만 운동한다고 이해했다.

오답분석

㉠ 이론적인 선입견을 배제한다면 일상적인 경험에 의거해 아리스토텔레스의 논리가 더 그럴듯하게 보일 수 있다고 했지만, 뉴턴 역학이 올바르지 않다고 언급한 것은 아니다.

㉡ 지문의 두 번째 줄에서 '아리스토텔레스에 의하면 물체가 똑같은 운동 상태를 유지하기 위해서는 외부에서 끝없이 힘이 제공되어야만 한다.'고 했다. 그러므로 아리스토텔레스의 주장과 반대되는 내용이다.

㉢ 이론적인 선입견을 배제한다면 일상적인 경험에 의거해 아리스토텔레스의 논리가 더 그럴듯하게 보일 수 있다고 했지만, 지문만으로 당시에 뉴턴이나 갈릴레오가 아리스토텔레스의 논리를 옳다고 판단했는지는 알 수 없다.

18

정답 ⑤

A ~ D기관의 내진성능평가 지수와 내진보강공사 지수를 구한 뒤 내진성능평가 점수와 내진보강공사 점수를 부여하면 다음과 같다.

구분	A기관	B기관	C기관	D기관
내진성능평가 지수	$\frac{82}{100}\times100=82$	$\frac{72}{80}\times100=90$	$\frac{72}{90}\times100=80$	$\frac{83}{100}\times100=83$
내진성능평가 점수	3점	5점	1점	3점
내진보강공사 지수	$\frac{91}{100}\times100=91$	$\frac{76}{80}\times100=95$	$\frac{81}{90}\times100=90$	$\frac{96}{100}\times100=96$
내진보강공사 점수	3점	3점	1점	5점
합산 점수	3+3=6점	5+3=8점	1+1=2점	3+5=8점

B, D기관의 합산 점수는 8점으로 동점이다. 최종순위 결정조건에 따르면 합산 점수가 동점인 경우에는 내진보강대상 건수가 많은 기관이 높은 순위가 된다. 따라서 최상위기관은 D기관이고, 최하위기관은 C기관이다.

19

정답 ③

일본의 수출건수 대비 수입건수 비율은 $\frac{742,746}{377,583}\times100 \fallingdotseq 196.7\%$로 옳은 설명이다.

오답분석

① 중국의 수출건수 대비 미국 수출건수 비율은 $\frac{397,564}{953,140}\times100 \fallingdotseq 41.7\%$이다.

② 멕시코 수출건수당 평균 수출금액은 $\frac{4,322,144}{55,157} \fallingdotseq 78.36$, 약 USD 78,360이다.

④ 기타로 분류된 국가 중에서도 수입금액이 USD 200억 이상인 국가가 있을 수 있으므로 알 수 없다.

⑤ 기타를 제외한 대만의 수입건수 순위는 7위이다.

20

정답 ②

B : 싱가포르의 수입건수는 수출건수의 $\frac{63,877}{89,198}\times100 \fallingdotseq 71.6\%$로 70% 이상이다.

D : 인도의 무역수지 5배는 19,820,830이므로, 홍콩의 무역수지보다 크다.

오답분석

A : 독일의 수출건수는 필리핀의 수출건수보다 $\frac{70,715-48,379}{48,379}\times100 \fallingdotseq 46.2\%$ 많다.

C : 자료의 국가명은 수입건수 크기에 따라 정렬한 것이 아니다. 하지만 기타로 분류된 국가의 수입건수를 모두 합해도 미국의 수입건수보다 작으므로 미국은 우리나라가 수입하는 국가들 중 수입건수가 가장 많은 국가이다.

21

정답 ③

㉠ 각 팀장이 매긴 순위에 대한 가중치는 모두 동일하다고 했으므로 1, 2, 3, 4순위의 가중치를 각각 4, 3, 2, 1점으로 정해 네 사람의 면접점수를 산정하면 다음과 같다.

- 갑 : 2+4+1+2=9점
- 을 : 4+3+4+1=12점
- 병 : 1+1+3+4=9점
- 정 : 3+2+2+3=10점

면접점수가 높은 을, 정 중 한 명이 입사를 포기하면 갑, 병 중 한 명이 채용된다. 갑과 병의 면접점수는 9점으로 동점이지만 조건에 따라 인사팀장이 부여한 순위가 높은 갑을 채용하게 된다.

㉢ 경영관리팀장이 갑과 병의 순위를 바꿨을 때, 네 사람의 면접점수를 산정하면 다음과 같다.

- 갑 : 2+1+1+2=6점
- 을 : 4+3+4+1=12점
- 병 : 1+4+3+4=12점
- 정 : 3+2+2+3=10점

즉, 을과 병이 채용되므로 정은 채용되지 못한다.

오답분석

㉡ 인사팀장이 을과 정의 순위를 바꿨을 때, 네 사람의 면접점수를 산정하면 다음과 같다.

- 갑 : 2+4+1+2=9점
- 을 : 3+3+4+1=11점
- 병 : 1+1+3+4=9점
- 정 : 4+2+2+3=11점

즉, 을과 정이 채용되므로 갑은 채용되지 못한다.

22

정답 ③

〈Alt〉+〈Enter〉는 하나의 셀에 두 줄 이상의 데이터를 입력할 때 사용한다.

23

정답 ②

MOD 함수를 통해 「=MOD(숫자,2)=1」이면 홀수, 「=MOD(숫자,2)=0」이면 짝수와 같이 홀수와 짝수를 구분할 수 있다. ROW 함수는 현재 위치한 '행'의 번호를, COLUMN 함수는 현재 위치한 '열'의 번호를 출력한다.

24

정답 ③

헤겔은 국가를 사회 문제를 해결하고 공적 질서를 확립할 최종 주체로 설정했고, 뒤르켐은 사익을 조정하고 공익과 공동체적 연대를 실현할 도덕적 개인주의의 규범에 주목하면서, 이를 수행할 주체로서 직업 단체의 역할을 강조하였다. 즉, 직업 단체가 정치적 중간 집단으로서 구성원의 이해관계를 국가에 전달하는 한편 국가를 견제해야 한다고 보았다. 뒤르켐은 국가가 주체이기는 하지만 공동체적 연대의 실현을 수행할 중간 집단으로서의 주체로 직업 단체를 강조하고 있다.

오답분석

① 뒤르켐이 주장하는 직업 단체는 정치적 중간 집단의 역할로 빈곤과 계급 갈등의 해결을 수행할 주체이다.
② 뒤르켐은 복지행정조직에 대한 언급이 없었다.
④ 국가를 최종 주체로 강조하는 것은 헤겔의 주장이다.
⑤ 헤겔 역시 공리주의는 시민 사회 내에서 개인들의 무한한 사익 추구가 일으키는 빈부 격차나 계급 갈등을 해결할 수는 없다고 보았다.

25

정답 ③

2022년 축구 동호회 인원 증가율 : $\frac{131-114}{114}\times 100 \fallingdotseq 15\%$

따라서 2023년 축구 동호회 인원은 $131\times 1.15 \fallingdotseq 151$명이다.

26

정답 ④

2020년 전체 동호회의 평균 인원은 $419\div 7 \fallingdotseq 60$명이다. 따라서 2020년 족구 동호회 인원이 62명이므로 전체 동호회의 평균 인원보다 더 많다.

오답분석

① 족구와 배구 동호회의 순위가 2019년과 2020년에 다르다.
② 2020년과 2021년을 비교하면,
분모 증가율은 $\frac{554-419}{419} \fallingdotseq \frac{1}{3}$이고,
분자 증가율은 $\frac{42-35}{35} = \frac{1}{5}$이다.
따라서 2020년에는 비중이 감소했다.
③ 2019년과 2020년을 비교하면,
분모 증가율은 $\frac{419-359}{359} \fallingdotseq \frac{1}{6}$이고,
분자 증가율은 $\frac{56-52}{52} = \frac{1}{13}$이다.
따라서 2020년에는 비중이 감소했다.
⑤ 2019년부터 등산과 여행 동호회 인원의 합은 각각 31, 60, 81, 131명으로 2022년에는 축구 동호회 인원과 동일하다.

27

정답 ②

4분기 업무 관련 회의는 다음 주 평일[9월 24일(월) ~ 28일(금)] 오전으로 계획되어 있다. 따라서 현장관리과장의 28일 무주양수발전소 협력 회의, 환경조사과장의 28일 한강2본부 근무, 원자력정책팀장의 25일 한강수력본부 출장은 모두 오후 일정이므로 고려할 필요가 없다. 이를 통해 회의 참석대상자의 다음 주 일정에 따라 요일별로 오전 불참 원인을 정리하면 다음과 같다.

요일	불참 원인
월요일(24일)	– 사업계획부장(병가) – 환경조사과장(추진사업 조사결과 보고)
화요일(25일)	
수요일(26일)	– 사업계획부장(계획현안회의) – 현장관리과장(서부권역 건설현장 방문)
목요일(27일)	– 기술전략처장(휴가) – 현장관리과장(서부권역 건설현장 방문)
금요일(28일)	

따라서 회의 진행이 가능한 요일은 다음 주 화요일과 금요일이며, 회의 조건에서 회의는 가능한 날짜 중 가장 빠른 날짜에 진행한다고 하였으므로, 다음 주 화요일에 회의가 진행된다.

28

정답 ⑤

색인은 주요 키워드나 주제어를 소장하고 있는 정보원을 관리하는 방법으로, 정보를 찾을 때 쓸 수 있는 키워드인 색인어와 색인어의 출처인 위치 정보로 구성한 것이다. 요리연구가 A씨는 요리의 주재료를 키워드로 하여 출처와 함께 정보를 기록하였다.

오답분석

① 목록 : 정보에서 중요한 항목을 찾아 기술한 후 정리한 것이다.
② 목차 : 책이나 서류 따위에서 항목 제목과 해당 쪽 번호를 차례대로 적은 목록으로, 그 내용을 간략하게 알거나 쉽게 찾아볼 수 있게 한 것이다.
③ 분류 : 유사한 정보끼리 모아 체계화하여 정리한 것이다.
④ 초록 : 논문 등 글의 앞부분에서 그 요지를 간략히 설명해 놓은 것이다.

29

정답 ②

A대리의 현재 월 전력소비량은 다음과 같다.
$(1.0\times 4\times 30)+(0.5\times 2\times 30)+(0.4\times 2\times 3\times 30)+(1.7\times 24\times 30)=1,446$kWh
A대리의 다음 달 월 전력소비량을 계산하면 다음과 같다.
$(0.8\times 4\times 30)+(0.5\times 1\times 30)+(0.2\times 2\times 2\times 30)+(1.4\times 24\times 30)=1,143$kWh
따라서 A대리가 절감 가능한 월 전력량은 303kWh이다.

30

정답 ④

A대리가 에어컨 2대를 모두 벽걸이형으로, 컴퓨터는 절전형 컴퓨터로 구입하고, 냉장고는 절전모드로 사용하며 각 전자기기는 최소 필요시간만큼만 사용 시 전력소비량을 최소화할 수 있다.
이때의 전력소비량은
$(0.8\times4\times2\times30)+(0.5\times2\times30)+(0.2\times2\times30)+(1.4\times24\times30)=1,242$kWh
따라서 가능한 A대리의 월 최소 전력소비량은 1,242kWh이다.

31

정답 ②

for 반복문은 i 값이 0부터 2씩 증가하면서 10보다 작을 때까지 수행하므로 i 값은 각 배열의 인덱스(0, 2, 4, 6, 8)를 가리키게 된다. num에는 i가 가르키는 배열 요소들에 대한 합이 저장되므로 i 값에 해당하는 배열 인덱스의 각 요소(1, 3, 5, 7, 9)의 합인 25가 출력된다.

32

정답 ①

i) 첫 번째 보기에서 전체 석유 수요의 증가규모가 동일한 국가는 B와 C이므로 이들이 인도와 중동임을 알 수 있다.
ii) 마지막 보기에서 교통부문의 증가규모가 전체 증가규모의 50%인 지역이 중동이라고 하였으며 이를 통해 C가 중동이라는 것을 알 수 있다.
iii) 그래프상에서 양의 방향으로 가장 긴 길이를 가지고 있는 것이 A이므로 두 번째 보기를 통해 A가 중국임을 알 수 있다.
iv) 세 번째 보기를 통해 전력생산부문의 석유수요 규모가 감소하는 지역은 D뿐이므로 D가 남미임을 확인할 수 있다.

33

정답 ③

주어진 메일 내용에서 검색기록 삭제 시 기존에 체크되어 있는 항목 외에도 모든 항목을 체크하라고 되어 있으나, 괄호 안에 '즐겨찾기 웹 사이트 데이터 보존 부분은 체크 해제할 것'이라고 명시되어 있으므로 모든 항목을 체크하는 행동은 적절하지 않다.

34

정답 ③

팀장의 나이를 x세라고 하면 과장의 나이는 $(x-4)$세, 대리는 31세, 사원은 25세이다. 과장과 팀장의 나이 합이 사원과 대리의 나이 합의 2배이므로 다음 식이 성립한다.
$x+(x-4)=2\times(31+25) \rightarrow 2x-4=112$
$\therefore x=58$
따라서 팀장의 나이는 58세이다.

35

정답 ③

먼저 A씨의 퇴직금을 구하기 위해서는 1일 평균임금을 구해야 한다. 3개월간 임금총액은 6,000,000+720,000=6,720,000원이고, 1일 평균임금은 6,720,000÷80=84,000원이다. 따라서 퇴직금은 $84,000\times30\times\frac{730}{365}=5,040,000$원이다.

36

정답 ③

A ~ D의 성과급 점수를 계산해 보면 다음과 같다.
- A대리 : (85×50%)+(90×50%)=87.5점
- B과장 : (100×30%)+(85×10%)+(80×60%)=86.5점
- C사원 : (95×60%)+(85×40%)=91점
- D차장 : (80×20%)+(90×30%)+(85×50%)=85.5점

따라서 성과급 점수가 90점 이상인 S등급에 해당하는 사람은 C사원이다.

37

정답 ③

〈Ctrl〉+〈3〉은 글꼴 스타일에 기울임 꼴을 적용하는 바로가기 키이다. 〈Ctrl〉+〈4〉를 사용해야 선택한 셀에 밑줄이 적용된다.

38

정답 ①

아시아의 소비실적은 2000년에 1,588Moe이었으므로 3배 이상이 되려면 4,764Moe 이상이 되어야 한다.

오답분석

②·④·⑤ 제시된 자료를 통해 알 수 있다.
③ 2000년 중국과 인도의 에너지 소비 비중은 $\frac{879+317}{8,782}\times100 \fallingdotseq 13.6\%$이다.

39

정답 ④

환경오염 사고는 2022년에 전년 대비 $\frac{116-246}{246}\times100 \fallingdotseq -52.8\%$p의 감소율을 보였다.

오답분석

① 전기(감전) 사고는 2019년부터 2022년까지 매년 605건, 569건, 558건, 546건으로 감소하는 모습을 보이고 있다.
② 전체 사고 건수에서 화재 사고는 2016년부터 2022년까지 약 14.9%, 15.3%, 14.2%, 13.9%, 14.2%, 14.1%, 14.3%로 매년 13% 이상 차지하고 있다.
③ 해양 사고는 2022년에 2016년 대비 $\frac{2,839-1,627}{1,627}\times100 \fallingdotseq 74.5\%$p의 증가율을 보였다.
⑤ 전체 사고 건수에서 도로교통 사고의 비율은 2016년에 $\frac{226,878}{272,015}\times100 \fallingdotseq 83.4\%$로 가장 높았다.

40

정답 ⑤

세 번째 문단에서 '사람들은 이익과 손실의 크기가 같더라도 손실 회피성으로 인해 이익보다 손실을 2배 이상 크게 생각하는 경향이 있다.'고 말하고 있다.

41

정답 ④

정가와 이보다 낮은 판매 가격을 함께 제시하면 정가가 기준점으로 작용하여 사람들은 제한된 판단을 하게 된다. 이로 인해 판매 가격을 상대적으로 싸다고 인식하므로, 기준점 휴리스틱을 활용한 사례로 볼 수 있다.

42

정답 ③

동남아 국제선의 도착 운항 1편당 도착 화물량은 $\frac{36,265.7}{16,713} \fallingdotseq$ 2.17톤이다.

오답분석

① 중국 국제선의 출발 여객 1명당 출발 화물량은 $\frac{31,315.8}{1,834,699}$ $\fallingdotseq$0.017톤이고, 도착 여객 1명당 도착 화물량은 $\frac{25,217.6}{1,884,697}$ $\fallingdotseq$0.013톤이므로 옳지 않은 설명이다.

② 미주 국제선의 전체 화물 중 도착 화물이 차지하는 비중은 $\frac{106.7}{125.1} \times 100 \fallingdotseq 85.3\%$로, 90%보다 작다.

④ 중국 국제선의 도착 운항편수는 12,427편으로, 일본 국제선의 도착 운항편수의 70%인 $21,425 \times 0.7 \fallingdotseq 14,997.5$편 미만이다.

⑤ 각 국제선의 전체 화물 중 도착 화물이 차지하는 비중은 일본 국제선이 $\frac{49,302.6}{99,114.9} \times 100 \fallingdotseq 49.7\%$이고, 동남아 국제선은 $\frac{36,265.7}{76,769.2} \times 100 \fallingdotseq 47.2\%$이다. 따라서 동남아 국제선이 일본 국제선보다 비중이 낮다.

43

정답 ④

틀 고정을 취소할 때 셀 포인터의 위치는 상관없다.

44

정답 ①

구분	A	B	C	D	E
한국과 시차	3−9 =−6	0	−8−9 =−17	−8−9 =−17	11−9 =2
한국시각 기준 현지 도착 시간	+3h	+2h 10m	−4h	−5h 45m	+12h 30m

C비행기와 A비행기는 출발시각 기준으로 현지 도착 시간이 7시간 차이가 난다. 그러나 두 번째 조건에서 두 비행기가 도착 시 현지 시각이 같다고 했으므로, A비행기는 C비행기보다 7시간 빨리 출발한다. 또한 세 번째 조건에 따라 B비행기는 A비행기보다 6시간 늦게 출발한다.

네 번째 조건에 따라 D비행기는 C비행기보다 15분 빨리 출발한다. 즉, A비행기보다 6시간 45분 늦게 출발한다. 따라서 가장 늦게 출발하는 비행기는 C비행기이고, 다섯 번째 조건에 의해서 E비행기는 C비행기보다 30분 일찍 출발한다.

따라서 비행기의 출발 순서를 빠른 순으로 정리해 보면 'A비행기>B비행기(A비행기보다 6시간 늦게 출발·C비행기보다 1시간 먼저 출발)>E비행기(C비행기보다 30분 먼저 출발)>D비행기(C비행기보다 15분 먼저 출발)>C비행기(A비행기보다 7시간 늦게 출발)'가 된다.

45

정답 ③

SUM은 인수들의 합을 구하는 함수이다. 이를 토대로 [B7] 셀에 입력한 수식을 정리하면 다음과 같다.

=SUM(B2:CHOOSE(2,B3,B4,B5))
=SUM(B2:B4)
=SUM(23,45,12)
=80

따라서 표시되는 결괏값은 80이다.

46

정답 ③

계란의 가격은 2022년 7월부터 9월까지 증가하다가, 10월부터 감소한 후 12월에 다시 증가추세를 보이고 있으므로 적절하지 않다.

오답분석

① • 2022년 9월 쌀 가격의 8월 대비 증가율
: $\frac{1,970-1,083}{1,083} \times 100 \fallingdotseq 81.90\%$
• 2022년 12월 무 가격의 11월 대비 증가율
: $\frac{2,474-2,245}{2,245} \times 100 \fallingdotseq 10.20\%$

② 국산, 미국산, 호주산 소 가격 모두 2022년 7월부터 9월까지 증가하다가 10월에 감소하였다.

④ 쌀의 가격은 2022년 7월 1,992원에서 8월 1,083원으로 감소했다가, 9월 1,970원으로 증가한 후 10월부터는 꾸준히 감소하고 있다.

⑤ • 2022년 11월 건멸치 가격 : 24,870원
• 2023년 1월 건멸치 가격 : 25,200원
$\frac{25,200-24,870}{24,870} \times 100 \fallingdotseq 1.32\%$

47

정답 ②

양파 : $\frac{1,759-1,548}{1,548}\times 100 ≒ 13.63\%$

오답분석

① 쌀 : $\frac{1,805-1,809}{1,809}\times 100 ≒ -0.22\%$

③ 배추 : $\frac{3,634-3,546}{3,546}\times 100 ≒ 2.48\%$

④ 무 : $\frac{2,543-2,474}{2,474}\times 100 ≒ 2.78\%$

⑤ 건멸치 : $\frac{25,200-25,320}{25,320}\times 100 ≒ -0.47\%$

48

정답 ③

관리자가 설정해 놓은 프린터를 프린터 목록에서 제거하려면 [관리자 계정]으로 접근해야 한다.

49

정답 ①

물건의 원가를 x원이라고 하자.

원가에 50% 이익을 붙일 경우는 $1.5x$원이고, 잘 팔리지 않아서 다시 20% 할인한 경우는 $1.5x\times 0.8=1.2x$원이다. 이때, 물건 1개당 1,000원의 이익을 얻었으므로 다음 식이 성립한다.

$1.2x-x=1,000$

$0.2x=1,000$

$\therefore x=5,000$

따라서 원가는 5,000원이다.

50

정답 ④

워크시트의 화면 하단에서는 통합문서를 '기본', '페이지 레이아웃', '페이지 나누기 미리보기' 3가지 형태로 볼 수 있다. 머리글이나 바닥글을 쉽게 추가할 수 있는 형태는 '페이지 레이아웃'이며 '페이지 나누기 미리보기'에서는 파란색 실선을 이용해서 페이지를 손쉽게 나눌 수 있다.

개별문항 1 조직이해능력(사무직 / 관제직)

51

정답 ⑤

- (가) : 여름과 겨울에 일정하게 매출이 증가함으로써 일정 주기를 타고 성장, 쇠퇴를 거듭하는 패션형이 적절하다.
- (나) : 매출이 계속 성장하는 모습을 보여줌으로써 연속성장형이 적절하다.
- (다) : 광고 전략과 같은 촉진활동을 통해 매출이 상승함으로써 주기 · 재주기형이 적절하다
- (라) : 짧은 시간에 큰 매출 효과를 가졌으나, 며칠이 지나지 않아 매출이 급감함을 볼 때, 패드형이 적절하다.

52

정답 ④

리더와 조직구성원 간의 상호관계는 조직문화의 구성요소 중 리더십 스타일에 대한 설명이다. 관리시스템은 조직문화의 구성요소로서 장기전략 목적 달성에 적합한 보상제도와 인센티브, 경영정보와 의사결정시스템, 경영계획 등 조직의 목적을 실제로 달성하는 모든 경영관리제도와 절차를 의미한다.

53

정답 ③

비품은 회사 업무상에 사용되는 물품을 의미하는데, 대체로 회사에서는 사전에 품목을 정해 놓고 필요한 자에게 보급한다. 만약 품목에 해당하지 않는 비품이 필요할 경우에는 그 사용 용도가 명확하고 업무에 필요한 것인지를 먼저 판단한 후에, 예산을 고려하여 구매하는 것이 적절한 처리 과정이다. ③과 같이 단순히 품목에 없다는 이유로 제외하는 것은 적절하지 않다.

54

정답 ②

시각, 청각, 후각, 촉각, 미각의 다섯 가지 감각을 통해 만들어진 감각 마케팅으로 개인화 마케팅의 사례로 보기 어렵다.

오답분석

① 고객들의 개인적인 사연을 기반으로 광고 서비스를 제공함으로써 개인화 마케팅의 사례로 적절하다.

③ 고객들이 자신이 직접 사과를 받는 듯한 효과를 얻게 됨으로써 개인화 마케팅의 사례로 적절하다.

④ 댓글 작성자의 이름을 기반으로 이벤트를 진행하는 것으로 개인화 마케팅의 사례로 적절하다.

⑤ 고객의 이름을 불러주고 서비스를 제공해줌으로써 개인화 마케팅의 사례로 적절하다.

55

정답 ①

사무인수인계는 문서에 의함을 원칙으로 하나 기밀에 속하는 사항은 구두 또는 별책으로 인수인계할 수 있도록 한다.

56

정답 ③

㉠ 직렬 : 직무의 종류는 유사하나, 그 곤란성·책임성의 정도가 상이한 직위의 군(群)을 말한다. 즉, 직무는 같은 종류에 해당되지만 의무와 책임의 수준이나 곤란성이 서로 다른 직급들을 모아놓은 것을 직렬이라 한다.
㉡ 직무 : 과업 및 작업의 종류와 수준이 비슷한 업무들의 집합으로써 특히 직책이나 직업상 책임을 갖고 담당하여 맡은 일을 의미한다. 즉, 어느 정도 비슷한 업무 내용을 가진 직위들을 하나의 관리 단위로 설정한 것이 직무이다.
㉢ 과업 : 성과를 올리기 위해 인간적인 노력이 제공될 경우 신체적 노력이거나 정신적 노력을 불문하고 직무를 분석할 때 최소의 설명개념으로 작업연구에서 가장 낮은 수준의 분석단위이다.

57

정답 ①

A씨의 행동을 살펴보면 무계획적인 업무처리로 인하여 일이 늦어지거나 누락되는 경우가 많다는 것을 알 수 있다. 이러한 행동에 대해서 적절한 피드백으로는 업무를 계획적으로 진행하라는 맥락인 ①이 적절하다.

58

정답 ②

소금이나 후추 등이 다른 사람 손에 거치면 좋지 않다는 풍습을 볼 때, 소금과 후추가 필요할 때는 웨이터를 부르는 것보다 자신이 직접 가져오는 것이 적절한 행동이다.

59

정답 ④

30만 원 초과 50만 원 미만의 출장계획서는 전결을 위임받은 본부장에게 결재를 받아야 하며, 30만 원 초과의 청구서는 대표이사의 결재를 받아야 한다. 따라서 출장계획서의 최종 결재는 본부장 전결사항이므로 본부장 란에 '전결'을 표시하여야 한다.

오답분석

① 출장계획서는 본부장 전결사항이므로 본부장에게 최종 결재를 받아야 한다.
② 청구서는 대표이사에게 최종 결재를 받아야 한다.
③ 출장계획서는 본부장 전결사항이므로, 본부장 란에 전결 표시를 하여야 한다.
⑤ 접대비지출품의서는 30만 원 이하이므로 팀장의 결재를 받아야 한다.

60

정답 ⑤

우선순위를 파악하기 위해서는 먼저 중요도와 긴급성을 파악해야 한다. 즉, 중요도와 긴급성이 높은 일부터 처리해야 하는 것이다. 그러므로 업무 리스트 중에서 가장 먼저 해야 할 일은 내일 있을 당직 근무자 명단 확인이다. 그다음 영업1팀의 비품 주문, 신입사원 면접 날짜 확인, 인사총무팀 회식 장소 예약 확인, 공사 창립 기념일 행사 준비 순서로 진행하면 된다.

개별문항 2 기술능력(기술직)

51

정답 ④

㉢ 전기장판은 저온모드로 낮춰 사용해야 고온으로 사용할 때보다 자기장이 50% 줄어든다. 고온으로 사용하다가 저온으로 낮춰 사용하는 것이 전자파를 줄일 수 있다는 내용은 가이드라인에서 확인할 수 없으므로 적절하지 않다.
㉣ 시중에 판매하는 전차파 차단 필터는 효과가 없다 하였으므로 적절하지 않다.

52

정답 ③

기술능력이 뛰어난 사람의 특징

- 실질적 해결을 필요로 하는 문제를 인식한다.
- 인식된 문제를 위한 다양한 해결책을 개발하고 평가한다.
- 실제적 문제를 해결하기 위해 지식이나 기타 자원을 선택하고 최적화시키며 적용한다.
- 주어진 한계 속에서 제한된 자원을 가지고 일한다.
- 기술적 해결에 대한 효용성을 평가한다.
- 여러 상황 속에서 기술의 체계와 도구를 사용하고 습득한다.

53

정답 ②

공기청정기를 약하고 기울어진 바닥에 두면 이상 소음 및 진동이 생길 수 있으므로 단단하고 평평한 바닥에 두어야 한다. 따라서 공기청정기를 부드러운 매트 위에 놓는 것은 적절하지 않다.

54

정답 ①

프리필터는 청소주기에 따라 1개월에 2회 이상 청소해야 한다.

오답분석

②·③ 탈취필터와 헤파필터의 교체주기는 6개월 ~ 1년이지만 사용 환경에 따라 차이가 날 수 있으며, 필터 교체 표시등을 확인하여 교체해야 한다.
④ 프리필터는 반영구적으로 사용하는 것이므로 교체할 필요가 없다.
⑤ 냄새가 심하게 날 경우 탈취필터를 확인하여 교체해야 한다.

55

정답 ⑤

스마트에어 서비스 기기 등록 시 스마트폰의 Wi-Fi 고급설정 모드에서 '개방형 Wi-Fi' 관련 항목이 아닌 '신호 약한 Wi-Fi 끊기 항목'과 '신호 세기'와 관련된 기능을 확인해야 한다.

56

정답 ③

실외 온도가 영상이므로 계기판 B의 수치는 고려하지 않으며, 실내 온도는 20℃ 이상이므로 Serial Mode를 적용한다. 즉, PSD는 각 계기판 수치의 합이므로 8+11=19이다. 이때 검침일이 목요일이므로 기준치는 세 계기판의 표준 수치 합인 5+5+5=15이다. PSD 수치 범위는 15<19<15+5이므로 눌러야 할 버튼은 경계 버튼이고, 상황통제실의 경고등에는 노란색 불이 들어오므로 필요한 조치는 안전요원 배치이다.

57

정답 ①

실외 온도가 영하이므로 세 계기판의 수치를 모두 고려해야 하며, 실내 온도는 20℃ 미만이므로 Parallel Mode를 적용한다. 즉, PSD는 계기판 숫자의 평균이므로 (10+3+2)÷3=5이다. 이때 검침일이 화요일이므로 기준치는 세 계기판의 표준 수치 합의 1/2인 7.5이다. PSD 수치 범위는 5<7.5이므로 눌러야 할 버튼은 정상 버튼이고, 상황통제실의 경고등에는 녹색불이 들어오므로 필요한 조치는 정상가동이다.

58

정답 ①

'수시'는 '일정하게 정하여 놓은 때 없이 그때그때 상황에 따름'을 의미한다. 즉, 하루에 한 번 청소할 수도 있고, 아닐 수도 있다. 따라서 정수기 청소는 하루에 1곳만 할 수도 있다.

오답분석

② '제품 이상 시 조치방법' 맨 마지막에 설명되어 있다.
③ 적정 시기에 필터를 교환하지 않으면 물이 나오지 않거나 정수물이 너무 느리게 채워지는 문제가 발생한다.
④ 10mm=1cm이므로, 외형치수를 환산하면 옳은 설명임을 알 수 있다.
⑤ 설치 시 주의사항에 설명되어 있다.

59

정답 ②

필터 수명이 종료됐을 때와 연결 호스가 꺾였을 때 물이 나오지 않는다. 이때 연결 호스가 꺾였다면 서비스센터에 연락하지 않고 해결이 가능하다.

60

정답 ③

ㄱ. 정수기에 사용되는 필터는 세디먼트 필터, 프리카본 필터, UF중공사막 필터, 실버블록카본 필터 4개이다.
ㄹ. 설치 시 주의사항으로 벽면에서 20cm 이상 띄워 설치하라고 언급했다. 따라서 지켜지지 않을 경우 문제가 발생할 수 있다.

오답분석

ㄴ. 시너 및 벤젠은 제품의 변색이나 표면이 상할 우려가 있으므로 사용하지 말라고 명시되어 있다. 따라서 급한 경우라도 사용하지 않는 것이 옳다.
ㄷ. 프리카본 필터의 교환주기는 약 8개월이다. 3년은 36개월이므로, 4번 교환해야 한다.

인천국제공항공사 신입직원 필기전형

제2회 모의고사 정답 및 해설

01	02	03	04	05	06	07	08	09	10
①	①	③	④	④	④	③	②	②	②
11	12	13	14	15	16	17	18	19	20
②	④	④	③	①	④	①	④	①	④
21	22	23	24	25	26	27	28	29	30
②	①	④	②	①	④	①	④	②	②
31	32	33	34	35	36	37	38	39	40
④	②	③	②	④	②	③	③	②	⑤
41	42	43	44	45	46	47	48	49	50
①	①	②	⑤	①	④	②	④	②	①

조직이해능력(사무직 / 관제직)

51	52	53	54	55	56	57	58	59	60
③	④	③	③	⑤	⑤	①	②	③	③

기술능력(기술직)

51	52	53	54	55	56	57	58	59	60
④	④	③	③	①	①	④	④	③	③

01

정답 ①

제시문에서는 냉전의 기원을 서로 다른 관점에서 바라보고 있는 전통주의, 수정주의, 탈수정주의에 대해 설명하고 있다.

오답분석

② 여러 가지 의견을 제시할 뿐, 의견에 대한 우월성을 논하고 있지는 않다.

02

정답 ①

네 번째 조건에 따라 K팀장은 토마토 파스타, S대리는 크림 리소토를 주문한다. 이때, L과장은 다섯 번째 조건에 따라 토마토 리소토나 크림 리소토를 주문할 수 있는데, 만약 L과장이 토마토 리소토를 주문한다면, 두 번째 조건에 따라 M대리는 토마토 파스타를 주문해야 하고, 사원들은 둘 다 크림소스가 들어간 메뉴를 주문할 수밖에 없으므로 조건과 모순이 된다. 따라서 L과장은 크림 리소토를 주문했다. 다음으로 사원 2명 중 1명은 크림 파스타, 다른 한 명은 토마토 파스타나 토마토 리소토를 주문해야 하는데, H사원이 파스타면을 싫어하므로 J사원이 크림 파스타, H사원이 토마토 리소토, M대리가 토마토 파스타를 주문했다.

다음으로 일곱 번째 조건에 따라 J사원이 사이다를 주문하였고, H사원은 J사원과 다른 음료를 주문해야하지만 여덟 번째 조건에 따라 주스를 함께 주문하지 않으므로 콜라를 주문했다. 또한 여덟 번째 조건에 따라 주스를 주문한 사람은 모두 크림소스가 들어간 메뉴를 주문한 사람이어야 하므로 S대리와 L과장이 주스를 주문했다. 마지막으로 여섯 번째 조건에 따라 M대리는 사이다를 주문하고, K팀장은 콜라를 주문했다. 이를 표로 정리하면 다음과 같다.

구분	K팀장	L과장	S대리	M대리	H사원	J사원
토마토 파스타	○			○		
토마토 리소토					○	
크림 파스타						○
크림 리소토		○	○			
콜라	○				○	
사이다				○		○
주스		○	○			

따라서 사원들 중 주스를 주문한 사람은 없다.

03

정답 ③

02번의 결과로부터 S대리와 L과장은 모두 주스와 크림 리소토를 주문한 것을 알 수 있다.

04

정답 ④

- 세 번째 조건 : A가 받는 상여금은 75만 원이다.
- 네 번째, 여섯 번째 조건 : (B의 상여금) : (C의 상여금), (B의 상여금)<(D의 상여금)<(E의 상여금)이므로 B가 받는 상여금은 25만 원이다.
- 다섯 번째 조건 : C가 받는 상여금은 50만 원 또는 100만 원이다.

이를 정리하여 가능한 경우를 표로 나타내면 다음과 같다.

구분	A	B	C	D	E
경우 1	75만 원	25만 원	50만 원	100만 원	125만 원
경우 2	75만 원	25만 원	100만 원	50만 원	125만 원

따라서 C의 상여금이 A보다 많은 경우는 경우 2로 이때, B의 상여금(25만 원)은 C의 상여금(100만 원)의 25%이다.

오답분석

① 모든 경우에서 A를 제외한 나머지 네 명의 상여금 평균은 $\frac{25만+50만+100만+125만}{4}$=75만 원이므로 A의 상여금과 같다.
② 어떠한 경우에도 A와 B의 상여금은 각각 75만 원, 25만 원이므로 A의 상여금은 반드시 B보다 많다.
③ C의 상여금은 경우 1에서 50만 원으로 두 번째로 적고, 경우 2에서 100만 원으로 두 번째로 많다.
⑤ C의 상여금이 D보다 적은 경우는 경우 1로 이때, D의 상여금(100만 원)은 E의 상여금(125만 원)의 80%이다.

05

정답 ④

제시된 자료를 보면 판매량이 4개일 경우 평균 비용은 5만 원, 평균 수입은 6만 원이다. 따라서 총비용은 20만 원, 총수입은 24만 원으로 이윤은 4만 원이다. 판매량을 3개로 줄일 경우 평균 비용은 4만 원, 평균 수입은 6만 원이다. 따라서 총비용은 12만 원, 총수입은 18만 원으로 6만 원의 이윤이 발생한다. 그러므로 이윤을 증가시키기 위해서는 판매량을 3개로 줄이는 것이 합리적이다.

오답분석

① 판매량이 1개일 때와 5개일 때의 이윤은 0원이다.
② 판매량을 늘리면 평균 수입은 변화가 없지만 평균 비용이 높아지므로 이윤이 감소한다.
③ 현재 평균 수입은 평균 비용보다 높다.
⑤ 판매량이 4개일 경우의 이윤은 (6×4)−(5×4)=4만 원이고, 판매량이 3개일 경우의 이윤은 (3×6)−(3×4)=6만 원이다. 따라서 판매량을 줄여야 이윤이 극대화된다.

06

정답 ④

정보공개 대상별 정보공개수수료 자료를 바탕으로 각 보기의 정보 열람인들이 낸 금액을 정리하면 다음과 같다.
이때, A가 열람한 문서는 각 1일 1시간 이내는 무료이고 출력한 문서도 첫 장의 가격만 다르다는 점과, C가 열람한 사진필름은 첫 장은 200원, 두 번째 장부터 50원이라는 점, D가 출력한 문서는 첫 장의 가격만 다르며, 열람한 사진필름에 대해서도 첫 장만 가격이 다르다는 점에 주의한다.

구분	정보공개수수료
A	(5 : 1,000)×2+{300+(25−1)×100}=12,700원
B	2,000 : (13×200)+(6×3,000)=22,600원
C	(2 : 1,000)+(3×5,000)+{200+(8−1)×50}=17,550원
D	{250 : (35−1)×50}+{200+(22−1)×50}=3,200원

따라서 정보공개수수료가 큰 사람부터 나열하면 'B−C−A−D' 순서이다.

07

정답 ③

i) 연봉 3천만 원인 K사원의 월 수령액은 3천만÷12=250만 원이고, 월 근무시간은 200시간이므로 시급은 250만÷200=12,500원이다.
ii) K사원이 평일에 야근한 시간은 2+3+3+2=10시간이다. 따라서 야근 수당은 (12,500+5,000)×10=175,000원이다.
iii) K사원이 주말에 특근한 시간은 3+5=8시간이므로, 특근 수당은 (12,500+10,000)×8=180,000원이다.

이때 식대는 야근·특근 수당에 포함되지 않으므로 K사원의 한 달간 야근 및 특근 수당의 총액은 175,000+180,000=355,000원이다.

08

정답 ②

마지막 문단에서 '그리고 병원균이나 곤충, 선충에 기생하는 종들을 사용한 생물 농약은 유해 병원균이나 해충을 직접 공격하기도 한다.'라고 하였으므로 직접 공격하지 못한다고 한 ②는 제시문의 내용에 적절하지 않다.

09

정답 ②

2020년도 전체 인구수를 100명으로 가정했을 때, 같은 해 문화예술을 관람한 비율은 60.8%이므로 100×60.8≒60.8명이다. 60.8명 중 미술관 관람률은 10.2%이므로 60.8×0.102=6.2≒6명이다.

오답분석

① 문화예술 관람률은 52.4% → 54.5% → 60.8% → 64.5%로 꾸준히 증가하고 있다.
③ 문화예술 관람률이 접근성과 관련이 있다면 조사기간 동안 가장 접근성이 떨어지는 것은 관람률이 가장 낮은 무용이다.
④ 남자보다는 여자의 문화예술 관람률이 높으며, 40세 이상보다 30대 이하의 문화예술 관람률이 높다.
⑤ 60세 이상 문화예술 관람률의 2016년 대비 2022년의 증가율은 $\frac{28.9-13.4}{13.4}\times100≒115.7$%이므로 100% 이상 증가했다.

10

정답 ②

제주공항 화물은 김해공항 화물의 $\frac{23,245}{14,469}$≒1.6배이다.

오답분석

① 제주공항, 대구공항은 도착 여객보다 출발 여객의 수가 많다.
③ 인천공항 운항은 전체 공항 운항의 $\frac{31,721}{70,699}\times100≒44.9$%이다.
④ 도착편이 두 번째로 많은 공항은 제주공항이다. 그러나 도착 화물이 두 번째로 많은 공항은 김포공항이다.
⑤ 김해공항 운항은 9,094편, 제주공항 운항은 14,591편이므로 김해공항 운항과 제주공항 운항을 합한 값은 9,094+14,591=23,685편이다. 따라서 김포공항 화물값인 23,100보다 많다.

11
정답 ②

2023년도 비용 계획을 구하기 위해서는 미정인 신청자 수를 구해야 한다.

최근 3년간 동문회 참가현황의 평균으로 구한다고 하였으므로 2020 ~ 2022년 참가인원의 평균을 구하면

$\frac{185+201+163}{3}=183$명이다.

각 항목에 대입하여 2023년도의 비용 계획을 구하면

$\{(25,000+12,500+5,000)\times 183\}+\{5,000\times(120+100)\}$

$=8,877,500$원이므로 올해 1인당 회비는 $\frac{8,877,500}{183}\fallingdotseq 48,511$원

즉, 1인당 최소 5만 원을 갹출해야 한다.

12
정답 ④

규정에 따르면 여비를 운임・숙박비・식비・일비로 구분하고 있다.

- 운임 : 철도・선박・항공운임에 대해서만 지급한다고 규정하고 있으므로, 버스 또는 택시요금에 대해서는 지급하지 않는다. 따라서 철도운임만 지급되며 일반실 기준으로 실비로 지급하므로 여비는 43,000+43,000=86,000원이다.
- 숙박비 : 1박당 실비로 지급하되, 그 상한액은 40,000원이다. 그러나 출장기간이 2일 이상인 경우에는 출장기간 전체의 총액한도 내에서 실비로 지급한다고 하였으므로, 3일간의 숙박비는 총 120,000원 내에서 실비가 지급된다. 따라서 B과장이 지출한 숙박비 45,000+30,000+35,000=110,000원 모두 여비로 지급된다.
- 식비 : 1일당 20,000원으로 여행일수에 따라 지급된다. 총 4일이므로 80,000원이 지급된다.
- 일비 : 1인당 20,000원으로 여행일수에 따라 지급된다. 총 4일이므로 80,000원이 지급된다.

따라서 B과장이 정산받은 여비의 총액은 86,000+110,000+80,000+80,000=356,000원이다.

13
정답 ④

분산처리 시스템은 네트워크를 통해 분산되어 있는 것들을 동시에 처리하는 것으로, 분산 시스템에 구성 요소를 추가하거나 삭제할 수 있다.

14
정답 ③

㉠은 기업들이 더 많은 이익을 내기 위해 '디자인의 향상'에 몰두하는 것이 바람직하다는 판단이다. 즉, '상품의 사회적 마모를 짧게 해서 소비를 계속 증가시키기 위한' 방안인데, 이것에 대한 반론이 되기 위해서는 ㉠의 주장이 지니고 있는 문제점을 비판하여야 한다. ㉠이 지니고 있는 가장 큰 문제점은 '과연 상품의 성능 향상 없는 디자인 변화가 소비를 촉진시킬 수 있는 것인가'가 되어야 한다. 디자인 변화는 분명히 상품의 소비를 촉진시킬 수 있는 효과적 방법 중의 하나이지만 '성능이나 기능, 내구성'의 향상이 전제되지 않았을 때는 효과를 내기 힘들기 때문이다.

15
정답 ①

- 주말 입장료
  : $11,000+15,000+20,000\times 2+20,000\times\frac{1}{2}=76,000$원
- 평일 입장료
  : $10,000+13,000+18,000\times 2+18,000\times\frac{1}{2}=68,000$원

따라서 요금 차이는 76,000−68,000=8,000원이다.

16
정답 ④

제시문에서는 동물들이 사용하는 소리는 단지 생물학적인 조건에 대한 반응 또는 본능적인 감정 표현의 수단일 뿐, 사람의 말과 동물의 소리에 근본적인 차이가 존재한다고 말하고 있다. 즉, 동물들이 나름대로 가지고 있는 본능적인 의사소통능력은 인간의 것과 다르다는 것이다. 따라서 글쓴이의 주장으로 소리를 내는 동물의 행위는 대화나 토론・회의 같이 서로 의미를 주고받는 인간의 언어활동으로 볼 수 없다는 ④가 가장 적절하다.

17
정답 ①

오답분석

② 입사확정번호는 2003년 이후 입사자부터 적용되므로 2001년도 입사자인 L부장은 사원번호를 알 수 없다.

③ 연수 취소는 가능하나 취소 후에 차수 연수는 듣지 못하기 때문에 적절하지 않다.

④ D사원의 연수 일정은 2024년 3월 10일이다. 일정 변경은 연수 시작 7일 전까지 가능하므로 6일 전인 3월 4일에는 일정 변경 신청을 할 수 없다.

⑤ E과장의 사원번호 중 입사연도에 해당하는 앞자리 두 개가 12이므로 2012년에 입사한 것을 알 수 있다.

18
정답 ④

C와 G는 부서코드와 오류번호가 틀렸다. C는 마케팅 부서이므로 1625573, G는 지원 부서이므로 1920379가 올바른 사원번호이다. F는 오류번호가 틀렸다. 오류번호 연산법에 따라 사원번호를 더하면 1+7+1+5+5+6=25이며, 20보다 크고 30보다 작으므로 25−20=5이다. 따라서 2015565가 올바른 사원번호이다.

19
정답 ①

인쇄 영역에 포함된 도형, 차트 등의 개체는 기본적으로 인쇄가 된다.

20
정답 ④

- A문구 : 비품가격은 32,000+31,900+2,500=66,400원이다. 20% 할인 쿠폰을 사용하면 총주문금액은 66,400×0.8=53,120원이다. 배송료를 더하면 53,120+4,000=57,120원이므로 견적금액은 57,100원이다(∵ 백 원 미만 절사).

- B문구 : 비품가격은 25,000+22,800+1,800=49,600원이다. 4만 원 이상 구매 시 판매가의 7%를 할인받으므로 총주문금액은 49,600×0.93=46,128원이다. 배송료를 더하면 46,128+2,500=48,628원이므로 견적금액은 48,600원이다(∵ 백 원 미만 절사).
- C문구 : 문서 파일을 제외한 비품가격은 24,100+28,000=52,100원이다. 45,000원 이상 구매 시 문서 파일 1개를 무료 증정하기 때문에 문서 파일은 따로 구매할 필요가 없어 견적금액은 52,100−4,000(∵ 첫 구매 적립금)=48,100원이다. 배송료를 더하면 48,100+4,500=52,600원이다.

21

정답 ②

수요 탄력성이 완전 비탄력적인 상품은 가격이 내리면 지출액이 감소하며, 수요 탄력성이 완전 탄력적인 상품은 가격이 내리면 지출액이 많이 늘어난다고 설명하고 있다. 그러므로 소비자의 지출액을 줄이려면 수요 탄력성이 낮은 생필품의 가격은 낮추고, 수요 탄력성이 높은 사치품은 가격을 높여야 한다고 추론할 수 있다.

22

정답 ①

$$[\text{실업률 증감(\%)}]=\frac{[(\text{11월 실업률})-(\text{2월 실업률})]}{(\text{2월 실업률})}\times 100$$

$$\rightarrow \frac{3.1-4.9}{4.9}\times 100 \fallingdotseq -37\%$$

23

정답 ④

개선 전 부품 1단위 생산 시 투입 비용은 총 40,000원이었다. 생산 비용 감소율이 30%이므로 개선 후 총비용은 28,000원이어야 한다. 그러므로 ⓐ+ⓑ의 값은 10,000원이다.

24

정답 ②

성과급 지급 기준에 따라 영업팀의 성과를 평가하면 다음과 같다.

구분	성과평가 점수	성과평가 등급	성과급 지급액
1/4분기	8×0.4+8×0.4+6×0.2=7.6	C	80만 원
2/4분기	8×0.4+6×0.4+8×0.2=7.2	C	80만 원
3/4분기	10×0.4+8×0.4+10×0.2=9.2	A	100+10=110만 원
4/4분기	8×0.4+8×0.4+8×0.2=8.0	B	90만 원

따라서 영업팀에게 1년간 지급된 성과급의 총액은 80+80+110+90=360만 원이다.

25

정답 ①

피벗테이블 결과 표시는 다른 시트에도 가능하다.

26

정답 ④

지원계획의 첫 번째를 보면 지원금을 받는 모임의 구성원은 6명 이상 9명 미만이므로 A모임과 E모임은 제외한다. 나머지 B, C, D모임의 총지원금을 구하면 다음과 같다.

- B모임 : 1,500+100×6=2,100천 원
- C모임 : 1.3×(1,500+120×8)=3,198천 원
- D모임 : 2,000+100×7=2,700천 원

따라서 D모임이 두 번째로 많은 지원금을 받는다.

27

정답 ①

제시된 글에서 언급되지 않은 내용이다.

오답분석

② 두 번째 문단에 나와 있다.
③ 첫 번째 문단에서 '위기(爲己)란 자아가 성숙하는 것을 추구하며'라고 하였다.
④ 첫 번째 문단에서 '공자는 공부하는 사람의 관심이 어디에 있느냐를 가지고 학자를 두 부류로 구분했다.'라고 하였다.
⑤ 마지막 문단에 나와 있다.

28

정답 ④

A씨의 심신상태를 영역별로 계산하면 신체기능 21점, 인지기능 5점, 행동변화 7점, 간호처치 3점, 재활 20점이다. 따라서 A씨의 장기요양인정점수는 56점으로, 장기요양등급은 4등급이다.

29

정답 ②

하반기 포상수여 기준에 따라 협력사별 포상점수를 산출하면 다음과 같다.

(단위 : 점)

구분	기술개선점수		실용화 점수	경영 점수	성실 점수	합계
	출원 점수	등록 점수				
A사	10	20	15	15	20	80
B사	5	10	5	20	10	50
C사	15	15	15	15	10	70
D사	5	10	30	10	20	75
E사	10	15	25	20	0	70

따라서 포상을 수여받을 업체는 포상점수가 가장 높은 A사와 D사이다.

30

정답 ②

변경된 포상수여 기준에 따른 협력사별 포상점수를 산출하면 다음과 같다.

(단위 : 점)

구분	기술개선점수		실용화 점수	경영 점수	성실 점수	합계
	출원 점수	등록 점수				
A사	15	10	15	15	20	75
B사	15	5	5	20	15	60
C사	20	5	15	15	15	70
D사	10	5	30	10	20	75
E사	20	5	25	20	10	80

포상점수가 가장 높은 업체는 E사이며, A사와 D사가 75점으로 동점이다. A사와 D사 중 기술개선점수가 높은 업체는 A사이므로 최종적으로 A사와 E사가 선정된다.

31

정답 ④

[+](플러스) 키를 누를 경우 슬라이드가 확대된다. 모든 슬라이드를 보기 위해서는 [-](마이너스) 키를 눌러야 한다.

32

정답 ②

제시문은 '인간 본성을 구성하는 하부 체계들은 서로 극단적으로 밀접하게 연관되어 있기 때문에 어느 일부를 인위적으로 개선하려 한다면 인간 본성이라는 전체가 변화되어 결국 무너지는 위험에 처한다.'고 주장한다. 그러므로 ⓒ처럼 하부 체계가 서로 분리되어 특정 부분의 변화가 다른 부분에 영향을 끼치지 못한다는 것은 제시문의 논증을 약화시킨다.

오답분석

㉠ 제시문에서 인간이 갖고 있는 개별적인 요소들이 모여 만들어 낸 인간 본성이라는 복잡한 전체는 인간에게 존엄성을 부여한다고 했으므로, ㉠처럼 인간 본성은 인간의 도덕적 지위와 존엄성의 근거가 된다고 볼 수 있다. 따라서 ㉠은 제시문의 논지를 강화한다.

㉡ 제시문의 논증과 관련이 없으므로 논지를 약화시키지도 강화시키지도 않는다.

33

정답 ③

㉡ 데이터베이스를 이용하면 다량의 데이터를 정렬해 저장하게 되므로 검색 효율이 개선된다.

ⓒ 데이터가 중복되지 않고 한 곳에만 기록되어 있으므로, 오류 발견 시 그 부분만 수정하면 되기 때문에 데이터의 무결성을 높일 수 있다.

오답분석

㉠ 대부분의 데이터베이스 관리 시스템은 사용자가 정보에 대한 보안등급을 정할 수 있다. 따라서 부서별로 읽기 권한, 읽기와 쓰기 권한 등을 구분해 부여하여 안정성을 높일 수 있다.

㉣ 데이터베이스를 형성하여 중복된 데이터를 제거하면 데이터 유지비를 감축할 수 있다.

34

정답 ②

ㄱ. 공용 서버 안의 모든 바이러스를 치료한 후에 접속하는 모든 컴퓨터를 대상으로 바이러스 검사를 하고 치료해야 한다.

ㄷ. 쿠키는 공용으로 사용하는 PC로 인터넷에 접속했을 때 개인 정보 유출을 방지하기 위해 삭제한다.

오답분석

ㄴ. 다운로드받은 감염된 파일을 모두 실행하면 바이러스가 더욱 확산된다.

35

정답 ④

참여율이 4번째로 높은 해는 2020년이다.

$[\text{참여증가율}(\%)]=\frac{(\text{해당 연도 참여율})-(\text{전년도 참여율})}{(\text{전년도 참여율})}\times 100$이므로, $\frac{14.6-12.9}{12.9}\times 100 \fallingdotseq 13.2\%$이다.

36

정답 ②

- 산지에서 구매한 가격을 a라 하면

  협동조합이 도매상에 판매한 가격 : $\left(1+\frac{20}{100}\right)\times a=1.2a$

- 도매상의 판매가를 x라 하면 $\frac{80}{100}x=1.2a \rightarrow x=1.5a$

  소매상의 판매가 : $\left(1+\frac{20}{100}\right)\times 1.5a=1.8a$

따라서 협동조합의 최초 구매가격 대비 80% 상승했다.

37

정답 ③

공연은 고전극(Classic Play)인 셰익스피어의 '햄릿'을 상연하므로 연극이다.

- 공연대관료(19:00 ~ 22:00) : 850,000×10회=8,500,000원
- 리허설대관료(14:00 ~ 17:00) : 550,000×10회=5,500,000원

12월 장기공연 할증 50% 금액에 VAT 10% 추가 금액을 더해 정기대관료를 구하면 총 23,100,000원이다. 따라서 A사원이 청구해야 할 계약금은 23,100,000×0.3=6,930,000원이다.

38

정답 ③

[Ctrl]+[I]는 텍스트를 기울임꼴로 만든다. 텍스트에 밑줄을 긋는 단축키는 [Ctrl]+[U]이다.

39

정답 ②

[개요 보기]는 슬라이드 텍스트를 개요 형태로 보여주며, 개요 창에서 프레젠테이션 전체 내용을 보고 수정할 수 있다.

40

정답 ⑤

네 번째 문단에 따르면 클라우지우스는 열기관의 열효율은 열기관이 고온에서 열을 흡수하고 저온에 방출할 때의 두 작동 온도에만 관계된다는 카르노의 이론을 증명하였다. 이로써 열효율에 관한 카르노의 이론은 클라우지우스의 증명으로 유지될 수 있었다.

오답분석

① 두 번째 문단에 따르면 열기관은 높은 온도의 열원에서 열을 흡수하고 낮은 온도의 대기와 같은 열기관 외부에 열을 방출하며 일을 하는 기관이다.
② 두 번째 문단에 따르면 수력 기관에서 물이 높은 곳에서 낮은 곳으로 흐르면서 일을 할 때 물의 양과 한 일의 양의 비는 높이 차이에 의해서만 좌우된다.
③ 첫 번째 문단에 따르면 칼로릭은 질량이 없는 입자들의 모임이다. 따라서 가열된 쇠구슬의 질량은 증가하지 않는다.
④ 첫 번째 문단에 따르면 칼로릭은 온도가 높은 쪽에서 낮은 쪽으로 흐르는 성질이 있다.

41

정답 ①

세 번째 문단에 따르면 줄(Joule)은 '열과 일이 상호 전환될 때 열과 일의 에너지를 합한 양은 일정하게 보존된다.'는 사실(에너지 보존 법칙)을 알아냈다. 그런데 네 번째 문단에 나타난 칼로릭 이론에 입각한 카르노의 열기관에 대한 설명에 따르면 열기관은 높은 온도에서 흡수한 열 전부를 낮은 온도로 방출하면서 일을 한다. 이는 열기관이 한 일을 설명할 수 없다는 오류가 있다.

오답분석

② 세 번째 문단에 따르면 화학 에너지, 전기 에너지 등은 '등가성이 있으며 상호 전환될' 수 있다.
③ 다섯 번째 문단에 따르면 클라우지우스가 증명한 내용이다.
④ 네 번째 문단에 따르면 카르노의 이론에 대해 문제를 제기한 내용에 관해 클라우지우스가 증명한 것이다.
⑤ 네 번째 문단에 따르면 카르노의 이론에 대해 클라우지우스가 증명한 내용이다.

42

정답 ①

제시문에서는 고전적 조건 형성, 동물 반사 행동 종류의 유형, 조건 형성 반응이 일어나는 이유, 바람직하지 않은 조건 반사를 수정하는 방법 등을 밝히고 있지만, 소거의 종류에 대해서는 다루고 있지 않다.

43

정답 ②

상조회에서 올해 A사원과 B과장에게 지급한 축의금 및 조의금은 다음과 같다.

(A사원 둘째 돌잔치)+(B과장 부모님 한 분 조의금)
=500,000+500,000=1,000,000원

자녀 축의금은 2명까지만 적용되므로 B과장의 셋째 자녀 결혼은 해당되지 않는다.

A사원과 B과장이 올해 낸 상조회비는 1월부터 10월까지 (12,000+20,000)×10=320,000원이다.

따라서 상조회에서 올해 A사원과 B과장에게 지급한 금액은 1,000,000원이고, A사원과 B과장이 올해 낸 상조회비는 320,000원임을 알 수 있다.

44

정답 ⑤

볼펜 1자루, A4 용지 1세트, 공책 1세트, 형광펜 1세트의 단가를 각각 a, b, c, d원이라 하자. 4개의 영수증의 금액을 식으로 나타내면 다음과 같다.

$a+b+c=9,600$ … ㉠
$a+b+d=5,600$ … ㉡
$b+c+d=12,400$ … ㉢
$a+2d=6,800$ … ㉣
㉣에 ㉠을 대입하면 $b+c-2d=2,800$ … ㉤
㉤과 ㉢을 연립하면 $3d=9,600$, $d=3,200$
㉣에서 $a=400$ 나머지를 구하면 $b=2,000$, $c=7,200$

따라서 볼펜 2자루와 형광펜 3세트의 금액의 합은 (2×400)+(3×3,200)=10,400원이고, 공책 4세트의 금액은 4×7,200=28,800원이다.

45

정답 ①

I사의 도시락 구매비용을 요일별로 계산하면 다음과 같다.

- 월 : (5,000×3)+(2,900×10)=44,000원
- 화 : (3,900×10)+(4,300×3)=51,900원
- 수 : (3,000×8)+(3,900×2)=31,800원
- 목 : (4,500×4)+(7,900×2)=33,800원
- 금 : (5,500×4)+(4,300×7)=52,100원
- 토 : (3,900×2)+(3,400×10)=41,800원
- 일 : (3,700×10)+(6,000×4)=61,000원

따라서 I사의 지난주 도시락 구매비용은 총 316,400원이다.

46

정답 ④

부서별 총 투입시간은 다음과 같다.

부서	인원	개인별 투입시간	총 투입시간
A	2	41+3×1=44	88
B	3	30+2×2=34	102
C	4	22+1×4=26	104
D	3	27+2×1=29	87
E	5	17+3×2=23	115

따라서 업무 효율이 가장 높은 부서는 총 투입시간이 가장 적은 D부서이다.

47

정답 ②

[A1:A2] 영역을 선택한 뒤 채우기 핸들을 아래로 드래그하면 '월요일 – 수요일 – 금요일 – 일요일 – 화요일' 순서로 입력된다.

48

정답 ④

오답분석

㉠ 스팸메일을 열게 되면 바이러스가 침투할 수 있기 때문에 읽지 않고 삭제하여야 한다.

㉢ 사이트 내에 바이러스가 침투했을 수 있기 때문에 ActiveX 컨트롤은 반드시 필요한 부분만 설치해야 한다.

49

정답 ②

- 평균 통화시간이 6분 초과 9분 이하인 여자 사원 수

  : $400\times\frac{18}{100}=72$명

- 평균 통화시간이 12분 초과인 남자 사원 수

  : $600\times\frac{10}{100}=60$명

$\therefore \frac{72}{60}=1.2$

50

정답 ①

800g 소포의 개수를 x개, 2.4kg 소포의 개수를 y개라고 하면

$800x+2,400y\le16,000 \rightarrow x+3y\le20 \cdots$ ㉠

B회사는 동일지역, C회사는 타지역이므로

$4,000x+6,000y=60,000 \rightarrow 2x+3y=30$

$\rightarrow 3y=30-2x \cdots$ ㉡

㉡을 ㉠에 대입하면

$x+30-2x\le20 \rightarrow x\ge10 \cdots$ ㉢

따라서 ㉡, ㉢을 동시에 만족하는 x, y값은 $x=12$, $y=2$이다.

개별문항 1 조직이해능력(사무직 / 관제직)

51

정답 ③

집단에서 일련의 과정을 거쳐 의사가 결정되었다고 해서 최선의 결과라고 단정지을 수는 없다.

52

정답 ④

회사와 팀의 업무 지침은 변화하는 환경 속에서 그 일의 전문가들에 의해 확립된 것이므로, 기본적으로 지켜야 할 것은 지키되 그 속에서 자신의 방식을 발견해야 한다. 따라서 본인이 속한 팀의 업무 지침이 마음에 들지 않는다는 이유로 이를 지키지 않고 본인만의 방식을 찾겠다는 D대리의 행동전략은 적절하지 않다.

53

정답 ③

티베트의 문화를 존중하고, 대접을 받는 손님의 입장에서 볼 때, 차를 마실 때 다 비우지 말고 입에 살짝 대는 것이 가장 적절한 행동이다.

오답분석

① 주인이 권하는 차를 거절하면 실례가 되므로 적절하지 않다.

② 대접받는 손님의 입장에서 자리를 피하는 것은 적절하지 않다.

④ 힘들다는 자신의 감정이 드러날 수 있으므로 적절하지 않다.

⑤ 차 대접을 받는 상황에서 찻잔을 숨기는 것은 적절하지 않다.

54

정답 ③

㉠ 집중화 전략

㉡ 원가우위 전략

㉢ 차별화 전략

55

정답 ⑤

기계적 조직과 유기적 조직의 특징을 통해 안정적이고 확실한 환경에서는 기계적 조직이, 급변하는 환경에서는 유기적 조직이 적합함을 알 수 있다.

기계적 조직과 유기적 조직의 특징

기계적 조직	유기적 조직
• 구성원들의 업무가 분명하게 정의된다. • 많은 규칙과 규제들이 있다. • 상하 간 의사소통이 공식적인 경로를 통해 이루어진다. • 엄격한 위계질서가 존재한다. • 대표적인 기계조직으로 군대를 볼 수 있다.	• 의사결정 권한이 조직의 하부구성원들에게 많이 위임되어 있다. • 업무가 고정되지 않고, 공유 가능하다. • 비공식적인 상호의사소통이 원활하게 이루어진다. • 규제나 통제의 정도가 낮아 변화에 따라 의사결정이 쉽게 변할 수 있다.

56 정답 ⑤

기획부의 업무는 제시된 표처럼 사업계획이나 경영점검 등 경영활동 전반에 걸친 기획 업무가 주를 이루며, 사옥 이전 관련 발생 비용 산출은 회계부, 대내외 홍보는 총무부에서 담당한다.

57 정답 ①

조직 개편 방향에 따르면 마케팅본부를 신설한다고 하였다.

58 정답 ②

- 경영본부 : 기획조정실, 경영지원팀, 재무관리팀, 미래사업팀, 사회가치실현(TF팀), 인사관리팀 → 6팀
- 운영본부 : 물류전략실, 항만관리팀, 물류단지팀, 물류정보팀, 안전·보안(TF)팀 → 5팀
- 건설본부 : 항만개발실, 항만건설팀, 항만시설팀, 갑문운영팀, 스마트갑문(TF)팀 → 5팀

59 정답 ③

마케팅본부 : 글로벌마케팅1·2팀, 국내마케팅팀, 홍보팀

60 정답 ③

4월 4일에 진행될 업무는 시장조사, 신상품 기획, 상품 출시, Web 광고, 시장 반응 조사의 5가지로, 기간 중 가장 많음을 알 수 있다.

오답분석

① Web 광고는 4일간(3일, 4일, 5일, 8일) 업무가 진행될 예정이다.
② 상품 출시와 거리 판촉은 2일간(9일, 10일) 업무가 함께 진행될 예정이다.
④ 시장 반응 조사는 4일, 신상품 기획은 6일간 업무가 진행된다.
⑤ 4월에 가장 빠르게 시작하는 업무는 시장조사이다.

개별문항 2 기술능력(기술직)

51 정답 ④

Index 뒤의 문자 SOPENTY와 File 뒤의 문자 ATONEMP에서 일치하는 알파벳의 개수를 확인하면, O, P, E, N, T로 총 5개가 일치하는 것을 알 수 있다. 따라서 판단 기준에 따라 Final Code는 Nugre이다.

52 정답 ④

주행 알고리즘에 따른 로봇의 이동 경로를 그림으로 나타내면 다음과 같다.

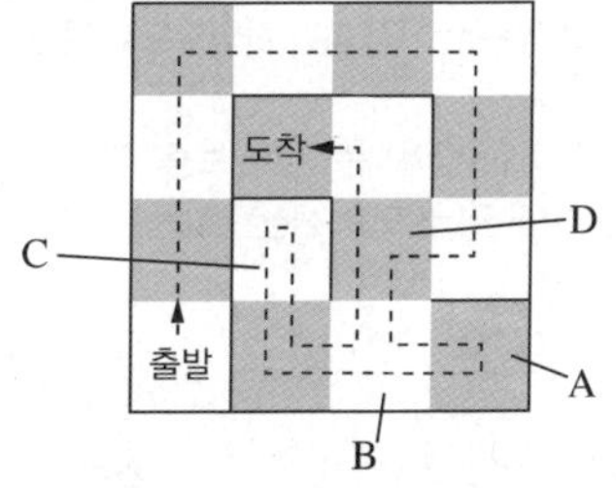

따라서 A에서 B, C에서 D로 이동할 때는 보조명령을 통해 이동했으며, 그 외의 구간은 주명령을 통해 이동했음을 알 수 있다.

53 정답 ③

A사가 한 벤치마킹은 경쟁관계에 있지 않은 기업 중 마케팅이 우수한 곳을 찾아가 벤치마킹을 했기 때문에 비경쟁적 벤치마킹이다. 반면에 B사는 동일 업종이지만 외국에 있어 비경쟁적 기업을 대상으로 벤치마킹을 했기 때문에 글로벌 벤치마킹이다.

오답분석

- 경쟁적 벤치마킹 : 동일 업종이면서 경쟁관계에 있는 기업을 대상으로 하는 벤치마킹이다.
- 직접적 벤치마킹 : 벤치마킹 대상을 직접 방문하여 수행하는 벤치마킹이다.
- 간접적 벤치마킹 : 인터넷 및 문서형태의 자료를 통해서 수행하는 벤치마킹이다.

54 정답 ③

사용 전 알아두기의 네 번째 항목에 따르면 제습기의 물통이 가득 찰 경우 작동이 멈춘다고 하였다. 따라서 이유 없이 작동을 멈춘 것이므로 서비스센터에 연락해야 한다.

오답분석

① 실내 온도가 18℃ 미만일 때 냉각기에 결빙이 시작되어 제습량이 줄어들 수 있다.

② 컴프레서 작동으로 실내 온도가 올라갈 수 있다.
④ 사용 전 알아두기의 여섯 번째 항목에서 10분 꺼두었다가 다시 켜서 작동하면 정상이라고 하였다.
⑤ 희망 습도에 도달하면 운전이 멈추고, 습도가 높아지면 다시 자동 운전으로 작동한다.

55

정답 ①

보증서가 없으면 영수증이 대신하는 것이 아니라, 제조일로부터 3개월이 지난 날이 보증기간 시작일이 된다.

오답분석

② 보증기간 안내의 두 번째 항목인 보증기간 산정 기준을 보면 '제품 보증기간이라 함은 제조사 또는 제품 판매자가 소비자에게 정상적인 상태에서 자연 발생한 품질 성능 기능 하자에 대하여 무료 수리해 주겠다고 약속한 기간'이라 하였으므로 맞는 내용이다.
③·④ 2017년 이전 제품은 2년이고, 나머지는 1년이 보증기간이다.
⑤ 제습기 부품 보증기간에 2016년 1월 이후 생산된 제품은 10년이라고 하였다.

56

정답 ①

경영연구팀 사무실에는 침구류가 없다. 따라서 살균 브러시와 침구싹싹 브러시는 필요하지 않다. 또한 물걸레 청소는 기존의 비치된 대걸레를 이용하므로 물걸레 브러시도 제외한다.
그러므로 조건에 따라 C대리가 구입할 청소기는 AC3F7LHAR이다.

57

정답 ④

필터가 더러워졌는지 확인할 때는 흡입력이 약해지고 떨리는 소리가 날 때이다.

58

정답 ④

먼지통이 가득 차거나 흡입구가 막힌 상태로 청소기를 작동하는 경우 작동이 멈출 수 있다.

59

정답 ③

흡입구가 막힌 상태로 청소기를 작동하는 경우 흡입력이 갑자기 약해지고 떨리는 소리가 날 수 있다.

60

정답 ③

1 ~ 2월 이앙기 관리방법에 모두 방청유를 발라 녹 발생을 방지하는 내용이 있다.

오답분석

① 트랙터의 브레이크 페달 작동 상태는 2월의 점검 목록이다.
② 이앙기에 커버를 씌워 먼지 및 이물질에 부식을 방지하는 것은 1월의 점검 목록이다.
④ 트랙터의 유압실린더와 엔진 누유상태의 점검은 트랙터 사용 전 점검이 아니라 보관 중 점검 목록이다.
⑤ 매뉴얼에 없는 내용이다.

인천국제공항공사 신입직원 필기전형

제3회 모의고사 정답 및 해설

01	02	03	04	05	06	07	08	09	10
①	①	④	③	⑤	④	①	⑤	①	④
11	12	13	14	15	16	17	18	19	20
①	⑤	②	④	⑤	④	②	③	①	④
21	22	23	24	25	26	27	28	29	30
②	④	②	②	④	②	②	④	②	④
31	32	33	34	35	36	37	38	39	40
①	③	④	②	②	⑤	④	②	②	③
41	42	43	44	45	46	47	48	49	50
④	②	③	③	②	②	②	③	④	②

조직이해능력(사무직 / 관제직)

51	52	53	54	55	56	57	58	59	60
②	⑤	⑤	③	③	③	④	③	②	⑤

기술능력(기술직)

51	52	53	54	55	56	57	58	59	60
②	④	④	④	②	⑤	②	④	④	③

01

정답 ①

마지막 문장의 '표준화된 언어와 방언 둘 다의 가치를 인정'하고, '잘 가려서 사용할 줄 아는 능력을 길러야 한다.'는 내용을 통해 제시문의 주제로 '표준화된 언어와 방언에는 각각 독자적인 가치와 역할이 있다.'가 가장 적절함을 알 수 있다.

02

정답 ①

다음의 논리 순서를 따라 주어진 조건을 정리하면 쉽게 접근할 수 있다.

- 다섯 번째 조건 : 1층에 경영지원실이 위치한다.
- 첫 번째 조건 : 1층에 경영지원실이 위치하므로 4층에 기획조정실이 위치한다.
- 두 번째 조건 : 2층에 보험급여실이 위치한다.
- 세 번째, 네 번째 조건 : 3층에 급여관리실, 5층에 빅데이터운영실이 위치한다.

따라서 1층부터 순서대로 '경영지원실 – 보험급여실 – 급여관리실 – 기획조정실 – 빅데이터운영실'이 위치하므로 5층에 있는 부서는 빅데이터운영실이다.

03

정답 ④

다음의 논리 순서를 따라 주어진 조건을 정리하면 쉽게 접근할 수 있다.

- 첫 번째 조건 : 파란공은 가장 가볍거나 두 번째 또는 네 번째로 가볍다.
- 두 번째 조건 : 빨간공은 가장 가볍거나 두 번째 또는 세 번째로 가볍다.
- 세 번째 조건 : 흰공은 가장 가볍거나 네 번째 또는 다섯 번째로 가볍다.
- 네 번째 조건 : 검은공은 파란공과 빨간공보다 가벼우므로 가장 가볍거나 두 번째로 가볍다.
- 다섯 번째 조건 : 노란공은 흰공보다 가벼우므로 세 번째 조건에 의해 흰공이 가장 무겁고, 파란공은 노란공보다 가벼우므로 두 번째로 무거울 수 없다. 즉, 노란공이 두 번째로 무겁고 파란공은 두 번째로 가볍다.

따라서 위 조건을 종합하여 공을 무거운 순서대로 나열하면 '흰공 – 노란공 – 빨간공 – 파란공 – 검은공'이다.

04

정답 ③

차트에는 데이터 레이블이 표시되어 있지 않다. 데이터 레이블이 표시되어 있다면, 정확한 수치가 그래프 위에 나타난다.

05

정답 ⑤

각 펀드의 총점을 통해 비교 결과를 유추하면 다음과 같다.

- A펀드 : 한 번은 우수(5점), 한 번은 우수 아님(2점)
- B펀드 : 한 번은 우수(5점), 한 번은 우수 아님(2점)
- C펀드 : 두 번 모두 우수 아님(2점+2점)
- D펀드 : 두 번 모두 우수(5점+5점)

각 펀드의 비교 대상은 다른 펀드 중 두 개이며, 총 4번의 비교를 했다고 하였으므로 다음과 같은 경우를 고려할 수 있다.

i)

A		B		C		D	
B	D	A	C	B	D	A	C
5	2	2	5	2	2	5	5

표의 결과를 정리하면 D>A>B, A>B>C, B・D>C, D>A・C이므로 D>A>B>C이다.

ii)

A		B		C		D	
B	C	A	D	A	D	C	B
2	5	5	2	2	2	5	5

표의 결과를 정리하면 B>A>C, D>B>A, A・D>C, D>C・B이므로 D>B>A>C이다.

iii)

A		B		C		D	
D	C	C	D	A	B	A	B
2	5	5	2	2	2	5	5

표의 결과를 정리하면 D>A>C, D>B>C, A・B>C, D>A・B이므로 D>A・B>C이다.

ㄱ. 세 가지 경우에서 모두 D펀드는 C펀드보다 우수하다.
ㄴ. 세 가지 경우에서 모두 B펀드보다 D펀드가 우수하다.
ㄷ. 마지막 경우에서 A펀드와 B펀드의 우열을 가릴 수 있으면 A~D까지 우열순위를 매길 수 있다.

06

정답 ④

A~E의 조건별 점수를 구하면 아래와 같다.

구분	직급	직종	근속연수	부양가족 수	주택유무	합계
A	3점	5점	3점	–	10점	21점
B	1점	10점	1점	4점	10점	26점
C	4점	10점	4점	4점	–	22점
D	2점	3점	1점	6점	10점	22점
E	5점	5점	5점	6점	–	21점

C과장과 D주임의 경우 동점으로, 부양가족 수가 더 많은 D주임이 우선순위를 가진다. 따라서 가장 높은 점수인 B사원과 D주임이 사택을 제공받을 수 있다.

07

정답 ①

파견팀장 선정 방식에 따라 지원자들의 점수를 정리하면 다음과 같다.

(단위 : 점)

지원자	학위 점수	현장경험 점수	어학능력 점수	근속연수 점수	선정점수
A	30	26	14	16	86
B	25	26	14	18	83
C	불인정	–	–	–	자격미달
D	18	26	17	16	77
E	25	22	17	20	84

C의 경우 자격요건인 공학계열 학위를 보유하고 있지 않으므로 자격미달이다. 따라서 선정점수를 계산한 결과 86점으로 가장 높은 점수를 받은 A가 파견팀장으로 선발된다.

08

정답 ⑤

변경된 파견팀장 자격요건을 반영해 지원자들의 점수를 정리하면 다음과 같다.

(단위 : 점)

지원자	학위 점수	현장경험 점수	어학능력 점수	근속연수 점수	선정점수
A	무효한 종합건강검진 결과서 제출				자격미달
B	25	26	14	18	83
C	18	28	20	16	82
D	18	26	17	16	77
E	25	22	17	20	84

A의 경우 제출한 종합건강검진 결과서가 지원 접수 마감일인 2023년 8월 30일을 기준으로 3개월 이내에 발급된 것이 아니므로 자격미달이다.

따라서 선정점수를 계산한 결과 84점으로 가장 높은 점수를 받은 E가 파견팀장으로 선발된다.

09

정답 ①

제시된 평가 기준을 토대로 각 하수처리시설의 평가를 정리하면 다음과 같다.

구분	생물화학적 산소요구량	화학적 산소요구량	부유물질	질소	인	평가
A 처리시설	4 (정상)	10 (정상)	15 (주의)	10 (정상)	0.1 (정상)	우수
B 처리시설	9 (주의)	25 (주의)	25 (심각)	22 (주의)	0.5 (주의)	보통
C 처리시설	18 (심각)	33 (심각)	15 (주의)	41 (심각)	1.2 (심각)	개선 필요

따라서 하수처리시설에 대한 평가로 옳은 것은 ①이다.

10

정답 ④

오답분석

① 생물화학적 산소요구량은 '주의' 지표이다.
② 부유물질이 '심각' 지표이므로 가장 먼저 개선해야 한다.
③ 질소와 인을 개선하여도 '주의' 지표가 2개, '심각' 지표가 1개이므로 평가 결과는 '보통'이다.
⑤ 평가 결과가 '우수'가 되기 위해서는 '정상' 지표가 4개 이상이어야 하므로, 4가지 기준에서 '정상' 지표를 받아야 한다.

11

정답 ①

ㄱ. 2021년에 기말주가는 전년 대비 감소하였으나, 기본 주당순이익은 증가하였다.

ㄴ. 2020년 주가매출비율은 2021년보다 높으나, 주당 순자산가치는 낮다.

오답분석

ㄷ. 주당매출액은 연간매출액을 총발행주식 수로 나눈 값이다. 따라서 분모인 총발행주식 수가 매년 동일하다면, 연간 매출액과 주당매출액이 비례함을 알 수 있다. 따라서 2021년의 주당매출액이 가장 높으므로 연간 매출액도 2021년이 가장 높다.

ㄹ. 2019년 대비 2022년 주당매출액은 $\frac{37,075-23,624}{23,624}\times 100$ ≒56.9% 증가하였다.

12

정답 ⑤

회복적 사법이 기존의 관점을 완전히 대체할 수 있는 것은 아니며, 우리나라는 현재 형사 사법을 보완하는 차원 정도로 적용하고 있다.

오답분석

① 응보형론은 범죄를 상쇄할 해악의 부과를 형벌의 본질로 보는 이론이다.

② 응보형론은 지속적인 범죄 증가 현상을, 재사회화론은 재범률을 줄이지 못한다는 비판을 받는다.

③ 기존의 관점인 응보형론과 재사회화론 모두 범죄를 국가에 대한 거역이고 위법 행위로 본다.

④ 기존의 관점이 가해자의 행동 교정에 초점을 맞췄다면 회복적 사법은 피해자와 피해자의 회복 등에 초점을 두고 있다.

13

정답 ②

면접평가 결과를 점수로 변환하면 다음과 같다.

(단위 : 점)

평가요소 \ 지원자	A	B	C	D	E
의사소통능력	100	100	100	80	50
문제해결능력	80	75	100	75	95
조직이해능력	95	90	60	100	90
대인관계능력	50	100	80	60	85

변환된 점수에 최종 합격자 선발 기준에 따른 평가비중을 곱하여 최종 점수를 도출하면 다음과 같다.

- A : $100\times0.4+80\times0.3+95\times0.2+50\times0.1=88$점
- B : $100\times0.4+75\times0.3+90\times0.2+100\times0.1=90.5$점
- C : $100\times0.4+100\times0.3+60\times0.2+80\times0.1=90$점
- D : $80\times0.4+75\times0.3+100\times0.2+60\times0.1=80.5$점
- E : $50\times0.4+95\times0.3+90\times0.2+85\times0.1=75$점

따라서 최종 합격자는 상위자 2명이므로 B, C가 선발된다.

14

정답 ④

제20조 위반에 대한 제재에 따르면 준법관리인이 법에 따른 신고·신청의 접수, 처리 및 내용의 조사 업무를 부당하게 처리하거나 임직원의 위반행위를 발견했음에도 조치를 취하지 않은 경우에는 형사처벌이 아닌 징계를 받는다.

오답분석

① 제5조 위반에 대한 제재에 따르면 직원은 동일한 부정청탁을 두 번째 받은 경우 신고하지 않으면 징계를 받는다.

② 제8 ~ 9조 위반에 대한 제재에 따르면 100만 원 이하의 금품이라도 직무와 관련된 것은 제재받게 된다.

③ 제10조 위반에 대한 제재에 따르면 초과사례금을 받은 경우 신고와 반환을 모두 하여야 한다. 둘 중 하나를 하지 않으면 징계, 둘 다 하지 않으면 과태료를 부과받게 된다.

⑤ 제8 ~ 9조 위반에 대한 제재에 따르면 공직자에게 1회 100만 원을 초과하는 수수 금지 금품의 제공을 약속한 것만으로도 형사처벌을 받게 된다.

15

정답 ⑤

D과장의 경우 지자체 요청 강의이므로 사전 신고 대상은 아니지만, 초과사례금에 대해서는 반환뿐만 아니라 신고할 의무가 있다. 따라서 초과사례금에 대한 신고를 하지 않았으므로 징계 대상이다.

오답분석

① A주임은 배우자가 관련 업체 직원으로부터 1회 100만 원을 초과한 금품을 받았으나, A주임이 이를 알지 못한 경우이므로 A사원은 제재 대상이 되지 않는다.

② B주임은 K로부터 부정청탁을 받고 그에 따라 직무를 수행하였으므로 제5조 위반에 대한 제재에 따라 형사처벌을 받게 된다.

③·④ C대리는 공직자에게 1회 100만 원을 초과하는 금품 등을 제공하였으므로 제8 ~ 9조 위반에 대한 제재에 따라 형사처벌 대상이다.

16

정답 ④

- (가) : $7,176-(98+3,270+3,311+55)=442$
- (나) : $170+2,599+451+3,270+64=6,554$

∴ (가)+(나) : $442+6,554=6,996$

17

정답 ②

오답분석

① 2023년 총 취수량은 6,554백만 m^3로 전년보다 감소하였다.

③ 하천표류수의 양이 가장 많았던 해는 2020년이고, 댐의 취수량이 가장 많았던 해는 2021년이다.

④ 지하수의 양이 총 취수량의 2% 미만이면 지표수의 양은 총 취수량의 98% 이상이다.

- 2022년 총 취수량 중 지하수의 비중 : $\frac{163}{7,300}\times 100$ ≒ 2.23%

• 2023년 총 취수량 중 지하수의 비중 : $\frac{170}{6,554}\times100 ≒ 2.59\%$
따라서 2022 ~ 2023년에는 지표수의 양이 총 취수량의 98%에 미치지 못한다.

⑤ 2018년, 2020년, 2021년, 2022년, 2023년에는 하천표류수보다 댐의 연간 취수량이 더 많다.

18

정답 ③

보기의 내용은 독립신문이 일반 민중들을 위해 순 한글을 사용해 배포됐고, 상하귀천 없이 누구에게나 새로운 소식을 전달해 준다는 내용이다. 따라서 〈보기〉의 내용으로부터 추론할 수 있는 것은 ③이다.

19

정답 ①

먼저 AVERAGE 함수로 평균을 구하고 천의 자릿수 자리올림은 「ROUNDUP(수,자릿수)」로 구할 수 있다. 이때 자릿수는 소수점 이하 숫자를 기준으로 하여 일의 자릿수는 0, 십의 자릿수는 −1, 백의 자릿수는 −2, 천의 자릿수는 −3으로 표시한다.

20

정답 ④

비교적 가까운 거리에 흩어져 있는 컴퓨터들을 서로 연결하여 여러 가지 서비스를 제공하는 네트워크는 근거리 통신망에 해당한다. 근거리 통신망의 작업 결과를 공유하기 위해서는 네트워크상의 작업 그룹명을 동일하게 해야 한다.

21

정답 ②

ㄱ. $2,141\times1.3 ≒ 2,783 < 2,925$이므로 옳다.

ㄷ. 2023년 4월 미국인 제주도 관광객 수는 2,056명으로, 2022년 4월 홍콩인 제주도 관광객 수의 35%인 2,123명보다 적다.

오답분석

ㄴ. 자료는 2022년 4월과 2023년 4월에 대한 것이므로, 제시된 자료만으로는 2023년 3월과 4월을 비교할 수 없다.

ㄹ. 2023년 4월 제주도 관광객이 전년 동월 대비 25% 이상 감소한 아시아 국가의 구체적 개수는 기타 국가의 정보를 알 수 없으므로 확인할 수 없다.

22

정답 ④

2020년에 독일은 10.4%에서 11.0%로 증가했으므로 증가율은 $\frac{11.0-10.4}{10.4}\times100 ≒ 5.77\%$이며, 대한민국은 9.3%에서 9.8%로 증가했으므로 증가율은 $\frac{9.8-9.3}{9.3}\times100 ≒ 5.38\%$이다.

오답분석

① 2018년에 일본은 8.0%에서 7.7%로 감소했으므로 감소율은 $\frac{8.0-7.7}{8.0}\times100=3.75\%$이다.

②·③·⑤ 자료를 통해 확인할 수 있다.

23

정답 ②

2022년 미국의 청년층 실업률은 2017년과 비교하여 6.8%p 증가하였다.

오답분석

① 5.1%p 감소
③ 6.1%p 증가
④ 변화 없음
⑤ 0.4%p 감소

24

정답 ②

• A : A, B, C, D단계가 아닌 A, P, D, C단계로 이루어져 있다.
• D : 안전문화 모니터링 준수가 아닌 안전문화 지표 모니터링이다.

25

정답 ④

라벨지와 1단 받침대, 블루투스 마우스 가격을 차례대로 계산하면 $(18,000\times2)+24,000+(27,000\times5)=195,000$원이다. 그리고 블루투스 마우스를 3개 이상 구매하면 건전지 3SET를 무료로 증정하기 때문에 AAA건전지는 2개만 더 구매하면 된다.
따라서 총 주문 금액은 $195,000+(4,000\times2)=203,000$원이다.

26

정답 ②

라벨지는 91mm로 사이즈 변경 시 SET당 5%를 가산하기 때문에 가격은 $18,000\times(1+0.05)\times4=75,600$원이다. 3단 받침대의 가격은 1단 받침대에 2,000원을 추가하므로, $(24,000+2,000)\times2=52,000$원이다. 그리고 블루투스 마우스의 가격은 $27,000\times3=81,000$원이고, 마우스 3개 이상 구매 시 AAA건전지 3SET를 무료로 증정하기 때문에 따로 주문하지 않는다. 마지막으로 탁상용 문서수동세단기 가격인 36,000원을 더해 총 주문 금액을 계산하면 $75,600+52,000+81,000+36,000=244,600$원이다.

27

정답 ②

증감 연산자(++, −−)는 피연산자를 1씩 증가시키거나 감소시킨다. 수식에서 증감 연산자가 피연산자의 후의에 사용되었을 때는 값을 먼저 리턴하고 증감시킨다.
temp=i++;은 temp에 i를 먼저 대입하고 난 뒤 i 값을 증가시키기 때문에 temp는 10, i는 11이 된다. temp=i−−; 역시 temp에 먼저 i 값을 대입한 후 감소시키기 때문에 temp는 11, i는 10이 된다.

28

정답 ④

현재기온이 가장 높은 수원은 이슬점 온도는 가장 높지만 습도는 65%로, 다섯 번째로 높다.

오답분석

① 파주의 시정은 20km로 가장 좋다.
② 수원이 이슬점 온도와 불쾌지수 모두 가장 높다.
③ 불쾌지수가 70을 초과한 지역은 수원, 동두천 2곳이다.
⑤ 시정이 0.4km로 가장 좋지 않은 백령도의 경우 풍속이 4.4m/s로 가장 강하다.

29

정답 ②

먼저 A호텔 연꽃실은 2시간 이상 사용할 경우 추가비용이 발생하고, 수용 인원도 부족하다. B호텔 백합실은 1시간 초과 대여가 불가능하며, C호텔 매화실은 이동수단을 제공하지만 수용 인원이 부족하다. 남은 C호텔 튤립실과 D호텔 장미실을 비교했을 때, C호텔의 튤립실은 예산초과로 예약할 수 없으므로 이대리는 대여료와 수용 인원의 조건이 맞는 D호텔 연회장을 예약해야 한다.
따라서 이대리가 지불해야 하는 예약금은 D호텔 대여료 150만 원의 10%인 15만 원이다.

30

정답 ④

예산이 200만 원으로 증액되었을 때, 조건에 부합하는 연회장은 C호텔 튤립실과 D호텔 장미실이다. 예산 내에서 더 저렴한 연회장을 선택해야 한다는 조건이 없고, 이동수단이 제공되는 연회장을 우선적으로 고려해야 하므로 이대리는 C호텔 튤립실을 예약할 것이다.

31

정답 ①

성과급 지급 기준에 따라 직원들의 성과점수를 산정하면 다음과 같다.

직원	성과점수
A	(85×0.4)+(70×0.3)+(80×0.3)+4=83점
B	(80×0.4)+(80×0.3)+(70×0.3)−1=76점
C	(75×0.4)+(85×0.3)+(80×0.3)+2=81.5점
D	(70×0.4)+(70×0.3)+(90×0.3)−5=71점
E	(80×0.4)+(65×0.3)+(75×0.3)=74점

수상, 자격증 획득, 징계는 4분기 내의 것만 인정이 됨에 유의한다.
따라서 A직원과 C직원이 B등급으로 직원들 중 가장 높은 등급을 받고, 이에 따라 가장 많은 성과급을 받는다.

32

정답 ③

B는 전분기 부서표창으로 인한 혜택을 받으나, D는 '의도적 부정행위' 유형의 사고가 3건 이상이므로 혜택을 받지 못한다. 주어진 정보에 따라 부서별 당월 벌점을 계산하면 다음과 같다.

부서	당월 벌점	전분기 부서표창 혜택
A	(20×1)+(12×2)+(6×3)=62점	−
B	(20×1)+(12×4)+(6×2)−20=60점	○
C	(12×3)+(6×6)=72점	−
D	(20×3)+(12×2)=84점	−
E	(20×2)+(6×4)=64점	−

따라서 두 번째로 높은 벌점을 받을 부서는 C부서이다.

33

정답 ④

제시문은 예비 조건, 진지성 조건, 기본 조건 등 화행 이론에서 말하는 발화의 적절성 조건을 설명하고 있다. 두 번째 문단에서 '발화의 적절성 판단은 상황에 의존하고 있다.'라고 하였으므로, 발화가 적절한지는 그 발화가 일어난 상황에 따라 달라짐을 알 수 있다.

34

정답 ②

ㄱ. 자료를 보면 접촉신청 건수는 2023년 3월부터 6월까지 전월 대비 매월 증가한 것을 알 수 있다.
ㄷ. 2023년 5월 생사확인 건수는 11,795건으로, 접촉신청 건수 18,205건의 70%인 약 12,744건 이하이다. 따라서 옳은 설명이다.

오답분석

ㄴ. 2023년 5월부터 6월까지 생사확인 건수는 전월과 동일하였으나, 서신교환 건수는 증가하였으므로 옳지 않은 설명이다.
ㄹ. 2023년 4월과 7월에 상봉 건수는 동일하다. 따라서 서신교환 건수만 비교해 보면, 7월은 4월보다 12,288−12,274=14건이 더 많으므로 상봉 건수 대비 서신교환 건수 비율은 증가하였음을 알 수 있다.

35

정답 ②

㉠ 자료에 따르면 생사확인 건수는 5월과 6월에 전월 대비 불변이므로 옳지 않은 설명이다.
㉢ 접촉신청 건수는 2023년 6월을 포함하여 매월 증가하고 있으므로 옳지 않은 설명이다.

오답분석

㉡ 서신교환의 경우, 2월 대비 7월 증가율은 $\frac{12,288-12,267}{12,267}\times 100 ≒ 0.2\%$로 2% 미만이며, 매월 증가추세를 보이고 있으므로 옳은 설명이다.
㉣ 전체 이산가족 교류 건수는 항목별 매월 동일하거나 증가하므로 옳은 설명이다.

36

정답 ⑤

- 2022년 전체 어린이보호구역 : 5,946+6,735+131+2,313+11=15,136개소
- 2020년 전체 어린이보호구역 : 5,850+5,476+126+1,755+10=13,217개소

∴ 15,136−13,217=1,919개소

37

정답 ④

시설별 전년 대비 2019년 어린이보호구역 지정개소 증가율은 다음과 같다.

- 초등학교 : $\frac{5,654-5,526}{5,526}\times100 \fallingdotseq 2.32\%$
- 유치원 : $\frac{2,781-2,602}{2,602}\times100 \fallingdotseq 6.88\%$
- 특수학교 : $\frac{107-93}{93}\times100 \fallingdotseq 15.05\%$
- 보육시설 : $\frac{1,042-778}{778}\times100 \fallingdotseq 33.93\%$
- 학원 : $\frac{8-7}{7}\times100 \fallingdotseq 14.29\%$

따라서 전년 대비 2019년 어린이보호구역 지정개소 증가율이 가장 높은 시설은 보육시설이다.

38

정답 ②

- 2022년 전체 어린이보호구역 : 5,946+6,735+131+2,313+11=15,136개소
- 2017년 전체 어린이보호구역 : 5,365+2,369+76+619+5=8,434개소

따라서 2022년 어린이보호구역은 2017년 어린이보호구역보다 15,136−8,434=6,702개소 증가했으므로 옳지 않은 설명이다.

오답분석

① 2017년에 어린이보호구역으로 지정된 시설은 5,365+2,369+76+619+5=8,434개소이다.
③ 2021년과 2022년의 특수학교 어린이보호구역 지정개소 수는 131개소로 같다.
④ 2017 ~ 2022년 동안 초등학교 어린이보호구역은 꾸준히 증가하고 있으므로 옳은 설명이다.
⑤ 학원 어린이보호구역은 2022년에 11개로 2021년과 동일하므로 증가율은 0%이다.

39

정답 ②

- 영준 : 2021년부터 2023년까지 원자력에너지 발전량은 계속해서 감소하였음을 알 수 있다.
- 세종 : 석탄에너지 발전량은 수력에너지 발전량과 함께 매년 증가하였음을 알 수 있다.

오답분석

- 진경 : 2023년 신재생에너지 발전량은 30,817GWh로, 화력에너지 발전량의 10%인 36,994.3GWh보다 적으므로 옳지 않은 설명이다.
- 현아 : LNG에너지 발전량은 2022년에 121,018GWh로, 100,783GWh인 2021년 대비 약 20% 증가하였다.

40

정답 ③

유효성 검사에서 제한 대상을 목록으로 설정했을 경우, 드롭다운 목록의 너비는 데이터 유효성 설정이 있는 셀의 너비에 의해 결정된다.

41

정답 ④

여성의 경우 국가기관에 대한 선호 비율이 공기업에 대한 선호 비율의 약 3.2배이지만, 남성의 경우는 약 2.9배이다.

오답분석

① 3%, 2.6%, 2.5%, 2.1%, 1.9%, 1.7%로 가구소득이 많을수록 중소기업을 선호하는 비율이 줄어들고 있음을 알 수 있다.
② 대기업을 선호하는 경우 남성은 19.5%, 여성은 14.8%이며, 벤처기업을 선호하는 경우 남성은 5%, 여성은 1.8%로 옳은 설명이다.
③ 국가기관은 모든 기준에서 가장 선호 비율이 높은 모습을 보여주고 있다.
⑤ 15 ~ 18세, 19 ~ 24세의 경우 세 번째로 선호하는 직장은 전문직 기업으로 같음을 알 수 있다.

42

정답 ②

한글 자음을 순서에 따라 바로 뒤의 자음으로 변환하면 다음과 같다.

ㄱ	ㄴ	ㄷ	ㄹ	ㅁ	ㅂ	ㅅ
ㄴ	ㄷ	ㄹ	ㅁ	ㅂ	ㅅ	ㅇ
ㅇ	ㅈ	ㅊ	ㅋ	ㅌ	ㅍ	ㅎ
ㅈ	ㅊ	ㅋ	ㅌ	ㅍ	ㅎ	ㄱ

한글 모음을 순서에 따라 알파벳으로 변환하면 다음과 같다.

ㅏ	ㅐ	ㅑ	ㅒ	ㅓ	ㅔ	ㅕ
a	b	c	d	e	f	g
ㅖ	ㅗ	ㅘ	ㅙ	ㅚ	ㅛ	ㅜ
h	i	j	k	l	m	n
ㅝ	ㅞ	ㅟ	ㅠ	ㅡ	ㅢ	ㅣ
o	p	q	r	s	t	u

ㄴ=ㄱ, u=ㅣ, ㅂ=ㅁ, ㅋ=ㅊ, u=ㅣ, ㅊㅊ=ㅉ, u=ㅣ, ㄴ=ㄱ, b=ㅐ

따라서 김대리가 말한 메뉴는 김치찌개이다.

43

정답 ③

ㅈ=ㅊ, ㅗ=i, ㄴ=ㄷ, ㅈ=ㅊ, ㅜ=n, ㅇ=ㅈ, ㄱ=ㄴ, ㅘ=j, 공백=0, ㅂ=ㅅ, ㅐ=b, ㄹ=ㅁ, ㅓ=g

44

정답 ③

ㄴ. 115,155×2=230,310>193,832이므로 옳은 설명이다.

ㄷ. • 2021년 : $\frac{18.2}{53.3}\times 100 ≒ 34.1\%$

• 2022년 : $\frac{18.6}{54.0}\times 100 ≒ 34.4\%$

• 2023년 : $\frac{19.1}{51.9}\times 100 ≒ 36.8\%$

따라서 2021 ~ 2023년 동안 석유제품 소비량 대비 전력 소비량의 비율은 매년 증가한다.

오답분석

ㄱ. 비율은 매년 증가하지만, 전체 최종에너지 소비량 추이를 알 수 없으므로 절대적인 소비량까지 증가하는지는 알 수 없다.

ㄹ. • 산업부문 : $\frac{4,750}{15,317}\times 100 ≒ 31.01\%$

• 가정・상업부문 : $\frac{901}{4,636}\times 100 ≒ 19.43\%$

따라서 산업부문의 유연탄 소비량 대비 무연탄 소비량의 비율은 25% 이상이다.

45

정답 ②

창 나누기를 수행하면 셀 포인터의 왼쪽과 위쪽으로 창 구분선이 표시된다.

46

정답 ②

TODAY는 현재 날짜를 나타내는 함수이고, DATE(년, 월, 일)는 해당 값을 입력받아 날짜로 변환해 주는 함수이다.

47

정답 ②

인쇄 중인 문서를 일시 정지시킬 수 있으며 일시 정지된 문서를 다시 이어서 출력할 수도 있지만, 다른 프린터로 출력하도록 할 수는 없다. 다른 프린터로 출력을 원할 경우 처음부터 다른 프린터로 출력해야 한다.

48

정답 ③

정보를 관리하지 않고 그저 머릿속에만 기억해두는 것은 정보관리의 허술한 사례이다.

오답분석

①・④ 정보검색의 바람직한 사례이다.
②・⑤ 정보전파의 바람직한 사례이다.

49

정답 ④

오답분석

① 〈Home〉 : 커서를 행의 맨 처음으로 이동시킨다.
② 〈End〉 : 커서를 행의 맨 마지막으로 이동시킨다.
③ 〈Back Space〉 : 커서 앞의 문자를 하나씩 삭제한다.
⑤ 〈Alt〉+〈Page Up〉 : 커서를 한 쪽 앞으로 이동시킨다.

50

정답 ②

DSUM 함수는 지정한 조건에 맞는 데이터베이스에서 필드 값들의 합을 구하는 함수이다. 주어진 함수는 [A1:C7]에서 상여금이 1,000,000 이상인 합계를 구하므로 2,500,000이 도출된다.

개별문항 1 조직이해능력(사무직 / 관제직)

51 정답 ②

간트차트(Gantt Chart)는 1919년 간트(Gantt)가 고안한 작업진도 도표이다. 단계별로 업무의 시작부터 끝나는 데까지 걸리는 시간을 바(Bar) 형식으로 표시하며, 전체 일정 및 단계별 소요 시간, 각 업무 활동 사이의 관계 등을 한눈에 볼 수 있는 장점이 있다.

오답분석

① 업무계획표(Business Planner) : 업무 진행 계획을 기재한 표 형식의 문서이다.
③ 체크리스트(Checklist) : 업무 단계 각각의 수행 수준을 스스로 점검할 수 있는 도구이다.
④ 워크플로시트(Work Flow Sheet) : 각 과정을 도형으로 나타내어 일의 흐름을 동적으로 보여주는 도구이다.
⑤ 플로차트(Flow Chart) : 문제의 범위를 정하여 분석하고, 그 해법을 명확하게 하기 위해서 필요한 작업이나 사무처리 순서를 통일된 기호와 도형을 사용해서 도식적으로 표시한 것을 말한다.

52 정답 ⑤

많은 시간을 직장에서 보내는 일 중독자는 최우선 업무보다 가시적인 업무에 전력을 다하는 경향이 있다. 장시간 일을 한다는 것은 오히려 자신의 일에 대한 시간관리능력의 부족으로 잘못된 시간관리 행동을 하고 있다는 것이다. 시간관리를 잘하여 일을 수행하는 시간을 줄일 수 있다면 일 외에 다양한 여가를 즐길 수 있을 것이다.

53 정답 ⑤

서약서 집행 담당자는 보안담당관이며, 보안담당관은 총무국장이므로 서약서는 이사장이 아닌 총무국장에게 제출해야 한다.

54 정답 ③

OJT에 의한 교육방법의 4단계는 다음과 같다.

ⓛ 제1단계 : 배울 준비를 시킨다.
ⓒ 제2단계 : 작업을 설명한다.
㉠ 제3단계 : 시켜본다.
㉣ 제4단계 : 작업을 수행하도록 한다.

55 정답 ③

A사원이 처리해야 하는 업무를 시간 순서대로 나열해 보면 '회의실 예약 – PPT 작성 – 메일 전송 – 수정사항 반영 – B주임에게 조언구하기 – 브로슈어에 최종본 입력 – D대리에게 파일 전달 – 인쇄소 방문' 순서이다.

56 정답 ③

오답분석

- B : 사장 직속으로 4개의 본부가 있다는 설명은 옳지만, 인사를 전담하고 있는 본부는 없으므로 옳지 않다.
- C : 감사실이 분리되어 있다는 설명은 옳지만, 사장 직속이 아니므로 옳지 않다.

57 정답 ④

새로운 사회 환경을 접할 때는 개방적 태도를 갖는 동시에 자신의 정체성을 유지하도록 해야 한다.

58 정답 ③

③은 인사부의 담당 업무이다. 기획부는 경영계획 및 전략 수립, 전사기획업무 종합 및 조정, 중·장기 사업계획의 종합 및 조정 등을 한다.

59 정답 ②

C주임은 최대 작업량을 잡아 업무를 진행하면 능률이 오를 것이라는 오해를 하고 있다. 하지만 이럴 경우 시간에 쫓기게 되어 오히려 능률이 떨어질 가능성이 있다. 따라서 실현 가능한 목표를 잡고 우선순위를 세워 진행하는 것이 옳다.

60 정답 ⑤

팀장의 업무지시 내용을 살펴보면 지출결의서는 퇴근하기 1시간 전까지는 제출해야 한다. 업무스케줄상에서 퇴근 시간은 18시이므로, 퇴근 1시간 전인 17시까지는 지출결의서를 제출해야 한다. 따라서 ⑤는 업무스케줄의 16:00 ~ 17:00란에 작성하는 것이 적절하다.

개별문항 2 기술능력(기술직)

51
정답 ②

화상 방지 시스템을 개발한 이유가 이용자들의 화상을 염려하였다는 점을 볼 때, 기술이 필요한 이유에 대해 설명하는 노와이(Know - why)의 사례로 가장 적절하다.

52
정답 ④

모니터 전원은 들어오나 화면이 나오지 않는 현상의 원인은 본체와 모니터 연결선의 문제가 있을 경우이다.

53
정답 ④

주의사항에 따르면 불안정한 책상에 컴퓨터를 설치하면 무게로 인하여 떨어질 수도 있으므로 안정된 곳에 설치해야 한다.

오답분석

① 모니터 전원과 본체 전원 총 2개의 전원이 필요하기 때문에 2구 이상의 멀티탭을 사용해야 한다.
② 컴퓨터 주위를 깨끗하게 유지하여 먼지가 쌓이지 않게 해야 한다.
③ 본체 내부의 물청소는 금해야 할 사항이다.
⑤ 통풍이 잘되고 화기와 멀리 있는 장소에 컴퓨터를 설치해야 한다.

54
정답 ④

'④ 물체에 맞음'의 아래에 있는 사고발생 원인과 사망재해 예방대책의 내용이 서로 관계성이 낮다는 것을 알 수 있다. 물론 지게차와 관련한 사고발생 원인으로 언급한 부분은 있으나, 전반적인 원인과 대조해 보았을 때 예방 대책을 모두 포괄하고 있다고 보기는 어렵다.

55
정답 ②

와이어로프가 파손되어 중량물이 떨어지는 사고를 나타낸 그림이다. 해당 그림은 '④ 물체에 맞음'에 더 적합하다.

오답분석

① 대형설비나 제품 위에서 작업 중에 떨어지는 사고를 나타낸 그림이다.
③ 화물자동차 위에서 적재 및 포장작업을 하는 과정에서 떨어지는 사고를 나타낸 그림이다.
④ 사다리에 올라가 작업하는 도중 미끄러져 떨어지는 사고를 나타낸 그림이다.
⑤ 지붕 위에서 보수작업 등을 하는 과정에서 선라이트가 부서져 떨어지는 사고를 나타낸 그림이다.

56
정답 ⑤

벤치마킹은 비교대상에 따라 내부·경쟁적·비경쟁적·글로벌 벤치마킹으로 분류되며, 네스프레소는 뛰어난 비경쟁 기업의 유사 분야를 대상으로 벤치마킹하는 비경쟁적 벤치마킹을 하고 있다. 비경쟁적 벤치마킹은 아이디어 창출 가능성은 높으나 가공하지 않고 사용하면 실패할 가능성이 높다.

오답분석

① 내부 벤치마킹에 대한 설명이다.
②·③ 글로벌 벤치마킹에 대한 설명이다.
④ 경쟁적 벤치마킹에 대한 설명이다.

57
정답 ②

임펠러 날개깃이 피로 현상으로 인해 결함을 일으킬 수 있다고 하였기 때문에 기술적 원인에 해당된다. 기술적 원인에는 기계 설계 불량, 재료의 부적합, 생산 공정의 부적당, 정비·보존 불량 등이 해당된다.

오답분석

① 작업 관리상 원인 : 안전 관리 조직의 결함, 안전 수칙 미제정, 작업 준비 불충분, 인원 배치 및 작업 지시 부적당 등이 해당된다.
③ 교육적 원인 : 안전 지식의 불충분, 안전 수칙의 오해, 경험이나 훈련의 불충분과 작업관리자의 작업 방법의 교육 불충분, 유해 위험 작업 교육 불충분 등이 해당된다.
④ 불안전한 행동 : 위험 장소 접근, 안전장치 기능 제거, 보호장비의 미착용 및 잘못 사용, 운전 중인 기계의 속도 조작, 기계·기구의 잘못된 사용, 위험물 취급 부주의, 불안전한 상태 방치, 불안정한 자세와 동작, 감독 및 연락 잘못 등이 해당된다.

58
정답 ④

문제발생 시 확인사항의 '찬바람이 지속적으로 나오지 않습니다.', '실내기', '실외기' 등의 단서를 통해 에어컨의 사용설명서라는 것을 알 수 있다.

59
정답 ④

에어컨 응축수가 잘 빠지지 않을 경우 곰팡이 냄새가 나므로, 배수호스를 점검해야 한다.

60
정답 ③

A/S센터로 연락하기 전에 리모컨 수신부가 가려져 있는지도 확인해봐야 한다.

인천국제공항공사 신입직원 필기전형

제4회 모의고사 정답 및 해설

01 경영학

01	02	03	04	05	06	07	08	09	10
⑤	③	①	①	②	⑤	⑤	⑤	③	③
11	12	13	14	15	16	17	18	19	20
②	③	⑤	④	④	④	②	③	②	③
21	22	23	24	25	26	27	28	29	30
①	⑤	④	④	①	⑤	③	④	②	②
31	32	33	34	35	36	37	38	39	40
⑤	①	①	①	②	②	④	③	④	③
41	42	43	44	45	46	47	48	49	50
①	④	⑤	⑤	⑤	②	③	②	①	④

01 정답 ⑤

주어진 매트릭스에서 시장 지위를 유지하며 집중 투자를 고려해야 하는 위치는 사업의 강점도 높고 시장의 매력도 또한 높은 프리미엄이다.

프리미엄에서는 성장을 위하여 적극적으로 투자하며, 사업 다각화 전략과 글로벌 시장 진출을 고려하고 또한, 너무 미래지향적인 전략보다는 적정선에서 타협을 하는 단기적 수익을 수용하는 전략이 필요하다.

GE 매트릭스

3×3 형태의 매트릭스이며, Y축 시장매력도에 영향을 끼치는 요인은 시장 크기, 시장성장률, 시장수익성, 가격, 경쟁강도, 산업평균 수익률, 리스크, 진입장벽 등이다. X축 사업강점에 영향을 끼치는 요인은 자사의 역량, 브랜드 자산, 시장점유율, 고객충성도, 유통 강점, 생산 능력 등이 있다.

02 정답 ③

명성가격은 가격이 높아질수록 품질이 좋다고 인식되고, 소비자들은 제품의 가격과 자신의 권위가 비례한다고 생각한다. 따라서 이런 제품의 경우 가격이 떨어지면 초기 매출은 증가하겠지만 나중으로 갈수록 오히려 매출이 감소하게 된다.

03 정답 ①

ㄱ. 변혁적 리더십은 거래적 리더십에 대한 비판에서 발생된 것으로, 현상 탈피, 변화 지향성, 내재적 보상의 강조, 장기적 관점이 특징이다.

ㄷ. 카리스마 리더십은 부하에게 높은 자신감을 보이며 매력적인 비전을 제시한다.

오답분석

ㄴ. 거래적 리더십은 전통적 리더십 이론으로, 현상 유지, 안정 지향성, 즉각적이고 가시적인 보상체계, 단기적 관점이 특징이다.

ㄹ. 슈퍼 리더십은 부하들이 역량을 최대한 발휘하여 셀프 리더가 될 수 있도록 환경을 조성해 주고 동기부여를 할 줄 아는 리더십이다.

04 정답 ①

주제품과 함께 사용되어야 하는 종속제품을 높은 가격으로 책정하여 마진을 보장하는 전략을 종속제품 가격결정이라고 한다.

오답분석

② 묶음 가격결정 : 몇 개의 제품들을 하나로 묶어서 할인된 가격으로 판매하는 전략이다.

③ 단수 가격결정 : 제품 가격의 끝자리를 단수로 표시하여 소비자들이 제품의 가격이 저렴하다고 느껴 구매하도록 하는 가격전략이다.

④ 침투 가격결정 : 빠른 시일 내에 시장에 깊숙이 침투하기 위해, 신제품의 최초가격을 낮게 설정하는 전략이다.

⑤ 스키밍 가격결정 : 신제품이 시장에 진출할 때 가격을 높게 책정한 후 점차적으로 그 가격을 내리는 전략이다.

05 정답 ②

수직적 통합이란 원재료 획득에서부터 최종제품의 생산, 판매에 이르기까지의 제품의 전체적인 공급과정에서 기업이 어느 일정 부분을 통제하는 전략으로 다각화의 한 방법이며, 이는 전방통합과 후방통합으로 구분할 수 있다. 원재료를 공급하는 기업이 생산기업을 통합하거나, 생산기업이 유통채널을 가진 기업을 통합하는 것을 전방통합이라고 한다. 반면 유통기업이 생산기업을 통합하거나, 생산기업이 원재료 공급업체를 통합하는 것을 후방통합이라고 한다. 수직적 통합은 경쟁자 배제, 수익의 증대, 기술적 일관성을 높일 수 있는 장점이 있다.

06

정답 ⑤

상대평가란 피평가자들 간 비교를 통하여 평가하는 방법으로, 피평가자들의 선별에 초점을 두는 인사평가이다. 상대평가 기법으로는 서열법, 쌍대비교법, 강제할당법 등이 있다.
서열법은 피평가자의 능력·업적 등을 통틀어 그 가치에 따라 서열을 매기는 기법이고, 쌍대비교법은 두 사람씩 쌍을 지어 비교하면서 서열을 정하는 기법이다. 강제할당법은 사전에 범위와 수를 결정해 놓고 피평가자를 일정한 비율에 맞추어 강제로 할당하는 기법이다.

절대평가
피평가자의 실제 업무수행 사실에 기초하여 피평가자의 육성에 초점을 둔 평가방법이다. 절대평가 기법으로는 평정척도법, 체크리스트법, 중요사건기술법 등이 있다.
- 평정척도법 : 피평가자의 성과, 적성, 잠재능력, 작업행동을 평가하기 위해 평가요소들을 제시하고 이에 따라 단계별 차등을 두어 평가하는 기법
- 체크리스트법 : 직무상 행동들을 구체적으로 제시하고 평가자가 해당 서술문을 체크하는 기법
- 중요사건기술법 : 피평가자의 직무와 관련된 효과적이거나 비효과적인 행동을 관찰하여 기록에 남긴 후 평가하는 기법

07

정답 ⑤

고관여와 저관여 상태의 특징

고관여	저관여
• 복잡한 구매행동 • 제품지식에 근거한 주관적 신념의 형성 • 제품에 대한 호불호의 태도 형성 • 합리적인 선택지 모색 • 부조화 감소 구매행동 • 구매 후 불만사항을 발견하거나 구입하지 않은 제품에 대한 호의적인 정보를 얻으면 부조화를 경험 • 소비자들이 구매 후 확신을 갖게 하는 촉진활동 전개가 효과적	• 습관적 구매행동 • 소비자들이 어떤 상표에 대한 확신이 없음 • 가격할인, 판촉의 효과적 작용 • 다양성 추구 구매행동 • 제품의 상표 간 차이가 명확한 경우, 다양성 추구 구매를 하기 위해서 잦은 상표전환

08

정답 ⑤

시장세분화 전략은 마케팅 전략 중 하나이다. 따라서 일반적인 경영전략 유형에 해당하지 않는다.

일반적인 경영전략 유형
- 성장 전략
  성장 전략은 기업의 규모를 키워 현재의 영업범위를 확대하는 전략을 의미하며, 시장의 성장 가능성이 높고 기업의 점유율이 높거나 투자가치가 있을 경우 이러한 전략을 채택한다. 성장전략은 기업의 장기적 생존을 위해서는 필수적이며, 성장전략을 통해 수익 창출 및 점유율 확보, 기업 규모 확대가 가능하다.
- 축소 전략
  축소 전략은 기업의 효율성이나 성과를 향상시키기 위해 규모를 축소하는 전략을 의미하며, 시장이 더이상 성장하지 않고 기업이 해당 시장에서의 경쟁능력이 없을 경우 다운사이징, 구조조정, 분사 및 청산 등의 방법을 통해 축소 전략을 구사한다.
- 안정화 전략
  안정화 전략은 현재 상태에서 큰 변화 없이 현재 상태를 유지하고자 노력하는 전략을 의미하며, 시장 성장률이 높지 않지만, 시장 내 기업의 점유율이 높을 경우(캐시카우) 해당 사업을 통해 다른 사업을 확장하는 데 필요한 자본을 조달하는 방식의 전략이다.
- 협력 전략
  협력 전략은 전략적 제휴라고도 하는데, 둘 이상의 기업이 공동의 목표를 위해 서로 협력하는 전략을 의미한다. 이때 각 기업들은 각자의 독립성을 유지하면서 서로의 약점을 보완하고 경쟁우위를 강화하고자 추구하는 전략이다.

09

정답 ③

동기부여이론

내용이론	과정이론
• 매슬로우의 욕구단계설 • 앨더퍼의 ERG 이론 • 허즈버그의 2요인 이론 • 맥그리거의 X이론 – Y이론 • 맥클랜드의 성취동기 이론	• 브룸의 기대이론 • 포터와 로울러의 기대이론 • 애덤스의 공정성이론

10

정답 ③

트러스트(Trust)는 경제적 자립권과 독립성을 둘 다 포기한 채 시장독점이라는 하나의 목적으로 여러 기업이 뭉쳐서 이뤄진 통일체이다.

오답분석

① 카르텔(Kartell) : 기업연합을 의미하는 용어로, 동종 산업에 종사하는 다수의 기업들이 서로 경제적인 자립권과 법률상 독립권을 유지한 채 시장독점을 목적으로 한 연합체이다.
② 신디케이트(Syndicate) : 가장 고도화된 카르텔의 형태로 생산은 독립성을 유지하나, 판매는 공동판매회사를 통해서 이루어진다.
④ 콘체른(Konzern) : 법률상의 독립권만 유지되는 형태의 기업연합이다.
⑤ 콩글로머리트(Conglomerate) : 합병 또는 매수에 의해서 상호 관련 없는 이종기업을 결합하는 기업집중형태이다.

11

정답 ②

메인트넌스 숍은 조합원이 되면 일정 기간 동안 조합원의 신분을 유지하도록 하는 제도를 말한다. 조합원이 아닌 종업원에게도 노동조합비를 징수하는 제도는 에이전시 숍이다.

12

정답 ③

균형성과표(Balanced Score Card)는 조직의 비전과 전략을 달성하기 위한 도구로써, 전통적인 재무적 성과지표뿐만 아니라 고객, 업무 프로세스, 학습 및 성장과 같은 비재무적 성과지표 또한 균형적으로 고려한다. 즉, BSC는 통합적 관점에서 미래지향적·전략적으로 성과를 관리하는 도구라고 할 수 있다.

- (A) 재무 관점 : 순이익, 매출액 등
- (B) 고객 관점 : 고객 만족도, 충성도 등
- (C) 업무 프로세스 관점 : 내부처리 방식 등
- (D) 학습 및 성장 관점 : 구성원의 능력 개발, 직무만족도 등

13

정답 ⑤

q-비율이 1보다 크다는 것은 시장에서 평가되는 기업의 가치가 자본량을 늘리는 데 드는 비용보다 더 큼을 의미하므로 투자를 하는 것이 바람직하고, 1보다 작을 경우에는 기업의 가치가 자본재의 대체비용에 미달함을 의미함으로 투자를 감소하는 것이 바람직하다. 또한 이자율이 상승하면 주가가 하락하여 q-비율 또한 하락하게 되므로 투자를 감소시키는 것이 바람직하다. 토빈의 q-비율은 주식시장에서 평가된 기업의 시장가치(분자)를 기업의 실물자본의 대체비용(분모)으로 나눠서 도출할 수 있다.

14

정답 ④

항상성장모형은 기업의 이익과 배당이 매년 g%만큼 일정하게 성장한다고 가정할 경우 주식의 이론적 가치를 나타내는 모형이다.

$$V_0 = \frac{D_1}{k-g}$$

- V_0 : 당기 1주당 현재가치(주가)
- D_1 : 차기주당배당금
- k : 요구수익률
- g : 성장률

문제에서 제시한 배당금과 요구수익률, 성장률을 식에 대입해보면 $V_0 = \frac{1,100}{0.15-0.10} = 22,000$원이다. 따라서 항상성장모형에 의한 A주식의 1주당 현재가치는 22,000원이다.

15

정답 ④

(결합레버리지도)=(영업레버리지도)×(재무레버리지도)
=2×1.5=3

16

정답 ④

가치사슬은 기업활동에서 부가가치가 생성되는 과정을 의미한다. 그 과정은 본원적 활동, 지원 활동으로 구분하는데 본원적 활동은 제품 생산, 운송, 마케팅, 판매, 물류, 서비스 등과 같은 부가가치를 직접 창출하는 활동이며, 지원 활동은 구매, 기술개발, 인사, 재무, 기획 등 현장활동을 지원하는 제반업무로 부가가치를 간접적으로 창출되도록 하는 활동으로, R&D기술개발활동은 지원 활동에 속한다.

17

정답 ②

수익성 지수는 여러 투자안이 있을 때 어느 투자안이 경제성이 있는지 판단하기 위해 쓰인다.

18

정답 ③

기능별 전략(Functional Strategy)은 기업의 주요 기능 영역인 생산 및 마케팅, 재무, 인사, 구매 등을 중심으로 상위 전략인 기업 전략 내지 사업 전략을 지원하고 보완하기 위해 수립되는 전략이다. 예시로는 R&D 전략, 마케팅 전략, 생산 전략, 재무 전략, 구매 전략 등이 있다. 차별화 전략은 사업 전략에 해당한다.

- **기업 전략(Corporate Strategy)**
  조직의 사명(Mission) 실현을 위한 전략으로, 기업의 기본적인 대외경쟁방법을 정의한 것
  예 안정 전략, 성장 전략, 방어 전략 등
- **사업 전략(Business Strategy)**
  특정 산업이나 시장 부문에서 기업이 제품이나 서비스의 경쟁력을 확보하고 개선하기 위한 전략
  예 원가우위 전략, 차별화 전략, 집중화 전략 등

19

정답 ②

오답분석

① 주식공개매수는 불특정 다수인으로부터 주식을 장외에서 매수하는 형태이다.
③ 주식공개매수를 추진하는 인수기업은 대상기업의 주식 수, 매수기간, 매수가격 및 방법 등을 공개하고, 이에 허락하는 주주에 한해 대상회사의 주식을 취득하게 된다.
④ 공개매수에서 매수가격은 현재의 시장가격보다 대부분 높게 요구되는 것이 특징이다.
⑤ 대상기업의 기업지배권이 부실하고 경영도 제대로 되지 않아 주식이 하락된 대상기업의 경우, 인수기업은 직접 대상기업의 주주들로부터 주식을 인수하는 적대적인 방법을 이용하게 된다. 반대로 경영진의 기업지배권이 강하고 주가가 높은 대상기업의 경우 적대적 M&A가 쉽지 않다. 따라서 인수기업은 대상기업과 우호적인 방식으로 주식공개매수를 협상한다.

20

정답 ③

오답분석

① A등급은 재고가치가 높은 품목들이 속한다.
② A등급 품목은 로트 크기를 작게 유지한다.
④ ABC등급 분석을 위해 파레토 법칙을 활용한다.

ABC 재고관리
재고품목을 연간 사용금액에 따라 A등급, B등급, C등급으로 나눈다.
- A등급 : 상위 15% 정도, 연간 사용금액이 가장 큰 항목, 아주 엄격한 재고 통제
- B등급 : 35% 정도, 연간 사용금액이 중간인 항목, 중간 정도의 재고 통제
- C등급 : 50% 정도, 연간 사용금액이 작은 항목, 느슨한 재고 통제

21

정답 ①

경제성장이란 생산요소의 부존량이나 생산성이 증대하여 국민 경제의 생산 능력이 증대하는 현상으로, 한 경제의 국내총생산(GDP)이 지속적으로 증가하는 현상을 말한다. 솔로우 모형에서는 규모에 대한 수익불변인 1차 동차생산함수를 사용하고 있으므로 자본의 한계생산물은 체감한다. 이 모형에 따르면 자본축적, 교육을 통한 인적자본 형성, 정부정책의 차이 등은 경제성장의 주요 원인이다. 솔로우 경제성장모형은 경제성장의 요인이 모형의 외부에서 결정되므로 외생적 성장 모형이라고도 하는데, 이 모형에서 지속적인 경제성장은 외생적인 기술진보에 의해 가능하다. 또한 인구증가율이 높아지면 1인당 자본량과 1인당 생산량은 감소하지만, 경제 전체적으로 볼 때 생산요소의 양이 증가하므로 경제 전체의 총생산량은 오히려 증가한다.

22

정답 ⑤

대량생산·대량유통으로 규모의 경제를 실현하여 비용 절감을 하는 전략은 비차별화 전략으로, 단일제품으로 단일 세분시장을 공략하는 집중화 전략과는 반대되는 전략이다.

23

정답 ④

ㄱ. 건물을 계속 사용할 경우 : 두 종류 이상의 자산을 일괄구입가격으로 동시에 취득할 때, 개별자산의 원가는 개별자산의 상대적 공정가치의 비율로 배분한다.
- (토지 취득원가)$=₩10,100\times\frac{6,000}{12,000}=₩5,050$
- (건물 취득원가)$=₩10,100\times\frac{6,000}{12,000}=₩5,050$

ㄴ. 건물을 신축할 경우 : 토지와 건물의 원가를 포함하여 인식한다.
- (토지 취득원가)
  =₩10,000+₩100+₩500−₩100(폐자재 수입)
  =₩10,500

24

정답 ④

1차 연도 이후부터 매년 1,000개씩 생산량이 감소하므로 추정 총생산량은 1차 연도 10,000개+2차 연도 9,000개+3차 연도 8,000개+4차 연도 7,000개+5차 연도 6,000개=40,000개이다.

$$(\text{생산량 단위당 감가상각비})=\frac{(\text{취득원가})-(\text{잔존가치})}{(\text{추정 총생산량})}$$

$=\frac{2,000,000-200,000}{40,000}=45$이므로 1차 연도의 감가상각비는 총 ₩450,000이다.

25

정답 ①

- (매출원가)=(기초재고액)+(당기매입액)−(기말재고액)
- (기말재고액)=(기초재고액)+(당기매입액)−(매출원가)
  =₩9,000+₩42,000−₩45,000
  =₩6,000

재고자산

기초재고액	₩9,000	매출원가	₩45,000
당기매입액	₩42,000	기말재고액(기말장부액)	₩6,000

∴ ₩6,000(기말장부액)−₩4,000(기말순실현가능가치)
=₩2,000(평가손실)

26

정답 ⑤

측정 도구와 관계없이 측정상황에 따라 발생하는 오차는 비체계적 오차이다. 체계적 오차는 측정 과정에서 일정한 패턴이나 규칙성을 가지는 오차를 말한다. 비체계적 오차가 적다는 것은 신뢰성이 높다고 볼 수 있다.

27

정답 ③

- 유형자산계정 : 토지, 건물, 구축물, 기계장치, 선박, 차량운반구, 건설 중인 자산 등
- 무형자산계정 : 영업권, 개발비, 산업재산권, 라이선스, 프랜차이즈, 저작권, 광업권 등

28

정답 ④

- (장기미지급비용)=(100−40)×20×₩15−(₩6,000+₩6,500) =₩5,500
- (현금)=10명×20개×₩10=₩2,000
- (주식보상비용)=₩5,500+₩2,000=₩7,500

29

정답 ②

- [영업에서 창출된 현금(₩100,000)]=(법인세비용차감전순이익)+₩1,500(감가상각비)+₩2,700(이자비용)−₩700(사채상환이익)−₩4,800(매출채권 증가)+₩2,500(재고자산 감소)+₩3,500(매입채무 증가)
  ∴ (법인세비용차감전순이익)=₩95,300
- (이자지급액)=₩2,700−₩1,000=₩1,700
- (법인세지급액)=₩4,000+₩2,000=₩6,000
- (영업활동순현금흐름)=₩100,000(영업에서 창출된 현금) −₩1,700(이자지급액)−₩6,000(법인세지급액)=₩92,300

30

정답 ②

오답분석

① 목적적합성과 충실한 표현은 근본적 질적 특성이다.
③ 정보이용자들이 미래 결과를 예측하기 위해 사용하는 절차의 투입요소로 재무정보가 사용될 수 있다면, 그 재무정보는 예측가치를 갖는다. 즉, 재무정보가 예측가치를 갖기 위해서 그 자체가 예측치 또는 예상치일 필요는 없다. 예측가치를 갖는 재무정보는 정보이용자 자신이 예측하는 데 사용된다.
④ 재무정보의 제공자와는 달리 이용자의 경우에는 제공된 정보를 분석하고 해석하는 데 원가가 발생한다.
⑤ 재무정보가 과거 평가를 확인하거나 변경시킨다면 확인가치를 갖는다.

31

정답 ⑤

오답분석

① 여가가 정상재일 때, 비례소득세 부과로 인한 대체효과가 소득효과보다 크면 노동공급은 감소한다.
② 여가가 정상재일 때, 비례소득세와 동일한 조세수입을 가져다주는 비왜곡적인 정액세를 부과하는 경우 노동공급은 증가한다.
③ 여가가 열등재일 때, 비례소득세 부과로 인한 대체효과가 소득효과보다 크면 노동공급은 감소한다.
④ 여가가 열등재일 때, 비례소득세와 동일한 조세수입을 가져다주는 비왜곡적인 정액세를 부과하는 경우 노동공급은 감소한다.

32

정답 ①

실물적 경기변동이론에서 경기변동은 실물적 충격이 발생했을 때 경제주체들의 최적화 행동의 결과로 인해 균형 자체가 변하는 현상이다. 또한 경기변동과정에서 발생하는 실업은 모두 자발적 실업이라고 본다. 실물적 경기변동이론에서는 경기변동을 균형현상이라고 보기 때문에 경기변동이 발생하더라도 정부가 개입할 필요는 없다고 주장하며, 화폐의 중립성이 성립하므로 통화량의 변동은 경기에 아무런 영향을 미치지 않는다고 주장한다.

33

정답 ①

평가센터법은 주로 관리자들의 선발(Selection), 개발(Development), 적성·능력 등의 진단(Inventory)을 위하여 실시한다. 일반적으로 2～3일 동안 외부와 차단된 별도의 교육장소에서 다수의 평가자(인사 분야 전문가, 교수, 실무 담당자 등)가 일정한 기준을 가지고 평가를 실시하며, 평가를 실행함에 있어 시간과 비용이 많이 필요하기 때문에 한 번에 다수의 피평가자들이 참여하며 다수의 평가자들이 평가한다.

34

정답 ①

가격차별(Price Discrimination)은 동일한 상품에 대해 구입자 혹은 구입량에 따라 다른 가격을 받는 행위를 의미한다. 노인이나 청소년 대상 할인, 수출품과 내수품의 다른 가격 책정 등은 구입자에 따라 가격을 차별하는 대표적인 사례이다. 한편, 물건 대량 구매 시 할인해 주거나 전력 사용량에 따라 다른 가격을 적용하는 것은 구입량에 따른 가격차별이다.
반면, 전월세 상한제도나 대출 최고 이자율을 제한하는 제도는 가격의 법정 최고치를 제한하는 가격상한제(Price ceiling)에 해당하는 사례이다.

35

정답 ②

제품 – 시장 매트릭스

구분	기존제품	신제품
기존시장	시장침투 전략	신제품개발 전략
신시장	시장개발 전략	다각화 전략

36

정답 ②

역선택이란 감추어진 특성의 상황에서 정보 수준이 낮은 측이 사전적으로 바람직하지 않은 상대방을 만날 가능성이 높아지는 현상을 의미한다. 반면, 도덕적 해이는 감추어진 행동의 상황에서 어떤 거래 이후에 정보를 가진 측이 바람직하지 않은 행동을 하는 현상을 의미한다. 따라서 나, 라는 역선택에 해당하고, 가, 다, 마는 도덕적 해이에 해당한다.

37

정답 ④

정부가 소득세를 감면하는 등 확대 재정정책을 사용하면 민간 부분에서 총수요가 추가적으로 증가하는 승수효과가 발생한다. 정부가 확대 재정정책을 사용하여 이자율을 낮추면 신용제약이 완화되고, 기존에 은행으로부터 차입하기 어려웠던 소비자는 자금을 빌려 투자를 하는 등 소비효과가 더욱 커지게 된다.

오답분석

① 소득에 대한 한계소비성향이 낮으면 늘어난 자금이 소비로 이어지지 않아 승수효과가 커지지 않는다.
② 정부의 확대 재정정책은 장기적으로 화폐에 대한 수요를 증가시켜 이자율이 상승하게 되고, 이는 민간의 투자나 소비를 감소시키는 구축효과가 발생하게 된다.
③ 소비자가 미래 중심으로 소비에 임하면 소비보다 저축의 비율이 커지므로 승수효과가 커지지 않는다.
⑤ 소비자가 정부 부채 증가를 미래의 조세로 메울 것으로 기대하면 소비가 늘어나지 않아 승수효과가 커지지 않는다.

38

정답 ③

오답분석

① 규모의 경제를 활용하기 위해서는 하나의 공기업에서 생산하는 것이 바람직하다.
② 공공재를 아무런 규제없이 시장원리에 맡겨둘 경우 과소 생산이 이루어져 사회적 최적생산량 달성을 이룰 수 없다.
④ 한계비용가격 설정을 사용하는 경우 해당 공기업은 손실을 입게 된다.
⑤ 평균비용가격 설정을 사용하는 경우 사회적 최적 생산량에 미달한다.

39

정답 ④

ERP(Enterprise Resource Planning : 전사적 자원관리)의 특징

• 기업 내 서로 다른 부서 간의 정보 공유를 가능하게 한다.
• 의사결정권자와 사용자가 실시간으로 정보를 공유하게 한다.
• 보다 신속한 의사결정과 효율적인 자원 관리를 가능하게 한다.

오답분석

① JIT(Just – In – Time) : 과잉생산이나 대기시간 등의 낭비를 줄이고 재고를 최소화하여 비용 절감과 품질 향상을 달성하는 생산 시스템이다.
② MRP(Material Requirement Planning : 자재소요계획) : 최종제품의 제조과정에 필요한 원자재 등의 종속 수요 품목을 관리하는 재고관리기법이다.
③ MPS(Master Production Schedule : 주생산계획) : MRP의 입력자료 중 하나로, APP를 분해하여 제품이나 작업장 단위로 수립한 생산계획이다.
⑤ APP(Aggregate Production Planning : 총괄생산계획) : 제품군별로 향후 약 1년간의 수요예측에 따른 월별 생산목표를 결정하는 중기계획이다.

40

정답 ③

국민소득(GDP) 항등식에 의하면 $Y \equiv C+I+G+(X-M)$이 성립한다. 경상수지가 흑자이면 순수출$(X-M)$이 0보다 크므로 국민소득도 국내지출$(C+I+G)$보다 크다. 국내투자가 국내총저축을 상회하는 경우에는 경상수지가 적자이다. 경상수지와 자본수지의 합은 0이므로 경상수지가 적자이면 자본수지는 흑자이므로 순자본유입이 0보다 크다. 또한 경상수지 흑자액(순수출)과 자본수지 적자액(순자본유출)의 크기는 동일하다.

41

정답 ①

생산시스템 측면에서 신제품 개발 프로세스는 아이디어 창출 → 제품선정 → 예비설계 → 설계의 평가 및 개선 → 제품원형 개발 및 시험마케팅 → 최종설계의 순서로 진행된다.

42

정답 ④

앤소프의 의사결정의 장점은 분석결과에 따라 초기 기업 목적, 그리고 시작 단계에서의 평가 수정이 가능하다는 것이다.

앤소프의 의사결정 유형

• 전략적 의사결정
  – 기업의 목표 목적을 설정하고 그에 따라 각 사업에 효율적인 자원배분을 전략화한다.
  – 비일상적이며, 일회적인 의사결정이라는 특징이 있다.
• 운영적 의사결정
  – 기업 현장에서 일어나는 생산, 판매 등 구체적인 행위와 관련된 의사결정이다.
  – 일상적이면서 반복적이다.
• 관리적 의사결정
  – 결정된 목표와 전략을 가장 효과적으로 달성하기 위한 활동들과 관련되어 있다.
  – 전략적 의사결정과 운영적 의사결정의 중간 지점이다.

43

정답 ⑤

테일러(Taylor)의 과학적 관리법은 전문적인 지식과 역량이 요구되는 일에는 부적합하며, 노동자들의 자율성과 창의성은 무시한 채 효율성의 논리만을 강조했다는 비판을 받았다. 이러한 테일러의 과학적 관리법은 단순노동과 공정식 노동에 적합하다.

44

정답 ⑤

자원기반관점(RBV; Resource Based View)은 기업 경쟁력의 원천을 기업의 외부가 아닌 내부에서 찾는다. 진입장벽, 제품차별화 정도, 사업들의 산업집중도 등은 산업구조론(I.O)의 핵심요인이다.

45

정답 ⑤

⑤는 단점에 해당한다. 네트워크 구조의 모호한 특성은 다수의 다른 장소에서 이루어지는 프로젝트들을 관리·통솔할 때 다른 구조보다 훨씬 더 많은 층위에서의 감독이 필요하며, 이러한 다수의 관리감독자들은 구성원들에게 혼란을 야기한다. 따라서 다수의 관리자가 존재하는 네트워크 조직의 특성은 프로젝트 진행을 심각하게 방해할 수 있다. 이에 따른 단점을 상쇄하기 위해 최근 많은 기업들은 공동 프로젝트 통합관리 시스템 개발의 필요성을 강조하며 효율적인 네트워크 조직운영을 목표로 하고 있다.

네트워크 조직(Network Organization)
독립된 사업 부서들 혹은 독립된 사업 분야 기업들이 각자의 전문 분야를 추구하면서도 제품을 생산하거나, 프로젝트의 수행을 위한 관계를 형성하여 상호 협력하는 조직이다.

46

정답 ②

오답분석

① 테일러식 복률성과급 : 테일러가 고안한 것으로, 과학적으로 결정된 표준작업량을 기준으로 하여 고-저 두 종류의 임금률로 임금을 계산하는 방식이다.
③ 메리크식 복률성과급 : 메리크가 고안한 것으로, 테일러식 복률성과급의 결함을 보완하여 고-중-저 세 종류의 임금률로 초보자도 비교적 목표를 쉽게 달성할 수 있도록 자극하는 방법이다.
④ 할증성과급 : 최저한의 임금을 보장하면서 일정한 표준을 넘는 성과에 대해서 일정한 비율의 할증 임금을 지급하는 방법이다.
⑤ 표준시간급 : 비반복적이고 많은 기술을 요하는 과업에 이용할 수 있는 제도이다.

47

정답 ③

선물거래의 개념과 특징

- 선물거래의 개념 : 장래의 일정한 기일에 현품을 인수·인도할 것을 조건으로 하여 매매 약정을 맺는 거래이다.
- 선물거래의 특징
  - 거래조건이 표준화되어 있다.
  - 공인된 선물거래소에서 거래가 이루어진다.
  - 결제소에 의해 일일정산이 이루어진다.
  - 결제소가 계약이행을 보증해주므로 계약불이행의 위험이 없다.
  - 시장상황의 변화에 따라 자유롭게 중도청산이 가능하다.

48

정답 ②

CPM이란 천 명의 소비자들에게 도달하는 데 필요한 광고비로, 구하는 식은 다음과 같다.
(CPM)=(광고비용)×[1,000÷(구독자 수)]
따라서 (광고비용)=[(CPM)÷1,000]×(구독자 수)이다.
∴ (광고비용)=(5,000÷1,000)×100,000=500,000원

49

정답 ①

사업 포트폴리오 매트릭스는 1970년 보스턴 컨설팅 그룹(BCG)에 의하여 개발된 자원배분의 도구로서 전략적 계획수립에 널리 이용되어 왔다. 높은 시장경쟁으로 인하여 낮은 성장률을 가지고 있는 성숙기에 처해 있는 경우로, 이 사업은 시장 기반은 잘 형성되어 있으나 원가를 낮추어 생산해야 하는데 이러한 사업을 수익주종사업이라 한다.

50

정답 ④

소비자들은 자신이 탐색한 정보를 평가하여 최종적인 상표를 선택함에 있어 보완적 방식과 비보완적 방식에 따라 접근한다. 이때 피쉬바인(Fishbein)의 다속성태도모형은 보완적 방식에 해당한다. 비보완적 방식에는 사전적 모형, 순차적 제거 모형, 결합적 모형, 분리적 모형 등이 있다.

오답분석

⑤ 다속성태도모형은 소비자의 태도와 행동을 동일시하므로 소비자 행동의 설명력이 낮은 한계점이 있다. 이를 보완한 이론이 피쉬바인(Fishbein)의 확장모델인 이성적 행동이론이다. 이성적 행동이론을 통해 구매행동에 대한 동기와 주관적 규범으로 소비자 행동을 설명한다.

02 경제학

01	02	03	04	05	06	07	08	09	10
③	②	③	④	③	④	⑤	⑤	①	③
11	12	13	14	15	16	17	18	19	20
③	⑤	⑤	②	⑤	⑤	②	④	②	③
21	22	23	24	25	26	27	28	29	30
④	②	③	①	②	④	①	④	④	③
31	32	33	34	35	36	37	38	39	40
②	⑤	①	①	①	①	②	①	④	⑤
41	42	43	44	45	46	47	48	49	50
⑤	④	⑤	⑤	⑤	④	⑤	②	④	①

01

정답 ③

공공재란 재화와 서비스에 대한 비용을 지불하지 않더라도 모든 사람이 공동으로 이용할 수 있는 재화 또는 서비스를 말한다. 공공재는 비경합성과 비배제성을 동시에 가지고 있다. 공공재의 비배제성 성질에 따르면 재화와 서비스에 대한 비용을 지불하지 않더라도 공공재의 이익을 얻을 수 있는 '무임승차의 문제'가 발생한다. 한편, 공공재라도 민간이 생산, 공급할 수 있다.

02

정답 ②

엥겔지수는 가계 소비지출에서 차지하는 식비의 비율을 의미하며, 가계 소비지출은 소비함수[(독립적인 소비지출)+{(한계소비성향)×(가처분소득)}]로 계산할 수 있다. 따라서 주어진 자료를 대입하면 100만+(0.6×300만)=280만 원이 소비지출이 되고, 이 중 식비가 70만 원이므로, 엥겔지수는 70만÷280만=0.25이다.

03

정답 ③

오답분석

라. 장기한계비용곡선은 단기한계비용곡선의 포락선이 아니다. 다만, 장기한계비용곡선은 장기평균비용곡선의 최저점을 지난다.

04

정답 ④

과점기업은 자신의 행동에 대한 상대방의 반응을 고려하여 행동을 결정하게 되는데, 상대방이 어떻게 반응할 것인지에 대한 예상을 추측된 변화 혹은 추측변이라고 한다. 베르트랑 모형에서는 각 기업이 상대방의 가격이 주어진 것으로 보기 때문에 가격의 추측된 변화가 1이 아닌 0이다. 한편, 굴절수요곡선 모형에서는 자신이 가격을 인상하더라도 상대방은 가격을 조정하지 않을 것으로 가정하므로 가격 인상 시에는 가격의 추측된 변화가 0이다. 그러나 가격을 인하하면 상대방도 가격을 낮추는 것을 가정하므로 가격 인하 시의 추측된 변화는 0보다 큰 값을 갖는다.

05

정답 ③

노동수요에 대한 탄력성은 상품생산에 투입되는 다른 생산요소와의 대체가능성에 의해 영향을 받는다. 임금이 상승할 때 노동 대신 다른 생산요소로의 대체가능성이 높을수록, 즉 요소 간 대체가능성이 높을수록 노동수요에 대한 탄력성은 커지게 되므로 임금상승에 대하여 고용감소는 커진다.

06

정답 ④

연진이가 실망노동자가 되면서 실업자에서 비경제활동인구로 바뀌게 되었다. 실업률이란 경제활동인구에 대한 실업자의 비율이므로 분자인 실업자보다 분모의 경제활동인구가 큰 상황에서 실업자와 경제활동인구가 동일하게 줄어든다면 실업률은 하락하게 된다. 한편 고용률이란 생산가능인구에 대한 취업자의 비율이므로 분자인 취업자와 분모의 생산가능인구에 아무런 변화가 없으므로 고용률은 변하지 않는다.

07

정답 ⑤

예상한 인플레이션과 예상하지 못한 인플레이션의 경우 모두 메뉴비용이 발생한다.

- 물가변화에 따라 가격을 조정하려면 가격표 작성비용(메뉴비용)이 발생한다.
- 메뉴비용이 커서 가격조정이 즉각적으로 이루어지지 않은 경우에는 재화의 상대가격이 변화하고 이에 따라 자원배분의 비효율성이 발생한다.

08

정답 ⑤

원화가치의 하락, 즉 환율상승은 수출기업의 채산성을 호전시키지만 수입물가 상승으로 인해 전반적으로 물가를 상승시킨다.

09

정답 ①

담합행위란 소수의 기업들이 이윤을 증대시키기 위해 명시적 또는 묵시적인 합의에 의하여 경쟁을 제한하고 가격이나 생산량을 조절하는 행위를 말한다. 담합행위에 참여한 기업들은 이익을 얻지만 담합으로 얻은 이익이 동일하게 분배되는 것은 아니다. 한편, 담합이 이루어지면 소비자들이 일방적으로 손해를 보는 구조이므로 정부는 리니언시 제도 등을 도입하여 담합행위를 규제하여야 한다. 리니언시 제도란 담합 자진신고자 감면제라고도 하며, 제재를 감면하는 당근을 줘서 기업들의 자수를 유도하는 제도이다. 기업들의 불공정행위에 대한 조사의 효율성을 높이기 위해 많은 나라들이 도입하고 있다.

10

정답 ③

등량곡선이란 동일한 산출량을 생산하는 데 필요한 노동과 자본의 투입량 조합을 나타낸다. 기술이 진보하면 같은 생산량을 갖는 등량곡선은 원점을 기준으로 바깥쪽에서 안쪽으로 이동한다. 이는 적은 생산요소를 투입해도 같은 수량을 생산할 수 있다는 것을 의미한다.

11

정답 ③

소국의 수입관세 부과 시 국내가격은 상승하고 생산량은 증가한다. 그에 따라 생산자 잉여도 증가하게 된다.

오답분석

① 부과한 관세만큼 국내가격이 상승하게 된다.
② 국내가격이 상승하므로 소비량은 감소하게 된다.
④ 수입관세 부과 시 정부는 관세 수입을 얻고, 관세 부과로 인한 가격 조정에 따른 사회적 후생손실이 발생한다.
⑤ 소국은 국제 시장에서의 가격설정능력이 없다. 따라서 관세를 부과해도 교역조건은 변화하지 않는다. 반면, 대국의 경우 수입관세 부과 시 교역조건이 개선된다.

12

정답 ⑤

산업 내 무역이론의 발생 원인으로는 규모의 경제, 독점적 경쟁 등이 있다.

오답분석

①·②·③ 모두 산업 간 무역을 설명하는 이론이다.
④ 헥셔 – 올린 정리와 정반대되는 레온티에프의 실증분석을 의미한다.

13

정답 ⑤

일반적으로 대기업의 임금은 중소기업보다 높으며, 이러한 임금 격차를 설명하는 이론 중 대기업은 엄격한 규율로 종업원을 제재하므로 이에 보상하려는 것이라는 주장이 있다.

14

정답 ②

가. 지니계수의 크기는 0과 1 사이에 있다.
라. 지니계수와 경제성장률의 관계는 명확하지 않다.

15

정답 ⑤

개인들의 한계편익을 합한 사회적인 한계편익이 한계비용보다 작다면 공공재 공급을 감소시키는 것이 바람직하다.

16

정답 ⑤

수요의 가격탄력성이 1보다 작은 경우에는 가격이 대폭 상승하더라도 판매량이 별로 감소하지 않으므로 소비자의 총지출은 증가하고 판매자의 총수입도 증가한다.

오답분석

① 수요의 가격탄력성은 수요량의 변화율을 가격의 변화율로 나누어 구하므로 가격이 1% 상승할 때 수요량이 2% 감소하였다면 수요의 가격탄력성은 2이다.
② 기펜재는 대체보다 소득효과가 더 큰 열등재인데, 소득이 증가할 때 구입량이 증가하는 재화는 정상재이므로 기펜재가 될 수 없다.
③ 교차탄력성이란 한 재화의 가격이 변화할 때 다른 재화의 수요량이 변화하는 정도를 나타내는 지표이다. 잉크젯프린터의 가격이 오르면(+) 잉크젯프린터의 수요가 줄고, 프린터에 사용할 잉크카트리지의 수요도 줄어들 것(−)이므로 교차탄력성은 음(−)의 값을 가진다는 것을 알 수 있다. 잉크젯프린터와 잉크젯카트리지 같은 관계에 있는 재화들을 보완재라고 하는데, 보완재의 교차탄력성은 음(−)의 값을, 대체재의 교차탄력성은 양(+)의 값을 가지게 된다.
④ 수요의 소득탄력성은 0보다 작을 수 있으며, 이러한 재화를 열등재라고 한다.

17

정답 ②

기업 B의 광고 여부에 관계없이 기업 A는 광고를 하는 것이 우월전략이다. 또한 기업 A의 광고 여부에 관계없이 기업 B도 광고를 하는 것이 우월전략이다. 두 기업이 모두 광고를 하는 것이 우월전략이므로 우월전략균형에서 두 기업의 이윤은 각각 55, 75이다. 우월전략균형은 내쉬균형에 포함되므로 내쉬균형에서의 기업 A의 이윤은 55이고, 기업 B의 이윤은 75이다.

18

정답 ④

(나)국의 지니계수는 점차 커지므로 로렌츠 곡선이 대각선에서 점차 멀어진다고 할 수 있다. 지니계수란 소득분배의 불평등도를 나타내는 수치로, 소득이 어느 정도 균등하게 분배되어 있는가를 평가하는 데 주로 이용된다. 지니계수는 로렌츠 곡선으로부터 도출된다. 로렌츠 곡선은 가로축에 저소득층부터 인원의 분포도를 표시하고 세로축에 저소득층부터 소득액 누적 백분율을 표시하면 그려지는 소득분배 그래프이다. 여기에 가상적인 소득분배균등선(45도 선)을 긋는다. 이때 지니계수는 대각선과 로렌츠 곡선 사이의 면적을 대각선과 종축, 횡축이 이루는 삼각형의 면적으로 나눈 비율이다. 따라서 지니계수는 0과 1 사이의 값을 갖고, 소득 불균형이 심할수록 1에 가깝게 된다.

19

정답 ②

기저 효과란 어떠한 결괏값을 산출하는 과정에서 기준이 되는 시점과 비교대상 시점의 상대적인 위치에 따라서 그 결괏값이 실제보다 왜곡되어 나타나게 되는 현상을 말한다. 즉, 경제지표를 평가하는 데 있어 기준시점과 비교시점의 상대적인 수치에 따라 그 결과에 큰 차이가 날 수 있음을 뜻한다.

20

정답 ③

- X재 수요의 가격탄력성 : '(X재 소비지출액)=(X재 가격)×(X재 수요량)'인데 X재 가격이 5% 상승할 때 소비지출액이 변화가 없는 것은 X재 수요량이 5% 감소함을 의미한다. 따라서 X재 수요의 가격탄력성은 단위탄력적이다.
- Y재 수요의 가격탄력성 : '(Y재 소비지출액)=(Y재 가격)×(Y재 수요량)'인데 Y재 가격이 10% 상승할 때 소비지출액이 10% 증가하였다. 이는 가격이 상승함에도 불구하고 Y재 수요량이 전혀 변하지 않았음을 의미한다. 따라서 Y재 수요의 가격탄력성은 완전비탄력적이다.

21

정답 ④

화폐의 기능 중 가치 저장 기능은 발생한 소득을 바로 쓰지 않고 나중에 지출할 수 있도록 해준다는 것이다.

오답분석

① 금과 같은 상품화폐의 내재적 가치는 변동한다.
② M2에는 요구불 예금과 저축성 예금이 포함된다.
③ 불태환화폐(Flat Money)는 상품화폐와 달리 내재적 가치를 갖지 않는다.
⑤ 다른 용도로 사용될 수 있더라도 교환의 매개 수단으로 활용될 수 있다.

22

정답 ②

균형재정승수란 정부가 균형재정을 유지하는 경우에 국민소득이 얼마나 증가하는가를 측정하는 것이다. 균형재정이란 정부의 조세수입과 정부지출이 같아지는 상황으로 $\Delta G = \Delta T$라고 할 수 있다. 정부지출과 조세를 동일한 크기만큼 증가시키는 경우로 정부지출승수는 $\frac{\Delta Y}{\Delta G} = \frac{-MPC}{1-MPC} = \frac{-0.8}{1-0.8} = -4$이다.

따라서 정부지출과 조세를 동시에 같은 크기만큼 증가시키면, $\frac{\Delta Y}{\Delta G} + \frac{\Delta Y}{\Delta T} = \frac{1}{1-0.8} + \frac{-0.8}{1-0.8} = 5-4 = 1$이 된다. 즉, 균형재정승수는 1이다.

23

정답 ③

소비자가 노트북에 대해 100만 원을 지불할 용의가 있다는 것은 노트북 구입 시 최소한 그만큼의 편익을 얻는다는 의미이다. 이 소비자가 노트북을 80만 원에 구입한다면 지불할 용의가 있는 금액보다 20만 원 적게 지불하였으므로 20만 원의 소비자 잉여를 얻는다. 그런데 물품세가 부과되어 노트북 가격이 110만 원으로 상승하면 소비자는 구입을 포기할 것이므로 소비자 잉여를 얻을 수 없게 된다. 그러므로 조세부과에 따른 사회적인 후생손실은 20만 원이 된다.

24

정답 ①

최고가격제는 소비자 보호를 위해 최고가격을 시장 균형가격보다 낮은 수준에서 책정하여야 한다. 이 경우 초과수요가 발생하기 때문에 암시장이 나타날 수 있다.

오답분석

③・④ 최저임금제는 정부가 노동시장에 개입하여 임금의 최저수준을 정하는 가격하한제의 한 예이다. 가격하한제란 시장가격보다 높은 수준에서 최저가격을 설정하는 가격규제 방법이다. 최저임금이 시장균형 임금보다 높은 수준에서 책정되면 노동시장에서 초과공급이 발생하고 그만큼의 비자발적 실업이 발생하게 된다. 이 경우 이미 고용된 노동자들은 혜택을 받을 수 있지만 취업 준비생들은 계속 실업자로 남을 가능성이 크다.
⑤ 최저가격제란 공급자를 보호하기 위한 규제로, 수요의 가격탄력성이 '탄력적'일수록 효과가 미흡해진다.

25

정답 ②

토지공급이 완전비탄력적이라면 토지에 세금이 부과될 경우 세금은 조세발표 시점의 토지소유자(토지공급자)가 모두 부담하게 된다.

26

정답 ④

화폐수요의 이자율 탄력성이 낮은 경우(이자율의 화폐수요 탄력성은 높음)에는 총통화량을 조금만 증가시켜도 이자율의 하락폭은 커지므로 투자가 늘어나고 이로 인해 국민소득이 늘어나므로 통화정책의 효과가 높아진다. 또한 한계소비성향이 높을수록 소득이 증가함에 따라 소비가 더 큰 폭으로 증가해 경제의 소비증대 효과가 크다.

오답분석

ㄱ. 화폐수요의 이자율 탄력성이 높은 경우(이자율의 화폐수요 탄력성은 낮음)에는 총통화량을 많이 증가시켜도 이자율의 하락폭은 작기 때문에 투자의 증대효과가 낮다.

27 정답 ①

생산량이 증가할 때 초기에 단기평균비용이 낮아지는 것은 처음에는 생산량이 증가하면 평균고정비용이 급속히 낮아지는 효과가 크게 나타나기 때문이다. 그리고 생산량이 일정 수준을 넘어서면 평균비용이 증가하는 것은 생산량이 한계생산물 체감으로 인해 평균가변비용이 증가하는 정도가 크게 나타나기 때문이다.

28 정답 ④

오답분석

다 · 라. 역선택의 해결방안에 해당한다.

29 정답 ④

농산물은 필수재이므로 수요의 가격탄력성이 낮다. 수요의 가격탄력성이 낮으면 공급이 증가할 때 가격이 상대적으로 큰 폭으로 하락하게 된다. 하지만 가격이 하락하더라도 수요가 크게 증가하지 않으므로 수입은 감소하게 된다.

30 정답 ③

X재가 한계효용이 0보다 작은 비재화이고, Y재가 정상재인 경우 X재의 소비가 증가할 때 효용이 동일한 수준으로 유지되기 위해서는 Y재의 소비도 증가하여야 한다. 따라서 무차별곡선은 우상향의 형태로 도출된다.

31 정답 ②

기펜재는 대체효과와 소득효과가 반대 방향으로 나타나며, 대체효과보다 소득효과가 더 큰 열등재이다.

32 정답 ⑤

슈타켈버그(Stackelberg) 모형에서는 두 기업 중 하나 또는 둘 모두가 생산량에 관해 추종자가 아닌 선도자의 역할을 한다.

33 정답 ①

임금피크제란 워크셰어링(Work Sharing) 형태의 일종으로, 근로자가 일정 연령에 이르면 정년까지 고용을 보장하는 조건으로 근로자의 능력에 따라 임금을 삭감하는 제도이다. 현재 미국 · 유럽 · 일본 등 선진국에서는 이미 도입하여 시행 중이며, 우리나라에도 일부 금융회사를 중심으로 점차 도입되고 있다. 임금피크제의 유형에는 정년보장형, 정년연장형, 고용연장형이 있다. 임금피크제를 시행하면 사용자 측에서는 인건비 부담을 늘리지 않고 고용을 보장해 줄 수 있고, 근로자 측에서도 정년 연장에 따른 고용 보장 효과가 있다는 장점이 있다.

34 정답 ①

소규모 경제에서 자본이동과 무역거래가 완전히 자유롭고 변동환율제도를 채택한다면 확대 재정정책이 실시되더라도 국민소득은 불변이고, 이자율의 상승으로 K국 통화는 강세가 된다.

35 정답 ①

래퍼 커브(Laffer Curve)에 대한 설명이다.

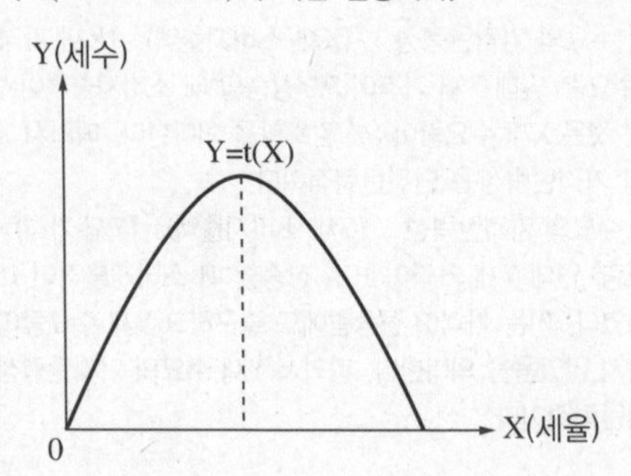

36 정답 ①

$MR_A = MC_A$, $MR_B = MC_B$를 이용하여 기업 1과 기업 2의 반응곡선을 구한다.

$10-2q_1-q_2=3,\ q_1=-\frac{1}{2}q_2+3.5$

$10-q_1-2q_2=2,\ q_2=-\frac{1}{2}q_1+4$

쿠르노 모형의 균형은 두 기업의 반응곡선이 교차하는 점에서 이루어지므로 $q_1=2$, $q_2=3$이다. 따라서 균형에서의 시장생산량은 $q_1+q_2=5$이다.

37 정답 ②

구축효과에 대한 설명이다.

> **채권가격 변화에 의한 구축효과의 경로**
> 정부의 국공채 발행 → 채권의 공급 증가 → 채권가격 하락 → 이자율 상승(채권가격과 이자율은 음의 관계) → 투자 감소

38 정답 ①

애로우의 불가능성 정리란 사회후생함수가 갖추어야 할 조건을 모두 충족하는 이상적인 사회후생함수는 존재하지 않음을 증명한 것이다. 즉, 애로우는 사회구성원들의 선호를 집약하여 사회우선순위를 도출하는 합리적인 법칙이 존재하지 않음을 증명하였다. 한편, 차선의 이론이란 모든 파레토효율성 조건이 동시에 충족되지 못하는 상황에서 더 많은 효율성 조건이 충족된다고 해서 더 효율적인 자원배분이라는 보장이 없다는 이론이다. 즉, 효율적 자원배

분을 위하여 n개의 효율성 조건이 충족되어야 하는 경우, 1개의 효율성 조건이 파괴되었다면 일반적으로 나머지 (n-1)개의 조건을 만족시키는 것이 차선이라고 생각하기 쉬우나 실제로는 그렇지 않음을 보여주는 것이다.

39

정답 ④

경제활동인구란 일할 능력과 일할 의사가 있는 인구여야 한다. 따라서 일자리를 구하는 중인 주부는 경제활동인구 중 실업자에 포함되며, 취업한 장애인, 일시적으로 휴직한 취업자, 부모가 운영하는 식당에서 유급으로 일한 대학생은 취업자에 해당하므로 경제활동인구에 포함된다.

오답분석

가. 실망노동자의 경우에는 일할 능력은 있지만 일할 의사가 없으므로 비경제활동인구다.

40

정답 ⑤

수요의 가격탄력성이 1일 경우는 수용곡선상의 중점이므로 이때의 X재 가격은 50원이다. 독점기업은 항상 수요의 가격탄력성이 1보다 큰 구간에서 재화를 생산하므로 독점기업이 설정하는 가격은 50원 이상이다.

오답분석

① 수요곡선의 방정식은 $P=-Q+100$이다. 즉, 가격이 100원이면 X재의 수요량은 0이다.
② 수요곡선이 우하향의 직선인 경우 수요곡선상의 우하방으로 이동할수록 수요의 가격탄력성이 점점 작아진다. 그러므로 수요곡선상의 모든 점에서 수요의 가격탄력성이 다르게 나타난다.
③ X재는 정상재이므로 소득이 증가하면 수요곡선이 오른쪽으로 이동한다.
④ X재와 대체관계에 있는 Y재의 가격이 오르면 X재의 수요가 증가하므로 X재의 수요곡선은 오른쪽으로 이동한다.

41

정답 ⑤

자본투입량이 증가하더라도 자본의 한계생산은 일정하다.

오답분석

① 콥-더글라스 생산함수 $Q=AL^{\alpha}K^{\beta}$에서 $\alpha+\beta>1$인 경우 규모에 대한 수익은 체증한다. 문제의 경우 1.5이므로 규모에 대한 수익 체증이다.
② 노동의 한계생산 $MP_L=\frac{\partial Q}{\partial L}=0.5L^{-0.5}K$가 된다. 이때 노동을 늘릴수록 노동의 한계생산은 감소한다.
③ 자본의 한계생산 $MP_K=\frac{\partial Q}{\partial K}=L^{0.5}$가 된다. 이때, 노동을 늘릴수록 자본의 한계생산은 증가한다.
④ 최적 상태의 도출 : $\min C=wL+rK,\ s.t\ L^{0.5}K=Q$
비용극소화 조건 :
$$MRTS_{LK}=\frac{MP_L}{MP_K}=\frac{0.5L^{-0.5}K}{L^{0.5}}=\frac{K}{2L}=\frac{w}{r}$$
$\rightarrow 2Lw=rK$
노동과 자본의 단위당 가격이 동일하다면 $2L=K$이므로 자본투입량은 노동투입량의 2배가 된다.

42

정답 ④

인플레이션은 구두창 비용, 메뉴비용, 자원배분의 왜곡, 조세왜곡 등의 사회적 비용을 발생시켜 경제에 비효율성을 초래한다. 특히 예상하지 못한 인플레이션은 소득의 자의적인 재분배를 가져와 채무자와 실물자산 소유자가 채권자와 화폐자산 소유자에 비해 유리하게 만든다. 인플레이션으로 인한 사회적 비용 중 구두창 비용이란 인플레이션으로 인해 화폐가치가 하락한 상황에서 화폐보유의 기회비용이 상승하는 것을 의미한다. 이는 사람들이 화폐보유를 줄이게 되면 금융기관을 자주 방문해야 하므로 거래비용이 증가하게 되는 것을 의미한다. 반면, 메뉴비용이란 물가가 상승할 때 물가 상승에 맞추어 기업들이 생산하는 재화나 서비스의 판매 가격을 조정하는 데 지출되는 비용을 의미한다. 또한 예상하지 못한 인플레이션이 발생하면 기업들은 노동의 수요를 증가시키고, 노동의 수요가 증가하게 되면 일시적으로 생산량과 고용량이 증가하게 된다. 하지만 인플레이션으로 총요소생산성이 상승하는 것은 어려운 일이다.

43

정답 ⑤

독점적 경쟁은 완전경쟁과 독점의 성격을 나누어 가지고 있는 시장조직이다. 독점적 경쟁의 특징으로는 다수의 기업, 상품차별화, 기업의 자유로운 진입과 퇴거, 비가격경쟁의 존재를 들 수 있다. 독점적 경쟁에서 장기에는 시장가격과 평균비용이 같아서 정상이윤만을 얻는다. 그리고 장기균형에서 시장가격이 한계비용보다 크기 때문에 평균비용이 한계비용보다 크다. 그래서 유휴설비가 존재한다. 독점적 경쟁기업이 장기에 초과생산능력을 갖는 것은 상품의 질 차이 때문이다.

44

정답 ⑤

ㄱ. 실업급여의 확대는 실업자의 구직기간이 길어져 탐색적 실업을 증가시킬 수 있다.
ㄴ. 마찰적 실업과 구조적 실업만 있는 경우의 실업률을 자연실업률이라 한다. 일자리에 대한 정보가 많아지면 탐색적 실업이 줄어들어 자연실업률은 낮아질 수 있다.
ㄷ. 비경제활동인구는 만 15세가 넘은 인구 중 취업자와 실업자에 포함되지 않는 사람을 말하며, 전업주부나 재학생, 구직단념자, 취업준비자 등이 이에 해당한다.

45
정답 ⑤

단기에는 완전경쟁시장에 고정요소가 존재하므로 진입과 퇴거가 불가능하다.

46
정답 ④

제시문은 공매도와 숏 커버링에 대한 설명이다. 특정 주식이 향후 하락될 것으로 예상되면 주식을 공매도하고, 실제로 주가가 하락하면 싼값에 숏 커버링(되사들여)하여 빌린 주식을 갚음으로써 차익을 얻는 매매기법이다. 이때 공매도가 단기적으로 상승한다면 주가가 하락하고, 반대로 숏 커버링이 단기적으로 상승한다면 주가가 상승하게 된다. 보통 공매도는 주가 하락을 유발하고, 숏 커버링은 주가 상승 요인으로 작용하여 시세 조정을 유발한다. 또한 공매도는 주식을 빌려서 매도를 하는 것이기 때문에 주가가 하락하지 않고, 지속적으로 상승하게 되면 결제 불이행 가능성이 발생하여 채무불이행 상태에 빠질 수 있다.

47
정답 ⑤

궁핍화 성장이란 한 나라의 경제가 외국과의 무역에 크게 의존하는 경우, 경제 성장은 이루어지지만 불리한 교역 조건으로 인해 국민의 실질 소득은 낮아지는 현상으로, 기술 진보는 궁핍화 성장과 관련이 없다.

48
정답 ②

지방세에는 취득세, 등록세, 면허세, 주민세, 재산세, 자동차세, 공동시설세, 지역개발세, 도시계획세 등이 해당한다.

49
정답 ④

나. 수요자도 공급자도 많은 경쟁시장에서는 가격이 경직적이지 않다.

라. 경쟁시장에 참가하는 사람들은 가격을 주어진 것으로 생각한다.

50
정답 ①

㉠·㉡ 외국인의 국내 부동산 구입이 증가하거나 국내의 기준금리가 인상되면, 자본유입이 발생하므로 외환의 공급이 증가하여 환율이 하락한다(원화 가치 상승).

오답분석

㉢·㉣ 미국이 확대적 재정정책을 시행하거나 미국의 국채 이자율이 상승하면, 미국의 이자율이 상승하면서 자본유출이 발생하므로 외환의 수요가 증가하여 환율이 상승한다(원화 가치 하락).

03 행정학

01	02	03	04	05	06	07	08	09	10
②	③	③	④	①	②	②	①	③	③
11	12	13	14	15	16	17	18	19	20
④	①	②	④	④	③	②	①	③	⑤
21	22	23	24	25	26	27	28	29	30
⑤	⑤	④	③	④	③	②	②	②	①
31	32	33	34	35	36	37	38	39	40
⑤	④	④	⑤	③	③	④	②	①	⑤
41	42	43	44	45	46	47	48	49	50
③	③	⑤	①	①	①	⑤	②	②	③

01
정답 ②

판단적 미래예측 기법은 경험적 자료나 이론이 없을 때 전문가나 경험자들의 주관적인 견해에 의존하는 질적·판단적 예측이다.

02
정답 ③

대상집단의 범위가 넓고 집단의 응집력이 강하여 활동이 다양한 경우 정책의 집행이 어렵다.

03
정답 ③

중첩성은 동일한 기능을 여러 기관들이 혼합적인 상태에서 협력적으로 수행하는 것을 의미한다. 동일한 기능을 여러 기관들이 독자적인 상태에서 수행하는 것은 중복성(반복성)이다.

04
정답 ④

앨리슨(Alison)의 조직모형에 대한 설명이다. 조직모형은 느슨하게 연결된 하위 조직들의 연합체를 다룬다.

05
정답 ①

최고관리자의 관료에 대한 지나친 통제가 조직의 경직성을 초래하여 관료제의 병리현상이 나타난다고 주장한 학자는 머튼(Merton)이다.

06
정답 ②

조직군생태론은 종단적 조직분석을 통하여 조직의 동형화를 주로 연구한다.

07

정답 ②

정보관리에 배제성을 적용하면 오히려 정보의 불균형과 정보격차가 발생하여 정보의 비대칭성이 심화된다.

오답분석

① 정보를 정부나 상급기관이 독점하게 되면 오히려 계층구조의 강화, 감시 강화, 프라이버시 침해 등의 폐해가 발생할 수 있다.
③ 정부는 지능정보사회 정책의 효율적·체계적 추진을 위하여 지능정보사회 종합계획(이하 "종합계획")을 3년 단위로 수립하여야 한다(지능정보화 기본법 제6조 제1항).
④ 전자민주주의는 행정의 투명성과 개방성을 제고한다.

08

정답 ①

기획재정부장관은 회계연도마다 중앙관서 결산보고서를 통합하여 국가의 결산보고서를 작성한 후 국무회의 심의를 거치고 대통령의 승인을 받은 다음 감사원의 결산검사를 받아야 한다.

국가결산보고서의 작성 및 제출(국가재정법 제59조)
기획재정부장관은 국가회계법에서 정하는 바에 따라 회계연도마다 작성하여 대통령의 승인을 받은 국가결산보고서를 다음 연도 4월 10일까지 감사원에 제출하여야 한다.

09

정답 ③

예산지출 위주의 정부 운영 방식에서 탈피하여 수입 확보의 개념을 활성화하는 것이 필요하다고 보는 것은 신공공관리론에 해당한다.

10

정답 ③

저소득층을 위한 근로장려금 제도는 재분배정책에 해당한다.

오답분석

① 규제정책은 제약과 통제를 하는 정책으로, 진입규제, 독과점규제가 이에 해당한다.
② 분배정책은 서비스를 배분하는 정책으로, 사회간접자본의 건설, 보조금 등이 이에 해당한다.
④ 추출정책은 환경으로부터 인적·물적 자원을 확보하려는 정책으로, 징세, 징집, 노동력동원, 토지수용 등이 이에 해당한다.

11

정답 ④

거래비용이론에서 현대적 이론에 대한 설명이다. 현대적 이론에서는 조직은 거래비용을 감소하기 위한 장치로 기능한다고 본다.

조직이론의 전개

구분	고전적 조직이론	신고전적 조직이론	현대적 조직이론
인간관	합리적 경제인관	사회인관	복잡인관
구조 체제	공식적 구조	비공식적 구조	유기체적 구조 (공식적 +비공식적)
기초 이론	과학적관리론, 행정관리론	인간관계론, 후기인간관계론	후기관료모형, 상황적응이론
가치	기계적 능률성	사회적 능률성	다원적 목표·가치
환경	폐쇄체제		개방체제
성격	정치·행정 이원론, 공·사행정 일원론	정치·행정이원론의 성격이 강함	정치·행정 일원론, 공·사행정 이원론

12

정답 ①

직급이란 직무의 종류·곤란도 등이 유사한 직위의 군이다.

직위분류제의 구성 요소

구분	내용
직위	한 사람이 근무하여 처리할 수 있는 직무와 책임의 양으로 공직을 분류할 때 최소단위가 된다.
직급	직무의 종류·곤란도 등이 유사하여 채용이나 보수 등의 인사관리에 있어서 동일하게 취급할 수 있는 군이다.
직렬	직무의 종류·성질은 유사하나 곤란도와 난이도가 상이한 직급의 군이다.
직군	직무의 성질이 유사한 직렬의 군이다.
직류	동일한 직렬 내에서 담당하는 분야가 동일한 직무의 군이다.
등급	직무의 종류는 서로 다르지만 직무의 곤란도·책임도나 자격요건이 유사하여 동일한 보수를 줄 수 있는직위의 군이다.

13

정답 ②

무의사결정은 기득권 세력이 소외계층 등이 기존의 이익배분 상태에 대한 변동을 요구하는 것을 억압하는 것이다.

무의사결정론
- Bachrach와 Baratz의 주장이다.
- 기득권 세력이 자신들의 이익에 도전해 오는 주장들을 의도적으로 방치하거나 기각하여 정책의제로 채택되지 못하도록 하여 잠재적이거나 현재적 도전을 억압하거나 좌절시키는 결정이다.
- R. Dahl의 모든 사회문제는 자동으로 정책의제화된다는 주장에 대한 반발로 등장하였다.
- 주로 의제를 채택하는 과정에서 나타나지만 넓게는 정책의 전반적인 과정에서 나타난다.

14

정답 ④

전방향접근법은 하향식 접근으로, 결정기관에서 시작하여 집행기관으로 내려오면서 접근하는 방법이다. 집행에서 시작하여 상위계급이나 조직 또는 결정 단계로 거슬러 올라가는 것은 상향식 접근이다.

15

정답 ④

오염허가서는 간접적 규제의 활용 사례이다. 오염허가서란 오염물질을 배출할 수 있는 권리를 시장에서 매매가 가능하도록 하는 공해배출권 거래제도를 말한다.

오답분석

① 피구세는 환경문제의 해결을 위한 정부의 적극적인 역할로서, 오염물질의 배출에 대해서 그 오염물질로 인해 발생하는 외부효과만큼 배출세를 내도록 하는 제도이다.
② 긍정적인 외부효과를 유발하는 기업에 대해서 보조금을 지급하여 최적의 생산량을 생산하도록 유도한다.
③ 코즈의 정리는 외부효과를 발생시키는 당사자들 사이에 소유권을 명확하게 하면 자발적이고 자유로운 협상에 의해 외부효과의 문제가 해결될 수 있다는 주장이다.
⑤ 교정적 조세는 외부효과에 따른 사적 유인의 왜곡을 사회적 최적과 일치시키는 역할을 하므로, 경제적 효율 향상과 더불어 정부의 조세수입도 증가시키는 결과를 가져온다.

외부효과의 개선

긍정적 외부효과	• 보조금 지급 • 의무 교육의 확대
부정적 외부효과	• 정부의 직접규제 • 조세정책

16

정답 ③

기획재정부장관은 국무회의의 심의를 거쳐 대통령의 승인을 얻은 다음 연도의 예산안편성지침을 매년 3월 31일까지 각 중앙관서의 장에게 통보하고 국회 예산결산특별위원회에 보고하여야 한다(국가재정법 제29조·제30조).

오답분석

① 각 중앙관서의 장은 매년 1월 31일까지 당해 회계연도부터 5회계연도 이상의 기간 동안의 신규사업 및 기획재정부장관이 정하는 주요 계속사업에 대한 중기사업계획서를 기획재정부장관에게 제출하여야 한다(국가재정법 제28조).
② 국가재정법 제5조 제1항·제2항
④ 정부는 회계연도마다 예산안을 편성하여 회계연도 개시 90일 전까지 국회에 제출하고, 국회는 회계연도 개시 30일 전까지 이를 의결하여야 한다(헌법 제54조 제2항).
⑤ 국가재정법 제22조 제1항

17

정답 ②

ㄱ. 분배정책은 정부가 가지고 있는 권익이나 서비스 등 자원을 배분하는 정책이다. 수혜자들은 서비스와 편익을 더 많이 취하기 위해서 다투게 되므로 포크배럴(구유통), 로그롤링과 같은 정치적 현상이 발생하기도 한다.
ㄷ. 재분배정책은 누진소득세, 임대주택 건설사업 등이 대표적이다.

오답분석

ㄴ. 재분배정책에 대한 설명이다. 분배정책은 갈등이나 반발이 별로 없기 때문에 가장 집행이 용이한 정책이다.
ㄹ. 분배정책은 재분배정책에 비해서 안정적 정책을 위한 루틴화의 가능성이 높고 집행을 둘러싼 논란이 적어 집행이 용이하다.

분배정책과 재분배정책의 비교

구분	분배정책	재분배정책
재원	조세(공적 재원)	고소득층 소득
성격과 갈등 정도	없음(Non-Zero sum)	많음(Zero sum)
정책	사회간접자본 건설	누진세, 임대주택 건설
이념	능률성, 효과성, 공익성	형평성
집행	용이	곤란
수혜자	모든 국민	저소득층
관련 논점	포크배럴(구유통 정책), 로그롤링	이념상, 계급 간 대립

18

정답 ①

중앙행정기관의 장과 지방자치단체의 장이 사무를 처리할 때 의견을 달리하는 경우 이를 협의·조정하기 위하여 신청에 의해 국무총리 소속으로 행정협의조정위원회를 설치한다. 단, 실질적인 구속력은 없다.

19

정답 ③

우리나라의 총액인건비제도는 국 단위기구 이상은 '대통령령(직제)'에서 규정하고, 과 단위기구에서는 각 부처의 자율성을 인정한다.

20

정답 ⑤

특별지방행정기관은 국가사무의 통일적이고 전문적인 처리를 위하여 국가가 지방에 설치한 행정기관을 의미한다. 따라서 주민들의 직접 통제와 참여가 용이하지 않다.

오답분석

① 특별지방행정기관은 지역의 특수성보다는 사무의 통일적이고 전문적인 처리를 위하여 설치한다.

② 특별지방행정기관은 중앙정부에 의한 통제를 강조하므로 지방자치의 발전을 저해한다.
③ 특별지방행정기관은 불명확한 역할 배분(기능중복)으로 인하여 행정의 낭비와 비효율성이 야기된다.
④ 특별지방행정기관은 지방자치단체와의 이원적 업무수행으로 인하여 지역별 책임행정을 저해할 수 있다.

21

정답 ⑤

오답분석

ㄱ. 보수주의 정부관에 따르면 정부에 대한 불신이 강하고 정부실패를 우려한다.
ㄴ. 공공선택론은 정부를 공공재의 생산자로 규정하고 있다. 그러나 대규모 관료제에 의한 행정은 효율성을 극대화하지 못한다고 비판하므로 옳지 않다.

보수주의 · 진보주의 정부관

구분	보수주의	진보주의
추구 가치	• 자유 강조 (국가로부터의 자유) • 형식적 평등, 기회의 평등 중시 • 교환적 정의 중시	• 자유를 열렬히 옹호 (국가에로의 자유) • 실질적 평등, 결과의 평등 중시 • 배분적 정의 중시
인간관	• 합리적이고 이기적인 경제인	• 오류가능성의 여지 인정
정부관	• 최소한의 정부 – 정부 불신	• 적극적인 정부 – 정부 개입 인정
경제 정책	• 규제완화 • 세금감면 • 사회복지정책의 폐지	• 규제 옹호 • 소득재분배정책 • 사회보장정책
비고	• 자유방임적 자본주의	• 복지국가, 사회민주주의, 수정자본주의

22

정답 ⑤

방송통신위원회는 대통령 소속 위원회이다.

정부위원회 소속별 종류

대통령 소속 위원회	방송통신위원회, 개인정보보호위원회, 규제개혁위원회
국무총리 소속 위원회	국민권익위원회, 공정거래위원회, 금융위원회, 원자력안전위원회
독립위원회	국가인권위원회

23

정답 ④

발생주의는 수입과 지출의 실질적인 원인이 발생하는 시점을 기준으로 하여 회계계리를 한다. 따라서 정부의 수입을 '납세고지 시점'을 기준으로, 정부의 지출을 '지출원인행위'의 발생 시점을 기준으로 계산한다.

24

정답 ③

제시문은 무의사결정이론에 대한 설명이다. 무의사결정(Non-Decision Making)은 의사결정자(엘리트)의 가치나 이익에 대한 잠재적이거나 현재적인 도전을 억압하거나 방해하는 결과를 초래하는 행위를 말한다. 무의사결정은 기존 엘리트세력의 이익을 옹호하거나 보호하는 데 목적이 있다.

오답분석

① 다원주의에 대한 설명이다. 다원주의에서는 사회를 구성하는 집단들 사이에 권력은 널리 동등하게 분산되어 있으며, 정책은 많은 이익집단의 경쟁과 타협의 산물이라고 설명한다.
② 공공선택론에 대한 설명이다.
④ 신국정관리론(뉴거버넌스)에 대한 설명이다.
⑤ 신공공서비스론에 대한 설명이다.

25

정답 ④

베버는 관료제의 부정적 병리 현상인 목표의 대치현상을 고려하지 못하였다. 목표의 대치현상은 목적보다는 수단을 중시하는 현상으로, 동조과잉이라고도 한다.

26

정답 ③

계획과 예산 간의 불일치를 해소하고 이들 간에 서로 밀접한 관련성을 갖게 하는 제도는 계획예산제도(PPBS)이다.

27

정답 ②

총체적 품질관리(Total Quality Management)는 서비스의 품질은 구성원의 개인적 노력이 아니라 체제 내에서 활동하는 모든 구성원에 의하여 결정된다고 본다. 구성원 개인의 성과평가를 위한 도구는 MBO 등이 있다.

총체적 품질관리(TQM)
- 고객이 품질의 최종결정자
- 전체 구성원에 의한 품질 결정
- 투입과 절차의 지속적 개선
- 품질의 일관성(서비스의 변이성 방지)
- 과학적 절차에 의한 결정

28

정답 ②

국무조정실의 통제는 행정부 내부의 공식적 통제방식이다. 그리고 직무감찰 기능은 감사원에서 수행한다.

행정통제의 유형

구분	공식성	통제유형	내용
외부 통제	공식	입법 통제	법률, 외교에 대한 통제, 예산심의, 국정감사, 국정조사
		사법 통제	사후적·소극적 구제, 행정소송, 헌법소원 등
		선거관리 위원회	선거에 관한 사무
		옴부즈만	민원구제, 특별행정감찰관
	비공식	국민 통제	선거, 여론, 시민참여, 이익집단
내부 통제	공식		행정수반에 의한 통제(임명권, 행정입법, 개혁, 리더십), 정책·기획에 의한 통제, 감사원의 감사, 정부조직법에 의한 통제, 계층제적 통제
	비공식		행정윤리, 대표관료제, 노조, 내부고발자보호제, 행정문화

29

정답 ②

주민자치에서의 지방자치단체는 순수한 자치단체이다. 그러나 자치행정기관과 지방행정기관이라는 지방자치단체의 이중적 지위는 단체자치의 특징이므로 옳지 않은 설명이다.

오답분석

④ 주민자치는 자치사무와 위임사무를 구별하지 않으며, 지방정부가 국가의 일선기관으로서의 지위를 갖지 않는다.

주민자치와 단체자치의 비교

변수	주민자치	단체자치
발달·채택국가	영국, 미국	프랑스, 독일(대륙법계), 일본
자치의 의미	정치적 의미	법률적 의미
권한부여의 방식	개별적 지정주의	포괄적 수권(예시)주의
자치권의 인식	고유권설	전래권설
자치권의 범위	상대적으로 광범	상대적으로 협소
자치의 초점	지방정부와 주민의 관계	중앙과 지방자치단체의 관계
중앙통제의 방식	입법통제, 사법통제 중심 (중앙통제가 약함)	행정통제 중심 (중앙통제가 강함)
중앙과 지방관계	기능적 협력관계	권력적 감독관계
지방정부 형태	기관통합형 (의원내각제식)	기관대립형 (대통령제식)
자치단체의 성격 및 지위	단일적 성격 및 지위 (자치단체)	이중적 성격 및 지위 (자치단체+국가의 하급행정기관)
자치사무와 위임사무	구분하지 않음 (고유사무만 존재, 위임사무가 존재하지 않음)	엄격히 구분 (고유사무 +위임사무)
지방세제 (조세제도)	독립세주의	부가세주의

30

정답 ①

종합적 조직 진단을 구성하는 것은 조직문화와 행태, 인력, 재정, 서비스와 프로세스이다.

조직 진단

- 행태 과학의 방법을 사용하여 조직의 현재 상태를 점검하고 문제의 해결 또는 조직의 효과성 증대를 위한 방안을 목적으로 한다.
- 조직의 활동이나 지침을 수립하기 위해서 자료나 정보를 다시 비교·분석·평가한다.

31

정답 ⑤

공무원은 형의 선고, 징계처분 또는 이 법에서 정하는 사유에 따르지 아니하고는 본인의 의사에 반하여 휴직·강임 또는 면직을 당하지 아니한다. 다만, 1급 공무원과 가등급에 해당하는 고위공무원단 공무원은 제외된다(국가공무원법 제68조).

오답분석

① 국민감사청구제도는 부패방지 및 국민권익위원회의 설치와 운영에 관한 법률 제72조에 규정된 사항이다.
② 국가공무원법 제65조에 정치운동의 금지에 관한 규정이 있다.
③ 공직자윤리법 제1조에 규정된 사항이다.
④ 부패방지 및 국민권익위원회 설치와 운영에 관한 법률 제56조에 규정된 사항이다.

32

정답 ④

ㄴ. 헌법 제57조
ㄷ. 국회법 제84조 제5항
ㅁ. 국회법 제79조의2 제2항

오답분석

ㄱ. 위원회는 세목 또는 세율과 관계있는 법률의 제정 또는 개정을 전제로 하여 미리 제출된 세입예산안은 이를 심사할 수 없다(국회법 제84조 제7항).

ㄹ. 예산결산특별위원회의 위원의 임기는 1년으로 한다. 하지만 예결특위는 다른 특별위원회와 달리 연중 가동되므로 활동기한이 없다(국회법 제45조 제5항).

33

정답 ④

공공선택론은 뷰캐넌(J. Buchanan)이 창시하고 오스트롬(V. Ostrom)이 발전시킨 이론으로, 경제학적인 분석 도구를 중시한다.

공공선택론의 의의와 한계

의의	• 공공부문에 경제학적인 관점을 도입하여 현대 행정개혁의 바탕이 됨 – 고객중심주의, 소비자중심주의, 분권화와 자율성 제고 등 • 정부실패의 원인을 분석하여 대안을 제시함
한계	• 시장실패의 위험이 있음 • 시장 경제 체제의 극대화만을 중시하여 국가의 역할을 경시함

34

정답 ⑤

지방공사란 자본금을 주식으로 분할하여 그 2분의 1 이상을 자치단체가 출자한 법인체를 말한다. 다만, 필요한 경우에는 자본금의 2분의 1을 넘지 아니하는 범위에서 지방자치단체 외의 자로 하여금 공사에 출자하게 할 수 있다(지방공기업법 제53조 제2항).

지방공사에 대한 출자(지방공기업법 제53조)

① 지방공사의 자본금은 그 전액을 지방자치단체가 현금 또는 현물로 출자한다.

② 제1항에도 불구하고 공사의 운영을 위하여 필요한 경우에는 자본금의 2분의 1을 넘지 아니하는 범위에서 지방자치단체 외의 자(외국인 및 외국법인을 포함한다)로 하여금 공사에 출자하게 할 수 있다. 증자의 경우에도 또한 같다.

35

정답 ③

경제성질별 분류는 예산이 국민경제에 미치는 영향을 파악하기 위해 편성하며, 경제정책이나 재정정책의 수립에 유용하고, 정부거래의 경제적 효과분석이 용이한 분류방식이다.

오답분석

① 기능별 분류는 정부가 수행하는 기능을 중심으로 예산을 분류하는 방식으로, 예산의 국민경제적 효과 파악은 곤란하다.

② 품목별 분류는 지출대상(품목)별로 분류하는 방식이다.

36

정답 ③

ㄴ. 1999년 김대중 정부는 대통령 소속의 중앙인사위원회를 설치해 대통령의 인사권 행사를 강화했다.

ㄹ. 2004년 노무현 정부는 법제처와 국가보훈처를 장관급 기구로 격상하고, 소방방재청을 신설했다.

ㄱ. 2008년 이명박 정부는 정부통신부를 폐지하고 방송통신위원회를 설치하였다.

ㄷ. 2013년 박근혜 정부 때 부총리제가 부활되고 외교통상부의 통상 교섭 기능이 산업통상자원부로 이관됐다.

37

정답 ④

온 – 나라시스템은 정부 내부의 업무처리에서 종이 없는 행정의 실현을 추구하는 G2G에 해당한다.

오답분석

①・② G2C(Government to Customer)로, 정부가 국민에게 서비스하는 것을 말한다.

③・⑤ G2B(Government to Business)이며, 정부와 기업 간의 업무처리의 효율성을 높이기 위한 것이다.

38

정답 ②

허즈버그(Herzberg)는 불만을 제거해 주는 위생요인과 만족을 주는 동기부여요인을 독립된 별개로 보고 연구했다. 즉, 위생요인이 갖추어지지 않을 경우 조직 구성원에게 극도의 불만족을 초래하지만, 그것이 잘 갖추어져 있더라도 조직 구성원의 직무수행 동기를 유발하는 요인은 아니며, 동기를 부여하고 생산성을 높여주는 요인은 만족요인(동기부여요인)이다.

오답분석

① 매슬로(Maslow)의 욕구계층이론에서는 자아실현욕구를 가장 고차원적인 욕구로 본다.

③ 맥그리거(McGregor)의 X・Y 이론은 성장이론의 하나로서, 근로자들의 사회적 욕구, 존경의 욕구, 자아실현욕구를 충족시켜주기 위한 방향으로 동기를 부여한다.

④ 앨더퍼(Alderfer)의 ERG 이론 역시 성장이론의 하나이다.

⑤ 맥클랜드(McClelland)의 성취동기이론에서는 성취욕구를 가진 사람이 가장 강한 수준의 동기를 가진다고 본다.

39

정답 ①

지역주민들의 소득 증가는 사회자본의 형성 모습과 직접적인 연관이 없다.

오답분석

②・⑤는 네트워크, ③은 신뢰, ④는 규범에 대한 설명으로 사회자본과 직접 연관되어 있는 개념이다.

40

정답 ⑤

기관장은 다음 연도를 포함한 5회계연도 이상의 중장기 경영목표를 설정하고, 이사회의 의결을 거쳐 확정한 후 매년 10월 31일까지 기획재정부장관과 주무기관의 장에게 제출해야 한다(공공기관의 운영에 관한 법률 제46조 제1항).

오답분석

① 공공기관의 운영에 관한 법률 제47조 제1항
② 공공기관의 운영에 관한 법률 제43조 제3항
③ 공공기관의 운영에 관한 법률 제39조의2 제1항
④ 공공기관의 운영에 관한 법률 제43조 제6항

41

정답 ③

오답분석

① 공익의 과정설에 대한 설명이다.
② 행정의 민주성에는 대내적으로 행정조직 내부 관리 및 운영의 대내적 민주성도 포함된다.
④ 장애인들에게 특별한 세금감면 혜택을 부여하는 것은 사회적 형평성에 부합한다.
⑤ 만장일치와 계층제는 가외성의 장치가 아니다.

42

정답 ③

오답분석

① 점증주의적 패러다임은 지식과 정보의 불완정성과 미래예측의 불확실성을 전제로 한다.
② 체제모형, 제도모형, 집단모형은 점증주의적 패러다임의 범주에 포함되는 정책결정모형의 예이다.
④ 기술평가·예측모형은 합리주의적 패러다임의 범주에 포함된다.
⑤ 전략적 계획 패러다임은 정책결정을 전략적 계획의 틀에 맞추어 이해한다.

43

정답 ⑤

오답분석

① 조직의 규모가 커질수록 복잡성도 증가한다.
② 환경의 불확실성이 높아질수록 조직의 공식화 수준은 낮아진다.
③ 조직의 규모가 커짐에 따라 조직의 공식화 수준은 높아진다.
④ 일상적 기술일수록 분화의 필요성이 낮아져서 조직의 복잡성이 낮아진다.

44

정답 ①

광역행정의 방식 중 통합방식에는 합병, 흡수통합, 전부사무조합 등이 있다. 일부사무조합은 공동처리방식에 해당하며, 도시공동체는 연합방식에 해당한다.

조합 방식

특정 사무를 자치단체 간 협력적으로 처리하기 위하여 독립된 법인격을 부여하여 설치한 특별자치단체로, 다음 세 가지가 있다.

- 일부사무조합 : 한 가지 사무처리(공동처리방식과 유사)
- 복합사무조합 : 두 가지 이상의 사무처리(연합방식과 유사)
- 전부사무조합 : 모든 사무처리(사실상 통합방식·종합적 처리방식)

45

정답 ①

앨리슨 모형은 1960년대 초 쿠바 미사일 사건과 관련된 미국의 외교정책 과정을 분석한 후 정부의 정책결정 과정을 설명하고 예측하기 위한 분석틀로서, 세 가지 의사결정모형인 합리모형, 조직과정모형, 관료정치모형을 제시하여 설명한 것이다. 앨리슨은 이 중 어느 하나가 아니라 세 가지 모두 적용될 수 있다고 설명하였다.

46

정답 ①

새로운 정책문제보다는 선례가 존재하는 일상화된 정책문제가 쉽게 정책의제화된다.

정책의제설정에 영향을 미치는 요인

요인	내용
문제의 중요성	중요하고 심각한 문제일수록 의제화 가능성이 크다.
집단의 영향력	집단의 규모·영향력이 클수록 의제화 가능성이 크다.
선례의 유무	선례가 존재하는 일상화된 문제일수록 의제화 가능성이 크다.
극적 사건	극적 사건일수록 의제화 가능성이 크다.
해결 가능성	해결책이 있을수록 의제화 가능성이 크다.
쟁점화 정도	쟁점화된 것일수록 의제화 가능성이 크다.

47

정답 ⑤

롤스는 정의의 제1원리(기본적 자유의 평등원리)가 제2원리(차등조정의 원리)에 우선하고, 제2원리 중에서는 기회균등의 원리가 차등의 원리에 우선해야 한다고 보았다.

48

정답 ②

오답분석

ㄱ. 허즈버그의 욕구충족요인 이원론에 의하면, 만족요인을 충족시켜줘야 조직원의 만족감을 높이고 동기를 유발할 수 있다.

ㄹ. 호손실험을 바탕으로 하는 인간관은 사회적 인간관이다.

49

정답 ②

우리나라 정부의 예산편성 절차는 '중기사업계획서 제출 → 예산편성지침 통보 → 예산요구서 작성 및 제출 → 예산의 사정 → 국무회의 심의와 대통령 승인' 순서이다.

50

정답 ③

신제도론을 행정에 도입하여 노벨상을 수상한 오스트롬은 정부의 규제가 아닌 이해당사자들 간의 자발적인 합의를 통해 행위규칙(제도)을 형성하여 공유자원의 고갈을 방지할 수 있다고 하였다.

오답분석

① 정부가 저소득층을 대상으로 의료나 교육혜택을 주는 등의 방식으로 개입할 수 있다.

④ 공공재는 비배제성·비경합성을 띠므로 시장에 맡겼을 때 바람직한 수준 이하로 공급될 가능성이 높다.

합격의공식
SD
에듀

성 명

지원 분야

문제지 형별기재란	
( )형	Ⓐ Ⓑ

수 험 번 호						
⓪	⓪	⓪	⓪	⓪	⓪	⓪
①	①	①	①	①	①	①
②	②	②	②	②	②	②
③	③	③	③	③	③	③
④	④	④	④	④	④	④
⑤	⑤	⑤	⑤	⑤	⑤	⑤
⑥	⑥	⑥	⑥	⑥	⑥	⑥
⑦	⑦	⑦	⑦	⑦	⑦	⑦
⑧	⑧	⑧	⑧	⑧	⑧	⑧
⑨	⑨	⑨	⑨	⑨	⑨	⑨

감독위원 확인
㉮인

인천국제공항공사 필기전형 답안카드

1	①	②	③	④	⑤	21	①	②	③	④	⑤	41	①	②	③	④	⑤
2	①	②	③	④	⑤	22	①	②	③	④	⑤	42	①	②	③	④	⑤
3	①	②	③	④	⑤	23	①	②	③	④	⑤	43	①	②	③	④	⑤
4	①	②	③	④	⑤	24	①	②	③	④	⑤	44	①	②	③	④	⑤
5	①	②	③	④	⑤	25	①	②	③	④	⑤	45	①	②	③	④	⑤
6	①	②	③	④	⑤	26	①	②	③	④	⑤	46	①	②	③	④	⑤
7	①	②	③	④	⑤	27	①	②	③	④	⑤	47	①	②	③	④	⑤
8	①	②	③	④	⑤	28	①	②	③	④	⑤	48	①	②	③	④	⑤
9	①	②	③	④	⑤	29	①	②	③	④	⑤	49	①	②	③	④	⑤
10	①	②	③	④	⑤	30	①	②	③	④	⑤	50	①	②	③	④	⑤
11	①	②	③	④	⑤	31	①	②	③	④	⑤	51	①	②	③	④	⑤
12	①	②	③	④	⑤	32	①	②	③	④	⑤	52	①	②	③	④	⑤
13	①	②	③	④	⑤	33	①	②	③	④	⑤	53	①	②	③	④	⑤
14	①	②	③	④	⑤	34	①	②	③	④	⑤	54	①	②	③	④	⑤
15	①	②	③	④	⑤	35	①	②	③	④	⑤	55	①	②	③	④	⑤
16	①	②	③	④	⑤	36	①	②	③	④	⑤	56	①	②	③	④	⑤
17	①	②	③	④	⑤	37	①	②	③	④	⑤	57	①	②	③	④	⑤
18	①	②	③	④	⑤	38	①	②	③	④	⑤	58	①	②	③	④	⑤
19	①	②	③	④	⑤	39	①	②	③	④	⑤	59	①	②	③	④	⑤
20	①	②	③	④	⑤	40	①	②	③	④	⑤	60	①	②	③	④	⑤

※ 본 답안지는 마킹연습용 모의 답안지입니다.

〈절취선〉

인천국제공항공사 필기전형 답안카드

성 명

지원 분야

문제지 형별기재란	
(　　　)형	Ⓐ Ⓑ

수 험 번 호						
⓪	⓪	⓪	⓪	⓪	⓪	⓪
①	①	①	①	①	①	①
②	②	②	②	②	②	②
③	③	③	③	③	③	③
④	④	④	④	④	④	④
⑤	⑤	⑤	⑤	⑤	⑤	⑤
⑥	⑥	⑥	⑥	⑥	⑥	⑥
⑦	⑦	⑦	⑦	⑦	⑦	⑦
⑧	⑧	⑧	⑧	⑧	⑧	⑧
⑨	⑨	⑨	⑨	⑨	⑨	⑨

감독위원 확인
ⓘ인

번호						번호						번호					
1	①	②	③	④	⑤	21	①	②	③	④	⑤	41	①	②	③	④	⑤
2	①	②	③	④	⑤	22	①	②	③	④	⑤	42	①	②	③	④	⑤
3	①	②	③	④	⑤	23	①	②	③	④	⑤	43	①	②	③	④	⑤
4	①	②	③	④	⑤	24	①	②	③	④	⑤	44	①	②	③	④	⑤
5	①	②	③	④	⑤	25	①	②	③	④	⑤	45	①	②	③	④	⑤
6	①	②	③	④	⑤	26	①	②	③	④	⑤	46	①	②	③	④	⑤
7	①	②	③	④	⑤	27	①	②	③	④	⑤	47	①	②	③	④	⑤
8	①	②	③	④	⑤	28	①	②	③	④	⑤	48	①	②	③	④	⑤
9	①	②	③	④	⑤	29	①	②	③	④	⑤	49	①	②	③	④	⑤
10	①	②	③	④	⑤	30	①	②	③	④	⑤	50	①	②	③	④	⑤
11	①	②	③	④	⑤	31	①	②	③	④	⑤	51	①	②	③	④	⑤
12	①	②	③	④	⑤	32	①	②	③	④	⑤	52	①	②	③	④	⑤
13	①	②	③	④	⑤	33	①	②	③	④	⑤	53	①	②	③	④	⑤
14	①	②	③	④	⑤	34	①	②	③	④	⑤	54	①	②	③	④	⑤
15	①	②	③	④	⑤	35	①	②	③	④	⑤	55	①	②	③	④	⑤
16	①	②	③	④	⑤	36	①	②	③	④	⑤	56	①	②	③	④	⑤
17	①	②	③	④	⑤	37	①	②	③	④	⑤	57	①	②	③	④	⑤
18	①	②	③	④	⑤	38	①	②	③	④	⑤	58	①	②	③	④	⑤
19	①	②	③	④	⑤	39	①	②	③	④	⑤	59	①	②	③	④	⑤
20	①	②	③	④	⑤	40	①	②	③	④	⑤	60	①	②	③	④	⑤

※ 본 답안지는 마킹연습용 모의 답안지입니다.

인천국제공항공사 필기전형 답안카드

성 명

지원 분야

문제지 형별기재란	
( )형	Ⓐ Ⓑ

수 험 번 호						
⓪	⓪	⓪	⓪	⓪	⓪	⓪
①	①	①	①	①	①	①
②	②	②	②	②	②	②
③	③	③	③	③	③	③
④	④	④	④	④	④	④
⑤	⑤	⑤	⑤	⑤	⑤	⑤
⑥	⑥	⑥	⑥	⑥	⑥	⑥
⑦	⑦	⑦	⑦	⑦	⑦	⑦
⑧	⑧	⑧	⑧	⑧	⑧	⑧
⑨	⑨	⑨	⑨	⑨	⑨	⑨

감독위원 확인
㊞

번호	답	번호	답	번호	답
1	① ② ③ ④ ⑤	21	① ② ③ ④ ⑤	41	① ② ③ ④ ⑤
2	① ② ③ ④ ⑤	22	① ② ③ ④ ⑤	42	① ② ③ ④ ⑤
3	① ② ③ ④ ⑤	23	① ② ③ ④ ⑤	43	① ② ③ ④ ⑤
4	① ② ③ ④ ⑤	24	① ② ③ ④ ⑤	44	① ② ③ ④ ⑤
5	① ② ③ ④ ⑤	25	① ② ③ ④ ⑤	45	① ② ③ ④ ⑤
6	① ② ③ ④ ⑤	26	① ② ③ ④ ⑤	46	① ② ③ ④ ⑤
7	① ② ③ ④ ⑤	27	① ② ③ ④ ⑤	47	① ② ③ ④ ⑤
8	① ② ③ ④ ⑤	28	① ② ③ ④ ⑤	48	① ② ③ ④ ⑤
9	① ② ③ ④ ⑤	29	① ② ③ ④ ⑤	49	① ② ③ ④ ⑤
10	① ② ③ ④ ⑤	30	① ② ③ ④ ⑤	50	① ② ③ ④ ⑤
11	① ② ③ ④ ⑤	31	① ② ③ ④ ⑤	51	① ② ③ ④ ⑤
12	① ② ③ ④ ⑤	32	① ② ③ ④ ⑤	52	① ② ③ ④ ⑤
13	① ② ③ ④ ⑤	33	① ② ③ ④ ⑤	53	① ② ③ ④ ⑤
14	① ② ③ ④ ⑤	34	① ② ③ ④ ⑤	54	① ② ③ ④ ⑤
15	① ② ③ ④ ⑤	35	① ② ③ ④ ⑤	55	① ② ③ ④ ⑤
16	① ② ③ ④ ⑤	36	① ② ③ ④ ⑤	56	① ② ③ ④ ⑤
17	① ② ③ ④ ⑤	37	① ② ③ ④ ⑤	57	① ② ③ ④ ⑤
18	① ② ③ ④ ⑤	38	① ② ③ ④ ⑤	58	① ② ③ ④ ⑤
19	① ② ③ ④ ⑤	39	① ② ③ ④ ⑤	59	① ② ③ ④ ⑤
20	① ② ③ ④ ⑤	40	① ② ③ ④ ⑤	60	① ② ③ ④ ⑤

※ 본 답안지는 마킹연습용 모의 답안지입니다.

〈절취선〉

인천국제공항공사 필기전형 답안카드

성 명

지원 분야

문제지 형별기재란	
(　　　)형	Ⓐ Ⓑ

수 험 번 호						
⓪	⓪	⓪	⓪	⓪	⓪	⓪
①	①	①	①	①	①	①
②	②	②	②	②	②	②
③	③	③	③	③	③	③
④	④	④	④	④	④	④
⑤	⑤	⑤	⑤	⑤	⑤	⑤
⑥	⑥	⑥	⑥	⑥	⑥	⑥
⑦	⑦	⑦	⑦	⑦	⑦	⑦
⑧	⑧	⑧	⑧	⑧	⑧	⑧
⑨	⑨	⑨	⑨	⑨	⑨	⑨

감독위원 확인
㉷

번호	답안	번호	답안	번호	답안
1	① ② ③ ④ ⑤	21	① ② ③ ④ ⑤	41	① ② ③ ④ ⑤
2	① ② ③ ④ ⑤	22	① ② ③ ④ ⑤	42	① ② ③ ④ ⑤
3	① ② ③ ④ ⑤	23	① ② ③ ④ ⑤	43	① ② ③ ④ ⑤
4	① ② ③ ④ ⑤	24	① ② ③ ④ ⑤	44	① ② ③ ④ ⑤
5	① ② ③ ④ ⑤	25	① ② ③ ④ ⑤	45	① ② ③ ④ ⑤
6	① ② ③ ④ ⑤	26	① ② ③ ④ ⑤	46	① ② ③ ④ ⑤
7	① ② ③ ④ ⑤	27	① ② ③ ④ ⑤	47	① ② ③ ④ ⑤
8	① ② ③ ④ ⑤	28	① ② ③ ④ ⑤	48	① ② ③ ④ ⑤
9	① ② ③ ④ ⑤	29	① ② ③ ④ ⑤	49	① ② ③ ④ ⑤
10	① ② ③ ④ ⑤	30	① ② ③ ④ ⑤	50	① ② ③ ④ ⑤
11	① ② ③ ④ ⑤	31	① ② ③ ④ ⑤	51	① ② ③ ④ ⑤
12	① ② ③ ④ ⑤	32	① ② ③ ④ ⑤	52	① ② ③ ④ ⑤
13	① ② ③ ④ ⑤	33	① ② ③ ④ ⑤	53	① ② ③ ④ ⑤
14	① ② ③ ④ ⑤	34	① ② ③ ④ ⑤	54	① ② ③ ④ ⑤
15	① ② ③ ④ ⑤	35	① ② ③ ④ ⑤	55	① ② ③ ④ ⑤
16	① ② ③ ④ ⑤	36	① ② ③ ④ ⑤	56	① ② ③ ④ ⑤
17	① ② ③ ④ ⑤	37	① ② ③ ④ ⑤	57	① ② ③ ④ ⑤
18	① ② ③ ④ ⑤	38	① ② ③ ④ ⑤	58	① ② ③ ④ ⑤
19	① ② ③ ④ ⑤	39	① ② ③ ④ ⑤	59	① ② ③ ④ ⑤
20	① ② ③ ④ ⑤	40	① ② ③ ④ ⑤	60	① ② ③ ④ ⑤

※ 본 답안지는 마킹연습용 모의 답안지입니다.

인천국제공항공사 필기전형 답안카드

성 명

지원 분야

문제지 형별기재란	
(　　　)형	Ⓐ Ⓑ

수 험 번 호						
⓪	⓪	⓪	⓪	⓪	⓪	⓪
①	①	①	①	①	①	①
②	②	②	②	②	②	②
③	③	③	③	③	③	③
④	④	④	④	④	④	④
⑤	⑤	⑤	⑤	⑤	⑤	⑤
⑥	⑥	⑥	⑥	⑥	⑥	⑥
⑦	⑦	⑦	⑦	⑦	⑦	⑦
⑧	⑧	⑧	⑧	⑧	⑧	⑧
⑨	⑨	⑨	⑨	⑨	⑨	⑨

감독위원 확인
ⓘ인

번호						번호						번호					
1	①	②	③	④	⑤	21	①	②	③	④	⑤	41	①	②	③	④	⑤
2	①	②	③	④	⑤	22	①	②	③	④	⑤	42	①	②	③	④	⑤
3	①	②	③	④	⑤	23	①	②	③	④	⑤	43	①	②	③	④	⑤
4	①	②	③	④	⑤	24	①	②	③	④	⑤	44	①	②	③	④	⑤
5	①	②	③	④	⑤	25	①	②	③	④	⑤	45	①	②	③	④	⑤
6	①	②	③	④	⑤	26	①	②	③	④	⑤	46	①	②	③	④	⑤
7	①	②	③	④	⑤	27	①	②	③	④	⑤	47	①	②	③	④	⑤
8	①	②	③	④	⑤	28	①	②	③	④	⑤	48	①	②	③	④	⑤
9	①	②	③	④	⑤	29	①	②	③	④	⑤	49	①	②	③	④	⑤
10	①	②	③	④	⑤	30	①	②	③	④	⑤	50	①	②	③	④	⑤
11	①	②	③	④	⑤	31	①	②	③	④	⑤	51	①	②	③	④	⑤
12	①	②	③	④	⑤	32	①	②	③	④	⑤	52	①	②	③	④	⑤
13	①	②	③	④	⑤	33	①	②	③	④	⑤	53	①	②	③	④	⑤
14	①	②	③	④	⑤	34	①	②	③	④	⑤	54	①	②	③	④	⑤
15	①	②	③	④	⑤	35	①	②	③	④	⑤	55	①	②	③	④	⑤
16	①	②	③	④	⑤	36	①	②	③	④	⑤	56	①	②	③	④	⑤
17	①	②	③	④	⑤	37	①	②	③	④	⑤	57	①	②	③	④	⑤
18	①	②	③	④	⑤	38	①	②	③	④	⑤	58	①	②	③	④	⑤
19	①	②	③	④	⑤	39	①	②	③	④	⑤	59	①	②	③	④	⑤
20	①	②	③	④	⑤	40	①	②	③	④	⑤	60	①	②	③	④	⑤

※ 본 답안지는 마킹연습용 모의 답안지입니다.

〈절취선〉

인천국제공항공사 필기전형 답안카드

성 명

지원 분야

문제지 형별기재란	
(　　　)형	Ⓐ Ⓑ

수 험 번 호						
⓪	⓪	⓪	⓪	⓪	⓪	⓪
①	①	①	①	①	①	①
②	②	②	②	②	②	②
③	③	③	③	③	③	③
④	④	④	④	④	④	④
⑤	⑤	⑤	⑤	⑤	⑤	⑤
⑥	⑥	⑥	⑥	⑥	⑥	⑥
⑦	⑦	⑦	⑦	⑦	⑦	⑦
⑧	⑧	⑧	⑧	⑧	⑧	⑧
⑨	⑨	⑨	⑨	⑨	⑨	⑨

감독위원 확인
㊞ 인

번호	답	번호	답	번호	답
1	① ② ③ ④ ⑤	21	① ② ③ ④ ⑤	41	① ② ③ ④ ⑤
2	① ② ③ ④ ⑤	22	① ② ③ ④ ⑤	42	① ② ③ ④ ⑤
3	① ② ③ ④ ⑤	23	① ② ③ ④ ⑤	43	① ② ③ ④ ⑤
4	① ② ③ ④ ⑤	24	① ② ③ ④ ⑤	44	① ② ③ ④ ⑤
5	① ② ③ ④ ⑤	25	① ② ③ ④ ⑤	45	① ② ③ ④ ⑤
6	① ② ③ ④ ⑤	26	① ② ③ ④ ⑤	46	① ② ③ ④ ⑤
7	① ② ③ ④ ⑤	27	① ② ③ ④ ⑤	47	① ② ③ ④ ⑤
8	① ② ③ ④ ⑤	28	① ② ③ ④ ⑤	48	① ② ③ ④ ⑤
9	① ② ③ ④ ⑤	29	① ② ③ ④ ⑤	49	① ② ③ ④ ⑤
10	① ② ③ ④ ⑤	30	① ② ③ ④ ⑤	50	① ② ③ ④ ⑤
11	① ② ③ ④ ⑤	31	① ② ③ ④ ⑤	51	① ② ③ ④ ⑤
12	① ② ③ ④ ⑤	32	① ② ③ ④ ⑤	52	① ② ③ ④ ⑤
13	① ② ③ ④ ⑤	33	① ② ③ ④ ⑤	53	① ② ③ ④ ⑤
14	① ② ③ ④ ⑤	34	① ② ③ ④ ⑤	54	① ② ③ ④ ⑤
15	① ② ③ ④ ⑤	35	① ② ③ ④ ⑤	55	① ② ③ ④ ⑤
16	① ② ③ ④ ⑤	36	① ② ③ ④ ⑤	56	① ② ③ ④ ⑤
17	① ② ③ ④ ⑤	37	① ② ③ ④ ⑤	57	① ② ③ ④ ⑤
18	① ② ③ ④ ⑤	38	① ② ③ ④ ⑤	58	① ② ③ ④ ⑤
19	① ② ③ ④ ⑤	39	① ② ③ ④ ⑤	59	① ② ③ ④ ⑤
20	① ② ③ ④ ⑤	40	① ② ③ ④ ⑤	60	① ② ③ ④ ⑤

※ 본 답안지는 마킹연습용 모의 답안지입니다.

2024 최신판 SD에듀 All-New 인천국제공항공사(인국공) NCS&전공 최종모의고사 5+3회분+무료NCS특강

개정10판1쇄 발행	2024년 03월 20일 (인쇄 2024년 01월 26일)
초 판 발 행	2019년 04월 15일 (인쇄 2019년 02월 26일)
발 행 인	박영일
책 임 편 집	이해욱
편 저	SDC(Sidae Data Center)
편 집 진 행	김재희 · 김미진
표지디자인	조혜령
편집디자인	최미란 · 곽은슬
발 행 처	(주)시대고시기획
출 판 등 록	제10-1521호
주 소	서울시 마포구 큰우물로 75 [도화동 538 성지 B/D] 9F
전 화	1600-3600
팩 스	02-701-8823
홈 페 이 지	www.sdedu.co.kr

I S B N	979-11-383-6633-5 (13320)
정 가	18,000원